·有史以来人类绝佳读物·

# 有史以来人类绝佳读物

（金卷）

李昕 主编

北京联合出版公司
Beijing United Publishing Co.,Ltd.

图书在版编目（CIP）数据

有史以来人类绝佳读物 · 金卷 / 李昕主编 . — 北京：北京联合出版公司，2015.12（2022.5 重印）

ISBN 978-7-5502-6249-2

Ⅰ . ①有… Ⅱ . ①李… Ⅲ . ①推荐书目 – 世界 – 青少年读物 Ⅳ . ① Z835-49

中国版本图书馆 CIP 数据核字（2015）第 317747 号

**有史以来人类绝佳读物 · 金卷**

主　　编：李　昕
责任编辑：崔保华
封面设计：韩　立
内文排版：吴秀侠

北京联合出版公司出版
（北京市西城区德外大街 83 号楼 9 层　100088）
北京德富泰印务有限公司印刷　新华书店经销
字数 550 千字　720 毫米 ×1020 毫米　1/16　27 印张
2015 年 12 月第 1 版　2022 年 5 月第 2 次印刷
ISBN 978-7-5502-6249-2
定价：78.00 元

# 前言
Preface

人类文化发展的各个历史时期，都创造和流传下了不少文学著作，它们是人类精神宝库中重要的组成部分，凝聚了作家对人生、社会和时代的思考，具有永恒的艺术魅力和深刻的思想内涵，影响了历史、社会和一代又一代的人。

法国《读书》周刊在哈佛大学、牛津大学、耶鲁大学、剑桥大学等欧美 15 所著名大学中展开“影响我成长的书”的问卷调查，近万名优秀大学生对此进行了投票，根据调查结果，评选出了对人类历史影响深远的“有史以来人类绝佳读物”。

而作为青少年一代，多看些好书，多读些经典名著，不仅可以缓解学习压力，提高文学修养，活跃思维，陶冶性情；还可以增长课堂上学不到的知识，帮助自己了解社会，学习怎样解决面临的问题，丰富人生阅历。鉴此，我们从法国《读书》周刊评选出的这些绝佳读物中，精选出 12 部为人们喜闻乐见、适合青少年读者阅读的经典作品汇编成这套《有史以来人类绝佳读物》，专为青少年朋友们提供学习和指导。

本套书共分金、银两卷，金卷收录了“有史以来人类绝佳读物”中的《小王子》（名列第二）、《爱的教育》（名列第三）、《秘密花园》（名列第五）、《小公主》（名列第九）、《海蒂》（名列十七）、《假如给我三天光明》（名列二十）6 部备受各国读者称道的文学名篇；银卷则收录了其中的《木偶奇遇记》（名列第七）、《昆虫记》（名列第十）、《绿野仙踪》（名列二十五）、《爱丽丝漫游奇境》（名列三十一）、《彼得·潘》（名列三十八）、《柳林风声》（名列四十四）6 部家喻户晓、脍炙人口的经典故事。其间涵盖了童话、成长故事、励志传奇、魔幻小说、科普著作和动物故事，俱是思想性与艺术性颇高的青少年文学佳作。它们中有的是西方家庭必备的少年读物、孩子们的床头“宝贝书”；有的跻身于“世界经典丛书”“百种爱国主义教育图书”“影响历史进程的书”“个人理想藏书”之列；有的被誉为无与伦比的杰作、世界上拥有读者众多的青少年读物；有的是诺贝尔文学奖获得者如 T.S. 艾略特、D.H. 劳伦斯，及近年来风靡全球的“哈利·波特”系列丛书作者 J.K. 罗琳的创作源泉；还有的曾吸引美国前总统罗斯福一口气读了三遍……这些作品大都被翻译成多国语言，畅销于世界各地；有的还被改编成电影、电视剧、戏剧、芭蕾舞剧等搬上银幕和舞台，被制成动画片和卡通书为世界各国儿童津津乐道。每一部作品都是人类文化宝贵的遗产，每一篇故事都给人以睿智深刻的人生启示。

无数科学家、文学家、政治家、思想家在他们取得巨大成就的时候，总不会忘记年少时优秀读物对他们一生所产生的持久影响。一本好的图书，能带领我们领略生活之美，让我们在享受文化财富的同时，使自身变得更加高尚。《有史以来人类绝佳读物》是专为青少年读者精心构筑的一个绿色精神家园，是一部帮助青少年朋友们长智慧、增修养、立大志、成就辉煌人生的理想读本。

# 目录
Contents

## 小王子

## 爱的教育



## 秘密花园

## 小公主



## 海蒂

## 假如给我三天光明

# 小王子

[法] 圣埃克苏佩里 / 著　高格 / 译

## 献给莱翁·维尔特

请孩子们原谅我把这本书献给一个大人。这样做我是有充足理由的：这个大人是我在这个世界上最好的朋友。我还有另一个理由，那就是：这个大人什么都能看懂，给孩子们写的书他也能看懂。我还有第三个理由：这个大人眼下正在法国忍饥挨饿，很需要别人的安慰。要是你们认为这些理由还不够，我就把这本书献给这位大人的孩提时代吧。每个大人都曾经是孩子（只是，大人常会忘记这一点）。因此，我把献词改为：献给孩提时代的莱翁·维尔特。

圣埃克苏佩里

# 一

六岁那年读过的一本书，让我记忆深刻。至今我还清楚地记得那是一本描写原始森林的书，它的名字是《丛林故事》。让年幼的我十分惊讶的是书里的一幅图画：一头蟒蛇正张大巨口吞吃一只猛兽。下面我就将这幅图原样附上。

书上用这样的文字解说道："蟒蛇进食时，总是一口吞下，然后一动不动地躺上半年，直到肚子里的猎物完全消化。"

我于是对丛林有了许多神奇美妙的想象，我甚至用彩笔把它画在纸上，并给它起名一号作品。

当我把我的第一幅作品拿给大人们看时，我期待着他们会尖声惊叫。

但他们总说："哦，一顶帽子而已，谁会怕？"

我可不是想画一顶帽子，而是一条正消化大象的巨蟒。为了让那些看不懂的大人们看明白，我又画出了我的二号作品，一张把蟒蛇肚里的大象画出来的剖面图。就是下图的模样：

但大人们却劝我别再费心去画什么蟒蛇，把心思放在地理、历史、算术和语法上吧，他们说。就这样，我当画家的梦想早在六岁那年就破灭了。我的一号作品和二号作品的失败，也使我对大人们失去了信心：老是要小孩子去给他们解释，真烦啊！

我只好另选职业。后来我学会了开飞机，也差不多飞遍了世界各地。事实证明，地理真的很有用，如果夜间飞机迷航，我能马上分辨出是在中国还是亚利桑那地界。

一生中，我交往过许多严肃沉稳的人，也在他们中间生活了许久。我曾经用心地去观察了解他们，但对他们的看法始终没什么改观。

当我自以为遇到一个通达的大人时，我就会拿出一直保存在身边的一号作品，想试试他们能不能看懂。但总会听到这样的答案："一顶帽子啊。"我也就不再说什么蟒蛇啊大象之类的了，只和他们聊些桥牌、领带、高尔夫球以及他们关注的政治话题。他们也就高兴起来，认为我是一个很时尚风趣的人。

# 二

没有理解自己的知己，我的生活很孤独。这情形一直持续到六年前。在一次穿越撒哈拉沙漠的飞行途中，我的飞机引擎出了故障，被迫降落在沙漠里。当时飞机上只有我一个人，我只好硬着头皮，开始亲自维修。我带的水只够维持七天，对我来说，这真是个艰难的生死考验。

第一晚，我就睡在千里不见人烟的大漠上，觉得自己比茫茫大海上漂浮的遇难者还要孤独。可当黎明来临，孤寂伤感的我听到耳边传来一个奇怪的细小声音时，我是多么惊奇啊。那个细小的声音说：

“请问……你能给我画只羊吗？”

“哦？”

“请给我画一只羊吧！”

我像被雷击了似的，一下子跳起来。我使劲地揉了揉眼睛，定睛一看，终于看见一个奇妙的小人儿，他正一本正经地看着我。后来我凭记忆给他画了前面那幅画像。但比起他本人来，我的画要失色很多。这该归咎于那些大人们，在我六岁时，他们就扼杀了我的画家理想，所以我除了画过蟒蛇的整体和剖面图外，再没画过其他的任何东西。

想到自己处在渺无人烟的偏远之地，我更加愕然地瞪着这个神秘的小家伙。他看起来不饥不累，一点不像在沙漠里迷失的惊慌疲惫的小男孩。当我终于回过神来时，我说：

“你……你在这儿做什么？”

他没有回答我的问题，而是一脸严肃地看着我，又重复了一遍：

“请你……给我画只羊。”

当一个人被某种神秘力量震慑住的时候，他绝对不敢不服从。我竟然不自觉地掏出了纸笔——现在想来也真是荒诞，在那片荒无人烟的沙漠里，在那个生死攸关的时刻，我居然做出那样荒诞的举动。但我旋即想到，我不会画画，就很为难地对小家伙说，我只懂些地理、历史、算术和语法而已。

“没关系啊，”他说，“给我画只羊就行！”

但我生平只画过两幅画，我就把六岁时的一号作品，那只被大人当成帽子的蟒蛇图画了一遍，递给他。

“不，不！”小家伙叫起来，“我不喜欢蟒蛇，它太危险，何况它肚子里还吞了一头大象。”我大吃一惊。震惊中，我听到他继续说：“蟒蛇太危险，大象又太占地方。我住的地方很小，只要一只小绵羊就行了。”

我只好照他的意思画了一只羊。

他认真地看了一会儿，把纸放下说：

“这只羊病得太厉害，给我另画一只吧！”

我就又另外画了一张。

小男孩腼腆地笑了起来：“你看，你画的可不是小羊……它头上有角，是只公羊……”

我画的下一张小羊，遭到了同样的命运。挑剔的小家伙说：“这只羊太老了，我想要一只能活很久的。”

可我还要检修我的飞机故障，就不耐烦起来，草草地给他画了下边这个箱子，递给他说：

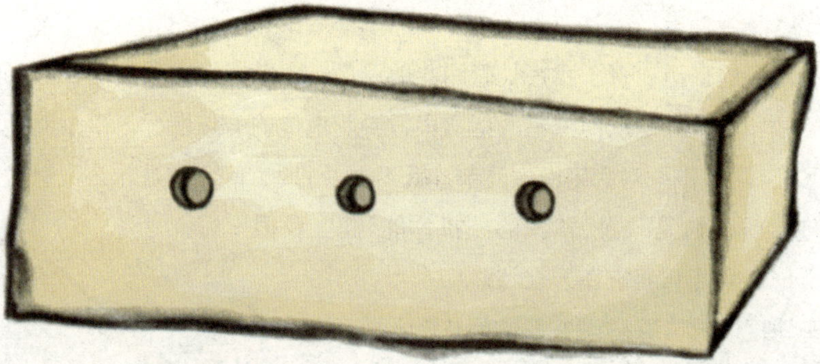

“这里头装的就是你想要的那只羊。”

令我不解的是，这位苛刻的小点评家却心满意足地笑了，“对啦”，他说，“我想要的就是这个呀，你说，它会不会很能吃草？我的住处实在太小……”

我安慰他说：“足够喂它的，我给你画的本来就是很小的羊。”

他又一次仔细地看了看画。

“嗯，也没那么小……咦！它睡着啦……”

就这样，我认识了小王子。

# 三

弄清小王子的来历，费了我好长时间。他只是一个劲儿地向我提问，对我的问题却似乎充耳不闻。我也只是从他零星的话语里，弄明白他的一点情况。举个例子吧，他刚看到我的飞机（飞机图画对我来说太复杂，就不画了）时，问我它是什么玩意儿。

我给他比画说这是飞机，“我的飞机，能飞。”我很自豪地告诉他，我能驾着它在天上飞。

他惊奇地瞪大眼睛说：“哦？那你是从天上掉下来的？”

我诚恳地承认了。

“嘻！真是有趣呀！……”

小王子咯咯地笑起来。这让我很不愉快，我不喜欢别人拿自己的不幸开玩笑，我希望这种遭遇能得到尊重和同情。

他后来又问：“这么说，你也是从天上来的？！那你是从哪个星球来的？”

我立刻觉察到一点线索，于是，就加紧追问：“你是从别的星球来的吗？”

他没有回答，只是看我的飞机，点了点头，说：“你不可能是从很远的地方来的，坐着这个东西……”

他沉思了许久，然后从口袋里拿出我给他画的小羊，又看得出了神。

但小王子“别的星球”的含糊的话语，引得我竭力想探究下去。“你到底是从哪里来的啊，小家伙？你想把我的羊带到哪儿去？”

他思索了好一会儿，然后答非所问地说：“幸好有你给的那个箱子，它在晚上可以给小羊当房子。”

“哦，要是你乖乖的，我再给你画根绳子和一个木桩，白天你就可以把羊拴住。”

我的这个建议，似乎让小王子很反感。

“拴住它？”小王子不高兴地说，“多奇怪的想法呀！”

“你不拴它，它会乱跑，还会走丢。”

我的小朋友笑了起来，“它能跑哪儿去呀？”

“各个方向，或者，一直往前……”

小王子有点忧伤地说：“我那儿很小很小。一直往前跑，也没多远……”

# 四

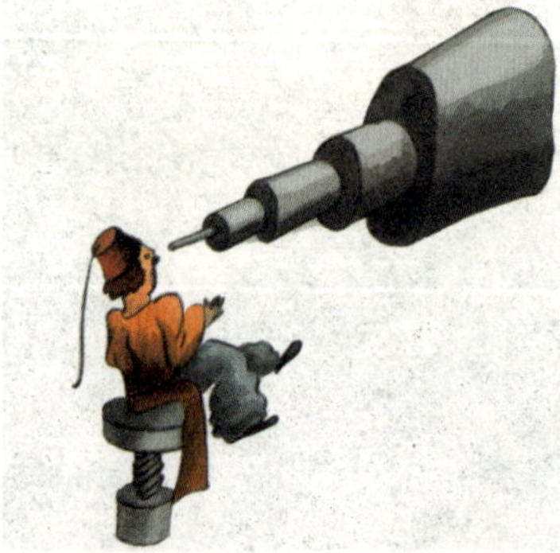

第二天，我又知道了一个很重要的情况：小王子所住的星球，并不比一座房子大多少。

我倒没有感到很吃惊，我知道，除了地球，还有木星、火星、金星等有名的星球，以及很多目前还没有名称的星球。它们中有的就很小，用望远镜都很难看到。当这类小行星被某个天文学家发现时，这个天文学家就会给它编个号码，就算名字了，比如“B325 小行星”。

感谢我所掌握的有限的天文知识，它让我很确定地认为，小王子所来自的星球是 B612 小行星。B612 小行星是一位土耳其天文学家在 1909 年通过望远镜发现的，他也只看到过一次。但当这位土耳其天文学家在一次国际天文学会议上披露并论证他的发现时，因为他的土耳其服装，人们没有相信他。大人们就是这样，总要以衣冠取人。

多亏了当时的一位土耳其独裁者。为了维护发现 B612 小行星的荣誉，独裁者颁布了一道强制改穿欧式服装的法令。1920 年，当那位土耳其天文学家一身西装地把他的发现重新论证一遍时，人们都同意了他的看法。

我在这里之所以要详细讲述 B612 小行星的来历以及它的编号，是因为大人们都偏好数字。他们和新朋友聊天也只是说些无关紧要的话，他们不关注新朋友的声音好不好听，喜欢玩哪些游戏，只关心新朋友有几个兄弟、体重多少以及他父亲有多少财产。大人们觉得只有通过数字才能了解一个人。要是你向大人们这样描述一幢漂亮的房子：“玫瑰般可爱的红砖房，窗口放着天竺葵，屋顶上传来鸽子温柔的咕咕声。”他们绝对无法想象出那栋房子的模样，你必须说“我看见一幢价值十万法郎的房子”。他们马上就会惊叹：“多美的房子呀！”

一样的道理，当你对大人们说：“确实有个小王子，他长得小巧可爱，他经常咯咯地笑，他还想要一只小小的羊。这就是他存在的证明”时，大人们会耸耸肩膀，觉得你像个小孩子一样幼稚。但如果换种说法：“小王子来自 B612 小行星”，他们就会深信不疑，也不需要你做过多解释。这就是大人们，希望小孩子们能宽容他们。

当然，对于懂得生活的人来说，才不理会那些编号啊数字哩。所以，我愿意这样讲述这个神奇的故事：“从前，在一个很小的星球上，住着一个小王子，小王子很孤独，所以他想要一位朋友……”对于那些懂得生活的人来说，这样的故事更真实。

我费尽心思写这件事，不是要人们漫不经心地看。虽然我那位小小的朋友带着他的羊离开我已经六年了，我还是要把他写下来记在心里。虽说不是所有人都有朋友，但忘记一位朋友，我总觉得是可耻的。还有一个原因就是，我不想很快变成只对数字感兴趣的大人。

于是，我买了一盒颜料和几支铅笔，想要把我的小朋友记在纸上。但自从我六岁那年画过两张透明和不透明的蟒蛇画之后，我就再没有拿起过画笔。像我这种年纪的人，想要重操旧业，可真不容易，但我还是尽量把画画得逼真些，可真实的情形却是，这一张画得还行，那一张又画得太差。对于小王子的身材，我有时把他画得太高，有时又画得太矮。他的衣服颜色，我也吃不准。我就这样涂涂改改试探着画，最后终于凑合着完成了。但还需要大家谅解的是，某些重要细节我可能画错了，因为我的小朋友，没把我当成需要解释的大人，以为我和他一样，也就没有向我解释过什么，但我却不能透过箱子看到里面的小羊，大概我已经老到有些像那些大人了，这让我很遗憾。

# 五

每天和小王子谈话，我总能知道一点关于他的情况。当然，这些情况都是小王子在谈话时无意中说的。对他的事情，小王子似乎总是不愿意吐露。

就这样，我慢慢了解了小王子的星球、他的出走和他的旅行。

第三天的时候，我知道了猴面包树的故事。

这也是由那只可爱的小羊引起的。可能是因为想到了小羊的喂养问题，小王子忽然很忧虑地问我："羊真的吃小灌木吗？"

"是啊，没错。"

"噢！太好了。"

我不明白这有什么好。只听见小王子又问："这么说，小羊也会吃猴面包树吧？"

我认真地给小王子描述猴面包树，说它不是小灌木，而是像教堂般高的大树。他哪怕是带一群大象去，把大象一只只叠起来，最上边的大象也啃不到猴面包树的叶子。

大象的比方让小王子咯咯笑了："让大象叠罗汉啊……"

但他转口又说，"教堂高的猴面包树，也是从小苗开始啊。"

"没错。可为什么你想要小羊去吃猴面包树的幼苗呢？"

他答道："嗯！那还用说吗！"小王子认为这事不用解释，可我为了弄清这个问题，却很是费了一番周折。

原来，和其他星球一样，小王子居住的星球上也长着各种有益和有害的植物，但当它们还是种子的时候你还看不出哪一粒是有益的，哪一粒是有害的。当种子从泥土深处苏醒，羞答答地开始向太阳伸出它可爱的嫩芽时，就需要辨识它是好是坏了。如果是小萝卜或娇嫩的玫瑰，当然可以允许它继续生长；如果是一株有害的苗木，就必须马上铲除它。

在小王子的星球上，有一种很可怕的……那就是猴面包树的种子。在他那个星球的土壤里，这种树种已经泛滥成灾了。对这种树苗，你发现的稍迟些，就会对它无能为力了。它会不停地生长，直到它的根把小小的星球钻透。当星球很小，猴面包树很多时，整个星球就会被撑破。

"这需要严格的自律。"小王子后来告诉我说，"当我早上起来梳洗完毕后，就开始给星球梳洗，必须仔细认真地辨识和拔去猴面包树苗。猴面包树的幼苗和玫瑰苗很像，找出来以后，就必须拔掉它。这件事很烦琐，但也容易做。"

我们的聊天有时很有意义，有一天，他说："有时，人们把自己该做的事耽搁一点没什么关系，但如果是拔猴面包树苗这种事，稍微一耽误就会酿成一场灾难。有这么一个星球，它上面的一个懒汉很大意地拔迟了三株猴面包树苗……"他甚至建议我画一幅漂亮的画，他说："这样会让你们那儿的小孩子们都知道这回事。"于是我根据他的指点画了那个星球。

他看着我的画，严肃地说："如果他们有一天外出旅行，知道这个对他们是很有帮助的。"

对于猴面包树的危险性，大家确实知道的不多，因此，我也一改不喜欢说教的面孔，说："要当心猴面包树呀！孩子们！"为了提高朋友们对这件事的警惕性，为了他们不再身处险境却不觉察——我花了很多工夫才画好这幅画。

也许大家很奇怪，整本书为什么就这幅画画得最奔放有力呢？答案很简单：和别的画相比，只有这幅画，受到了一种紧迫焦虑的情绪的鞭策。

# 六

啊，我可爱的小王子！在朝夕相处的过程中，我逐渐解了你的生活，你的忧郁。到了第四天清晨，我知道另一件事：你曾经在很长的一段时间里，只喜欢看温柔的落日余晖。当时我刚张开眼，看见你洋溢着快乐的小脸。你对我说："我喜欢日落，我们一起去看吧！"

"可是我们要等……"

"等什么呀？"

"等太阳落山啊。"

你露出很吃惊的神色，随即又笑了。"我真糊涂，总以为自己在家里哩！"

可不是嘛，我们都知道，美国的正午，正是法国太阳落山的时间。要是你能一分钟赶到法国，就可以欣赏到壮丽的日落了，只可惜，法国离这儿太远了。但在那颗小小星球上，我的小王子只需把椅子挪几下，就可以随时看到晚霞满天了……

"有一天，我看了四十三次日落。"

沉默了一会儿，你又说，"你知道，一个人忧伤难过时，就喜欢去看日落。"

"那你是不是特别忧伤啊？"我说，"一天看了那么多次日落。"

我的小王子没有说话。

# 七

第五天，还是因为那只小羊，我又发现小王子的一点秘密。那天，他沉思了好久，突然像有了结论似的问我："羊吃小灌木，是不是也吃花啊？"

"它碰上了就吃。"

"有刺的花它也吃吗？"

"吃呀，有刺的花也吃。"

"可那刺有什么用呢？"

我也不知道怎样回答小王子的疑问，他问起问题来总是没完没了。而且那时，我已经发现我的飞机故障似乎很严重，备用水也快没了，我担心最坏的事情会发生，小王子发问的时候，我正焦虑地拆卸引擎上的一颗螺丝。这颗拧得太紧的螺丝让我很窝火。

"那刺还有什么用呢？"小王子又问了一遍。

我就很焦躁地敷衍他："刺没什么用，那只是花儿想要刺人。"

"哦！"

他沉默了一会儿后，很不满地对我嚷，"我不信你的话！花儿那么柔弱、天真，她们只是想保护自己，她们以为有了刺就会显得很厉害……"

我没理他，一门心思地想那颗该死的螺丝："如果再拧不下来，我就一锤子敲掉它。"

小王子又来烦我，"你真的认为花……"

"好啦，好啦！我什么都不认为！我只是随便说的。你没看见我正在忙正事吗！"

他惊讶地看着我。

"正事？！"

我正满手油污地拿着锤子，俯身对着一个他看来很丑陋的东西。

“你说话和大人们一样！”小王子很不客气地说，“你什么都不懂……你把事情搞得一团糟！”

我有点儿难堪。小王子也真的生气了，愤怒地晃着脑袋，金黄色的头发随风飘动。

“我去过一个星球，那里有一位红脸先生。他从不知道什么是花香，什么是星星，也从没爱过任何人。每天只是低头算账，从早到晚地说，我在干正事，我在干正事，像你一样。他总觉得自己了不起，可它只能算个蘑菇！”

“算什么？”

“一个蘑菇！”

小王子气得脸都白了。

“几百万年前，花儿就长刺了；几百万年前，羊就吃花了。如果刺一点用都没有，花儿为什么费劲儿长出刺来？弄明白这些事，不是很重要吗？花儿和羊之间的斗争，不也很重要吗？这些难道都没有那个红脸大胖子先生的账本重要吗？如果一朵世界上独一无二的花儿，只长在我的星球上，一只小羊却糊里糊涂地一口把她给吃掉，这难道不重要吗？”

小王子的脸因为激动和愤怒变红了。

他继续说：“如果有人爱上一朵花——一朵世界上独一无二的花，她只长在一颗星星上，当这个人望着满天星星的时候，他就会觉得很幸福。他会对自己说，我的花儿就长在其中的一颗星星上……但要是小羊把这朵花儿吃掉了，那么，所有的星星就会在他眼里一下子失去光芒，这难道也不重要吗？”

小王子抽噎起来，最后开始放声大哭。

天已经黑了。我扔下手里的工具，把小王子抱在怀里。锤子、螺丝、饥渴、死亡、黑夜，这一切统统都不再重要了，我只知道，在我住的星星上——在地球上，有个小王子需要安慰！我轻轻摇晃着怀里的小王子，对他说：“你爱的那朵花儿不会受到任何伤害的……我会给你的小羊加一个嘴套……再给你的花儿画一圈护栏……我还要……”

我简直不知道该说些什么才好。

我觉得自己的嘴太笨拙了，不知道该用什么样的话语去安抚他……唉，晶莹的泪珠里闪烁着难测的情怀啊！

# 八

对于小王子的那朵花儿，没多久我就有了更多的了解。原来，小王子的星球上也长花儿，但都是很小的单瓣花，不占地方，也不给人们添乱。她们在清晨的草丛中灿然开放，夜色降临就悄悄凋谢了。直到有一天，小王子发现了一颗不知从哪里来的种子抽出了嫩芽，是不是猴面包树的一个新种啊，小王子谨慎地看着这株幼苗！可是幼苗很快就不再长高了，她结了花苞，花苞越长越大。小王子惊奇地看着娇柔的幼苗上那个很大的花苞，心里热切地期待着奇迹的诞生。就好像是有意要试探小王子似的，花苞扭扭捏捏地，就是不肯开放。她躲在那绿色的花萼房里，精心地打扮自己：她挑剔地选择自己的颜色，一片片地调整好花瓣的角度。她可不愿像虞美人的花朵那样急促，满脸纹路地跑出来。她要让自己美丽的姿容像太阳一样光彩夺目。这朵爱俏的花儿，在她的房间里精心妆扮了很多很多天，终于，在一个太阳刚刚升起的早晨，她绽放了。

她精心准备了那么久，这会儿却娇柔地打着哈欠，“呵！我刚刚睡醒……请原谅啊……你看我头发还乱蓬蓬的……”

这时，小王子的爱慕之情油然而生：“你真美啊！”

“是吗？”花儿娇俏地说，“我可是和太阳一起诞生的……”

小王子觉得花儿很骄傲，但她确实长得袅娜动人。

“我想，现在是早餐时间了吧？”她

说，“能不能拜托你……”

小王子有些惭愧，赶紧提了一壶清水来浇灌她。

不久，她那傲慢又多疑的虚荣心成了对小王子的一种折磨。比如有一天，他们谈论起她身上的四根刺，她说，“让老虎张着利爪来吧！我可不怕他！”

“我这儿根本没有老虎”，小王子反驳她说，“再说老虎也不吃草呀。”

花儿嗔怪地娇声说：“我可不是草。”

“真对不起。”

“我不怕什么老虎，却受不了风吹，你有挡风的屏障吗？”

小王子心想：“害怕风吹……这对植物并不好啊，这朵花儿真不好伺候……”

“晚上你得把我罩住，这个地方真冷，也没安顿妥当，我原来住的那个地方……”

她没有说下去。是啊，她撒的谎未免太幼稚可笑了，她来时还只是一粒种子，哪里见过什么别的世界。她想掩饰自己的难为情，就假装咳嗽了几声，想让小王子感到歉疚。

……

“屏风呢？”

“我刚要去拿，你又跟我说话了！”

她故意咳得很厉害，非让小王子感到歉疚不可。

小王子开始怀疑这朵花儿了，虽然他还是那么真心诚意地爱着她。小王子把花儿那些无关紧要的话都当了真，结果弄得自己很是苦恼。

有一天，小王子对我说：“我当时什么也不懂！我真不应该离开她，看她这个人，不该只是听她说些什么，更应该看她做些什么。她散发出芬芳，给我的生活带来了阳光。我早该感受到她的那些小花招背后的一片柔情。但我那时多么蠢啊，只记得老虎爪子这些话。花儿总是这样心口不一。可惜我那时太年轻，不懂得怎么去爱她了。”

# 九

我开始想象小王子的逃离，他一定是趁一群鸟儿迁徙的时候离开的。

出发的那个早上，他很认真地收拾了他的星球，仔细地疏通上面的两个活火山口。它们让他热早饭很方便。那座死火山，他也细心地整理了一番，就像小王子说的，“说不定哪天它也会活动起来呢”。火山被疏通好后，就会和缓地燃烧，不会因为长久积压而突然喷发。火山和烟囱的道理一样。我们地球上的火山经常给我们带来麻烦，是因为我们实在太渺小了，无法帮它们疏通。

终究是要走了，小王子心里有点儿忧伤，他觉得自己可能再也不会回来了。那天早上，他怀着永别的伤感，拔掉了几棵猴面包树苗，然后来到了花儿面前，打算给她浇水、围风罩。看着花儿，他差一点儿哭出来。

“再见了！”他对花儿说。

她没有回答。

“再见啦！”他又说了一遍。

花儿咳嗽起来，却不是因为感冒。

她终于说话了，没有一句责备。她说：“我以前很傻，希望你能原谅。现在我祝你幸福。”

他很意外，呆呆地站在那里，风罩一直拿在手上。他一时竟没有读懂花儿言语中的脉脉深情。

“我真的爱你。”花儿伤感地说，“可你一点儿都不知道，当然，这也是我的错。现在说什么都没用了。但你也是和我一样的傻啊。希望你以后能幸福……你把罩子放开吧，我用不着了。”

“可是，会有风……”

“我没有那么虚弱，风一吹就感冒……夜晚的习习凉风对我也有好处，我可是花呀。”

“要是有小虫子或野兽……”

“如果想结识蝴蝶，我就必须要忍受两三只小毛虫。这也是应该的，否则，谁会来看我呢？那时，你又不知道在哪个天边。我也不怕大动物的，你看，我有爪子。”

她天真地伸出那四根刺，又说，“别磨蹭啦，多叫人烦心呐！既然决定了，就快些走吧！”

她是一朵多么骄傲要强的花儿呀，不想让小王子看见她的眼泪。

# 十

小王子开始了他的旅程。他想先探访在他星球附近的几颗小行星，它们的编号是325、326、327、328、329、330等。小王子想在这几颗星球上找点事干，丰富自己的阅历。

第一颗星球上住着一位国王，他穿着白鼬皮、紫红缎子镶边的长袍，坐在简单又威严的宝座上。

看见小王子，他大声叫道："噢，总算来了一个子民！"

小王子很惊讶，他认得我吗？可他从来就没见过我啊！

他不知道，国王眼里的世界都很简单：大家都是他的子民。

国王十分高兴地让小王子走近些，他终于成为一个拥有臣民的国王了。

小王子看了看四周，想找个地方坐下来，可是国王华丽的鼬皮长袍把整个星球都挤满了。他只好很疲惫地站着，还止不住地打了个哈欠。

"不要打哈欠！国王面前打哈欠，是有违宫廷礼仪的。"

小王子很抱歉地说："我走了很远的路，一直没有睡觉，实在忍不住了……"

"也好，"国王说，"那我就命令你打哈欠。好些年没见人打哈欠了，这倒是件新鲜事。快，打哈欠！这是命令。”

“这……我倒紧张得打不出来了……”

小王子的脸涨得通红。

“嗯！”国王说，“那……我命令你，打一会儿，停一会儿……”威严受到了冲撞，国王有些恼火。

他是一位专制的君王。但还是很善良的，他的命令通常都合情合理。他常常会说：“我如果命令一位将军变成一只海鸟，将军不听从，那就不怪将军，而是我的错。”

“我现在可以坐下吗？”小王子胆怯地问。

“我命令你坐下。”国王边下令边威严地撩起他华丽长袍的下摆。

这么小的星球，国王统治什么啊？小王子心里很疑惑。

“陛下，请原谅！”小王子说，“我想向您提个问题。”

“我命令你向我提问！”国王赶紧说。

“陛下……您统治什么呢？”

“一切！”国王声音响亮地说，“所有的一切。”

“所有的一切？”

国王指着自己的星球以及其他的星球，“所有这一切……”国王强调说。他不仅是这个星球上的最高统治者，还是整个宇宙之主。

“它们都服从您的命令吗？”

“那肯定啦！”国王说，“我一下令，它们立即执行。绝不允许有任何违反规矩的行为存在。”

国王的权力让小王子惊叹不已：“如果我也拥有这种权力，就可以随心所欲地看日落了，甚至一点都不用挪动椅子，就能在一天内看一百次、两百次的日落！”想起自己的那个小星球，他心里有点儿哀伤，于是，就鼓足勇气向国王请求说：“我想看日落……请您……命令太阳落山吧……”

国王说：“要是我命令一位将军变成花丛中的一只蝴蝶或者一只海鸟，或是勒令他写出一部悲剧，将军拒绝服从，那你觉得，是他不对，还是我错了呢？”

“当然您不对了。”小王子不假思索地说。

“对啦，”国王接口说，“权威不能强人所难，它首先要建在理性的基础上。要是你勒令你的子民都跳海，他们一定起来造反。命令要先合理，才能要求别人服从。”

“可是，我想看的落日呢？”小王子就是这样，问题没有得到解答，他的提问就不会停下来。

“我会让你看到日落的，不过，依照我的统治准则，要等到条件具备时，才能下达命令。”

“要到什么时候呢？”

国王开始翻看一本厚厚的历书，嘴里慢慢地念叨着：“嗯！落日……大约是……要到……今晚7时40分左右！它们一定会服从命令，你也一定会看到的。”

小王子感到有些遗憾，也有些无聊，他打了个哈欠，就对国王说，他觉得没什么事可干，想要走了。

“别走啊！”国王还没享受够拥有一个子民的快乐呢，“我任命你做我的大臣！”

“什么大臣呢？”

“嗯……嗯……司法大臣吧！”

“可是，这里再没有其他人，我审判谁呀！”

“那可不一定，”国王说，“我还没巡遍我的王国呢，我年纪大了，一走路就累，可这里又没个停马车的地方。”

“这样啊，”小王子说着，朝星球的另一面探身看了看，“那边也没人……”

“没有人啊，你审判自己吧！”国王回答，“审判自己，这可是最难的事了。你要是能公正地审判自己，你就是真正的贤达了。”

“我在哪里都可以审判自己，”小王子说，“没必要非待在这里。”

“嗯……嗯……”国王又提了个建议说，“我的星球上有一只老鼠，我经常在夜里听见它吱吱的叫声。你可以每隔一段时间就判它一次死刑，它的生杀大权全掌握在你的手中，不过，每次判决后你还要赦免它，因为我星球上就只有这一只老鼠。”

小王子不喜欢判死刑，他说：“我想我还是该走了。”

“不准！”国王说。

小王子也不想让老国王难过，便对国王说：“陛下如果想要命令及时得到执行，就再下一道合情理的命令吧。比方说，您命令我一分钟内必须离开这里，我觉得下达这个命令的时机已经成熟了……”

国王紧闭双唇，一句话也不说。小王子犹豫了一下，叹了口气后想起身离开。

“我任命你做我的大使。”国王赶忙喊道，他还摆出一副很威严的样子。

“大人们真古怪啊！”在离开的路上，小王子自言自语地说。

# 十一

第二个行星上住着一个骄傲自大而又爱慕虚荣的人。

“喔！喔！”他老远就冲小王子嚷起来：“崇拜我的人来拜见我了！”

骄傲自大的人认为，所有的人都该崇拜他。

“你好啊！”小王子礼貌地打着招呼，“您的帽子真特别。”

“这是向崇拜我的人致意用的。”这个极度虚荣的人说，“我要向对我欢呼的人们举帽

致意，可惜的是，从来没有人来过这里。”

“哦？”小王子没弄明白他的话。

“你开始拍手鼓掌吧。”骄傲自大的人向小王子提议。

小王子就拍起手来，骄傲自大的人庄重地向他抬帽致谢。

“这可比访问国王有趣多了。”小王子想着，就再次拍手，虚荣的人再次抬帽致谢。

就这样重复了几次后，小王子觉得这游戏太单调了，就说：“您怎么样才会放下帽子？”

但骄傲自大的人听不懂这句话，他这种人生来只听得懂赞美。

他问小王子：“你真的特别仰慕我、崇拜我吗？”

“什么是崇拜呀？”

“崇拜，就是认为我是这个星球上长得最俊美、穿得最漂亮、财富最多和智商最高的人。”

“可星球上除了您再没有其他人了呀！”

“那你就来崇拜我吧！”

小王子耸耸肩说：“那又有什么意思，您只对这种事情感兴趣吗？”

小王子走开了。

“大人们真古怪啊。”在路上时，他又自言自语地说。

# 十二

下一个星球的访问时间很短，因为那里住着一个酒鬼。在这个星球上的遭遇，让小王子难过了好久。

“您在干什么？”碰上酒鬼的时候，小王子这样问他。酒鬼满脸忧伤地坐在一堆酒瓶子中间。这些酒瓶，有的已经喝空了，有的还满着。

“我在喝酒呀！”酒鬼一脸的颓然。

“您为什么喝酒？”

“为了忘记。”

“想忘记什么啊？”小王子有点儿可怜酒鬼了。

酒鬼垂着头，沮丧地说：“想忘记自己做过的让自己感到羞愧的事……”

小王子很想帮助酒鬼：“您因为什么事而感到羞愧呀？”

“为喝酒而感到羞愧。”说完这句之后，酒鬼再没开口和小王子说话。

小王子又带着新的困惑上路了：“真难理解啊，这些大人们！”

# 十三

一个商人住在第四颗星球上。小王子来到他面前时，他忙得连头都不肯抬一下。

“你好！”小王子和他打招呼说，“您的烟已经灭了。”

“三加二等于五。五加七十二。十二再加三等于十五。您好！十五加七二十二。二十二又加六等于二十八。哦，我没空点烟，随它去吧。二十六加五是三十一。噢，上帝啊！总数是五亿零一百六十二万二千七百三十一。”

“什么五亿？”小王子疑惑地问。

“咦，你还在？五亿零一百万，我也忙糊涂了。我工作太多了，没时间闲聊。二加五等于七……”

“什么是五亿零一百万？”小王子很勇敢，锲而不舍地追问。

商人终于抬起头来。“我住在这星球 54 年了，只被打扰过三次：第一次是 22 年前，来了一只金龟子，鬼晓得它打哪儿来。它的翅膀发出嗡嗡的噪音，害我弄错了四个数字；第二次是 11 年前，因为我缺乏运动患上了关节炎，可我是认真工作的人，没时间运动；第三次就是，在我正算到五亿零一百万时，被你打断了……”

“五亿零一百万什么？”

商人总算意识到，只有回答了这个问题，他才能耳根清净。

“是许多的小东西，有时能在天上看到它们。”

“哦，苍蝇吧？”

“不对，它们一闪一闪的。”

“那是蜜蜂？”

“也不是，是金灿灿的能让无聊的人胡思乱想的小东西，当然，我可没空去瞎想，我太忙了！”

“噢！是星星啊！？”

“对了！”

“那您计算那五亿多颗星星做什么呀？”

“是五亿零一百六十二万二千七百三十一颗。我要求数目极度精准。我说过，我是个认真严肃的人。”

“您数这些星星做什么？”小王子问。

“做什么？”

“对呀。”

“不做什么，就是占有它们。”商人说。

“占有它们？”

“对！”

小王子说他见过一位国王……

“国王？”商人撇撇嘴说，“国王们只是统治星星，这和占有可不一样。”

“那您占有了它们又能怎样呢？”

“就十二分富有啦。”

“然后呢？”

“只要有人发现了新星星，我就可以去购买它们啊。”

小王子觉得商人的头脑有点儿像不久前见过的那个酒鬼。

但他还是有疑惑，就继续问："怎么去占有这些星星呢？"

商人不耐烦地反驳："那你觉得，星星们都是谁的？"

"它们不属于任何人……"

"那它们就都归我，因为我是头一个想到去占有它们的人。"

"只是想想就可以吗？"小王子感到太奇怪了。

"那当然，当你发现一颗不属于任何人的钻石，它当然就属于你了。当你找到一个没有主权的小岛，那它就是你的了。当你第一个想到一个主意，你就可以申请让它成为你的专利。对于这些星星而言，除我之外没人想过占有它们，那它们当然是我的了！"

"也对。可你要星星们做什么啊？"

"管理，"商人说，"我一遍遍统计它们的数量，这是很不容易的，可我是认真严肃的人！"

小王子还是不满意这个答案。

"如果我有一条围巾，我可以把它围在脖子上，"小王子说，"花儿也是这样啊，我可以摘下来把它带走。但您总没办法把星星摘下来呀……"

"不错，但它们能被存到银行里。"

小王子不明白。

"就是说，我在一张小纸片上写下这些星星的数目，然后把它锁在抽屉里。"

"就这样吗？"

"就这样。"商人说。

小王子觉得蛮好玩，蛮有诗意，但却不能算正经事儿。

小王子对正经事有自己的看法。

他说："我拥有过一朵花儿，我每天去给她浇水。我拥有三座火山，我每周去把它们疏通一遍，就连那座一直没有再喷发的死火山，我也打扫了。你看，我就这样拥有我的花儿和火山，我对他们很有用。可是，您对星星有什么用呢？……"

商人说不出话来。

小王子又继续前行了。他自言自语地说："大人们太不可思议了。"

# 十四

第五颗星球更是奇异，它上面只能放一盏路灯和一个点灯人。它是所有的星星中最小的一个。这个怪异的小不点儿星球让小王子很伤了番脑筋：这里既没有房子，又没有居民，那路灯和点灯人有什么用啊？但他还是很愉快地想：这比我之前见到的那些人好多啦，和那个威严的国王、骄傲自大的人，还有可笑的酒鬼和商人比起来，点灯人所做的事有意义多了，当他点亮路灯时，就是在给天上添一颗星或一朵花儿啊；路灯被熄灭时，又好像是星星或花儿该睡觉了。这真是一件美好的事儿！美好的事情总是有用的。

于是，小王子恭敬地向点灯人施礼问候："早安！为什么您刚才把路灯熄灭了呢？"

"早上好！"点灯人说，"这是规则。"

"什么规则？"

"熄灯规则。晚安！"

他很快又点亮了路灯。

"您怎么又把它点亮了？"

"亮灯规则呀！"点灯人答道。

"我有些糊涂啦。"小王子说。

"规则就是规则，没啥好解释的。"点灯人回了声："早安！"，马上又熄灭了灯。

然后，他掏出一块红色方格子手绢擦汗。

"这工作可把我累坏啦，从前这活儿还算可以，我只是早上灭灯，晚上点灯，剩下的时间，就是休息和睡觉……"

"后来规则改了吗？"

"那倒没有，"点灯人说："不幸就在这儿！规则一点儿没变，而是这星球转得一年比

一年快。”

“快又怎么了？”小王子问。

“这星球每转一圈，我就得点一次灯，熄一次灯。现在它一分钟一圈，我就一秒钟也不能休息了！”

“真神奇！您这里的一分钟就是一天啊。”

“神奇什么呀！”点灯人说，“咱们聊天的这小会儿就已经过了一个月了。”

“一个月？”

“对，就是整整三十天。晚安啦！”

点灯人又去点他的路灯了。

小王子觉得点灯人很可爱，他很想帮助他，他多么忠实地执行着既定的规则呀。小王子心里想：我可以告诉他我挪椅子看日落的经验。

“我有个办法，”小王子说，“能让您想什么时候休息就可以休息……”

“我一直想这样啊。”点灯人说。既能忠于职责又有闲暇，确实令人向往。

小王子建议说：“您的小星球太小了，走三步就能绕一圈。只要您慢慢走，就能老走在太阳下。如果您想休息了，您一直这样慢走……白天就想多长就有多长了。”

“恐怕这也帮不了我多少忙，因为我更想睡觉。”

“那就很遗憾啦。”

“是很遗憾啊。”点灯人说着，又熄灭了那盏路灯，“早安！”

小王子在路上的时候叹息说：“我认识的那个国王、骄傲自大的人、酒鬼，还有商人，一定瞧不起这个点灯人。可是我却觉得他不那么可笑，也许是因为他关心别人超过关心自己吧。”

小王子叹一口气，很惋惜地想：“我见到的人中，他是唯一能做朋友的人，可惜他的星球实在住不下两个人……”

小王子不愿坦露心底的秘密：在这颗“幸运”的星球上，他可以在二十四小时内看到一千四百四十次日落，所以，他才非常留恋它。

# 十五

第六颗行星比点灯人那个星球大十倍，上面住着一位专写大部头著作的老先生。

看见小王子，他大声嚷道："呀！来了一位调查员。"

小王子气喘吁吁地在桌旁坐下，他已经赶了很长时间的路了。

"你打哪儿来呀？"老先生问。

"这么大的一本书啊！您在这儿干什么？"小王子问。

"我是地理学家。"老先生说。

"地理学家是做什么的？"

"地理学家呀，就是知道哪儿有海洋、河流、城市、山脉、沙漠的学者。"

"这倒是正当行业，一定很有趣吧？"小王子说着，四下打量着这位地理先生的星球，真壮观哪，他在旅途中还从没见过这样的星球呢。

"您的星球太美了！这上面有海洋吗？"

"我不知道。"地理学家继续说，"也不知道这个星球上有没有城市、河流和沙漠。"

小王子很失望："您不是地理学家吗！"

"对呀。"地理学家解释说，"我是一个地理学家，但手下没有一个调查员。地理学家的职责不是到外边去数城市、河流、山脉、海洋和沙漠的数目，他不能离开自己的工作室，他需要在那里接见调查员，询问并记录他们的所见所闻。这很重要，要是他对某位的调查结果有疑问，就会先调查这位调查员的品质。"

"为什么呢？"

"因为调查员的谎言会给地理书籍的编写带来灾难。爱喝醉酒的调查员也需要考查。"

"这又为什么？"小王子说。

“因为醉鬼看东西总是重的，某个地方本来有一座山，他会告诉地理学家有两座。”

小王子说：“我就认识一个酒鬼，如果他做调查员，说不定也会是个很差的调查员。”

“这很可能。如果确定了调查员的品质没问题，我接着就会考证他那让我心怀疑虑的发现了。”

“实地考证一下吗？”

“没必要搞那么复杂，只要他拿出凭证就行了，比如他说发现了一座大山，那他就必须带回几块大石为证。”

地理学家突然精神一振，说：“你打很远的地方来，就是个调查员啊！快说说你的星球吧！”

地理学家打开本子，削尖铅笔。对调查员的信息，他总是先用铅笔记录，证据确凿后，才用墨水写下来。

地理先生一脸期待地看着小王子。

“我住的地方嘛，很小，也不有趣。”小王子慢慢地说，“那儿有三座火山，其中一座是死的，当然，也不一定，谁知道它以后会不会再活起来。”

“是不好说。”地理先生点点头。

“我那儿还有一朵花。”

“我们不记录花儿。”

“为什么？花儿总是最美的。”

“因为花是稍纵即逝的。”

“稍纵即逝是什么意思？”

地理先生说：“地理书是最珍贵也最严肃的书，它只记录恒久不变的事物，永远不会过时的，像极少移动的山啊，几乎不干涸的海洋啊之类的。”他强调说，“它们是永不过时的。”

“但死火山不是也有可能再喷发吗？”小王子说，“稍纵即逝，到底什么意思？”

“对我们来说，火山死活都一样。”地理学家说，“我们的关注点是山，它是永恒的。”

“稍纵即逝到底是什么意思？”得不到解答，小王子可不肯罢休。

“就是生命很快就会消亡。”

“我的花儿也会很快消亡吗？”

“当然。”

“我的花儿是稍纵即逝的，”小王子喃喃自语，“她只能用四根刺来保护自己，而我却把她孤零零地留在了那里。”

他第一次感到懊悔难过，但他还是强打精神问道：“您觉得，我还应该去哪里访问呢？”

“地球。”地理学家说，“地球是享有盛名的星球，你去那儿吧……”

一路上，小王子无比心痛地思念着他的花儿。

# 十六

他到访的第七个星球是地球。这可是个了不起的星球！这里有一百一十一位国王（当然，包括黑人国王们），七千个地理学家，九十万生意人，七百五十万个酒鬼，三亿一千一百万个骄傲自大的人——加起来，将近二十亿个大人。

为了能让你的头脑里有一个关于地球大小的大致概念，我换种方式告诉你，爱迪生发明电灯以前，六大洲上点路灯的人，拥有一个很庞大的队伍——总共四十六万二千五百一十一个成员。

如果在稍远的地方眺望地球，点灯可是个很壮观的行动，像芭蕾舞剧的有条不紊一样，点灯大军的行动也是极其协调的。首先是新西兰和澳大利亚的点灯人上场，点亮路灯后，他们就去睡觉了。接着是中国和西伯利亚的点灯人上场点灯，他们退台后，上来的是俄罗斯和印度的点灯人。之后，是非洲、欧洲和南美洲的，再下一批就是北美洲的。他们就按这样的次序出场，从不会弄错，颇为壮观。

地球上只有两个点灯人最悠闲自在——北极的点灯人和南极的点灯人，因为这两个地方一年只点两次灯。

# 十七

人说话的时候，往往喜欢耍点小聪明，以便使自己看上去风趣些。我刚才说点灯人的事时，也是不那么实在的，可能会给那些不了解我们星球的人造成错觉。实际上，人只占地球上很小的一点儿地方。如果让二十亿的地球居民，像集会似的那样站着，一个二十英里宽、二十英里长的广场就可以轻松地放下所有人；或者说，太平洋中最小的岛，就足以放下整个地球的人。

但大人们不会相信你的话。他们以为自己像巨大的猴面包树，要占很大地盘。倒是可以建议崇拜数字的大人们自己算算，他们很热衷于计算。不过，劝你还是别惹麻烦了，费时又没用——相信我吧。

小王子抵达地球时，没看见一个人影，正当他疑惑是不是跑错了地方时，他看到不远处，有个白色的圆环在沙地上滑动。

小王子信口说："晚安！"

"晚安。"一条蛇回应了他的问候。

"这是哪个星球啊？"小王子问。

"地球，你现在在非洲。"蛇回答。

"是吗！……地球上就没有人吗？"

"地球很大。"蛇说，"但这里是沙漠，沙漠不住人。"

小王子坐在一块石头上，抬头望着。

"我在想，"他说，"天上那些星星闪闪发亮，是为了让每个人有一天都能找到属于自己的那一颗吧……你看头顶上那一颗，就是我的星星……可它看起来真遥远啊！"

"你的星星真美，"蛇说，"你到这儿来干什么呢？"

“我和一朵花儿闹了点小别扭。”小王子说。

“这样啊！”

他们都不说话了。

过了一会儿，小王子问：“人都在哪里啊？我觉得在沙漠里有点儿孤独……”

“和人在一起也一样孤独！”蛇说。

小王子盯着蛇看了好一会儿，又说：“你长得真奇怪，身体像小手指那样细……”

“我可比国王的手指还厉害呢！”蛇说。

小王子看着蛇笑了：“你看起来不像……你没有脚……怕是出门都不行吧……”

“我能把你带到非常遥远的地方去，比船到的地方还要遥远。”说着，蛇像金镯子一样绕上小王子的脚踝。

“凡是我碰过的人，都会被我打发回老家。”它说，“但你太纯真，又来自另一个星球……”

小王子没开口。

“在这个冰冷残酷的地球上，你的柔弱娇小让人怜惜。”蛇说，“要是哪天，你特别想回自己的老家了，我能帮忙……”

“哦，我想我明白你的意思了。”小王子说，“但你说话为什么老躲躲闪闪，像在设谜语啊？”

“我有这些谜语的全部答案。”蛇说。

他俩又不说话了。

# 十八

穿越沙漠时，小王子遇到一朵不起眼的花儿，它只有三个花瓣。

“你好！”小王子打招呼说。

“你好！”花儿回应说。

“请问人都在什么地方啊？”小王子彬彬有礼地问。

花儿很久前见过一队骆驼经过。“你说人吗？我想也就六七个吧。我曾在几年前见过他们，现在不知道被风吹到哪儿去了。你知道的，人没有根，这让他们漂泊不定。”

“再见啦！”小王子说。

花儿回了声“再见”。

# 十九

小王子攀登上了一座高山。这是他没有见过的，他的那几座火山只有他的膝盖那么高，他还经常跟坐凳子似的坐在那座死火山上。小王子相信，在这样高的山上，他能看到整个地球和所有的地球人。可当他站在山顶上时，他看到的却是其他一些险峻的山峰。

“你好！”小王子大声喊道。

“你好……你好……你好……”声音一遍遍地传过来。

“你是谁呀？”小王子觉得太奇怪了。

“你是谁……你是谁……你是谁……”又是一遍遍的声音。

“我们做朋友吧，我很孤独。”他说。

“我很孤独……我很孤独……我很孤独……”回答者就像个应声虫。

“多怪异啊！”他想，“这里到处干巴巴的，又陡又利又硬，这么难看。这里的人也是，讲着和你一样的话，没有一点儿想象力……我的星球上的那朵花儿，总会先开口说话……”

# 二十

小王子在地球上走了很久，他走过沙漠、岩石和雪地，最后终于发现一条路。这里的每一条路，都能通往人的住处。

“你们好！”路过一个玫瑰花园时，小王子停下来和它们打招呼。

“你好。”玫瑰花们回答说。

小王子看到花园里的这些花，都和他的那朵花儿一个模样。

“你们是什么花？”小王子很吃惊地问。

“我们是玫瑰花！”花儿们说。

“啊？！”小王子说。

他非常难过。他想起他的花儿曾对他说，她是一朵全宇宙独一无二的花儿。可是，在地球上的一座花园里，就有和她一模一样的整整五千朵！

小王子心想：“如果她看见这些花儿，一定会感到很羞愧的……她一准儿会拼命地装咳嗽，要死要活的，就为了摆脱说谎给自己带来的尴尬。我呢，也只能假装不知情地去安抚她，呵护她，不然，为了让我心生愧疚，她可能真的会自寻短见的……”

他一路忧伤地想：“我以前总以为自己很富有，我有三座火山，还有一朵世上独一无二的花儿。但我的三座火山只有我的膝盖高，里面还包括那座可能永远不会活过来的死火山，我的花儿呢，也只是一朵再平常不过的玫瑰……我哪里是个了不起的王子啊……”

他扑倒在草地上哭起来，哭得很伤心。

# 二十一

这时，一只狐狸出现了。

“你好！”狐狸说。

“你好！”小王子礼貌地扭头回应，但什么都没看见。

“我在这儿。”那个声音说，“往苹果树下面看。”

“你是谁？”小王子看到了狐狸，“你真漂亮。”

“我是一只狐狸。”狐狸说。

“我们一起玩游戏吧。”小王子请求说，“我现在很不快乐……”

“你还没有驯养我呢，所以我现在不能跟你玩。”狐狸说。

“哦，抱歉啊！”小王子说。

他想了一会儿，但没想明白，于是问：“驯养是什么意思啊？”

“这么说你是异乡人啦，”狐狸说，“你来干什么？”

“我找人。”小王子说，“驯养是什么意思？”

“找人啊，”狐狸说，“人讨厌至极，经常带着枪四处打猎！他们唯一的可爱之处就是养鸡。你在找鸡吗？”

小王子摇摇头说："我在找朋友。驯养到底什么意思啊？"

"驯养嘛，人们早快把这种事忘光啦，"狐狸说，"意思就是：建立某种稳定关系。"

"建立稳定关系？"

"是呀，"狐狸打比方说，"你是一个小男孩，当我们相互不需要的时候，在我眼里，你和其他的男孩没有任何区别。而你看我，也和其他狐狸没有任何不同。但如果你驯养我，我们之间建立了关系，我们就彼此需要了，这时，你就成了我的独一无二的男孩，我也是你无可替代的唯一的狐狸了……"

"我有点儿明白了。"小王子说，"曾经有朵花儿……我想，她早已经把我驯养了……"

"可能，"狐狸说，"地球上各种各样的事儿都有……"

"喔！她不在地球上。"小王子说。

狐狸很惊异。

"别的星球啊？"

"是的。"

"哦！那个星球上也有猎人吗？"

"没有。"

"噢！这太有意思啦！"狐狸兴奋起来了，"那上面有鸡吗？"

"没有。"

"凡事总难完美呀。"狐狸叹了口气说，但他很快又回到先前的话题了："我的生活乏味无聊，我偷鸡，人追我。鸡都是那样，人也全是一样的。我都快烦透了。但如果你驯养了我，我会立刻感到生活充满阳光。我会分辨出你与众不同的脚步声，你乐曲一样有节奏的脚步声，不但不会吓得我钻进洞里，反倒会把我召唤到洞外。看到那片麦田了吗？以前我对麦子一点儿兴趣都没有，因为我不吃面包，它对我没用。但如果你驯养了我，看到麦子橙黄的色泽，我就会想起你金色的头发。那是多美妙的事啊，我甚至还会喜欢风儿拂过麦田时发出的轻柔的声响……”

狐狸突然不说话了，只是久久地看着小王子。

“请……驯养我吧！”他说。

“我很乐意，”小王子答道，“可我还要结识新的朋友，有很多事要去了解，我没有多少时间了。”

“任何东西只有被驯养了，人才能很好地了解它，”狐狸说，“但现在的人们却不愿意再费工夫去了解任何事物了。当他们需要什么时只想去商店买现成的。可任何的商店都不出售朋友啊，所以人也就没有了朋友。你想结交朋友，就驯养我吧！”

“怎样做才是驯养呢？”小王子说。

“耐心，需要特别耐心。”狐狸回答道，“你先离我远一点，对了，就坐在那边的草地上。我就这样用眼角瞟你，你别说话，言语总是误解的源头。然后，每天靠近我一点……”

第二天，小王子又来了。

“最好选同一个时间来，”狐狸说，“比如，下午四点钟吧，如果你每天都四点钟来，三点钟时我就会感受到幸福了，并且时间越近，我的幸福感就会越强烈，越接近四点钟，我越会坐立不宁。这样，我就能深刻地体会到幸福来临时的甜蜜和惶恐。但如果你来无定时，我就不知道该什么时候做迎接幸福的准备了……是的，该有个规则。”

“规则又是什么？”小王子问道。

“规则呀，也快被人们忘光啦，”狐狸说，“就是自己确定一个时刻，让它不同于其他时刻；确定一个日子，让它不同于其他日子。使某一天与其他日子不同，使某一时刻与其他时刻不同。就说猎人吧，他们每星期四都去村里和姑娘们跳舞。星期四就是我愉快消闲的日子啦！甚至连葡萄园我也敢信步游逛。但如果猎人们跳舞的日子没个准，那么星期四就不会与众不同了，我的快乐假期也就没有了。”

……

小王子驯养了狐狸。但最后他们分手时，狐狸说："唉……我好想哭！"

"这是你不对了，"小王子说，"我没有想过要伤害你，但你却要求我驯养你……"

"是啊！"狐狸说。

"但现在你却想哭！"小王子说。

"是想哭。"狐狸说。

"那你让我驯养你有什么好处呢？"

"当然有。"狐狸说，"我得到了麦子的颜色。"

狐狸接着说："回头再看看那些玫瑰花，你就知道你的那朵是世上唯一的了。当你再返回来跟我道别时，我将送你一个神秘的分手礼物。"

小王子又返回到那个玫瑰花园。他对花儿们说："你们没有被驯养过，也没驯养过什么，你们现在什么都不是！就像我的狐狸朋友，我没驯养他之前，他只是只普通狐狸，但我们做了朋友后，他就是世上独一无二的狐狸了。"小王子大声说，"你们一点儿都不像我的那朵花儿！"

玫瑰花们听了，心里感到很别扭。

"你们长得都很美，但你们的生活是空虚的。"小王子继续说，"没有人愿意为你们付出生命。当然，路人看我的那朵花儿，也会当她同你们一样，可在我眼里，她胜过你们所有的花儿，因为我曾给她浇水，给她盖风罩，仔细除去她身上的毛虫（除了两三条要变蝴蝶外），她的抱怨和自诩都曾在我耳边飘荡，我甚至听得见她的沉默，因为她是我的花儿啊！"

他又返回来和狐狸道别："再见了，我亲爱的。"

"再见了。"狐狸说，"告诉你，我的神秘礼物就是简单的一句话：本质的东西，总是藏在肉眼看不见的心灵深处。"

"本质的东西，在心灵深处。"小王子重复了一遍，他不想忘记。

"因为你的花儿花费了你的时间，所以她才变得很重要。"

"因为我的花儿花费了我的时间，所以她才变得很重要。"小王子也重复了这句话，他想要记牢它。

"人已经忘记这个真理了，"狐狸说，"但是你一定要记住，永远对你驯养的东西负责，你要对你的花儿负责……"

"我要对我的花儿负责。"小王子跟着说了一遍，他要永远记住。

# 二十二

接下来的旅途中，小王子遇到了扳道工。他打招呼说："你好啊。"

"你好。"扳道工说。

"你在干什么？"小王子问。

"我在分批运送旅客，一批差不多千人左右。"扳道工说，"然后让载满旅客的火车出发，它们有的开往右方，有的开往左方。"

这时，一列火车轰响着疾驰而来，把扳道室震得直晃。

"这样急急忙忙地，"小王子说，"他们要找什么呀？"

"没人知道？大概火车司机也不知道要找什么。"扳道工说。

相反方向又轰响着驶来一辆快车。

"他们又回来啦？"小王子问。

"这不是刚才那批人，"扳道工说，"它们是两列对开的火车。"

"他们为什么要离开？是因为对自己的地方不满意吗？"

"他们总是对自己的地方不满。"扳道工说。

第三趟列车又轰鸣着驶过。

"他们这是要去追赶第一批旅客吧？"小王子问道。

"什么都不追，"扳道工说，"他们只是在车厢里睡觉或打哈欠。只有小孩喜欢把鼻子贴在窗户上往外看。"

"哦，只有小孩知道要找什么，"小王子说，"他们会在一个布娃娃身上花很多心思，把布娃娃变成他们重要的东西，要是有人夺走它，他们会哭得很伤心……"

"小孩子真幸运啊。"扳道工说。

# 二十三

“你好啊。”小王子和一个商贩打招呼。

“你好。”商贩正兜售一种特制的解渴丸，每周只吞一粒，就不用喝水了。

“为什么卖这个啊？”小王子说。

“节省时间，”商贩说，“专家们测试过了，吃这个每周可省五十三分钟。”

“时间省下来干什么呀？”

“随便干什么都行……”

小王子想：“我更愿意用这五十三分钟，自在惬意地走向一口清泉。”

# 二十四

小王子讲商贩卖解渴丸的故事时，是我在沙漠遇到飞行故障的第八天。此时，我也正好喝完最后一滴饮用水。

“你的经历很生动！”我说，“现在飞机没修好，能喝的水也没了，要是能自在走到一口泉眼边，我也会很愉快的。”

“我的狐狸朋友说过……”小王子对我说。

“我的小不点儿呀，这与狐狸无关！”

“为什么？”

“因为我快要渴死了……”

他没明白我的意思，继续说：“人有了朋友，即便要死了也会很愉快。我很高兴能有一位狐狸朋友……”

“他对危难缺少认识。”我心想，“他的需求是那么少，只一点阳光就足够了……”

他看着我，好像读懂了我的心思：“我也口渴……我们一起去找井吧……”

我做了个徒劳的手势，漫漫沙漠，哪来的水井？！但终于，我们还是出发了。

我们沉默着走了几小时后，黑夜来临，星星也亮了。我因为缺水，发起烧来，天上的星星仿佛是在梦中一般，有些模糊了。小王子的话也隐隐约约地在我脑海里回荡。

“你渴吗？”我问他。

他只是说：“心灵也需要水……”

我没明白他的意思，但知道不该去追问。

小王子坐了下来，他累了。我也挨着他坐下，沉默中听他说：“星星都很美，因为上面有一朵看不见的花儿。”

我说："那是啊。"但我再也说不出什么，只是默默地看着皎洁月光下蜿蜒如画的沙纹。

"大漠也很美。"他又说。

我也这样想，也一直喜欢沙漠。虽然这样坐在黑夜里，什么也看不见，什么也听不见，可总觉得有一种什么东西在寂静中熠熠闪光……

"沙漠的美丽，"小王子说，"是因为它的某个地方藏着一口井……"

我心头一震，似乎突然明白沙漠里那个熠熠闪光的东西是什么了。我记起小时候住的一座老房子，人们说它的地下埋有宝藏，很多年过去了，谁都没找到过，或者也根本没有人找吧，但宝藏使这座房子充满诱惑。因为它的深处，藏着一个秘密……

"有道理啊，"我对小王子说，"不管它是房子、星星还是沙漠，使它们变美的东西，都是眼睛看不见的。"

"和我的狐狸朋友的说法一样了，"小王子高兴起来。

我的小王子睡着了，当我再次上路时，我小心翼翼地把他抱在怀里，好像他是全世界最珍贵易碎的宝物。清冷的月光下，他的脸色苍白，眼睛紧闭，一缕缕金发在风中飘动。我看着这个小人儿，心想："这只是一个躯壳，他最美丽的地方，我的眼睛是看不到的……"

他微张的嘴唇在睡梦里露出一丝微笑。想着他对一朵花儿的忠诚，我很感动。即便是他酣睡时，那玫瑰花的形象在他的心里，在他的梦里，也像灯盏的焰火一样闪闪发光……想到这儿，我把他抱得更紧了，似乎他就是微弱的灯光，一阵风就可能把它吹灭……

我就这样抱着他一直走着，天色泛亮时，我找到了一口水井。

# 二十五

“那些挤快车的人，到底要找什么啊。”小王子说，“他们来来回回地四处奔忙。”

他又加了一句：“其实没必要啊……”

我们找到的井很奇特，它不同于撒哈拉沙漠的其他水井，不是挖沙坑冒出来的水，却更像乡村里的那种水井。可这里压根儿没什么乡村，我难道是在做梦？

“多奇怪呀，”我对小王子说，“辘轳、水桶、吊绳，样样东西都有……”

他笑着拿起吊绳，辘轳转起来了，就像一个很久没被风吹过的旧风信标，咯吱咯吱地响。

“听啊，”小王子说，“我们叫醒了这口井，它开始唱歌啦……”

我不愿他太劳累，就说：“我来吧，这活儿不太适合你。”

我小心地提出水桶，把它稳当地放在井栏上。辘轳的歌声还在耳边回荡，太阳也跳动在了晃动的水面上。

“我渴望的就是这样的水，”小王子说，“让我喝一口……”

我明白他要找的东西是什么了。

小王子闭着眼，像感受节日一般快活地喝着我举到他嘴边的水。这水，已超越了任何一种饮品，它是星空下长夜跋涉、在辘轳的歌唱和我双臂的努力里诞生的。它是一份能为心灵带来愉悦的礼物。就像我小时候，圣诞礼物的光芒总是来自圣诞树的灯光、子夜的弥撒音乐、人们甜美的微笑一样。

“这儿的人，”小王子说，“即使在花园里栽种五千朵玫瑰……也找不到自己想要的东西……”

“他们是没找到。”我说道。

“其实，一朵花儿，或是一滴水中，就有他们想要的东西。”

“是啊。”我回答。

小王子又说：“它不是用眼睛找的，应该是用心灵。”

我喝了水，觉得整个身体都通畅起来。天亮了，朝阳把沙漠染成了令人愉悦的蜜色，可是不知为什么，我心里却很难过……

小王子坐回到我身旁，他轻柔地对我说：“你要兑现你的承诺啊。”

“承诺？”

“就是……给我的小羊画嘴套……我要对我的花儿负责呀。”

我拿出口袋里的画稿。小王子看了一眼，笑道：“你画的猴面包树，真像棵大白菜。”

“哦！”

亏我还为我的猴面包树得意了一阵呢！

“我的狐狸朋友……他的耳朵……你画得有些像犄角了。”

他又笑了。

“你这样说对我来说可不公平，”我叫道，“除了透明和不透明的蟒蛇外，我可没画过别的画呀。”

“也行啦！”他安慰我说，“小孩子们都能看出来的。”

我用铅笔给小羊画了个嘴套。递给他的时候，我心里像被谁抓了一把。“你接下来打算做什么？我一点儿都不知道……”

他没有回答，只说："我落到地球上……明天就满一周年了……"

沉默不多会儿后，他又说："我落在地球的地方，就在这附近……"

说着，他的脸红了。

不知怎么，我又一次感到了莫大的悲痛。我突然想到一个问题："也就是说，一星期前，我见到你的那个早晨，你独自在这渺无人烟的沙漠里走，是有意要回到你当初落下来的地方吗？"

小王子又红了脸。

我不确定地又问了句："是要纪念降落一周年吗？……"

小王子的脸第三次红了。他不说话，但我看懂了沉默的含义。

"啊！"我对他说，"我担心……"

但他对我说："你该回你的飞机那儿干活了。明晚再来吧，我就在这儿等你……"

但我仍不放心。我想起那只想哭的狐狸：一旦被驯养了，难免会掉眼泪……

# 二十六

井边立着一截残损的老墙。第二天晚上，我干完活再来时，小王子就垂着两脚坐在那堵墙上。我听见他在说话："你记错了啊！"小王子说，"不是这儿。"

肯定有我听不见的另一个声音在和他说话，因为他又接口说："日子没错，但地点不对啊。"

我疑惑地继续朝老墙走，却还是一无所见。

停了好一会儿，小王子的声音又在说："你那毒液真管用吗？不会让我觉得很疼吧？"

我心头一紧，加快了脚步，仍然不知道发生了什么事。

"你先走吧，我现在要跳下来……"小王子说。

我的目光滑到墙脚，顿时吓了一跳：一条黄色的毒蛇盘在那儿，竖起的身子箭一般直对着小王子。这是一条半分钟就能夺去人生命的毒蛇。我飞快地边掏手枪边奔跑过去。蛇听到我的脚步声，像突然断流的喷泉，哧溜一下滑进沙里，然后，游走在石缝间，发出金属般嘶嘶的声响。

我跑到墙边，刚好接住了跳下来的小王子，我把他抱在怀里。他的脸像雪一样苍白。

"怎么回事？"我问，"你怎么和一条毒蛇说话？"

我解开他脖子上那条从未解开的金色长围巾，用水淋湿他的太阳穴，然后，喂了他一点儿水。我做这些时，什么都不敢说。他双手搂着我的脖子，神色肃穆地看着我。我感觉他的心脏像中弹将亡的小鸟一样狂跳。

他看着我说："我真高兴你修好了你的飞机。你很快就能回家了。"

我很惊讶，他怎么知道的？的确，在我几乎想要放弃时，我意外地修好了飞机。

他没有解答我的疑问，只是说："我很快也要回家了……"他有点儿忧郁地说："我回

去的路，太远……太难……”

我意识到要有不平常的事情发生了，就把他紧紧地搂在怀里，但我却无能为力，我感觉他正往一个深渊里下坠，一直地坠……

他神色肃然，目光似乎已经落在某个很远的地方。

“我带着你画的小羊、箱子和羊的嘴套……”他的微笑里充满了忧伤。

过了许久，他的身体才一点点暖和过来。

“小家伙，你刚才吓坏了……”

他刚才确实害怕了！他轻柔地笑了笑。

“今天晚上，我可能会更怕……”

一件事情终于要无可挽回地发生了，我心里一片冰冷。一想到今后再也听不到小王子的笑声，我就悲从中来。他的笑声，对我来说就像那沙漠里的甘泉。

“可是小家伙，我想听你的笑……”

他还是这样说：“今晚，是我来到地球的一周年纪念日。我的那颗星星，正好在我降落地点的上空……”

“小家伙，那些蛇啊、约会啊、星星的故事啊，都只是一场噩梦吧？……”

小王子不回答，只说：“真正重要的东西，眼睛没法看到……”

“对……”

“花儿也是。如果你爱的花儿长在一颗星星上，那么，晚上你看天空时会很愉快，觉得所有的星星上都有你的花儿。”

“对啊……”

“水也是那样。你给我喝的井水很甜，是因为那辘轳和绳子，它们咯吱咯吱，像在唱歌……记得吧……”

“记得。”

“以后你到了晚上，或者会抬头看看星星。我的星星就在它们中，不过我现在给你指不出来，它实在太小了。这样也好。因为有我，你就会喜欢看所有的星星了，它们也都是你的朋友了。对了，我还要送件礼物给你……”

小王子又笑了。

“哦！小家伙，小家伙，我多喜欢你的笑声啊！”

“这就是我的礼物，就像那甘甜的井水一样……”

“什么？”

“大家都有自己的星星，”小王子说，“但不同的人眼里的星星是不一样的：旅行的人拿星星指引方向，其他人只把它们看作小亮点；学者用探讨的方式看星星，商人会说星星是金子。但星星们都默不作声，不发表任何意见。然而，你拥有的星星，却是谁也得不到的！”

“我不太明白……”

“你晚上抬头看星星时，由于我就住在它们中的一颗上，当我对你笑时，你会觉得满天的星星都对你笑。也只有你，能看到星星在笑。”

小王子又笑了。

“当你的悲伤得到抚慰后（人总得学会自我安慰），你会因为认识我而高兴。你会当我是永远的朋友，和我一起笑。当你想散散心时，你打开窗户，望着天上笑，你的朋友们会感到奇怪。如果你说：‘是星星们让我笑的！’他们一定会觉得你疯了。哦，我好像在捉弄你似的……”

说到这儿，他又笑了。

“就好像我给你的不是星星，而是一串串会笑的小铃铛。”

他笑了会儿，随即严肃地说：“今晚，你别来。你知道……”

“我不会离开你的。”

“我的神情可能会很难看……像死去的样子，所以，你不要来。”

“我是不会离开你的。”

他不安起来。

“我是怕那条蛇，别把你咬了……蛇很毒，它随时会咬人……”

“我绝不离开你！”

这时，他好像想起了什么，人也像放宽了心似的。

“对了，蛇咬的第二口就不含有毒液了……”

这个晚上，我不知道他什么时候起身的，他走得一声不响。我后来追上他时，他还在不停地走着，只是回头对我说：“哦！你来了……”

我握着他的手时，他还在担心。

“你不该来。我的样子会很难看，你会难过的。但你知道，这不是真的……”

我沉默着。

“我回家的路太远了，你也知道，我这身体太重了，没法儿带走。”

我还是沉默。

“没什么的，就像是树蜕了一层旧皮一样，不用为它伤心的……”

我还是什么都说不出。

他也有点儿泄气了，但还是鼓起了勇气说：“我以后也会望着星星，每颗星都会变成一口带旧辘轳的水井。每颗星都会倒水给我喝，那该多美好啊……想起你，我会感到很温暖的。”

我仍然无法开口。

“多有趣啊！你会有五亿个铃铛，我会有五亿口水井……”

他没法说下去了，他哭了……

“就到这儿吧，剩下的让我一个人往前走吧……”

但他又坐下来，他害怕了。过了会儿他又说：“我要对我的花儿负责！她是那么娇小柔弱！你知道，这世上，保护她的只有她的四根刺……”

我站不住了，一下子坐到了地上。

他说："好……我的话全说完了！"

他犹豫了片刻，然后站起来，向前近了一步。我却丝毫都动弹不得。

霎时，一道黄光从他的脚踝旁掠过，他不动了。没有一声叫喊，他像一棵树一样直直倒下，没有一点儿声息，因为遍地都是黄沙……

# 二十七

六年过去了，到现在为止，我没对任何人谈过这件事。朋友们为我的重生庆贺，但我却心怀悲伤。我说：“大概是累了吧……”

时间让我的悲伤稍有缓解，但心情还没有完全平静。我知道，他已经回到了他的星球上，因为那天早上，我没有发现他的躯体。其实，他的身体并不沉重。从那以后，我喜欢在夜里看星星，似乎还能听到五亿个铃铛在笑……

可是，有件事情却让我一直忐忑不安：我给小王子的羊画了嘴套，但嘴套上却没画上一根皮带！小王子永远都不能把套子系在羊嘴上了。到现在我还在担心：“他的星球会有事吗？小羊会吃掉花儿吗？……”

有时，我安慰自己说：“肯定不会的！小王子那么爱他的花儿，每天晚上，都会用风罩罩住她，他一定会看好他的羊的……”这时，我就又高兴起来。所有的星星似乎也都跟着笑了。

但有时，我又这样想：“人难免有疏漏，要是他有一晚忘记盖风罩，或许，黑夜里，小羊一声不响地跑了出来……那多糟糕啊！”想到这儿，星星们的小铃铛就都变成了一串串眼泪……

这里面可是藏着个巨大的秘密哦：如果有一只羊（不管我们是否见过它），在一个不管是哪里的地方，吃掉或没有吃一朵玫瑰花，对喜欢小王子的你们来说，和喜欢小王子的我来说，整个宇宙将是截然不同的……

请你们望着天空时问问自己：“那朵玫瑰花儿被羊吃了还是没有？”你们的世界就完全两样了……

但大人们永远无法理解，这事有多么重要！

最后这张画，在我眼里，是世上最凄美悲伤的景致。它和前一张画的景色完全一样，只是我又把它描了一次，以便你们能看得更清楚些。就在这个地方啊，我的小王子出现又消失了……

请用心记住这个地方。如果你们有一天到非洲旅行，就能很确切地认出它来了。如果你真的有机会站到那颗行星下，请不要匆匆离开，请稍微多站上一会儿。如果这时候，有一个小男孩走来，如果他有一头美丽的金发，而且还咯咯地笑着，如果他不回答你们的问题，只是喜欢不停地提问，你们就一定能猜出他是谁了。那就请帮帮忙，不要让我总是沉浸在忧伤中了，赶快给我写封信，让我知道他又回来了……

# 爱的教育

[意大利] 亚米契斯 / 著　夏丏尊 / 译

**特将此书奉献给九岁至十三岁的小学生们。**

也可以用这样的书名：一个意大利市立小学三年级学生写的一学年之纪事。——然而我说：一个三年级的小学生，我不能断定他就能写成恰如此书所印的一般。他只是将自己在校内校外之见闻及思想用笔记的形式记录下来而已。年终他的父亲为之修改，仔细地未改变其思想，并尽可能保留儿子所说的这许多话。四年后，儿子入了中学，重读此册，并凭自己记忆力所保存的新鲜人物又添了些材料。

亲爱的孩子们，现在读这书吧，我希望你们能够满意，而且由此得益！

# 十月

## 始业日　　十七日

今天开学了，乡间的三个月，梦也似的过去，又回到了这丘林的学校里来了。早晨母亲送我到学校里去的时候，心里还一味想着在乡间的情形哩，不论哪一条街道，都充满着学校的学生们；书店的门口呢，学生的父兄们都拥挤着在那里购买笔记簿、书袋等类的东西；校役和警察都拼命似的想把路排开。到了校门口，觉得有人触动我的肩膀，原来这就是我三年级时候的先生，是一位头发赤而卷拢、面貌快活的先生。先生看着我的脸孔说：

“我们不再在一处了！安利柯！”

这原是我早已知道的事，今天被先生这么一说，不觉重新难过起来了。我们好不容易地到了里面，许多夫人、绅士、普通妇人、职工、官吏、女僧侣、男佣人、女佣人，都一手拉了小儿，一手抱了成绩簿，挤满在接待所楼梯旁，嘈杂得如同戏馆里一样。我重新看这大大的休息室的房子，非常欢喜，因为我这三年来，每日到教室去都穿过这室。我的二年级时候的女先生见了我：

“安利柯！你现在要到楼上去了！要不走过我的教室了！”

说着，恋恋地看我。校长先生被妇人们围绕着，头发好像比以前白了。学生们也比夏天的时候长大强壮了许多。才来入一年级的小孩们不愿到教室里去，像驴马似的倔强，勉强拉了进去，有的仍旧逃出，有的因为找不着父母，哭了起来。做父母的转回进去，有的诱骗，有的叱骂，先生们也弄得没有法子了。

我的弟弟被编入在名叫代尔卡谛的女先生所教的一级里。午前十时，大家进了教室，我们的一级共五十五人。从三年级一同升上来的只不过十五六人，惯得一等奖的代洛西也在里面。一想起暑假中跑来跑去游过的山林，觉得学校里暗闷得讨厌。又忆起三年级时候的先生来：那是常常对着我们笑的好先生，是和我们差不多大的先生。那个先生的红而卷拢的头发已不能看见了，一想到此，就有点难过。这次的先生，身材高长，没有胡须，长长地留着花白的头发，额上皱着直纹，说话大声，他瞪着眼一个一个地看我们的时候，眼光竟像要透到我们心里似的。而且还是一位没有笑容的先生。我想：

"唉！一天总算过去了，还有九个月呢！什么用功，什么月试，多讨厌啊！"

一出教室，恨不得就看见母亲，飞跑到母亲面前去吻她的手。母亲说：

"安利柯啊！要用心啰！我也和你们用功呢！"

我高高兴兴地回家了。可是因为那位亲爱快活的先生已不在，学校也不如以前的有趣味了。

## 我们的先生　　十八日

从今天起，现在的先生也可爱起来了。我们进教室去的时候，先生已在位子上坐着。先生前学年教过的学生们都从门口探进头来和先生招呼。"先生早安！""配巴尼先生早安！"大家这样说着。其中也有走进教室来和先生匆忙地握了手就出去的。可知大家都爱慕这先生，今年也想仍请他教。先生也说着"早安！"去拉学生伸着的手，却是不看学生的脸。和他们招呼的时候，虽也现出笑容，额上皱纹一蹙，脸孔就板起来，并且把脸对着窗外，注视着对面的屋顶，好像他和学生们招呼是很苦的。完了以后，先生又把我们一一地注视，叫我们默写，自己下了讲台在桌位间巡回。看见有一个面上生着红粒

的学生，就让他中止默写，两手托了他的头查看，又摸他的额，问他有没有发热。这时先生后面有一个学生乘着先生没看见，跳上椅子玩起洋娃娃来。恰好先生回过头去，那学生就急忙坐下，俯了头预备受责。先生把手按在他的头上，只说："下次不要再做这种事了！"另外一点没有什么。

默写完了，先生又沉默了，看着我们好一会儿，用粗大的亲切的声音这样说：

"大家听我说！我们从此要同处一年，让我们好好地过这一年吧！大家要用功，要规矩。我没有一个家属，你们就是我的家属。去年以前，我还有母亲，母亲死了以后，我只有一个人了！你们以外，我没有别的家属在世界上，除了你们，我没有可爱的人！你们是我的儿子，我爱你们，请你们也欢喜我！我一个都不愿责罚你们，请将你们的真心给我看看！请你们全班成为一家，给我慰藉，给我荣耀！我现在并不要你们用口来答应我，我确已知道你们已在心里答应我，'愿意'了。我感谢你们。"

这时校役来通知放学，我们很静很静地离开座位。那个跳上椅子的学生走到先生的身旁，抖抖索索地说："先生！饶了我这次！"先生用嘴亲着他的额说："快回去！好孩子！"

## 灾难　二十一日

学年开始就发生了意外的事情。今晨到学校去，我和父亲正谈着先生所说的话。忽然见路上人满了，都奔入校门去。父亲就说：

"出了什么意外的事了？学年才开始，真不凑巧！"

好不容易，我们进了学校，人满了，大大的房子里充满着儿童和家属。听见他们说："可怜啊！洛佩谛！"从人山人海中，警察的帽子看见了，校长先生的光秃秃的头也看见了。接着又走进来了一个戴着高冠的绅士，对大家说："医生来了！"父亲问一个先生："究竟怎么了？"先生回答说："被车子轧伤了！""脚骨碎了！"又一先生说。原来是洛佩谛，是二年级的学生。上学来的时候，有一个一年级的小学生忽然离开了母亲的手，倒在街上了。这时，街车正往他倒下的地方驶来。洛佩谛眼见这小孩将被车子轧伤，大胆地跳了过去，把他拖救出来。不料他来不及拖出自己的脚，被车子轧伤了自己。洛佩谛是个炮兵大尉的儿子。正在听他们叙述这些话的时候，突然有一个妇人发狂似的奔到，从人堆里挣扎进来，这就是洛佩谛的母亲。另一个妇人同时跑拢去，抱了洛佩谛的母亲的头颈啜泣，这就是被救出的小孩的母亲。两个妇人向室内跑去，我们在外边可以听到她们"啊！洛佩谛呀！我的孩子呀！"的哭叫声。

立刻，有一辆马车停在校门口。校长先生抱了洛佩谛出来。洛佩谛把头伏在校长先生肩上，脸色苍白，眼睛闭着。大家都静默了，洛佩谛母亲的哭声也听得出了。不一会儿，校长先生将抱在手里的受伤的人给大家看，父兄们、学生们、先生们都齐声说：“洛佩谛！好勇敢！可怜的孩子！”靠近一点的先生学生们都去吻洛佩谛的手。这时洛佩谛睁开他的眼说：“我的书包呢？”被救的孩子的母亲拿书包给他看，流着眼泪说：“让我拿吧，让我替你拿去吧。”洛佩谛的母亲脸上现出微笑。这许多人出了门，很小心地把洛佩谛载入马车。马车就慢慢地驶去，我们都默默地走进教室。

## 格拉勃利亚的小孩　　二十二日

洛佩谛到底做了非拄了杖不能行走的人了。昨日午后，先生正在说这消息给我们听的时候，校长先生领了一个陌生的小孩到教室里来。那是一个黑皮肤、浓发、大眼而眉毛浓黑的小孩。校长先生将这小孩交给先生，低声地说了一两句什么话就出去了。小孩用了他黑而大的眼看着室中一切，先生携了他的手向着我们：

“你们大家应该欢喜。今天有一个从五百英里以外的格拉勃利亚的莱奇阿地方来的意大利小孩进了这学校了。因为是远道来的，请你们要特别爱这同胞。他的故乡很有名，是意大利名人的产生地，又是产生强健的劳动者和勇敢的军人的地方，也是我国风景区之一。那里有森林，有山岳，住民都富于才能和勇气。请你们友爱地对待这小孩，使他忘记自己是离了故乡的，使他知道在意大利，无论到何处的学校里大家都是同胞。”

先生说着，在意大利地图上指格拉勃利亚的莱奇阿的位置给我们看，又用了大声叫：“尔耐斯托·代洛西！”——他是每次都得一等奖的学生——代洛西起立了。

“到这里来！”先生说了，代洛西就离了座位走近格拉勃利亚小孩面前。

“你是级长。请对这新学友致欢迎辞！请代表譬特蒙脱的小孩，表示欢迎格拉勃利亚的小孩！”

代洛西听见先生这样说，就抱了那小孩的头颈，用了响亮的声音说：“来得很好！”格拉勃利亚小孩也热烈地吻代洛西的颊。我们都拍手喝彩。先生虽然说：“静些静些！在教室内不可以拍手！”而自已也很欢喜。格拉勃利亚小孩也欢喜。一等到先生指定了座位，那个小孩就归座了。先生又说：

“请你们好好记着我方才的话。格拉勃利亚的小孩到了丘林，要同住在自己家里一样。丘林的小孩到了格拉勃利亚，也应该毫不觉得寂寞。实对你们说，我国为此曾打了五十年的仗，有三万的同胞为此战死。所以你们大家要互相敬爱。如果有谁因为他不是本地人，对这新学友无礼，那就没有资格来见我们的三色旗！”

格拉勃利亚小孩归到座位。和他邻席的学生有送他钢笔的，有送他画片的，还有送他瑞士的邮票的。

## 同窗朋友　　二十五日

送邮票给格拉勃利亚小孩的，就是我所最欢喜的卡隆。他在同级中身躯最高大，年十四岁，是个大头宽肩笑起来很可爱的小孩，却已有大人气。我已认识了许多同窗的友人，有一个名叫可莱谛的我也欢喜。他着了茶色的裤子，戴了猫皮的帽，常说有趣的话。父亲是开柴店的，一八六六年曾在温培尔脱亲王部下打过仗，据说还拿到三个勋章呢。有个名叫耐利的，可怜是个驼背，身体怯弱，脸色常是青青的。还有一个名叫华梯尼的，他时常穿着漂亮的衣服。在我的前面，有一个绰号叫作“小石匠”的，那是石匠的儿子，脸孔圆圆的像苹果，鼻头像个小球，能装兔子的脸，时常装着引人笑。他戴着破絮样的褴褛的帽子，常常将帽子像手帕似的叠了藏在口袋里。坐在“小石匠”旁边的是一个叫卡洛斐的瘦长、老鹰鼻、眼睛特别小的孩子。他常常把钢笔、火柴空盒等拿来做买卖，写字在手指甲上，做种种狡猾的事。还有一个名叫卡罗·诺琵斯的高傲的少年绅士。这人的两旁有两个小孩，我看是一对。一个是铁匠的儿子，穿了齐膝的上衣，脸色苍白得好像病人，对什么都胆怯，永远没有笑容。一个是赤发的小孩，一只手有了残疾，挂牢在项颈里。听说他的父亲到亚美利加去了，母亲走来走去卖着野菜呢。靠我的左边，还有一个奇怪的小孩，他名叫斯带地，身材短而肥，项颈好像没有一样，他是个

乱暴的小孩，不和人讲话，好像什么都不知道，可是先生的话，他总目不转睛地蹙了眉头、闭紧了嘴听着。先生说话的时候，如果有人说话，第二次他还忍耐着，一到第三次，他就要愤怒起来顿脚了。坐在他的旁边的是一个毫不知顾忌的相貌狡猾的小孩，他名叫勿兰谛，听说曾在别的学校被除了名的。此外还有一对很相像的兄弟，穿着一样的衣服，戴着一样的帽子。这许多同窗之中，相貌最好最有才能的，不消说要算代洛西了。今年他大概还是要得第一的。我却爱铁匠的儿子，那像病人似的泼来可西。据说他父亲常要打他，他非常老实，和人说话的时候，或偶然触犯别人的时候，他一定要说“对不住”，他常用了亲切而悲哀的眼光看人。至于最高大的和最高尚的，却是卡隆。

## 我的女先生　　二十七日

我二年级时候的女先生，今日准约到家里来访我了。先生不到我家已一年，我们很高兴地招待她。先生的帽子旁仍旧罩着绿色的面幕，衣服极朴素，头发也不修饰，她原是没有工夫打扮的。她脸上的红彩比去年似乎薄了好些，头发也白了些，时时咳嗽。母亲问她：

“那么，你的健康怎样？先生！你如果不再顾着你的身体……”

“一点没有什么。”先生回答说，带着又喜悦又像忧愁的笑容。

“先生太高声讲话了，为了小孩们太劳累自己的身体了。”母亲又说。

真的，先生的声音，听不清楚的时候是没有的。我还记得：先生讲话总是连续着一息不停，弄得我们学生连看旁边的工夫都没有了。先生不会忘记自己所教过的学生，无论在几年以前，只要是她教过的总还记得起姓名。听说，每逢月考，她都要到校长先生那里去询问他们的成绩的。有时站在学校门口，等学生来了就叫他拿出作文簿给她看，查他进步得怎样了。已经入了中学的学生，也常常穿了长裤子，挂了时计，去访问先生。

今天，先生是领了本级的学生去看绘图展览会，回去的时候转到我们这里来的。我们在先生那一班的时候，每逢星期二，先生常领我们到博物馆去，把种种的东西说明给我们听。先生比那时衰弱了许多了，可是仍旧非常起劲，遇到学校的事情，讲起来，很快活。两年前，我大病在床上卧着，先生曾来望过我，先生今日还说要看看我那时睡的床，这床其实已经归我的姊姊睡了。先生看了一会儿，也没有说什么。先生因为还要去望一个学生的病，不能久留。听说是个马鞍匠的儿子，发麻疹卧在家里呢。她又夹着今晚非改不可的作业本，据说，晚饭以前，某商店的女主人还要到她那里来学习算术。

“啊！安利柯！”先生临走时向着我说，“你到了能解难题、做长文章的时候，仍肯爱你以前的女先生吗？”说着，吻我。等到出了门，还在阶沿下扬声说：“请你不要忘了我！安利柯啊！”

啊！亲爱的先生！我怎能忘记你呢？我成了大人，一定还记得先生，会到学校里来拜望你的。无论到了何处，只要一听到女教师的声音，就要如同听见先生你的声音一样，想起先生教我的两年间的事来。啊啊！那两年里，我因了先生学会了多少的事！那时先生虽有病，身体不健，可是无论何时都热心地爱护我们，教导我们的。我们书法上有了恶癖，她就很担心。试验委员考问我们的时候，她担心得几乎坐立不安。我们书写清楚的时候，她就真心欢喜。她一向像母亲样地关爱我。这样的好先生，叫我怎么能忘记啊！

## 贫民窟　　二十八日

昨日午后，我和母亲、雪尔维姊姊三人，送布给报纸上记载的穷妇人。我拿了布，姊姊拿了写着那妇人住址姓名的条子。我们到了一处很高的家屋的屋顶小阁里，那里有长的走廊，沿廊有许多室，母亲到最末了的一室敲了门。门开了，走出一个年纪还轻，白色而瘦小的妇人来。是一向时常看见的妇人，头上常常包着青布。

“你就是报纸上所说的那位吗？”母亲问。

“呃，是的。”

“那么，有点布在这里，请你收了。”

那妇人非常欢喜，好像说不出答谢的话来。这时我瞥见有一个小孩，在那没有家具的暗腾腾的小室里，背向外，靠着椅子好像在写字。仔细一看，确是在那里写字，椅子上摊着纸，墨水瓶摆在地板上。我想，在这样暗黑的房子里，如何写字呢。忽然看见那小孩长着赤发，穿着破的上衣，才恍然悟到：原来这就是那卖菜人家的儿子克洛西，就是那一只手有残疾的克洛西。乘他母亲收拾东西的时候，我轻轻地告诉了母亲。

“不要作声！”母亲说，“如果他觉到自己的母亲受朋友的布施，多少难为情呢。不要作声！”

可是恰巧这时，克洛西回过头来了。我不知要怎样才好，克洛西对了我微笑。母亲背地里向我背后一推，我就进去抱住克洛西，克洛西立起来握我的手。

克洛西的母亲对我母亲说：

“我只是娘儿两个。丈夫这七年来一直在亚美利加。我又生了病，不能再挑了菜去卖，什么桌子等类的东西都已卖尽；弄得这孩子读书都为难，要点盏小小的灯也不能够，眼睛也要有病了。幸而教科书、笔记簿有市公所送给，总算勉强地进了学校。可怜！他是很欢喜到学校去的，但是……像我这样不幸的人，是再没有的了！”

母亲把钱囊中所有的钱都拿出来给了她，吻了克洛西，出来几乎哭了。于是对我说：

“安利柯啊！你看那个可爱的孩子！他不是很刻苦地用功吗？像你，是什么都自由的，还说用功苦呢！啊！真的！那孩子一日的勤勉，比了你一年的勤勉，价值不知要大多少呢！像那小孩，才是应该受一等奖的哩！”

## 少年爱国者　　每月例话

先生如果每日把像今日那种有趣的故事讲给我们听，我还要更加欢喜这学校呢。先生说，以后每月要讲一次像今天这样的高尚的少年故事给我们听，并且叫我们用笔记下来。下面就是今天讲的《少年爱国者》：

一只法兰西轮船从西班牙的巴塞罗那开到意大利的热那亚来。船里乘客有法兰西人、意大利人、西班牙人，还有瑞士人。其中有个十一岁的少年，服装褴褛，避开了人们，像野兽似的用白眼看着人家。他用这种眼色看人也不是没有原因的。原来在两年前他被在乡间种田的父母卖给了戏法班子，戏法班子里的人打他，蹴他，叫他受饿，强迫他学会把戏，带他到法兰西、西班牙到处跑，一味虐待他，连食物都不充分供给他。戏法班子到了巴塞罗那的时候，他受不起虐待与饥饿，终于逃了出来，到意大利领事馆去求保护。领事可怜他，叫他乘上这只船，还给他一封到热那亚的出纳官那里的介绍书，要送他回到残忍的父母那里去。少年遍体是伤，非常衰弱，因为住的是二等舱，人家都很奇怪，对他看。和他讲话，他也不回答，好像憎恶一切的人。他的心已变到这步田地了。

有三个乘客从各方面探问他，他才开了口。他用夹杂法兰西语和西班牙语的意大利语，大略地讲了自己的经历。这三个乘客虽不是意大利人，却听懂了他的话，一半因了怜悯，一半因了吃酒以后的高兴，给他少许的金钱，一面仍继续着和他谈说。这时有大批妇人从舱里走出来，她们听了少年的话，也就故意要人看见似的拿出若干钱来掷在桌上，说："这给了你，这也拿了去！"

少年低声答谢，把钱收入袋里，苦郁的脸上到这时才现出欢喜的笑容。他回到自己的床位上，拉拢了床幕，卧着静静地沉思：有了这些钱，可以在船里买点好吃的东西，饱一饱两年来饥饿的肚子；到了热那亚，可以买件上衣换上；拿了钱回家，比空手回去也总可以多少好见于父母，多少可以得着像人的待遇。在他，这金钱竟是一注财产。他在床位上正沉思得高兴，这时那三个旅客围牢了二等舱的食桌在那里谈论着，他们一边饮酒，一边谈着旅行中所经过的地方情形。谈到意大利的时候，一个说意大利的旅馆不好，一个攻击火车。酒渐渐喝多了，他们的谈论也就渐渐地露骨了。一个说，如其到意大利，还是到北极去好，意大利住着的都是拐子土匪。后来又说意大利的官吏都是不识字的。

"愚笨的国民！"一个说。"下等的国民！"另一个说。"强盗……"

还有一个正在说出"强盗"的时候，忽然银币铜币就雹子一般落到他们的头上和肩上，同时在桌上地板上滚着，发出可怕的声音来。三个旅客愤怒了，举头看时，一握铜币又被飞掷到脸上来了。

"拿回去！"少年从床幕里探出头来怒叫。"我不要那说我国坏话的人的东西。"

# 十一月

## 好友卡隆　　四日

虽只两天的休假，我好像已有许多日子不见卡隆了。我愈和卡隆熟悉，愈觉得他可爱。不但我如此，大家都是这样。只有几个高傲的人嫌恶卡隆，不和他讲话，因为卡隆一向不受他们的压制。当大的孩子举起手来正要打幼小的孩子的时候，幼小的只要一叫"卡隆"，那大的就会缩回手去的。卡隆的父亲是铁道的司机。卡隆小时有过病，所以入学已迟，在我们一级里身材最高，气力也最大。他能用一只手举起椅子来；常常吃着东西；为人很好，别人有请求他的，不论铅笔、橡皮、纸、小刀，都肯借给或赠予。上课时，不言不笑不动，石头般地安坐在狭小的课椅上，两肩上装着大大的头，把背脊向前屈着。我看他的时候，他总半闭了眼给笑脸我看。好像在那里说："喂，安利柯，我们大家做好朋友啊！"我一见卡隆总是要笑起来。他身子又长，肩膀又阔，上衣、裤子、袖子都太小太短；至于帽子，小得差不多要从头上落下来；外套露出绽缝，皮靴是破了的，

领带时常搓扭得成一条线。他的相貌，一见就使人喜欢，全级中谁都欢喜和他并坐。他算术很好，常用红皮带束了书本拿着。他有一把螺钿镶柄的大裁纸刀，这是去年陆军大操的时候，他在野外拾得的。他有一次因这刀伤了手，几乎把指骨都切断了。不论人家怎样嘲笑他，他都不发怒；但是当他说着什么的时候，如果有人说他“这是说谎”，那就不得了了：他立刻火冒起来，眼睛发红，一拳打下来，可以击破椅子。有一个星期六的早晨，他看见二年级里有一小孩因失掉了钱，不能买笔记簿，立在街上哭，他就把自己的钱给了那小孩。他在母亲的生日，费了三天工夫，写了一封有八页长的信，纸的四周还画了许多装饰的花样。先生常目视着他，从他旁边走过的时候，时常用手轻轻地去拍他的后颈，好像爱抚柔和的小牛的样子。我真欢喜卡隆。当我握着他那大手的时候，那种欢喜真是非常！他的手和我的相比，就像大人的手了。我的确相信：卡隆真是能牺牲自己的生命而救助朋友的人。这种精神，从他的眼光里很显明地可以看出。从他那粗大的喉音中，谁都可以听辨出他所含有的优美的真情。

## 朋友可莱谛　　十三日

父亲饶恕了我对母亲的不敬，我还悲着。母亲送我出去，叫我和门房的儿子到河边去散步。我们两人在河边走着，到了一家门口停着货车的店前，听到有人在叫我。我回头去看，原来是同学可莱谛。他身上流着汗，正在活泼地扛着柴。立在货车上的人抱了柴递给他，可莱谛接了运到自己的店里，急忙堆在一起。

“可莱谛，你在做什么？”我问。

“你没看见吗？”他把两只手伸向柴去，一面回答我。“我正在复习功课哩！”他接着说。

我笑了，可是可莱谛却认真地在嘴里这样念着：“动词的活用，因了数——数与人称的差异而变化——”一面抱着一捆柴走，放下了柴，把它堆好了：“又因动作起来的时而变化——”走到车旁取柴：“又因表出动作的法而变化。”

这是明日文法的复习。“我真忙啊！父亲因事出门去了，母亲病了在床上卧着，所以我不能不做事。一边做事，一边读着文法。今日的文法很难呢，无论怎样记，也记不牢——父亲说过，七点钟回来付钱的哩。”他又向运货的人说。

货车去了。“请进来！”可莱谛说。

我进了店里，店屋广阔，满堆着木柴，木柴旁边挂着秤。

“今天是一个忙日，真的！一直没有空闲过。正想作文，客人来了。客人走了以后，执笔要写，方才的货车又来了。今天跑了柴市两趟，腿麻木得像棒一样，手也硬硬的，如果想作画，一定弄不好的。”说着又用扫帚扫去散在四周的枯叶和柴屑。

“可莱谛，你用功的地方在哪里？”我问。

“不在这里。你来看看！”他引我到了店后的小屋里，这室差不多可以说是厨房兼食堂，桌上摆着书册、笔记簿和已开写的作文稿。“在这里啊！我还没有把第二题做好——用皮革做的东西。有靴子、皮带——还非再加一个不可呢——及皮袍。”他执了钢笔写着清楚的字。

“有人吗？”喊声自外面进来，原来买主来了。可莱谛回答着“请进来！”奔跳出去，称了柴，算了钱，又在壁角污旧的卖货簿上把账记了，重新走进来：“非快把这作文做完不可。”说着执了笔继续写上：“旅行囊，兵士的背囊——咿哟！咖啡滚了！”跑到暖炉旁取下咖啡壶：“这是母亲的咖啡。我已学会煮咖啡了。请等一等，我们拿了一同到母亲那里去吧。母亲一定很欢喜的。母亲这个礼拜一直卧在床上——呃，动词的变化——我好几次，被这咖啡壶烫痛了手呢——兵士的背囊以后，写些什么好呢？非再写点上去不可——一时想不出来——且到母亲那里去吧！”

可莱谛开了门，我和他一同走进那小室。母亲卧在阔大的床上，头上包着白的头巾。

“啊！好哥儿！你是来望我的吗？”可莱谛的母亲看着我说。

可莱谛替母亲摆好了枕头，拉直了被，加上了炉煤，赶出卧在箱子上的猫。

“母亲，不再饮了吗？”可莱谛说着从母亲手中接过杯子，“药已喝了吗？如果完了，让我再跑药店去。柴已经卸好了。四点钟的时候，把肉来烧了。卖牛油的如果走过，把那八个铜子还了他就是了。诸事我都会弄好的，你不必多劳心了。”

“亏得有你！你可以去了。一切留心些。”他母亲这样说了，还一定要我吃一块方糖。可莱谛指他父亲的照片给我看。他父亲穿了军服，胸间挂着的勋章，据说是在温培尔脱亲王部下的时候得来的。相貌和可莱谛一模一样，眼睛也是活泼泼的，露出很快乐的笑容。

我们又回到厨房里。“有了！”可莱谛说着继续在笔记簿上写，“——马鞍也是革做的——以后晚上再做吧。今天非迟睡不可了。你真幸福，有工夫用功，还有闲暇散步。”他又活泼地跑出店堂，将柴搁在台上用锯截断：

“这是我的体操哩。可是和那‘两手向前’的体操不同。父亲回来以前，我把这柴锯了，使他见了欢喜。最讨厌的就是手拿了锯以后，写起字来，笔画同蛇一样。但是也无法可想，只好在先生面前把事情直说了。母亲快点病好才好啊！今天已好了许多，我真快活！明天鸡一叫，就起来预备文法吧——咿哟！柴又来了。快去搬吧！”

货车满装着柴，已停在店前了。可莱谛走向车去，又回过来：“我已不能陪你了，明日再会吧。你来得真好，再会，再会，快快乐乐地散你的步吧，你真是幸福啊！”他把我的手紧握了一下，仍来往于店与车之间，脸孔红红的像蔷薇，那种敏捷的动作，使人看了也爽快。

“你真是幸福啊！”他虽对我这样说，其实不然，啊！可莱谛！其实不然。你才比我幸福呢。因为你既能用功，又能劳动；能替你父母尽力。你比我要好一百倍，勇敢一百倍呢！好朋友啊！

## 校长先生　　十八日

可莱谛今天在学校里很高兴，因为他三年级的旧先生到校里来做试验监督来了。这位先生名叫考谛，是个肥壮、大头、鬈发、黑须的先生，目光炯炯，话声响如大炮。这先生常恐吓小孩们，说什么要撕断了他们的手足交付警察，有时还要装出种种可怕的脸孔。其实他决不会责罚小孩的，无论何时，总在胡须底下做着笑容，不过被胡须遮住，大家都看不出他。男先生共有八人，考谛先生之外，还有像小孩一样的助手先生。五年级的先生是个跛子，平常围着大的毛项巾，据说他在乡间学校的时候，因为校舍潮湿，壁里满是湿气，就成了病，到现在身上还是要作痛哩。那一级还有一位白发的老先生，据说以前曾做过盲人学校的教师。另外还有一位衣服华美，戴了眼镜，留着好看的颊须的先生。他一边教书，一边自己研究法律，曾得过证书。所以得着一个“小律师”的绰号。这位先生又著过书简文教授法之类的书。教体操的先生原来是军人，据说属于格里巴第将军的部下，项颈上留着弥拉查战争时的刀伤，还有一位就是校长先生，高身秃头，戴着金边的眼镜，半白的须，长长地垂在胸前；经常穿着黑色的衣服，纽扣一直扣到腮下。他是个很和善的先生。学生犯了规则被唤到校长室里去的时候总是战战兢兢的，先生并不责骂，只是携了小孩的手好好开导，叫他下次不要再有那种事，并且安慰他，叫他以后做好孩子。他声气和善，言语亲切，小孩出来的时候总是红着眼睛，觉得比受罚还要难过。校长先生每晨第一个到学校，等学生来上学，候父兄来谈话。别的先生回去了以后，他一人还留着，在学校附近到处巡视，防恐有学生被车子碰倒或在路上胡闹。只要一看见先生那高而黑的影子，群集在路上逗留的小孩们就会弃了玩的东西逃散。先生那时，总远远地用了难过而充满了关爱的脸色，唤住正在逃散的小孩们。

据母亲说：先生自爱儿参加志愿兵死去以后，就不见有笑容了。现在校长室的小桌上，置着他爱儿的照片。先生遭了那不幸以后，一时曾想辞职，据说已将向市政所提出辞职的辞职书写好，藏在抽屉里，因为不忍与小孩别离，还踌躇着未曾决定。有一天，我父亲在校长室和先生谈话。父亲向先生说："辞职是多少乏味的事啊！"这时，恰巧有一个人领了孩子来见校长，是请求转学的。校长先生见了那小孩似乎吃了一惊，将那小孩的脸貌和桌上的照片比较打量了好久，拉小孩靠近膝旁，托了他的头，注视一会儿，说了一句"可以的"，记下姓名，叫他们父子回去，自己仍自沉思。我父亲继续说："先生一辞职，我们不是困难了吗？"先生听了，就从抽屉里取出辞职书，撕成两段，说："已把辞职的意思打消了。"

## 耐利的保护者 二十三日

驼背的耐利，昨日也在看兵士的行军，他的神气很可怜，好像说："我不能当兵士了。"耐利是个好孩子，成绩也好，身体小而弱，连呼吸都似乎困难。他母亲是个矮小白色的妇人，每到学校放课总来接她儿子回去。最初，别的学生都要嘲弄耐利，有的用革囊去碰他那突出的背。耐利毫不反抗，且不将人家以他为玩物的话告诉他母亲，无论怎样被人捉弄，他只是靠在座位里无言地哭泣。

有一天，卡隆突然跳了出来对大家说：

"你们再碰耐利一碰看！我一个耳光，要他转三个旋子！"

勿兰谛不相信这话，当真尝了卡隆的老拳，一掌打去果然转了三个旋子。从此以后，再没有人敢捉弄耐利了。先生知道了，使卡隆和耐利同坐一张桌子。两人很要好，耐利尤其爱着卡隆，他到教室里，必要先看卡隆有没有到，回去的时候，没有一次不说"卡隆再会"的。卡隆也一样，耐利的钢笔书册落到地上，卡隆不要耐利费力，立刻俯下去替他拾起来，还处处帮他的忙，或替他把用具装入革囊，或替他着外套。耐利常看着卡隆，听见先生称赞卡隆，就欢喜得如同称赞自己一样。后来，好像耐利把从前受人捉弄、自己暗泣，幸赖一个朋友保护的事告诉了母亲。今天学校里发生了这样一件事：先生有事差我到校长室去，恰巧来了一个着黑衣服的小而白色的妇人，这就是耐利的母亲。

"校长先生，有个名叫卡隆的，和我的儿子在一级里吗？"她这样问。

"是的。"校长回答。

"有句话要和他说，可否请叫了他来？"

校长命校工去叫卡隆。不一会儿，卡隆的大而短发的头已出现在门框间了。他不知叫他为了何事，露出吃惊的样子。那妇人一看见他，就跳了过去。将腕弯在他的肩上，不绝地吻他的额：

“你就是卡隆！是我儿子的好友！帮助我儿子的！就是你！好勇敢的人！就是你！”说着，急忙地用手去摸衣袋，又取出荷包来看，一时找不出东西，就从颈间取下带着小小十字架的链子来，套上卡隆的项颈：

“将这给你吧，当作我的纪念！——当作感谢你，时时为你祈祷着的耐利的母亲的纪念！请你悬挂了！”

## 级长

**二十五日**

卡隆令人觉得可爱，代洛西令人佩服。代洛西每次总是第一，取得一等赏，今年大约仍是如此的。可以敌得过代洛西的人，一个都没有。他什么都好，无论算术、作文、图画，总是他第一。他一学即会，有着惊人的记忆力，凡事不费什么力气。学问在他好像游戏一般。先生昨日向着他说：

“上帝给了你非常的恩赐，不要自暴自弃啊！”

他身材高大，神情挺秀，黄金色的头发蓬蓬地覆着额头。身体轻捷，只要用手一撑，就能轻松地跳过椅子。剑术也学会了。年纪十二岁，是个富商之子，穿着青色的金纽扣的衣服。平常总是高兴活泼，待什么人都和气，试验的时候肯教导别人。对于他，谁都不曾说过无礼的言语。只有诺琵斯和勿兰谛白眼对他，华梯尼看他时，眼里也闪着嫉妒的光。可是他似乎毫不介意这些。同学见了他，谁也不能不微笑。他做了级长，来往桌位间收集作业的时候，大家都要去握他的手。他从家里得了画片来，全部分赠朋友，还画了一张小小的格拉勃利亚地图送给那格拉勃利亚小孩。他给东西与别人的时候，总是笑着，好像不以为意似的。他不偏爱哪一个，待哪一个都一样。我有时候觉得敌不过他，不由得难过啊！我也和华梯尼一样嫉妒着代洛西呢！当我拼命思索题目的时候，想到代洛西此刻已做完，无气可出，常常要怒恼他。但是一到学校，见了他那秀美而微笑的脸孔，听着他那可爱的话声，接着他那亲切的态度，就把怒恼他的念头消释了，觉得自己可耻，而和他在一处读书是很可喜的了。他的神情，他的声音，都好像替我鼓起勇气、热心和快活喜悦的。

先生把明天的每月例话稿子交给代洛西，叫他誊清。他今天正写着。好像那篇讲演的内容使他大受感动，他脸烧得火红，眼睛几乎要下泪，嘴唇也发颤了。那时他的神气，看去真是纯正！我在他面前，几乎要这样说："代洛西！你什么都比我高强，与我相比，好像一个大人！我真正尊敬你，崇拜你啊！"

## 少年侦探

每月例话

一八五九年，法意两国联军因救隆巴尔地，与奥地利战争，曾几次打败奥军。这正是那时候的事：六月里一个晴天的早晨，意国骑兵一队，沿了间道徐徐前进，一边侦察敌情。这队骑兵由一个士官和一个军曹指挥着，都噤了口注视着前方，看有没有敌军前哨的影子。一直到了在树林中的一家农舍门口，见有一个十二岁光景的少年立在那里，用小刀切了树枝削做杖棒。农舍的窗间飘着三色旗，人已不在了。因为怕敌兵来袭，所以插了国旗逃走了。少年看见骑兵来，就弃了在做的杖棒，举起帽子。是个大眼活泼而面貌很好的孩子，他脱了上衣，露出着胸脯。

"在做什么？"士官停了马问，"为什么不和你家人逃走呢？"

"我没有家人，是个孤儿。也会替人家做点事体，因为想看看打仗，所以留在此地。"少年回答说。

“见有奥国兵走过么？”

“没有，这三天没有见到。”

士官沉思了一会儿，下了马，命兵士们注意前方，自己爬上农舍屋顶去。可是那屋太低了，望不见远处。士官又下来，心里想：“非爬上树去不可。”恰巧农舍面前有一株高树，树梢在空中飘动着。士官考虑了一会儿，上下打量着树梢和兵士的脸，忽然问少年：

“喂！孩子！你眼力好吗？”

“眼力吗？一里外的雀儿也看得出呢。”

“你能上这树梢吗？”

“这树梢？我？那真是不要半分钟工夫。”

“那么，孩子！你上去替我望望前面有没有敌兵，有没有烟气，有没有枪刺的光和马之类的东西！”

“就这样吧。”

“应该给你多少？”

“你说我要多少钱吗？不要！我欢喜做这事。如果是敌人叫我，我哪里肯呢？为了国家才肯如此。我也是隆巴尔地人哩！”少年微笑着回答。

“好的，那么你上去。”

“且慢，让我脱了皮鞋。”

少年脱了皮鞋，把腰带束紧了，将帽子掷在地上，抱向树干去。

“当心！”士官的叫声好像要他转来。少年回过头来，用青色的眼珠看着士官，似乎问他什么。

“没有什么，你上去。”

少年就像猫一样地上去了。

“注意前面！”士官向着兵士扬声。少年已爬上了树梢。身子被枝条网着。脚被树叶遮住了，从远处却可望见他的上身。那蓬蓬的头发，在日光中闪作黄金色。树真高，从下面望去，少年的身体缩得很小了。

“一直看前面！”士官叫着说。

少年将右手放了树干，遮在眼上望。

“见有什么吗？”士官问。

少年向了下面，用手圈成喇叭摆在口头回答说：“有两个骑马的在路上站着呢。”

“离这里多少路？”

“半英里。”

“在那里动吗？”

“只是站着。”

“别的还看见什么？向右边看。”

少年向右方望：“近墓地的地方，树林里有什么亮晶晶的东西，大概是枪刺吧。”

“不见有人吗？”

“没有，也许躲在稻田中。”

这时，“嘶”的一声，子弹从空中掠了过来，落在农舍后面。

“下来！你已被敌人看见了。已经好了，下来！”士官叫着说。

“我不怕。”少年回答。

“下来！”士官又叫，“左边不见有什么吗？”

“左边？”

“唔，是的。”

少年把头转向左去。这时，有一种比前次更尖锐的声音往少年头上掠来。少年一惊，不觉叫说：“他们射击我了。”枪弹正从少年身旁飞过，相差真是一发。

“下来！”士官着急了。

“立刻下来。有树叶遮牢，不要紧的。你说看左边吗？”

“唔，左边。但是，可以下来了！”

少年把身体突向左方，大声地说：“左边有寺的地方——”话犹未完，又一很尖锐的声音掠过空中。少年忽然下来了，还以为他正在靠住树干，不料张开了手，石块似的落在地上。

“完了！”士官叫着跑上前去。

少年仰天横在地上，伸开两手死了。军曹与两个兵士从马上飞跳下来。士兵伏在少年身上，解开了他的衬衫一看，见枪弹正中在右肺。“已无望了！”士兵叹息说。

“不，还有气呢！”军曹说。

“唉！可怜！难得的孩子！喂！当心！”士官说着，用手巾抑住伤口。少年两眼炯炯地张了一张，头就向后垂下，断了气了。士官青着脸对少年看了一看，就把少年的上衣铺在草上，将尸首静静横倒，自己立正了看着，军曹与两个兵士也立正不动。别的兵士注意着前方。

“可怜！把这勇敢的少年——”士官反复说，忽然转念，把那窗口的三色旗取下，罩在尸体上当做尸衣。军曹集拢了少年的皮鞋、帽子、小刀、杖等，放在旁边。他们一时都静默地立正。过了一会儿，士官向军曹说道：“叫他们拿担架来！这孩子是作为军人而死，可以用军人的礼来葬他的。”他看着少年的尸体，吻了自己的手再用手加到

尸体上，代替亲吻。然后立刻向兵士们命令说：“上马！”

一声令下，全体上了马继续前进。经过了几个小时之后，这少年就从军队受到下面那样的敬礼：

日没时，意大利军前卫的全线向敌行进，数日前把桑马底诺小山染成血红的一大队射击兵，从今天骑兵通行的田野路上分作两列进行。少年战死的消息，出发前已传遍全队，这队所取的路径，与那农舍相距只有几步。在前面的将校等，见到大树下用三色旗遮盖着的少年，通过时皆捧了剑表示敬意。一个将校俯身到小河岸摘取东西散开着的花草，撒在少年身上，全队的兵士也都模仿着摘了花向尸体上投撒，一瞬间，少年已埋在花的当中了。将校兵士齐声高呼：“勇敢啊！隆巴尔地少年！”“再会！朋友啊！”“金发儿万岁！”一个将校把自己挂着的勋章投了过去，还有一个走近去吻他的额。有人继续将花草投过去，落雨般地落在那可怜的少年的脚上、染着血的臂上、黄金色的头上。少年横卧在草地上，露出苍白的笑脸，好像是听到许多人的称赞，很满足于自己的为国牺牲！

# 十二月

## 商人　　一日

父亲叫我以休假日招待朋友来家或去访问他们，使彼此更加亲密。所以这次星期日，我预备和那漂亮人物华梯尼去散步。今天卡洛斐来访——就是那身材瘦长，长着鹰嘴鼻，生着狡猾的眼睛的。他是杂货店里的儿子，真是一个奇人，袋里总带着钱，数钱的本领要算一等，心算之快更无人能及了。他又能储蓄，无论怎样断不滥用一钱。即使有一个五厘铜币落在座位下面，他虽费了一礼拜的工夫，也必须寻得了才肯罢休。不论是用旧了的钢笔头、编针、点剩的蜡烛或是旧邮票，他都好好地收藏起来。他已费两年的工夫收集旧邮票了，好几百张地粘在大大的空簿上，各国的都有，说粘满了就去卖给书店。他常拉了同学们到书店购物，所以书店老板肯把笔记簿送他。他在学校里，也做着种种的交易，有时买进别人的东西，有时卖给别人；有时发行彩票；有时把东西和别人交换；交换了以后有时懊悔了，还要调回来。他善做投钱的游戏，一向没有输过。集了旧报纸，也可以拿到纸烟店里去卖钱。他带着一本小小的手册，把账目细细地记在里面。在学校，算术以外，他什么都不用功。他也想得赏牌，但这不过因为想不出钱去看傀儡戏的缘故。他虽是这样的一个奇人，我却很喜欢他。今天，我和他做买卖游戏，他很熟悉物品的市价，秤戥也知道，至于折叠喇叭形的包物的纸袋，恐怕一般商店里的伙计也不及他。他自己说，出了学校要去经营一种新奇的商店。我赠了他四五张外国的旧邮票，他那脸上的欢喜，真是了不得，还把每张邮票的卖价说给我听。我们正在这样玩着的时候，父亲虽在看报纸，却静听着卡洛斐的话，看他那样子好像听得很有趣味似的。

卡洛斐口袋里满装着物品，外面罩了长的黑外套。他平时总是商人似的在心里打算着什么。他最看重的要算那邮票簿了，好像是他的最大的财产，平日不时和人谈及这东西。大家都骂他是悭吝者，说他盘剥重利，我不知道为什么却欢喜他。他教给我种种的事情，俨然像个大人。柴店里的儿子可莱谛说他即使到用了那邮票簿可以救母亲生命的时候，也不肯舍弃那邮票簿的。我的父亲却不信这话。父亲说：

“不要那样批评人，那孩子虽然气量不大，但也有亲切的地方哩！”

## 初雪　十日

利华利街的散步，暂时不必再想，现在，我们美丽的朋友来了——初雪下来了！昨天傍晚已大片飞舞，今晨积得遍地皆白。雪花在学校的玻璃窗上，片片地打着，窗框周围也积了起来，看了真有趣，连先生也搓着手向外观看。一想起做雪人呀，摘檐冰呀，晚上烧红了炉子围着谈有趣的故事呀，大家都无心上课。只有斯带地热心在对付功课，毫不管下雪的事。

放了课回去的时候，大家多高兴啊！都大声狂叫，跳着走，或是用手抓雪，或是在雪中跑来跑去。来接小孩的父兄们拿着的伞上也完全白了，警察的帽上也白了，我们的书袋，一不顾着转瞬也白了。大家都欢喜得像发狂。永没有笑脸的铁匠店里的儿子泼来可西今天也笑了；从马车下救出了小孩的洛佩谛也拄了拐杖跳着；还未曾手触着过雪的格拉勃利亚少年把雪围拢了，像吃桃子样地吃着；卖菜人家的儿子克洛西把雪装在书袋里。最可笑的是“小石匠”，我父亲叫他明天来玩，他口里正满含着雪，欲吐不得，欲咽不能，眼看着我父亲的脸。大家见了都笑了起来。

女先生们都跑了出来，也好像很高兴。我二年级时的可怜的病弱的先生，也咳嗽着在雪中跑来了。女学生们“呀呀”地从间壁的学校涌出来，在铺着毛毡似的雪地上跳跃回旋。先生们都大了声叫着说：“快回去，快回去！”他们看了在雪中狂喜的小孩们，也是笑着。

安利柯啊！你因为冬天来了而快乐，但你不要忘记，世间有许多无衣无履，无火暖身的小孩啊！因为要想教室暖些，有的小孩用迸出血长着冻疮的手，拿着许多薪炭到远远的学校里。在世界上，全被埋在雪中的学校也很多。在那种地方，小孩都牙根震抖着，看着不断下降的雪，怀着恐怖。雪积得多了，从山上崩下来，连房屋也会被压没的。你们因为冬天来了欢喜，但不要忘了冬天一到世间，就有许多要冻死的人啊！

——父亲

## 雪球 十六日

雪还是不断地下着，今天从学校回来的时候，雪地里发生了一件可怜的事：小孩们一出街道，就将雪团成了石头一样硬的小球来往投掷，有许多人正在旁边通过。行人之中有的叱叫着说："停止停止！他们太恶作剧了。"忽然听见惊人的叫声，急去看时，有一老人落了帽子双手遮了脸，在那里蹒跚着。一个少年立在旁边叫着："救人啊！救人啊！"

人从四方集拢来，原来老人被雪球打伤了眼了！小孩们立刻四面逃散。我和父亲站在书店面前，向我们这边跑来的小孩也有许多。嚼着面包的卡隆、可莱谛、"小石匠"、收集旧邮票的卡洛斐，都在里面。老人已被人围住，警察也赶来了。也有向这里那里跑着的人。大家都齐声说："是谁掷伤了的？"

卡洛斐立在我旁边，颜色苍白，身体颤抖着。

"谁？谁？谁闯了这祸？"人们叫着说。

卡隆走近来，低声向着卡洛斐说："喂！快走过去承认了，瞒着是卑怯的！"

"但是，我并不是故意的。"卡洛斐声音发抖地回答。

"虽则不是故意的，但责任总须你负。"卡隆说。

"我不敢去！"

"那不成。来！我陪了你去。"

警察和观者的叫声，比先前更高了："是谁投掷的？眼镜打碎，玻璃割破了眼，恐怕要变成瞎子了。投掷的人真该死！"

这时，我以为卡洛斐要跌倒在地上了。"来！我替你想法。"卡隆说着，捉了卡洛

斐的手臂像扶病人似的拉了过去。群众见这情形，也猜到闯祸的是卡洛斐，有的竟捏紧了拳头想打他。卡隆推开了他们说：“你们集了十个以上的大人，来和一个小孩作对手吗？”人们才静了不动。

警察携了卡洛斐的手，推开人们，带了卡洛斐到那老人暂时住着的人家去。我们也随后跟着。走到了一看，原来那受伤的老人就是和他的侄子同住在我们上面五层楼上的一个雇员。他卧在椅子上，用手帕盖住眼睛。

“我不是故意的。”卡洛斐用了几乎听不清楚的低声，抖抖索索地反复着说。观者之中有人挤了进来，大叫：“伏在地上谢罪！”想把卡洛斐推下地去。这时，另外又有一人用两腕将他抱住，说：“咿呀，诸位！不要如此。这小孩已自己承认了，不再这样责罚他，不也可以了吗？”那人就是校长先生。先生向卡洛斐说：“快赔礼！”卡洛斐眼中忽然迸出泪来，前去抱住老人的膝。老人伸手来摸卡洛斐的头，抚掠他的头发。大家见了都说：

“孩子！去吧。好了，快回去吧。”

父亲拉了我出了人群，在归路上向我说：“安利柯啊！你在这种时候，有承认过失负担责任的勇气吗？”我回答他：“我愿这样做。”父亲又问我：“你现在能对我立誓说必定能这样做吗？”我说：“是的，我立誓，父亲！”

## 访问负伤者　　十八日

伤了眼睛的老人的侄子，是帽上插红羽那位女先生所担任一级里的学生。今天在他叔父家里看见过他了。叔父像爱自己儿子一样地爱着他。今晨，我替先生誊清了下星期要用的每月例话《少年笔耕》，父亲说：“我们到五层楼上去望望那受伤的老人吧，看他的眼睛怎样了。”

我们走进了那暗沉沉的屋里，老人高枕卧着，他那老妻坐在旁边陪着，侄子在屋角游戏。老人见了我们很欢喜，叫我们坐，说已大好了，受伤的不是要紧地方，四五日内可以痊愈。

“不过受了一些些伤。可怜！那孩子正担心着吧。”老人说，又说医生立刻就来。恰巧门铃响了，他老妻说“医生来了”，前去开门。我看时，来的却是卡洛斐，他着了长外套站在门口，低了头好像不敢进来。

“谁？”老人问。

“就是那掷雪球的孩子。”父亲说。

老人听了：“啊！是你吗？请进来！你是来望我的，是吗？已经大好了，请放心。立刻就复原的。请进来！”

卡洛斐似乎没看见我们也在这里，他忍住了哭脸走近老人床前。老人抚摩着他说：

“谢谢你！回去告诉你父亲母亲，说经过情形很好，叫他们不必挂念。”

卡洛斐站着不动，似乎还有话要说。

“你还有什么事吗？”老人说。

“我，也没有别的。”

“那么，回去吧。再会，请放心！”

卡洛斐走出门口，仍站住了，眼看着送他出去的老人的侄子的脸。忽然从外套里面拿出一件东西交给那侄子，低声地说了一句：“将这给了你。”就一溜烟儿去了。

那侄子将东西拿给老人看，包纸上写着“奉赠”。等打开包纸，我见了不觉大惊。那东西不是别的，就是卡洛斐平日那样费尽心血，那样珍爱着的邮票簿。他竟把那比生命还重视的宝物，拿来当作报答原宥之恩的礼品了。

## 少年笔耕　　每月例话

叙利亚是小学五年级生，十二岁。他父亲在铁路做雇员，在叙利亚以下还有许多儿女，一家营着清苦的生计，还是拮据不堪。父亲对叙利亚百事依从，唯有学校的功课，却毫不放松地督促他用功。这是因为想他快些毕业，得着较好的位置，来帮助一家生计的缘故。

父亲于日间在铁路工作以外，又从别处接了书件来抄写，每夜执笔伏案到很迟才睡。近来某杂志社托他写封寄杂志给订户的封条。这工作好像很辛苦，老人每于食桌上向自己家里人叫苦：“我眼睛似乎坏起来了。这个夜工，要缩短我的寿命呢！”

有一天，叙利亚向他父亲说：“父亲！我来替你写吧。我能写得和你一样好。”父亲终不许可："不要，你应该用你的功。功课，在你是大事，就是一小时，我也不愿夺了你的时间。"叙利亚向来知道父亲的脾气，也不强请，独自在心里设法。

一天晚上，叙利亚等父亲去睡了后，蹑着脚步走进父亲写字的房子里。案上摆着空白的纸条和杂志订户的名册，叙利亚就仿着父亲的笔迹写起来，心里既欢喜又有些恐惧。写到一百六十张，算起来值两角钱了，方才停止。 第二天午餐时，父亲很是高兴。原来他一点不察觉。每夜到了十二时，叙利亚仍起来工作。这样经过了好几天，父亲依然不曾知道。只有一次，父亲在晚餐时说："真是奇怪！近来灯油突然费多了。"叙利亚听了暗笑，幸而父亲不再说别的，此后他就每夜起来抄写。

叙利亚因为每夜起来，渐渐睡眠不足，朝起觉着疲劳，晚间复习要打瞌睡。复习功课的时候，总是带着倦容，好像对功课很厌倦似的。父亲见这情形，屡次注意他，结果至于动气，虽然他一向不责骂小孩。有一天早晨，父亲对他说："叙利亚！你真对不起我！你和从前不是变了样子吗？当心！一家的希望都在你身上呢。你知道吗？"叙利亚有生以来第一次受着叱骂，很是难受。心里想："是的，那样的事非停止不可。"

这天晚餐的时候，父亲很高兴地说："大家听啊！这月比前月多赚六元四角钱呢。"他从食桌抽屉里取出一袋果子来，说是买来让一家人庆祝的。小孩们都拍手欢乐，叙利亚也因此把心重新振作起来，元气也恢复许多，心里自语道："咿呀！再继续做吧。日间多用点功。夜里依旧工作吧。"父亲又接着说："六元四角哩！这虽很好，只有这孩子——"说着指了叙利亚，"我实在觉得可厌！"叙利亚默然受着责备，忍住了要迸

出来的眼泪，心里却觉得欢喜。 从此以后，叙利亚仍是拼了命工作，可是，疲劳之上更加疲劳，终究难以支持。这样过了两个月，父亲仍是叱骂他，对他的脸色更渐渐担起忧来。

有一天，父亲到学校去访先生，和先生商量叙利亚的事。先生说："是的，成绩好是还好，因为他原是聪明的。但是不及以前的热心了，每日总是打着呵欠，似乎要睡去，心不能集注在功课上。叫他作文，他只是短短地写了点就算，字体也草率了，他原可以更好的。"那夜，父亲唤叙利亚到他旁边，用了比平常更严厉的态度对叙利亚说："叙利亚！你知道我为了养活一家怎样地劳累？你不知道吗？我为了你们，是把命在拼着呢！你竟什么都不想想，也不管你父母兄弟怎样！""啊！并不！请不要这样说！父亲！"叙利亚咽着眼泪说。他正想把经过的一切说出来，父亲又拦住了他的话头："一家人要刻苦努力才可支持得住。我不是那样努力地做着加倍的工作吗？本月我原以为可以从铁路局得到二十元的奖金的，已预先派入用途，不料到了今天，才知道那笔钱是无望的了。"叙利亚听了把口头要说的话重新抑住，自己心里反复着说："咿呀！不要说，还是始终隐瞒了，仍旧替父亲帮忙吧。"又过了两个月。儿子仍继续做夜工，日间疲劳不堪，父亲依然见了他动怒。甚至不愿看见他。叙利亚见这光景，心痛得了不得。悲哀疲劳，使他愈加衰弱，学业也似乎愈加不勤勉了。他自己也知道非停止做夜工不可。可是，一到了十二点钟，以前的决心不觉忽然宽懈，好像睡着不起，就是逃避自己的义务，偷用了家里的两角钱了，于是熬不住了仍旧起来。

有一天晚餐的时候，母亲觉得叙利亚的脸色比平常更不好了，说："叙利亚！你不是不舒服吧？"说着又向着丈夫："叙利亚不知怎么了，你看看他脸色青得——叙利亚！你怎么啦？"说时显得很忧愁。父亲把眼向叙利亚一瞟："即使有病也是他自作自受。以前用功的时候，他并不如此的。""但是，你！这不是因为他有病的缘故吗？"父亲听母亲这样说，回答说："我早已不管他了！"叙利亚听了心如刀割。父亲竟不管他了！那个他偶一咳嗽就忧虑得了不得的父亲！父亲确实不爱他了，眼中已没有他这个人了！"啊！父亲！我没有你的爱是不能生活的！我一一说了出来吧，不再欺瞒你了。只要你再爱我，无论怎样，我一定像从前一样地用功。啊！这次真下决心了！"叙利亚的决心仍是徒然。那夜因了习惯的力，又自已起来了。见到桌上的空白纸条，觉得从此不写有些难过，就情不自禁地执了笔又开始写了。忽然手动时把一册书碰落到地。那时满身的血液突然集注到心胸里来：如果父亲发现了也不要紧，自己本来也屡次想说明了。但是，如果现在被父亲发觉，父亲对于自己这几月来待我的情形，不知要怎样懊悔惭愧啊！——心念千头万绪，一时迭起，弄得叙利亚震栗不安。他侧着耳朵，抑了呼吸静听，并无什么响声，一家都睡得静静的，这才放了心重新工作。

其实这时，父亲早已站在他的背后了。父亲从书册落地的时候就惊醒了，现在，父亲已进那室，他那白发的头，就俯在叙利亚小黑头的上面，看着那钢笔头的运动。父亲对从前一切忽然都恍然了，胸中充满了无限的懊悔和慈爱，只是钉住一样站在那里不动。

叙利亚忽然觉得有人用了震抖着的两腕抱他的头，不觉突然“呀！”地叫了起来。及听出了他父亲的啜泣声，叫着说：“父亲！原恕我！原恕我！”父亲咽了泪吻着他儿子的脸：“倒是你要原恕我！一切都明白了！我真对不起你了！快来！”说着抱了他儿子到母亲床前，将他儿子交到母亲腕上：“快吻这爱子！可怜！他三个月来竟睡也不睡，为一家人劳动！我还只管那样地责骂他！”母亲抱住了爱子，几乎说不出话来：“……宝宝！快去睡！”又向着父亲：“请你陪了他去！”父亲从母亲怀里抱起叙利亚，领他到他的卧室里，让他睡倒了，替他整好枕头，盖上棉被。叙利亚说了好几次：“父亲，谢谢你！你快去睡！我已经很好了。”父亲仍伏在床旁。

叙利亚因为疲劳已极，就睡去了。几个月来，到今天才得好好地睡一觉。早晨醒来太阳已经很高了，他忽然发现床沿旁近自己胸部的地方，横着父亲白发的头。原来父亲那夜就是这样过的，他将额贴近了儿子的胸，还在那里熟睡哩。

# 一月

## 助教师　　四日

父亲的话不错，先生的不高兴，果然是病了的缘故。这三天来，先生告假，另外有一位助教师来代课。那是一个没有胡须的像孩子似的先生。今天，学校里发生了一件可耻的事：这位助教师，无论学生怎样说他，他总不动怒，只说："诸位！请规矩些！"前两日，教室中已扰乱不堪，今天竟弄得无可收拾了。那真是稀有的骚扰。先生的话声全然听不清了，无论怎样晓谕，怎样劝诱，学生都当作耳边风一样。校长先生曾到门口来探看过两次，校长一转背，骚扰就依然如故。代洛西和卡隆在前面回过头来，向大家使眼色叫他们静些，他们哪里肯静。斯带地独自用手托了头凭着桌子沉思，那个鹰钩鼻的旧邮票商人卡洛斐呢，他向大家各索铜圆一枚，用墨水瓶为彩品，做着彩票。其余有的

笑，有的说，有的用钢笔尖钻着课桌，有的用了吊袜带上的橡皮弹纸团。

助教师一个一个地去禁止他们，或是捉住他的手，或是拉了去叫他立壁角。可是仍旧无效。助教师没了法，很和气地和他们说：

“你们为什么这样？难道一定要我责罚你们吗？”

说了又以拳敲桌，用了愤怒而兼悲哀的声音叫：“静些！静些！”可是他们仍是不听，骚扰如故。勿兰谛向先生投掷纸团，有的吹着口笛，有的彼此以头相抵赌力，完全不知道在做什么了。这时来了一个校工，说：

“先生，校长先生有事请你。”

先生现出很失望的样子，立起身匆忙就去。于是骚扰愈加厉害了。

卡隆忽然站起来，他震动着头，捏紧了拳，怒不可遏地叫说：

“停止！你们这些不是人的东西！因为先生好说话一点，你们就轻侮他起来。倘然先生一用腕力，你们就要像狗一样地伏倒在地上哩！卑怯的东西！如果有人再敢嘲弄先生，我要打掉他的牙齿！就是他父母看见，我也不管！”

大家不响了。这时卡隆的样子真是庄严：堂堂地立着，眼中几乎要怒出火来，好像是一匹发威的小狮子。他从最坏的人起，一一用眼去盯视，大家都不敢仰起头来。等助教师红了眼进来的时候，差不多肃静得连呼吸的声音都听不出了。助教师见这模样，大出意外，只是呆呆地立住。后来看见卡隆怒气冲冲地站在那里，就猜到了八九分，于是用了对兄弟说话时的那种充满了情爱的声气说：“卡隆！谢谢你！”

## 斯带地的图书室

斯带地的家在学校的前面。我到他家里去，一见到他的图书室，就羡慕起来了。斯带地不是富人，虽不能多买书，但他能保存书籍，无论是学校的教科书，还是亲戚送他的，都好好地保存着。只要手里得到钱，都用以买书。他已收集了不少书，摆在华丽的栗木的书架里，外面用绿色的幕布遮着，据说这是父亲给他的。只要将那细线一拉，那绿色的幕布就牵拢在一方，露出三格书来。各种的书，排得很整齐，书背上闪烁着金字的光。其中有故事、有旅行记、有诗集，还有书本。颜色配合得极好，远处望去很是美丽。譬如说，白的摆在红的旁边，黄的摆在黑的旁边，青的摆在白的旁边。斯带地还时常把这许多书的排列变换式样，以为快乐。他自己做了一个书目，俨然是一个图书馆馆长。在家时只管在那书箱旁边，或是拂拭尘埃，或是把书翻身，或是检查钉线。当他用粗大的手指把书翻开，在纸缝中吹气或是做着什么的时候，看了真是有趣。我们的书都不免有损伤，他所有的书却是簇新的。他得了新书，拂拭干净，插入书架里，不时又拿出来看，把书当作宝贝珍玩，这是他最大的快乐。我在他家里停了一点钟，他除了书以外，什么都未曾给我看。

过了一会儿，他那肥胖的父亲出来了，手拍着他儿子的背脊，用了和他儿子相像的粗声向我说道：

“这家伙你看怎样？这个铁头，很坚实哩，将来会有点希望吧。”

斯带地被父亲这样地嘲弄，只是像猎犬样地半闭着眼。不知为了什么，我竟不敢和斯带地取笑。他只比我大一岁，这是无论如何不能相信的。我回来的时候，他送我出门，像煞有介事地说：“那么，再会吧。”我也不觉像向着大人似的说：“愿你平安。”

到了家里，我和我父亲说：“斯带地既没有才，样子也不好，他的面貌令人见了要笑，可是不知为了什么，我一见了他，就觉得有种种事情可以学。”父亲听了说：“这是那孩子待人真诚的缘故啊。”我又说：“到了他家里，他也不多和我说话，也没有玩具给我看。我却很喜欢到他家里去。”“这因为你佩服那孩子的缘故。”父亲这样说。

## 铁匠的儿子

是的，父亲的话是真的。我还佩服泼来可西。不，佩服这个词还不足以表示我对于泼来可西的心情。泼来可西是铁匠的儿子，就是那身体瘦弱的小孩，有着悲哀的眼光，胆子很小，向着人总说“原恕我，原恕我”，他却是很能用功的。他父亲酒醉回来，据说常要无故打他，把他的书或笔记簿掷掉。他常在脸上带了黑痕或青痕到学校里来，脸孔肿着的时候也有，眼睛哭红的时候也有。虽然如此，他无论如何总不说父亲打他。“父亲打你了。”朋友这样说的时候，他总立刻替父亲包庇说：“没有的事，没有的事。”

有一天，先生看见他的作文簿被火烧了一半。对他说：“这不是你自己烧了的吧？”

“是的，我不小心把它落在火里了。”他回答。其实，这一定是他父亲酒醉回来踢翻了桌子或油灯的缘故。

泼来可西的家就住在我家屋顶的小阁上。门房时常将他们家的事情告诉给我母亲听。雪尔维姊姊有一天听得泼来可西哭。据说他向他父亲要买文法书的钱，父亲把他从楼梯上踢了下来。他父亲一味喝酒，不务正业，一家都为饥饿所苦。泼来可西时常饿着肚皮到学校里来，吃卡隆给他的面包。一年级时教过他的那个戴赤羽的女先生，也曾给他苹果吃。可是，他决不说“父亲不给食物”的话。

他父亲也曾到学校里来过，脸色苍白，两脚抖抖的，一副怒容，发长长地垂在眼前，歪戴着帽子。泼来可西在路上一见父亲，虽战惧发震，可是仍立刻走近前去。父亲呢，他并不顾着儿子，好像心里在想着别的什么似的。

可怜！泼来可西把破的笔记簿补好了，或是借了别人的书来用功。他把破了的衬衣用针别牢了穿着，拖着太大的皮鞋，系着长得拖到地上的裤子，穿着太长的上衣，袖口高高地卷到肘上。见了他那样子真是可怜！虽然如此，他却很勤勉，如果他在家里能许他自由用功，必定能得到优良的成绩的。

今天早晨，他颊上带了爪痕到学校里来，大家见了说：

“又是你父亲吧，这次可不能再说‘没有的事’了。把你弄得这步田地的，一定是你父亲。你去告诉校长先生，校长先生就会叫你父亲来，替你劝说他的。”

泼来可西跳立起来，红着脸，抖索着，发怒地说：“没有的事，父亲是不打我的。”

话虽如此，后来上课时他究竟眼泪落在桌上了。人家去看他，他就抑住眼泪。可怜！他还要硬装笑脸给人看呢！明天，代洛西与可莱谛、耐利原定要到我家里来，我打算约泼莱可西一块儿来。我想明天请他吃东西，给他书看，领他到家里各处去玩耍，回去的时候，把果物给他装进口袋带回去。那样善良而勇敢的小孩，应该使他快乐快乐，至少一次也好。

## 友人的来访　　十二日

今天是这一年中最快乐的星期四。正好两点钟，代洛西和可莱谛领了那驼背的耐利来了。泼来可西因为他父亲不许他来，竟没有到。代洛西和可莱谛笑着对我说，在路上曾遇见那卖野菜人家的儿子克洛西，据说克洛西提着大卷心菜，说是要卖了去买钢笔。又说，他新近接到父亲不久将自美国回来的信，很欢喜着呢。

三位朋友在我家里留了两小时光景，我高兴非常。代洛西和可莱谛是同级中最有趣的小孩，连父亲都欢喜他们。可莱谛穿了茶色的裤子，戴了猫皮帽子，性情活泼，无论

何时非活动不可，或将眼前的东西移动，或是将它翻身。据说他从今天早晨起，已搬运过半车的柴，可是他还没有疲劳的样子，在我家里跑来跑去，见了什么都注意，口不住地说话，像松鼠一般地活动着。他到了厨房里，问女仆每束柴的价钱，据说他们店里卖二角一束。他欢喜讲他父亲在温培尔脱亲王部下参加柯斯脱寨战争时候的事。礼仪很周到。确像我父亲所说：这小孩虽生长在柴店里，却含着真正的贵族血统。

代洛西讲有趣味的话给我们听。他熟悉地理，竟同先生一样闭了眼睛说：

“我现在眼前好像看见了全意大利。那里有亚配那英山脉突出在爱盎尼安海中，河水在这里那里流着，有白色的都会，有湾，有青的内海，有绿色的群岛。”他顺次背诵地名，像眼前摆着地图一样。他穿着金纽扣的青色的上衣，举起了金发的头，闭了眼，石像似的直立着，那种丰采，使我们大家看了倾倒。他把明后日大葬纪念日所要背诵的三页光景长的文章，在一小时内记牢。耐利看了他也在那悲愁的眼中现出微笑来。

今天的会集真是快乐，并且给我在胸中留下了一种火花样的东西。他们三人回去的时候，那两个长的左右夹辅着耐利，携了他的手走，和他讲有趣的话，使一向未曾笑过的耐利笑。我看了真是欢喜。回来到了食堂里，见平日挂在那里的驼背的滑稽画没有了，这是父亲故意除去的，因为怕耐利看见。

## 少年鼓手　　每月例话

这是一八四八年七月二十四日，柯斯脱寨战争开始第一日的事。我军步兵一队，六十人光景，被派遣到某处去占领一空屋，忽受奥地利二中队攻击，并且被包围了。我军指挥这队的大尉是个勇敢的老士官，身材高大，须发都白了。六十人之中，有一个少年鼓手，赛地尼亚人，年虽已过了十四岁，身材却还似十二岁不到，是个肤色浅黑，眼光炯炯的少年。大尉在楼上指挥防战，他那铁锻成般的脸上，一点都没有感情的影子。少年鼓手脸已急得发青了，可是还能沉着地跳上桌子，探头到窗外，从烟尘中去观看奥军近来。

这空屋筑在高崖上，向着崖的一面，只有屋顶阁上开着一个小窗，其余都是墙壁。奥军只在别的三面攻击，向崖的一面安然无事。那真是很厉害的攻击，弹丸如雨，破壁碎瓦，天幕、窗子、家具、门户，一击就成粉碎。敌军的半圆形只管渐渐地逼近拢来。

过了一会儿，一向镇定自若的大尉忽然现出不安的神情，带了一个军曹急忙地出了那室。过了三分钟光景，那军曹跑来向少年鼓手招手。少年跟了军曹急步登上楼梯，到了那屋顶阁里。大尉正倚着小窗拿了纸条写字。大尉折叠好纸条，注视着少年，很急迫地叫唤："鼓手！"

"你有勇气吗？"大尉说。"是的，大尉！"少年回答，眼睛炯炯发光。

大尉把少年推近窗口："往下面看！靠近那屋子有枪刺的光吧，那里就是我军的本队。你拿了这条子，从窗口溜下去，快快地翻过那山坡，穿过那田畈，跑入我军的阵地，只要一遇见士官，就把这条子交给他。"

军曹将一根绳子从窗口放下去，一端缠在自己的臂上。大尉将少年扶出了窗口，使他背向外面："喂！这分队的安危，就靠你的勇气和你的脚力了！"

"凭我！大尉！"少年一边回答一边往下溜。

大尉和军曹握住了绳："下山坡的时候，要把身子伏倒！"

"放心！"

"但愿你成功！"

鼓手立刻落到地上了。大尉很不放心，在窗畔踱来踱去，看少年下坡。差不多快要成功了。忽然在少年前后数步之间冒出五六处烟来。原来奥军已发现了少年，从高处射击着他。少年拼了命跑，突然倒下了。"糟了！"大尉咬着牙焦急地向自己说。正在此时，少年又站起来了。"啊，啊！只是跌了一跤！"大尉吐了一口气。少年虽然拼命地跑着，可是，望过去一条腿像有些跛。大尉想："踝骨受了伤了哩！"接着烟尘又从少年的近旁冒起来，都很远，没有打中。"好呀！好呀！"大尉欢喜地叫。远远望去：见少年跑了

一会儿，忽而把脚步放缓，只是跛着走；及再重新起跑，力就渐渐减弱，坐下休息了好几次。

“大概子弹穿过了他的脚。”大尉一边这样想，一边目不转睛地注视着少年，急得身子发震。少年虽已走到平地，可是已经不能跑了，望去好像把脚拖着一步一步勉强地往前走。大尉咬紧了牙齿，握紧了拳头：“快走呀！该死的！畜生！走！走！”过了一息，大尉说出可怕的话来了，“咿呀！没用的东西！倒下哩！”方才还望得见在田畈中的少年的头。忽然不见了，好像已经倒下。隔了一分钟光景，少年的头重新现出，不久为篱笆挡住，望不见了。

大尉急忙下楼，到处是烟气和灰尘，周围的东西都看不清楚了。

敌军渐渐逼近，从烟尘中已可望见敌兵的脸，枪声里面夹杂着可怕的哄声和骂声。防御的火力渐渐薄弱，兵士脸上都表现出绝望的神情，再要抵抗已不可能了。

大尉用了绝望的声音：“援兵不来了！援兵不来了！”一边狂叫，一边野兽似的跳着，以震抖的手挥着军刀，预备战死。这时军曹从屋顶阁下来，锐声说道：“援兵来了！”

“援兵来了！”大尉欢声喊道。

一听这声音，未负伤的、负伤的、军曹、士官都立刻冲到窗口，重新猛力抵抗敌军。从窗口望去，意大利骑兵一中队，正全速从烟尘中奔来。敌军动摇混乱，开始退却。转瞬间，两大队的步兵带着两门大炮占领了高地。

大尉在最后一次冲锋的时候，他为流弹所中，伤了左手。

这天战斗的结果，我军胜利。次日再战，我军虽勇敢对抗，终以寡不敌众，于二十七日早晨，退守派契阿河。

大尉负了伤，仍率领部下的兵士徒步行进。日暮，到了派契阿河岸的哥伊托地方，找寻副官。那副官伤了手腕，被救护队所救，比大尉先到这里。大尉走进一所设着临时野战病院的寺院，寻找副官，听得有人用低弱的声音在叫“大尉”。大尉近身去看，见是少年鼓手。他卧在吊床上，胸以下覆盖着粗的窗帘布，苍白而细的两腕露出在布外面，眼睛仍像宝石一样地发着光。大尉一惊，对他喊道：“你在这里？真了不得！你尽了你的本分了！”

“我已尽了我的全力。”少年答。

“你受了什么伤？”大尉再问，一边看附近各床，寻觅副官。

“完全没料到。”少年回答说。“我拼命地跑，原是恐被看见，屈着上身，不料竟被敌人看见了。如果不被射中，还可再快二十分钟的。幸而逢着参谋大尉，把纸条交付了他。可是在被打伤以后，一点也走不动，口也干渴，好像就要死去。要再走上去是无论如何不能的了。愈迟，战死的人将愈多。我一想到此，几乎要哭起来。还好！我总算拼了命达到了我的目的。不要替我担心。大尉！你要留心你自己，你流着血呢！”

的确如他所说，滴滴的血，正从大尉臂上的绷带里顺着手指流下来。

“请把手交给我，让我替你包好绷带。”少年说。

大尉伸过左手来，用右手来扶少年。少年把大尉的绷带解开重新结好。可是，少年一离开枕头，面色就变得苍白，不得不仍旧躺下去。

“但是，你这样困惫，一定是出了许多血吧？”大尉说。

“你说出了许多血？”少年微笑说，“不但血呢，请看这里！”说着把盖布揭开。大尉见了不觉大吃一惊，向后退了一步。原来，少年的左腿已齐膝截去，切口用血染透了的布包着。

这时，一个矮而胖的军医穿着衬衣走过，向着少年叽咕了一会儿，对大尉说：“啊！大尉！这真是出于不得已，他如果不那样无理支撑，脚是可以保牢的。但是，真是勇敢的少年！眼泪不流一滴，不惊慌，连喊也不喊一声。我替他施行手术时，他以意大利男儿自豪哩！他家世出身一定是很好的！”军医说完急忙走开了。

大尉注视少年一会儿，替他依旧将盖布盖好。不知不觉，就慢慢地举手到头边除了帽子。

“大尉，”少年惊叫，“做什么？对了我！”

一向对于部下不曾发过柔言的威武的大尉，这时竟用了充满了情爱的声音说道：“我不过是大尉，你是英雄啊！”说了这话，便张开了手臂，伏在少年身上，在他胸部吻了三次。

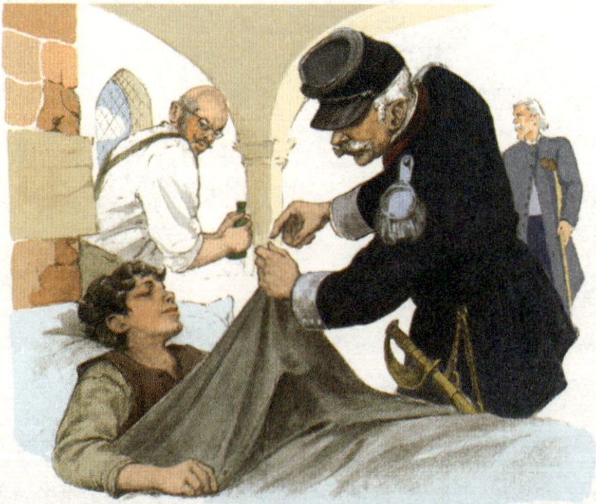

# 二月

## 赏牌授予　　四日

今天，视学官到学校里来，说是来给予赏牌的。那是有白须着黑服的绅士，在功课将完毕的时候，和校长先生一同到了我们的教室里，坐在先生的旁边，对三四个学生作了一会儿考问。把一等奖的赏牌给予代洛西，又和先生及校长低声谈说。

"受二等奖的不知是谁？"我们正这样想，一边默然地咽着唾液。继而，视学官高声说：

"配托罗·泼来可西此次应受二等奖。他答题、功课、作文、操行，一切都好。"大家都向泼来可西看，心里都代他欢喜。泼来可西张皇得不知如何才好。

"到这里来！"视学官说。泼来可西离了座位走近先生的案旁，视学官用悯怜的眼光打量着泼来可西的蜡色的脸和缝补过的不合身材的服装，替他将赏牌悬在肩下，深情地说：

"泼来可西！今天给你赏牌，并不是因为没有比你更好的人，并且并不单只因为你的才能与勤勉；这赏牌还奖励你的心地、勇气及强固的孝行。"说着又问我们：

"不是吗？他是这样的吧？"

"是的，是的！"大家齐声回答。泼来可西喉头动着，好像在那里咽什么，过了一会儿，用很好的脸色对我们看，充满了感谢之情。

"好好回去，要更加用功呢！"视学官对泼来可西说。

功课已完毕了，我们一级比别级先出教室。走出门外，见接待室里来了一个想不到的人，那就是做铁匠的泼来可西的父亲。他仍然脸色苍白，歪戴了帽子，头发长得要盖着眼，抖抖索索地站着。先生见了他，同视学官附耳低声说了几句。视学官就去找泼来可西，携了他的手一同到他父亲的旁边。泼来可西震栗起来，学生们都群集在他的周围。

“是这孩子的父亲吗？”视学官快活地对铁匠说，好像见了熟识的朋友一样。并且不等他回答，又继续说：

“恭喜！你看！你儿子超越了五十四个同级的同学得了二等奖了。作文、算术，一切都好。既有才，又能用功，将来必定成大事业。他心地善良，为大家所尊敬，真是好孩子！你见了也该欢喜吧。”

铁匠张开了口只是听着。他看看视学官，看看校长，又看看俯首战栗着的自己的儿子。好像到了这时，他才知道自己这样虐待儿子，儿子却总是坚强地忍耐着的。他脸上不觉露出茫然的惊讶和惭愧的神色，急把儿子的头抱在自己的胸前。我们都在他们面前走过。我约泼来可西在下礼拜四和卡隆、克洛西同到我家里来。大家都向他道贺：有的去抱他，有的用手去摸他的赏牌，不论哪个走过他旁边总有一点表示。泼来可西的父亲用惊异的眼色注视着我们，他还是将儿子的头抱在胸前，他儿子啜泣着。

## 囚犯　　十七日

这真是一年中最可惊异的事：昨天早晨，父亲领了我同到孟卡利爱利附近去寻借别墅，预备夏季去住。执掌那别墅的门钥的是个学校的教师。他引导我们去看了以后，邀我们到他的房间里去喝茶。他案上摆着一个奇妙的雕刻的圆锥形的墨水瓶，父亲注意地在看。这位先生说：

“这墨水瓶在我是个宝贝，来历很长哩！”他就告诉我们下面的话：

数年前，这位先生在丘林，有一年冬天，曾去监狱担任教授囚犯的学科。授课的地方在监狱的礼拜堂里。那礼拜堂是个圆形的建筑，周围有许多的小而且高的窗，窗口都用铁栅拦住。每个窗里面各有一间小室，囚犯就站在各自的窗口，把笔记簿摊在窗槛上用功，先生则在暗沉沉的礼拜堂中走来走去地授课。室中很暗，除了囚犯胡子蓬松的脸以外，什么都看不见。这些囚犯之中，有一个住在七十八号的，比别人更用功，更感谢着先生的教导。他是一个黑须的年轻人，与其说是恶人，毋宁说是个不幸者。他原是细木工，因为动了怒，用刨子投掷虐待他的主人，不意误中头部，致了死命，因此受了几年的监禁罪。他在三个月中把读写都学会了，每日读书，学问进步，性情也因此变好，已觉悟自己的罪过，自己很痛悔。有一天，功课完了以后，那囚犯向先生招手，请先生走近窗口去，说明天就要离开丘林的监狱，被解到威尼斯的监狱里去了。他向先生告别，用深情的亲切的语声，请先生把手让他握一握。先生伸过手去，他就吻着，说了一声

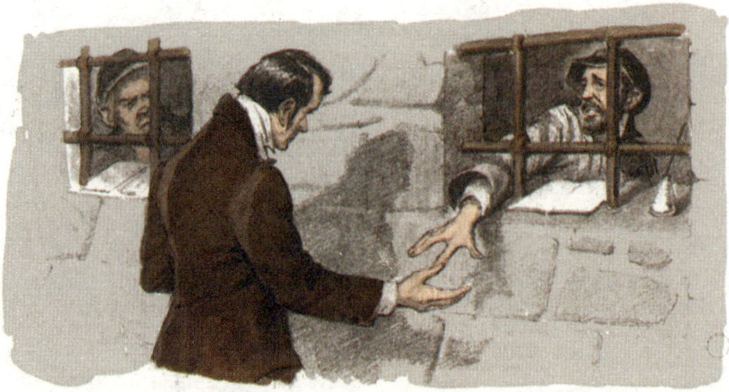

“谢谢”，先生缩回手时，据说手上沾着眼泪哩。先生以后就没再看见他了。

先生说了又继续着这样说：

“过了六年，我差不多把这不幸的人忘怀了。不料前日，突然来了个不相识的人，黑须，花白头发，粗布衣装，见了我问：

“‘你是某先生吗？’

“‘你是哪位？’我问。

“‘我是七十八号的囚犯。六年前蒙先生教我读法写法。先生想必还记得：在最后授课的那天，先生曾将手递给我。我已满了刑期了，今天来拜望，想送一纪念品给先生，请把这收下，当作我的纪念！先生！’

“我无言地站着。他以为我不愿受他的赠品，注视着我的眼色，好像在说：

“‘六年的苦刑，还不足以拭净手上的不洁吗？’

“他眼色中充满了苦痛，我就伸过手去，接受了他的赠品，就是这个。”

我们仔细看那墨水瓶，好像是用钉子凿刻的，真不知要费去多少工夫哩！盖上雕刻着钢笔搁在笔记簿上的花样。周围刻着“七十八号敬呈先生，当作六年间的纪念”几个字。下面又用小字刻着“努力与希望”。

先生不再说什么，我们也就告别。在回到丘林来的路上，我心里总在描摹着那囚犯站在礼拜堂小窗口的光景，他那向先生告别时的神情，以及在狱中做成的那个墨水瓶。昨天夜里就做了这样的梦，今天早晨还在想着。

今天到学校里去，不料，又听到出人意料的怪事。我坐在代洛西旁边，才演好了算术问题，就把那墨水瓶的故事告诉了代洛西，将墨水瓶的由来，以及雕刻的花样，周围“六年”等的文字，都大略地和他述说了一番。代洛西听见这话，就跳了起来，看看我，又看看那卖野菜人家的儿子克洛西。克洛西坐在我们前面，正背向了我们在那里一心演算。代洛西叫我不要声张，又捉住了我的手：

“你不知道吗？前天，克洛西对我说，他看见过他父亲在美洲雕刻的墨水瓶了。是用手做的圆锥形的墨水瓶，上面雕刻着钢笔杆摆在笔记簿上的花样。就是那个吧？克洛西说他父亲在美洲，其实，是在牢里呢。父亲犯罪时，克洛西还小，所以不知道。他母亲大约也不曾告诉他哩。他什么都不知道，还是不使他知道好啊！”

我默然地看着克洛西。代洛西正演算完，从桌下递给克洛西，并附给克洛西一张纸，又从克洛西手中取过先生叫他抄写的每月例话《爸爸的看护者》的稿子来，说替他代写。还把一个钢笔头塞入他的掌里，再去拍他的肩膀。代洛西又叫我对方才所说的务守秘密。散课的时候，代洛西急忙对我说：

“昨天克洛西的父亲曾来接他的儿子，今天也会来吧？”

我们走到大路口，看见克洛西的父亲站立在路旁，黑色的胡须，头发已有点花白，穿着粗布的衣服。那无光彩的脸上，看去好像正在沉思。代洛西故意地去握了克洛西的手，大声地说：

“克洛西！再会！”说着把手托在他的颐下，我也照样地把他颐下托住。

可是这时，我和代洛西脸上都有些红了。克洛西的父亲亲切地看着我们，脸上却呈露出若干不安和疑惑的影子来。我们觉得好像胸口正在浇着冷水！

## 爸爸的看护者　　每月例话

正当三月中旬，春雨绵绵的一个早晨，有一乡下少年满身沾透泥水，一手抱了替换用的衣包，到了耐普尔斯市某著名的病院门口，把一封信递给管门的，说要会他新近入院的父亲。少年生着圆脸孔，面色青黑，眼中好像在沉思着什么，厚厚的两唇间露出雪白的牙齿。他父亲去年离了本国到法兰西去做工，前日回到意大利，在耐普尔斯登陆后忽然患病，进了这病院，一面写信给他的妻子，告诉她自己已经回国，及因病入院的事。妻子得信后很担心，因为有一个孩子也正在病着，还有正在哺乳的婴儿，不能分身，不得已叫顶大的儿子到耐普尔斯来探望父亲——家里都称为爸爸。少年天明动身，步行了三十英里才到这里。

管门的把信大略瞥了一眼，就叫了一个看护妇来，托她领少年进去。

“你父亲叫什么名字？”看护妇问。

少年恐病人已有了变故，暗地焦急狐疑，震栗着说出他父亲的姓名来。

看护妇一时记不起他所说的姓名，再问：

“是从外国回来的老年职工吗？”

“是的，职工呢原是职工，老还不十分老的，新近从外国回来。”少年说时越加担心。

“几时入院的？”

“五天以前。”少年看了信上的日期说。

看护妇想了一想，好像突然记起来了，说：“是了，是了，在第四号病室中一直那面的床位里。”

“病得很厉害吗？怎样？”少年焦急地问。

看护妇注视着少年，不回答他，但说：“跟了我来！”

少年跟看护妇上了楼梯，到了长廊尽处一间很大的病室里，病床分左右排列着。“请进来。”看护妇说。少年鼓着勇气进去，但见左右的病人都脸色发青，骨瘦如柴。有的闭着眼，有的向上凝视，又有的小孩似的在那里哭泣。薄暗的室中充满了药气，两个看护妇拿了药瓶匆忙地走来走去。

到了室的一隅，看护妇立住在病床的前面，扯开了床幕说：“就是这里。”

少年哭了出来，急把衣包放下，将脸靠近病人的肩头，一手去握那露出在被外的手。病人只是不动。

少年起立了，看着病人的状态又哭泣起来。病人忽然把眼张开，注视着少年，似乎有些知觉了，可是仍不开口。病人很瘦，看去几乎已认不出是不是他的父亲，头发也白了，胡须也长了，脸孔肿胀而青黑，好像皮肤要破裂似的。眼睛缩小了，嘴唇加厚了，差不多全不像父亲平日的样子，只有面孔的轮廓和眉间，还似乎有些像父亲，呼吸已很微弱。少年叫说：

“爸爸！爸爸！是我呢，不知道吗？是西西洛呢！母亲自己不能来，叫我来迎接你的。请你向我看。你不知道吗？给我说句话吧！”

病人对少年看了一会儿，又把眼闭拢了。

“爸爸！爸爸！你怎么了？我就是你的儿子西西洛啊！”

病人仍不动，只是艰难地呼吸着。少年哭泣着把椅子拉了拢去坐着等待，眼睛牢牢地注视他父亲。他想：“医生想必快来了，那时就可知道详情了。”一面又独自悲哀地沉思，想起父亲的种种事情来：去年送他下船，在船上分别的光景，他说赚了钱回来，全家一向很欢乐地等待着的情形；接到信后母亲的悲愁，以及父亲如果死去的情形，都一一在眼前闪过，连父亲死后，母亲穿了丧服和一家哭泣的样子，也在心中浮出了。正沉思间，觉得有人用手轻轻地拍他的肩膀，惊抬头看，原来是看护妇。

“我父亲怎么了？”他很急地问。

“这是你的父亲吗？”看护妇亲切地反问。

“是的，我来服侍他的，我父亲患的什么病？”

“不要担心，医生就要来了。”她说着走了，别的也不说什么。

过了半点钟，铃声一响，医生和助手从室的那面来了，后面跟着两个看护妇。医生按了病床的顺序一一诊察，费去了不少的工夫。医生愈近拢来，西西洛的忧虑也愈重，终于诊察到邻接的病床了。医生是个身长而背微曲的诚实的老人。西西洛不待医生过来，就站了起来。等医生走到他身旁，他忍不住哭了。医生注视着他。

“这是这位病人的儿子，今天早晨从乡下来的。”看护妇说。

医生一手搭在少年肩上，向病人俯伏了检查脉搏，手摸头额，又向看护妇问了经过状况。

“也没有什么特别变化，仍照前调理就是了。”医生对看护妇说。

“我父亲怎样？”少年鼓了勇气，咽着泪问。

医生又将手放在少年肩上：

“不要担心！脸上发了丹毒了。虽是很厉害，但还有希望。请你当心服侍他！有你在旁边，真是再好没有了。”

“但是，我和他说话，他有些不明白呢。”少年呼吸急迫地说。

“就会明白吧，如果到了明天。总之，病是应该有救的，请不要伤心！”医生安慰他说。

西西洛还有话想问，只是说不出来，医生就走了。

从此，西西洛就一心服侍他爸爸的病。别的原不会做，或是替病人整顿枕被；或是时常用手去摸病体，或者赶去苍蝇；或是听到病人呻吟，注视病人的脸色；或是看护妇送来汤药，就取了调匙代为灌喂。病人时时张眼看西西洛，好像仍不明白，不过每次注视他的时间渐渐地长了些。西西洛用手帕遮住了眼睛哭泣的时候，病人总是凝视着他。

这样过了一天，到了晚上，西西洛拿两把椅子在室隅拼着当床睡了，天亮就起来

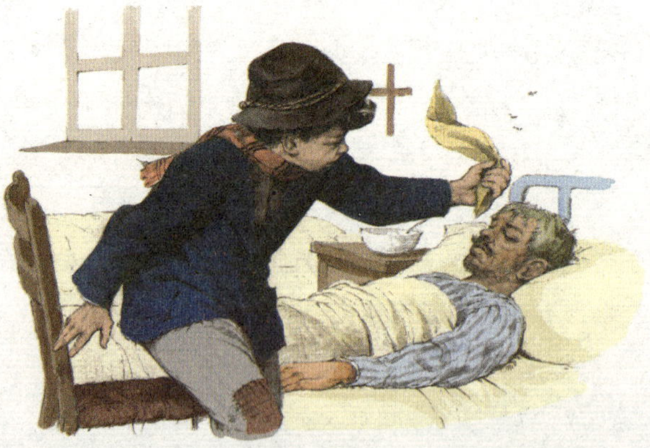

看护。这天看病人的眼色好像有些省人事了，西西洛说种种安慰的话给病人听，病人在眼中似乎露出感谢的神情来。有一次，竟把嘴唇微动，好像要说什么话；暂时昏睡了去，忽又张开眼睛来寻找看护他的人。医生来看过两次，说觉得好了些了。傍晚，西西洛把茶杯拿近病人嘴边去的时候，那唇间已露出微微的笑影。西西洛自己也高兴了些，和病人说种种的话，把母亲的事情，姊妹们的事情，以及平日盼望爸爸回国的情形等都说给他听，又用了深情的言语劝慰病人。病人懂吗？不懂吗？这样疑怪的时候也有，但总继续和病人说。不管病人懂不懂西西洛的话，他似乎很喜欢听西西洛的深情的含着眼泪的声音，所以总是侧耳听着。

第二日，第三日，第四日，都这样过去了。病人的病势才觉得好了一些，忽而又变坏起来，反复不定。西西洛尽了心力服侍。看护妇每日两次送面包或干酪来，他只略微吃些就算，除了病人以外，什么都如不见不闻。像患者之中突然有危笃的人了，看护妇深夜跑来，访病的亲友聚在一处痛哭之类病院中惨痛的光景，他也竟不留意。每日每时，他只一心对付着爸爸的病，无论是轻微的呻吟，或是病人的眼色略有变化，他都会心悸起来。有时觉得略有希望，可以安心，有时又觉得难免失望，如冷水浇心，使他陷入烦闷。

到了第五日，病情忽然沉重起来，去问医生，医生也摇着头，表示难望有救，西西洛倒在椅子上啜泣。可以使人宽心的是，病人病虽转重，神志似乎清了许多。他热心地看着西西洛，露出欢悦的脸色来，不论药物饮食，别人喂他都不肯吃，除了西西洛。有时口唇也会动，似乎想说什么。见病人这样，西西洛就去扳住他的手，很快活地这样说：

“爸爸！好好地，就快痊愈了！就好回到母亲那里去了！快了！好好地！”

这日下午四点钟光景，西西洛依旧在那里独自流泪，忽然听见室外有足音，同时又听见这样的话声：

“阿姐！再会！”这话声使西西洛惊跳了起来，暂时勉强地把已在喉头的叫声抑住。

这时，一个手里缠着绑带的人走进室中来，后面有一个看护妇跟着送他。西西洛立在那里，发出尖锐的叫声，那人回头一看西西洛，也叫了起来：“西西洛！”一边箭也似的跑到他身旁。

西西洛倒伏在他父亲的腕上，情不自遏地啜泣。

看护妇都围集拢来，大家惊怪。西西洛还是泣着。父亲吻了儿子几次，又注视了那病人。

“呀！西西洛！这是哪里说起！你错到了别人那里了！你母亲来信说已差西西洛到病院来了，等了你好久不来，我不知怎样地担忧啊！啊！西西洛！你几时来的？为什么会有这样的错误？我已经痊愈了，你母亲好吗？孔赛德拉呢？小宝宝呢？大家怎样？我现在正要出院哩！我们回去吧！啊！天啊！谁知道竟有这样的事！”

西西洛想说家里的情形，可是竟说不出话。

“啊！快活！快活！我曾病得很危险呢！”父亲不断地吻着儿子，可是儿子只站着不动。

“走吧！今夜还可以赶到家里呢。”父亲说着，拉了儿子要走。西西洛回视那病人。

“怎么？你不回去吗？”父亲怪异地催促。

西西洛又回顾病人。病人也张大了眼注视着西西洛。这时，西西洛不觉从心坎里流出这样的话来：

“不是，爸爸！请等我一等！我不能回去！那个爸爸啊！我在这里住了五日了，将他当作爸爸了。我可怜他，你看他在那样地看着我啊！什么都是我喂他吃的。他没有我是不成的。他病得很危险，请等我一会儿，今天我无论如何不能回去。明天回去吧，等我一等。我不能弃了他走。你看，他在那样地看我呢！他不知是什么地方人，我走了，他就要独自一个人死在这里了！爸爸！暂时请让我再留在这里吧！”

“好个勇敢的孩子！”周围的人都齐声说。

父亲一时决定不下，看看儿子，又看看那病人。问周围的人：“这人是谁？”

“同你一样，也是个乡间人，新从外国回来，恰好和你同日进院。送进病院来的时候什么都不知道，话也不会说了。家里的人大概都在远处。他将你的儿子当作自己的儿子呢。”看护妇回答说。

病人仍看着西西洛。

“那么你留在这里吧。”父亲向他儿子说。

“也不必留很久了。”那看护妇低声说。

“留着吧！你真善良！我先回去，好叫你母亲放心。这两块钱给你做零用。那么，再会！”说毕，吻了儿子的额，就出去了。

西西洛回到病床旁边，病人似乎就安心了。西西洛仍旧从事看护，哭是已经不哭了，热心与忍耐仍不减于从前。递药呀，整理枕被呀，手去抚摸呀，用言语安慰他呀，从日到夜，一直陪在旁边。到了次日，病人渐渐危笃，呻吟苦闷，热度骤然加增。傍晚，医生说恐怕难过今夜。西西洛就越加注意，眼不离病人，病人也只管看着西西洛，时时动着口唇，像要说什么话。眼色也很和善，只是眼瞳渐渐缩小而且昏暗起来了。西西洛那夜彻夜服侍他。天将明的时候，看护妇来了，一见病人的光景，急忙跑去。过了一会儿，医生助手就带了看护妇来。

“已在断气了。”助手说。

西西洛去握病人的手，病人张开眼向西西洛看了一看，就把眼闭了。

这时，西西洛觉得病人在紧握他的手，喊叫着说："他紧握着我的手呢！"

助手俯身下去观察病人，不久即又仰起。

看护妇从壁上把耶稣的十字架像取来。

"死了！"西西洛叫着说。

"回去吧，你的事完了。你这样的人是有神灵保护的，将来应得幸福，快回去吧！"助手说。

看护妇把窗上养着的堇花取下交给西西洛：

"没有可以送你的东西，请拿了这花去当作病院的纪念吧！"

"谢谢！"西西洛一手接了花，一手拭眼。"但是，我要走远路呢，花要枯掉的。"说着将花分开了散在病床四周："把这留下当作纪念吧！谢谢，阿姐！谢谢，先生！"又向着死者："再会！……"

正出口时，忽然想到如何称呼他。西西洛踌躇了一会儿，想起五日来叫惯了的称呼，不觉就脱口而出：

"再会！爸爸！"说着取了衣包，忍住了疲劳，慢慢地出去。天已亮了。

## 小小的卖艺者　　二十日

"谢肉节"快过完了，市上非常热闹。到处的空地里都搭着变戏法或说书的棚子。我们的窗下也有一个布棚，是从威尼斯来的马戏班，带了五匹马在这里卖艺。棚设于空地的中央，一旁停着三部马车。卖艺的睡觉、打扮，都在这车里，竟像是三间房子，不过附有轮子罢了。马车上各有窗子，又各有烟囱，不断地冒着烟。窗间晒着婴儿的衣服，女人有时抱了婴孩哺乳，有时弄食物，有时还要走绳。可怜！平常说起变戏法的好像不是人，其实他们把娱乐供给人们，很正直地过着日子哩！啊！他们是何等勤苦啊！在这样的寒天，终日只着了一件汗衣在布棚与马车间奔走。立着身子吃一口或两口的食物，还要等休息的时候。棚里观客集拢了以后，如果一时起了风，把绳吹断或是把灯吹黑，一切就都完了！他们要付还观客的戏资，向观客道歉，再连夜把棚子修好。这戏法班中有两个小孩。其中小的一个，在空地里行走的时候，我父亲看见他，知道就是这班班头的儿子，去年在维多利亚·爱马努爱列馆乘马卖艺，我们曾看过他的。已经大了许多了，大约有八岁了吧。他生着聪明的圆脸，墨黑的头发露在圆锥形的帽子外边，小丑打扮，上衣的袖子是白的，衣上绣着黑的花样，足上是布鞋子。那真是一个快活的小孩，大家都喜欢他。他什么都会做，早晨起来披了围巾去拿牛乳呀，从横巷的暂租的马房里牵出马来呀，管婴孩呀，搬运铁圈、踏凳、棍棒及线网呀，扫除马车呀，点灯呀，都能做。闲空的时候呢，还是缠在母亲身边。我父亲时常从窗口看他，只管说起他。他的双亲似乎不像下等人，据说很爱他。

晚上，我们到棚里去看戏法。这天颇寒冷，看客不多。可是那孩子想使这少数的看客欢喜，非常卖力，或从高处飞跳下地来，或拉住马的尾巴，或独自走绳，且在那可爱的黑脸上浮了微笑唱歌。他父亲着了赤色的小衣和白色的裤子，穿了长靴，拿了鞭子，看着自己的儿子玩把戏，脸上似乎带着悲容。

我父亲很可怜那小孩子，第二天，和来访的画家代利斯谈起：

"他们一家真是拼命地劳动，可是生意不好，很困苦！尤其是那小孩子，我很欢喜他。可有什么帮助他们的方法吗？"

画家拍着手：

"我想到了一个好方法了！请你写些文章投寄《格射谛报》。你是能做文章的，可将那小艺人的绝艺巧妙地描写出来。我来替那孩子画一幅肖像。《格射谛报》是没有人不看的，他们的生意一定立刻会发达哩。"

父亲于是执笔作文，把我们从窗口所看见的情形等，很有趣地、很动人地写了下来；画家又画了一张与真面目无二的肖像，登入星期六晚报。居然，第二天的日戏，观众大增，场中几乎没有立足的地方。观众手里都拿着《格射谛报》，有的给那孩子看。孩子欢喜得跳来跳去，班头也大欢喜，因为他们的名字一向不曾被登过报。父亲坐在我的旁边。观众中很有许多相识的人，靠近马戏棚的入口，有体操先生站着，就是那当过格里勃尔第将军部下的。我的对面，"小石匠"翘着小小的圆脸孔，靠在他那高大的父亲身旁。他一看见我，立刻装出兔脸来。再那面，卡洛斐站着，他屈了手指在那里计算观众与戏资的数目哩。靠我们近旁，那可怜的洛佩谛倚在他父亲炮兵大尉身上，膝间放着拐杖。

把戏开场了。那小艺人在马上、踏凳上、绳上，演出各样的绝技。他每次飞跃下地，观众都拍手，还有去摸他的小头的。别的艺人也交换地献出种种的本领。可是观众的心目中都只有他，他不出场的时候，观众都像很厌倦似的。

过了一会儿，站在靠近马戏棚的入口处的体操先生靠近了班头的耳朵，不知说了些什么，又寻人也似的把眼四顾，终而向着我们看。大约他在把新闻记事的投稿者是谁报告了班头吧。父亲似乎怕受他们感谢，对我说："安利柯！你在这里看吧，我到外面等你。"出场去了。

那孩子和他父亲谈说了一会儿，又来献种种的技艺。他立在飞奔的马上，装出参神、水手、兵士及走绳的样子来，每次经过我面前时，总向我看。一下了马，就手执了小丑的帽子在场内走圈子，观客有的投钱在里面，也有投给果物的。我正预备着两个铜圆想等他来时给他，不料他到了我近旁，不但不把帽子擎出，反缩了回去，眼睛注视着我走过去了。我很不快活，心想，他为什么如此呢？

表演完毕，班头向观众道谢后，大家都起身挤出场外。我被挤在群众中，正出场门的时候，觉得有人触我的手。回头去看，原来就是那小艺人。小小的黑脸孔上垂着黑发，向我微笑，手里满捧着果子。我见了他那样子，方才明白他的意思。

"你不肯稍微取些果子吗？"他用他的土音说。

我点了点头，取了两三个。

"请让我吻你一下！"他又说。

"请吻我两下！"我抬过头去。他用手拭去了自己脸上的白粉，把腕勾住了我的项颈，在我颊上吻了两次，且说："这里有一个，请带给你的父亲！"

## 病中的先生　　二十五日

今日下午从学校回来，顺便去望先生的病。先生是因过于劳累得病的。每日教五小时的课，运动一小时，再去夜学校担任功课两小时，吃饭只是草草地吞咽，从朝到晚一直没有休息，所以把身体弄坏了。这些都是母亲说给我听的。母亲在先生门口等我，我一个人进去，在楼梯里看见黑发的考谛先生，他就是只吓唬小孩从不加罚的先生。他张大了眼看着我，毫无笑容地用了狮子样的声音说可笑的话。我觉得可笑，一直到四层楼去按门铃的时候还是笑着。仆人把我带进那狭小阴暗的房间里，我才停止了笑。先生卧在铁制的床上，胡须长得深深的，一手遮在眼旁。看见了我，他用了含着深情的声音说：

“啊！安利柯吗？”

我走近床前，先生一手搭在我的肩上：

“来得很好！安利柯！我已病得这样了！学校里怎样？你们大家怎样？好吗？啊！我虽不在那里，先生虽不在那里，你们也可以好好地用功的，不是吗？”

我想回答说“不”，先生拦住了我的话头：

“是的，是的，你们都看重我的！”说着太息。

我看着壁上挂着的许多照片。

“你看见吗？”先生说给我听，“这都是二十年前的，都是我所教过的孩子呢。个个都是好孩子，这就是我的纪念品。我预备将来死的时候，看着这许多照片断气。我的一生是在这班勇健淘气的孩子中过了的喽。你如果毕了业，也请送我一张照片！能送我吗？”说着从桌上取过一个橘子塞在我手里，又说：

“没有什么给你的东西，这是别人送来的。”

我凝视着橘子，不觉悲伤起来，自己也不知道为了什么。

“我和你讲，”先生又说，“我还望病好起来。万一我病不好，望你用心学习算术，因为你算术不好。要好好地用功的啊！困难只在开始的时候。绝没有做不到的事。所谓不能，无非是用力不足的缘故罢了。”

这时先生呼吸急促起来，神情很痛苦。

“发热呢！”先生太息说，“我差不多没用了！所以望你将算术、将练习问题好好地用功！做不出的时候，暂时休息一下再做，要一一地做，但是不要心急！勉强是不好的，不要过于拼命！快回去吧！望望你的母亲！不要再来了！将来在学校里再见吧！如果不能再见面，你要时时记起我这爱着你的四年级的先生啊！”

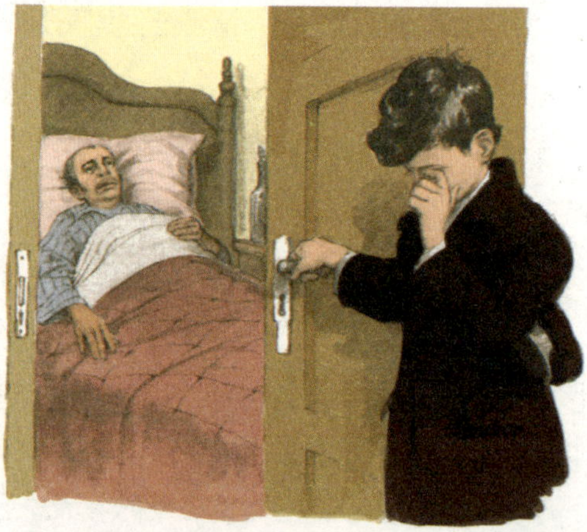

我要哭了。

“把头伸过来！”先生说了自己也从枕上翘起头来，在我发上吻了一下，且说，“可以回去了！”眼睛便转向壁看去。我飞跑着下了楼梯，因为急于想投到母亲的怀里去。

# 三月

## 夜学校 二日

昨晚，父亲领了我去参观夜学校。校内已上了灯，劳动者渐渐从四面集拢来。进去一看，校长和别的先生们正在发怒，说方才有人投掷石子，把玻璃窗打破了。校工奔跑出去，从人群中捉了一个小孩。这时，住在对门的斯带地跑来说：

“不是他，我看见的。投掷石子的是勿兰谛。勿兰谛曾对我说：‘你如果去告诉，我不放过你！’但我不怕他。”

校长先生说勿兰谛非除名不可。这时，劳动者已聚集了二三百人。我觉得夜学校真有趣，有十二岁光景的小孩，有才从工场回来的留着胡须而拿书本、笔记簿的大人，有木匠，有黑脸的伙夫，有手上沾了石灰的石匠，有发上满着白粉的面包店里的徒弟。漆的气息，皮革的气息，鱼的气息，油的气息——一切职业的气息都有。还有，炮兵工厂的职工，也着了军服样的衣服，大批地由伍长率领着来了。大家都急忙觅得座位，俯了头就用起功来。

有的翻开了笔记簿到先生那里去请求说明，我见那个平常叫作“小律师”的穿美服的先生，正被四五个劳动者围牢了用笔批改着什么。有一个染店里的人把笔记簿用赤色、青色的颜料装饰了起来，引得那跛足的先生笑了。我的先生病已愈了，明日就可依旧授课，晚上也在校里。教室的门是开着的，由外面可以望见一切。上课以后，他们眼睛都不离书本，那种热心真使我佩服。据校长说，他们为了不迟到，大概都没有正式吃晚餐，有的甚至空了肚子来的。

可是年纪小的，过了半小时光景就要伏在桌上打盹，有一个竟将头靠在椅上睡去了。

先生用笔杆触动他的耳朵，使他醒来。大人都不打瞌睡，只是目不转睛地张了口注意功课。见了那些有了胡须的人坐在我们的小椅子上用功，真使我感动。我们又上楼去到了我这一级的教室门口，见我的座位上坐着一位胡须很多的手上缚着绷带的人，手大概是在工场中被机器轧伤了，正在慢慢地写着字呢。

最有趣的是“小石匠”的高大的父亲，他就坐在“小石匠”的座位上，把椅子挤得满满的，手托着头，一心地在那里看书。这不是偶然的。据说，他第一夜到学校里来就和校长商量：

“校长先生！请让我坐在我们‘兔子头’的位子上吧！”他无论何时都称儿子为“兔子头”。

父亲一直陪我看到课毕。走到街上，见妇人们都抱了儿女等着丈夫从夜学校出来。在学校门口，丈夫从妻子手里抱过儿女，把书册、笔记簿交给妻子手里，大家一齐回家。一时街上满是人声，过了一会儿即渐渐静去。最后只见校长的高长瘦削的身影在前面消失了。

## 七十八号的犯人　　八日

昨天午后见了一件可感动的事。这四五天来，那个卖野菜的妇人遇到代洛西，总是用敬爱的眼色注视他。因为代洛西自从知道了那七十八号犯人和墨水瓶的事，就爱护那卖野菜的妇人的儿子克洛西——那个一只手残废了的赤发的小孩——在学校里时常帮他的忙，他不知道的，教给他，或是送他铅笔和纸。代洛西很同情他父亲的不幸，所以像自己的弟弟一般地爱护他。

这四五天中，卖野菜的母亲见了代洛西总是盯着他看。这母亲是个善良的妇人，是只为儿子而生存着。代洛西是个绅士的儿子，又是级长，竟能那样爱护自己的儿子，在她眼中看来，代洛西已成了王侯或是圣人样的人物了。她每次注视着代洛西，好像有什么话要说而又不敢出口。到了昨天早晨，她究竟在学校门口把代洛西叫住了，这样说：

“哥儿，真对不起你！你这样爱护我的儿子，肯不肯收下我这穷母亲的纪念物呢？”说着从菜篮里取出小小的果子盒来。

代洛西脸上通红，明白地谢绝说：

“请给了你自己的儿子吧！我是不收的。”

那妇人难为情起来了，支吾地辩解说：

“这不是什么了不得的东西，是一些方糖！”

代洛西仍旧摇着头说：“不。”

于是那妇人红着脸从篮里取出一束萝卜来：

“那么，请收了这个吧！这还新鲜哩——请送给你母亲！”

代洛西微笑着：

“不，谢谢！我什么都不要。我愿尽力帮克洛西的忙，但是什么都不受。谢谢！”

那妇人很惭愧地问：

“你可是动气了吗？”

“不，不。”代洛西说了笑着就走。

那妇人欢喜得了不得，独语说：

“咿呀！从没见过有这样漂亮的好哥儿哩！”

总以为这事就这样完了，不料午后四时光景，做母亲的不来，他那瘦弱而脸上有悲容的父亲来了。他叫住了代洛西，好像觉到代洛西已经知道了他的秘密。他只管注视代洛西，悄悄地用温和的声音对代洛西说：

“你爱护我的儿子。为什么竟这样地爱护他呢？”

代洛西脸红得像火一样，他大概想这样说吧：

“我所以爱他，因为他不幸。又因为他父亲是个不幸的人，是忠实地偿了罪的人，是有真心的人。”可是他究竟没有说这话的勇气。大约见了曾杀过人、住过六年监牢的犯人，心里不免恐惧吧。克洛西的父亲似乎觉到了这一层，就附着代洛西的耳朵低声地说，说时他差不多震栗着：

“你大概爱我的儿子，而不欢喜我这个做父亲的吧？”

“哪里，哪里！没有那样的事。”代洛西从心底里喊出来。

克洛西的父亲于是走近去，想用腕勾住代洛西的项颈，但终于不敢这样，只是把手指插入那黄金色的头发里抚摸了一会儿。又眼泪汪汪地对着代洛西，将自己的手放在口上亲吻，好像在说，这吻是给你的。他携了自己的儿子，就急速地走了。

## 三月十四日的前一夜

今天比昨天更快活，三月十三日——一年中最有趣的维多利亚·爱马努爱列馆奖品授予式的前夜！并且，这次挑选捧呈奖状递给官长的人员的方法很是有趣。今天将退课，校长先生到教室里来说：

“诸君！有一个很好的消息哩！”说着又叫那个格拉勃利亚少年：

“可拉西！”

格拉勃利亚少年起立，校长说：

“你愿意明天做捧了奖状递给官长的职司吗？”

“愿意的。”格拉勃利亚少年回答说。

“很好！”校长说，“那么，格拉勃利亚的代表者也有了，这真是再好没有的事。今年市政所方面要想从意大利全国选出拿奖状的十几个少年，而且说要从小学校的学生里选出。这市里有二十个小学校和五所分校，学生共七千人。其中就是代表意大利全国十二区的孩子。本校担任派出的是詹诺亚人和格拉勃利亚人，怎样？这是很有趣的办法吧。给你们赏品的是意大利全国的同胞，明天你们试看！十二个人一齐上舞台，那时要热烈喝彩！这几个虽则是少年，却和大人一样代表国家。小小的三色旗也和大三色旗一样，同是意大利的标志哩！所以要热烈喝彩，要表示出即使像你们这样的小孩子，在神

圣的祖国前面，也是燃烧着热忱的！”

校长说完走了，我们的先生微笑地说：

“那么，可拉西做了格拉勃利亚的代表了！”说得大家都拍手笑了。到了街上，我们抱住了可拉西的腿，将他高高地扛起，大叫“格拉勃利亚代表万岁！”这并不是戏语，因为要祝贺那孩子，怀着好意说的。可拉西平时是朋友们喜欢的人。他笑了，我们扛了他到转弯路口，和一个有黑须的绅士撞了一下。

绅士笑着。可拉西说：“我的父亲哩！”

我们听见这话，就把可拉西交给他父亲腕里，拉了他们到处跑。

## 奖品授予式　　十四日

两点光景，大剧场里人已满了。——池座、厢座、舞台上都是人。好几千个脸孔，有小孩、有绅士、有先生、有官员、有女人、有婴儿。头动着，手动着，帽羽、丝带、头发动着，欢声悦耳。剧场内部用白色和赤色、绿色的花装饰着，从池座上舞台有左右两列阶梯。受奖品的学生从右边上去，受了奖品再从左边下来。舞台中央排着一列红色椅子，正中的一把椅子上挂着两顶月桂冠，后面就是大批的旗帜。稍旁边些的地方，有一绿色的小桌子，桌上摆着用三色带缚了的奖状。乐队就在舞台下面的池座里。学校里的先生们的座席设在厢座的一角。池座正中列着唱歌的许多小孩，后面及两旁，是给受

奖品的学生们坐的。男女先生们东奔西走地安插他们。许多学生的父母挤在他们儿女的身旁，替他们儿女整理着头发或衣领。

我同我家里人一同进了厢座。戴赤羽帽的年轻的女先生在对面微笑，所有的笑靥都现出来了。她的旁边，我弟弟的女先生呀，那着黑衣服的“修女”呀，我二年级时候的女先生呀，都在那里。我的女先生脸色苍白可怜，咳得很厉害呢。卡隆的大头，和靠在卡隆肩上的耐利的金发头，都在池座里看到了；再那面些，那鹰嘴鼻的卡洛斐已把印着受奖者姓名的单纸搜集了许多。这一定是拿去换什么的，到明天就可知道。入口的近旁，柴店里的夫妻都着了新衣领着可莱谛进来了。可莱谛今天换去了猫皮帽和茶色裤等，打扮得像绅士，我见了不觉为之吃惊。在厢座中曾见到着线领襟的华梯尼的面影，过了一会儿就不见了。靠舞台的栏旁，人群中坐着那被马车碾跛了足的洛佩谛的父亲炮兵大尉。

两点一到，乐队开始奏乐。同时市长、知事、判事及其他的绅士们都着了黑礼服，从右边走上舞台，坐在正面的红椅子上。学校中教唱歌的先生拿了指挥棒站在前面，池座里的孩子因了他的信号一齐起立，一见那第二个信号就唱起歌来。七百个孩子一齐唱着，真是好歌，大众都肃静地听着，那是静穆开朗的歌曲，好像教会里的赞美歌。唱完了，一阵拍手，接着又即肃静。奖品授予就此开始了。我三年级时的那个赤发敏眼的小身材的先生走到舞台前面来，预备着朗读受奖者的姓名。大家都焦急地盼望那拿奖状的十二个少年登场，因为报纸早已刊登了今年由意大利全国各区选出代表的消息，所以从市长、绅士们到一般的观者都望眼将穿似的注视着舞台的入口，场内又复静肃起来。

忽然，十二个少年上了舞台，一列排立。都在那里微笑。全场三千人同时起立，拍手如雷，十二个少年手足无措地站着。

“请看意大利的气象！”场中有人这样喊。格拉勃利亚少年仍旧穿着平常的黑服。和我们同坐的一位市政所的人完全认识这十二个少年，他一一地说给我的母亲听。十二人之中，有两三个是绅士打扮，其余都是工人的儿子，服装很随便。最小的佛罗伦萨的孩子，缠着青色的项巾。少年们通过市长前面，市长一一吻他们的额，坐在旁边的绅士把他们的出生地告诉市长。每一人通过，满场都拍手。等他们走近绿色的桌子去取奖状的时候，我的先生就把受奖者的学校名、级名、姓名朗读起来。受奖者从右面上舞台去，第一个学生下去的时候，舞台后面远远地发出提琴的声音来，一直到受奖者完全通过才停止。那是柔婉平和的音调，听去好像女人在低语。受奖者一个一个通过绅士们的前面，绅士们就把奖状递给他们，有的与他们讲话，有的用手抚摩他们。

每逢极小的孩子，衣服褴褛的孩子，头发蓬蓬的孩子，着赤服或是白服的孩子通过的时候，在池座及厢座的小孩都大拍其手。有一个二年级的小学生上了舞台，突然手足无措起来，至于迷了方向，不知向哪里走才好，满场见了大笑。又有一个小孩，背上结着桃色的丝带，他勉强地爬上了台，被地毡一绊就翻倒了，知事扶他起来大家又拍手笑了。还有一个在下台来的时候跌在池座里哭了。幸而没有受伤。各式各样的孩子都有：有很敏活的，有很老实的，有脸孔红得像樱桃的，有见了人就要笑的。他们一下了舞台，父亲或母亲都立刻来领了他们去。

轮到我们学校的时候，我真快活得非常。我认识的学生很多，可莱谛从头到脚都换了新服装，露了齿微笑着通过了。谁知道他今天从早晨起已经背了多少捆柴了呢！市长把奖状授予他时，问他额上为何有红痕，他把原因说明，市长就把手加在他肩上。我向池座去看他的父母，他们都在掩着口笑呢。接着，代洛西来了。他穿着纽扣发光的青色上衣，昂昂地抬起金发的头悠然上去，那种风采真是高尚。我恨不得远远地送给他一个吻。绅士们都向他说话，或是握他的手。

其次，先生叫着叙利亚·洛佩谛。大尉的儿子于是拄了拐杖上去。许多小孩都曾知道前次的灾祸，话声哄然从四方起来，拍手喝彩之声几乎把全剧场都震动了。男子都起立，女子都挥着手帕，洛佩谛立在舞台中央大惊。市长携他拢去，给他奖品，亲吻他，并取了椅上悬着的二月桂冠，替他系在拐杖头上。又携了他同到他父亲——大尉坐着的舞台的栏旁去。大尉抱过自己的儿子，在满场像雷般的喝彩声中，让他坐在自己的身旁。

和缓的提琴声还继续奏着。别的学校的学生上场了，有全是小商人的儿子的学校，又有全是工人或农民的儿子的学校。全数通过以后，池座中的七百个小孩又唱有趣的歌。接着是市长演说，其次是判事演说。判事演说到后来，向着小孩们道：

“但是，你们在要离开这里以前，对于为你们费了非常劳力的人们应该致谢！有许多人为你们尽了全心力，为你们而生存，为你们而死亡！这许多人就在那里，你们看！”说时手指着厢座中的先生席。于是在厢座和在池座的学生都起立了把手伸向先生方面呼叫，先生们也站了起来挥手或举着帽子手帕回答他们。接着，乐队又奏起乐来。代表意大利各区的十二个少年来到舞台的正面，手拉手排成一列站着，满场就响起喉管欲裂似的喝彩声，雨也似的花朵从少年们的头上纷纷落下。

## 洛马格那的血　　每月例话

那夜，费鲁乔的家里特别安静。父亲经营着杂货铺，到市上配货去了，母亲因为幼儿有眼病，也随了父亲到市里去请医生，都非明天不能回来。时候已经夜半，日间帮忙的女佣早于天黑时回家了，屋里只剩下脚有残疾的外祖母和十三岁的费鲁乔。他的家离洛马格那街没有多少路，是沿着大路的平屋。附近只有一所空房，那所房子在一个月前遭了火灾，还剩着客栈的招牌。费鲁乔家的后面有一小天井，周围围着篱笆，有木门可以出入。店门朝着大路，也就是家的出入口。周围都是寂静的田野，这里那里都是桑树。

夜渐渐深了，天忽然下起了雨，又刮起风来。费鲁乔和外祖母还在厨房里没有睡觉。厨房和天井之间有一小小的堆物间，堆着旧家具。费鲁乔到外游耍，到了十一点钟光景才回来。外祖母担忧不睡，等他回来，只是在大安乐椅上一动不动地坐着。他外祖母常是这样过日的，有时竟这样坐到天明，因为她呼吸迫促，躺不倒的缘故。

雨不绝地下着，风吹雨点打着窗门，夜色暗得没一些光。费鲁乔疲劳至极地回来了，身上满沾了泥，衣服破碎了好几处，额上负着伤痕。这是他和朋友投石打架了的缘故。他今夜又和人吵闹过，并且赌博把钱输光了，连帽子都落在沟里了。

厨房里只有一盏小小的油灯，点在那安乐椅的角上。外祖母在灯光中看见她孙子狼狈的光景，已大略地推测到八九分，却仍讯问他，使他供出所做的坏事来。

外祖母是全心全意爱着孙子的。等明白了一切情形，就不觉哭泣起来。过了一会儿，又说：

“啊！你全不念着你外祖母呢！没有良心的孙子啊！乘了你父母不在，就这样地使外祖母受气！你把我冷落了一天了！全然不顾着我吗？留心啊！费鲁乔你走上坏路了！如果这样下去，立刻要受苦呢！在孩子的时候做了你这样的事，大起来会变成恶汉的。我知道的很多。你现在终日在外游荡，和别的孩子打架、花钱，甚至于用石头刀子打架，恐怕结果将由赌棍变成可怕的——盗贼呢！”

费鲁乔远远地靠在橱旁站着听，下巴碰着了前胸，双眉皱聚，似乎打架的怒气还未消除。那栗色的美发覆盖了额角，青碧的眼垂着不动。

“由赌棍变成盗贼呢！”外祖母啜泣着反复地说，“稍微想想吧！费鲁乔啊！但看那无赖汉维多·莫左尼吧！那家伙现在在街上浮荡着，年纪不过二十四岁，已进过两次监牢。他母亲终于为他忧闷而死了，那母亲是我一向认识的。父亲也愤恨极了，逃到瑞士去了。像你的父亲，即使看见了他，也不愿和他谈话的。你试想想那恶汉吧，那家伙现在和他的党徒在附近逛荡，将来总是保不牢头颅的啊！我从他小儿的时候就知道他，他那时也和你一样的。你自己去想吧！你要使你父亲母亲也受那样的苦吗？”

费鲁乔坦然地听着，毫不懊悔觉悟。他的所作所为原出于一时的血气，并无恶意。他父亲平常也太宽纵他了，因为知道自己的儿子有优良的性情，有时候会做出很好的行为，所以故意注意看着，等他自己觉悟。这孩子的品质原不恶，不过很刚硬，就是在心里悔悟了的时候，要想他说“如果我错了，下次就不如此，请原恕我！”这样的话来谢罪，也是非常困难的。有时心里虽充满了柔和的情感，但是倨傲心总不使他表示出来。

“费鲁乔，”外祖母见孙子默不作声，于是继续说，“你连一句认错的话都没有吗？我已患了很苦的病了，不要再这样使我受苦啊！我是你母亲的母亲！不要再把已经命在旦夕的我，这样恶待啊！我曾怎样地爱过你啊！你小的时候，我曾每夜起来替你推那摇床，因为要使你欢喜，我曾为你减下食物——你或者不知道，我时常说，‘这孩子是我将来的依靠呢。’现在你居然要逼杀我了！就是要杀我，也不要紧，横竖我已没有多少日子可活了！但愿你给我变成好孩子就好！但愿你变成柔顺的孩子，像我带了你到教堂里去的时候的样子。你还记得吗？费鲁乔！那时你曾把小石呀、草呀，塞满在我怀里呢，我等你睡熟，就抱了你回来的。那时，你很爱我哩！我虽然已身体不好，仍总想你爱我；我除了你以外，在世界上别无可以依靠的人了！我已一脚踏入坟墓里了！啊！天啊！”

费鲁乔心中充满了悲哀，正想把身子投到外祖母的怀里去。忽然朝着天井的间壁的室中有轻微的轧轧的声音；听不出是风打窗门呢，还是什么。

费鲁乔侧了头注意去听。

雨正如注地下着。

轧轧的声音又来了，连外祖母也听到了。

“那是什么？”外祖母过了一会儿很担心地问。

“是雨。”费鲁乔说。

老人拭了眼泪：

“那么，费鲁乔！以后要规规矩矩，不要再使外祖母流泪啊！”

那声音又来了，老人惨白了脸说：“这不是雨声呢！你去看来！”

既而又牵住了孙子的手说：“你留在这里。”

两人屏息不出声，耳中只听见雨声。

邻室中好像有人的脚音，两人不觉栗然震抖。

“谁？”费鲁乔勉强恢复了呼吸怒叫。

没有回答。

“谁？”又震栗着问。

话犹未完，两人不觉惊叫起来，两个男子突然跳进室中来了。一个捉住了费鲁乔，把手掩住他的口；另一个卡住了老妇人的喉咙。

“一出声，就没有命哩！”第一个说。

“不许声张！”另一个说了举着短刀。

两个都黑布罩着脸，只留出眼睛。

室中除了四人的粗急的呼吸声和雨声以外，一时什么声音都没有。老妇人喉头咯咯作响，眼珠几乎要爆裂出来。

那捉住费鲁乔的一个，把口附了费鲁乔的耳说："你老子把钱藏在哪里？"

费鲁乔震抖着牙齿，用很细的声音答说："那里的——橱中。"

"随了我来！"那男子说着紧紧抑住他的喉间，拉了同到堆物间里去。地板上摆着昏暗的玻璃灯。

"橱在什么地方？"那男子催问。

费鲁乔喘着气指示橱的所在。

那男子恐费鲁乔逃走，将他推倒在地，用两腿夹住他的头，如果他一出声，就可用两腿把他的喉头夹紧。男子口上衔了短刀，一手提了灯，一手从袋中取出钉子样的东西来塞入锁孔中回旋，锁坏了，橱门也开了，于是急急地翻来倒去到处搜索，将钱塞在怀里。一时把门关好，忽而又打开重新搜索一遍，然后仍卡住了费鲁乔的喉头，回到那捉住老妇人的男子的地方来。老妇人正仰了面挣动身子，嘴张开着。

"得了吗？"另一个低声问。

"得了。"第一个回答，"留心进来的地方！"他又接着说。

那捉住老妇人的男子，跑到天井门口去看，知道了没有人在那里，就低声地说："来！"

那捉住费鲁乔的男子，留在后面，把短刀擎到两人面前："敢响一声吗？当心我回来割断你们的喉管！"说着又怒目地盯视了两人一会儿。

这时，听见街上传来大批行人的歌声。

那强盗把头回顾门口去，那面幕就在这瞬间落下了。

"莫左尼啊！"老妇人叫。

"该死的东西！你给我死！"强盗因为被看出了，怒吼着说，且擎起短刀扑近前去。老妇人立时吓倒了，费鲁乔见这光景，悲叫起来，一面跳上前去用自己的身体覆在外祖母身上。强盗逃走了，碰了一下桌子，灯被碰翻，也就熄灭了。

费鲁乔慢慢地从外祖母的身上溜了下来，跪倒在地上，两只手抱住外祖母的身体，头触在外祖母的怀里。

过了好一会儿，周围一片黑暗，农夫的歌声缓缓地向田野间消去。

"费鲁乔！"老妇人恢复了神志，用了几乎听不清的低音叫，牙齿轧轧地震抖着。

"外祖母！"费鲁乔答叫。

外祖母原想说话，被恐怖把口噤住了，身上只是剧烈的震颤，不作声了好一会儿。继而问：

“那些家伙去了吧？”

“是的。”

“没有将我杀死呢！”外祖母气促着低声说。

“是的，外祖母是平安的！”费鲁乔低弱了声音说，“平安的，外祖母！那些家伙把钱拿了去了，但是，父亲把大注的钱带在身边哩！”

外祖母深深地呼吸着。

“外祖母！”费鲁乔仍跪了抱紧着外祖母说，“外祖母！你爱我吗？”

“啊！费鲁乔！爱你的啊！”说着把手放在孙子头上，“啊！怎样地受了惊了啊！——啊！仁慈的上帝！你把灯点着吧！咿哟，还是暗的好！不知为了什么，还很害怕呢！”

“外祖母！我时常使你伤心呢！”

“哪里！费鲁乔！不要再说起那样的话！我已早不记得了，什么都忘了，我只是仍旧爱你。”

“我时常使你伤心。但是我是爱着外祖母的。饶恕了我！饶恕了我，外祖母！”费鲁乔勉强困难地这样说。

“当然饶恕你的，欢欢喜喜地饶恕你呢。有不饶恕你的吗？快起来！我不再骂你了。你是好孩子，好孩子！啊！点上灯！便不再害怕了。啊！起来！费鲁乔！”

“外祖母！谢谢你！”孩子的声音越低了，“我已经——很快活，外祖母！你是不会忘记我的吧！无论到了什么时候，仍会记得我费鲁乔的吧！”

“啊！费鲁乔！”老妇人慌了，抚着孙子的肩头，眼光几乎要射穿脸面似的注视着他叫。

“请不要忘了我！望望母亲，还有父亲，还有小宝宝！再会！外祖母！”那声音已细得像丝了。

“什么呀！你怎样了？”老妇人震惊着抚摸伏在自己膝上的孙子的头，一面叫着。接着迸出她所能发的声音：

“费鲁乔呀！费鲁乔呀！费鲁乔呀！啊呀！啊呀！”

可是，费鲁乔已什么都不回答了。这小英雄代替了他外祖母的生命，从背上被短刀刺穿，那壮美的灵魂已回到天国里去了。

# 四月

## 春　一日

今天四月一日了！像今天这样的好时节，一年中没有多少，不过三个月罢了。可莱谛后天要和父亲去迎接国王，叫我也去，这是我所喜欢的。听说可莱谛的父亲和国王相识哩。又，就在那一天，母亲说要领我到幼儿园去，这也是我所喜欢的。并且，“小石匠”病已好了许多了。还有，昨晚先生走过我家门口，听见他和父亲这样说：“他功课很好，他功课很好。”

加上今天是个很爽快温暖的春日，从学校窗口看见青的天，含蕊的树木，和家家敞开的窗槛上摆着的新绿的盆花等。先生虽是一向没有笑容的人，可是今天也很高兴，额上的皱纹几乎已经看不出了，他在黑板上说明算术的时候，还讲着笑话呢。一吸着窗外来的新鲜空气，就闻得出泥土和木叶的气息，好像身已在乡间了。先生当然也快活的。

在先生授着课的时候，我们耳中听见近处街上铁匠的打铁声，对门妇人安抚婴孩睡熟的儿歌声，以及兵营里的喇叭声。连斯带地也高兴了。忽然间，铁匠打得更响亮，妇人也更大声地唱了起来。先生停止授课，侧了耳看着窗外，静静地说：

“晴朗的天气，母亲唱着歌，正直的男子都劳动着，孩子们学习着——好一幅美丽的图画啊！”

散了课走到外面，大家都觉得很愉快。排好了队把脚重重地踏着地面走，好像从此有三四日假期似的，齐唱着歌儿。女先生们也很高兴，戴赤羽的先生跟在小孩后面，自己也像个小孩了。学生的父母彼此谈笑。克洛西的母亲的野菜篮中满装着堇花，校门口因之充满了香气。

一到街上，母亲依旧在候我了，我欢喜得不得了，跑近拢去，说：

“啊！好快活！我为什么这样快活啊！”

“这因为时节既好，而且心里没有亏心事的缘故！”母亲说。

## 温培尔脱王　三日

十点钟的时候，父亲见柴店里的父子已在四角路口等我了，便和我说：“他们已经来了。安利柯！快迎接国王去！”

我飞奔过去。可莱谛父子比往日更高兴，我从没有见过他们父子像今天这般相像。那父亲的上衣上挂着两个纪念章和一个勋章，须卷得很整齐，须的两端尖得同针一样。

国王定十点半到，我们就到车站去。可莱谛的父亲吸着烟，搓着手说：

“我从那六十六年的战争以后，还未曾见过陛下呢！已经十五年又六个月了。他先三年在法兰西，其次是在蒙脱维，然后回到意大利。我运气不好，每次他驾临市内，我都不在这里。”

他把温培尔脱王当作朋友称呼，叫他“温培尔脱君”，不住地说：

“温培尔脱君是十六师师长。温培尔脱君那时不过二十二岁光景。温培尔脱君总是这样骑着马。”

“十五年了呢！”柴店主人跨着步大声说，“我诚心想再见见他。还是在他做亲王的时候见过他，一直到现在了。今番见他，他已经做了国王了。而且，我也变了，由军人变为柴店主人了。”说着自己笑了。

“国王看见了，还认识父亲吗？”儿子问。

“你太不知道了！那可未必。温培尔脱君只是一个人，这里不是像蚂蚁一样地挤着大家吗？并且他也不能一个一个地看见我们呀。”父亲笑着说。

车站附近的街路上已是人山人海，一队兵士吹着喇叭通过。两个警察骑着马走过。天晴着，光明充满了大地。

可莱谛的父亲兴高采烈地说：

“真快乐啊！又看见师长了！啊！我也老了哩！记得那年六月二十四日——好像是昨天的事：那时我负了革囊掮了枪走着，差不多快到前线了。温培尔脱君率领了部下将校走过，大炮的声音已经远远地听到，大家都说：‘但愿子弹不要中着殿下。’在敌兵的枪口前面会和温培尔脱君那样接近，我是万料不到的。两人之间，相隔不过四步远呢。那天天晴，天空像镜子一样，但是很热！——喂！让我们进去看吧。”

我们到了车站，那里已挤满了群众——马车、警察、骑兵及擎着旗帜的团体。军乐队奏着乐曲。可莱谛的父亲用两腕将塞满在入口处的群众分开，让我们安全通过。群众波动着，都在我们后面跟来。可莱谛的父亲眼向着有警察拦在那里的地方：

“跟我来！”他说着拉了我们的手进去，背靠着墙壁站着。

警察走过来说：“不得立在这里！”

“我是属于四十九联队四大队的。”可莱谛的父亲把勋章指给警察看。

“那可以。”警察看着勋章说。

“你们看，‘四十九联队四大队’，这一句话有着不可思议的力量哩！他原是我的队长，不可以靠近些看他吗？那时和他靠得很近，今日也靠近些才好呢！”

这时，待车室内外群集着绅士和将校，站门口整齐地停着一排马车和穿红服的马夫。

可莱谛问他父亲，温培尔脱亲王在军队中可否拿剑。父亲说：

“当然喽，剑是一刻不离手的。枪从右边左边刺来，要靠剑去拨开的哩。真是可怕，子弹像雨神发怒似的落下，像旋风似的向密集的队伍中或大炮之间袭来，一碰着人就翻倒什么骑兵呀、枪兵呀、步兵呀、射击兵呀，统统混杂在一处，像百鬼夜行，什么都辨不清楚。这时，听见有叫‘殿下！殿下！’的声音，原来敌兵已排齐了枪刺逼近了。我们一齐开枪，烟气就立刻像云似的四起，把周围包住。稍停，烟散了，大地上满横着死伤的兵士和马。我回头看去，见队的中央，温培尔脱君骑了马悠然地四处查察，郑重地说：‘弟兄中有被害的吗？’我们都兴奋如狂，在他面前齐喊：‘万岁！’啊！那种光景，真是少有的！——呀！火车到了！”

乐队开始奏乐了，将校都向前拥进，群众踮起脚来。一个警察说：

“要停一会儿才下车呢，因为现在有人在那里拜谒。”

老可莱谛焦急得几乎出神：

“啊！追想起来，他那时的沉静的风貌，到现在还如在眼前。不用说，他在有地震有时疫的时候，也总是很镇静的。可是我屡次想到的，却是那时他的沉静的风貌。他虽做了国王，大概总还不忘四十九联队的四大队的。把旧时的部下集拢来，大家举行一次会餐，他必定是很欢喜的。他现在有将军、绅士、大臣等伴侍，那时除了我们做兵士的以外，什么人都没有。想和他谈谈哩，稍许谈谈也好！二十二岁的将军！我们用了枪和剑保护过的亲王！我们的温培尔脱君！从那年以后，有十五年不见了！——啊！那军乐的声音把我的血都震得要沸腾了！”

欢呼的声音自四方起来，数千的帽子高高举起了。着黑服的四个绅士乘入最前列的马车。

“就是那一个！”老可莱谛叫说，他好像失了神也似的站着。过了一会儿，才徐徐地重新开口说：

“呀！头发白了！”

我们三人除了帽子，马车徐徐地在群众的欢呼声中前进。我看那柴店主人时，他好像全然换了一个人了，身体伸得长长的，脸色凝重而带苍白，一动不动地紧靠柱子直立着。

马车行近我们，到了离那柱子一步的距离了。

“万岁！”群众欢呼。

“万岁！”柴店主人在群众欢呼以后，独自叫喊。国王向他看来，眼睛在他那三个勋章上注视了一会儿。柴店主人忘了一切！

“四十九联队四大队！”他这样叫。

国王原已向了别处了的，重新回向我们，注视着老可莱谛，从马车里伸出手来。

老可莱谛飞跑过去，紧握国王的手。马车过去了，群众拥拢来把我们挤散。老可莱谛一时不见了。可是这不过是刹那间的事，稍过了一会儿，又看见他了。他喘着气，眼睛红红地，举起手，在喊他儿子。儿子跑近他去。

“快！趁我手还热着的时候！”他说着将手按在儿子脸上，“国王握过了我的手呢！”

他梦也似的茫然目送那已走远了的马车，站在惊异地向他瞠视的群众中。群众纷纷在说：“这人是在四十九联队四大队待过的。”“他是军人，和国王认识的。”“国王还没忘记他呢，所以向他伸出手来。”最后有一人高声地说：“他把不知什么的请愿书递给了国

王哩。”

“不！”老可莱谛不觉回头来说，“我并没有提出什么请愿书。国王有用得到我的时候，无论何时，我另外预备着可以贡献的东西哩！”

大家都张了眼看他。

“那就是这热血啊！”他自豪地说。

## 父亲的先生 十三日

昨天父亲带我去旅行，真快乐啊！那是这样一回事：

前天晚餐时，父亲正看着报纸，忽然吃惊地说：“咿呀！我以为二十年前就死去了！我国民小学一年级的克洛赛谛先生还活着，今年八十四岁了！他做了六十年教员，教育部大臣现在给予他勋章。六——十——年呢！你想！并且据说两年前还在学校教书啊！可怜的克洛赛谛先生！他住在从这里乘火车去一小时可到的孔特甫地方。安利柯！明天大家去拜望他吧。”

当夜，父亲只说那位先生的事。——因为看见旧时先生的名字，把各种小儿时代的事，从前的朋友，死去了的祖母，都也记忆了起来。父亲说：

“克洛赛谛先生教我的时候，正四十岁。他的状貌我至今还记忆着，是个身材矮小，腰向前稍屈，眼睛炯炯有光，把须修剃得很光的先生。他虽严格，却是很好的先生，爱我们如子弟，常宽恕我们的过失。他原是农人家的儿子，因为自己用功，后来做了教员。真是上等的人哩！我母亲很佩服他，父亲也和他要好得和朋友一样。他不知怎么住到近处来了？现在即使见了面，恐怕也不认识了。但是不要紧，我是认识他的。已经四十四年不曾相见了，四十四年了哩！安利柯！明天去吧！”

昨天早晨九点钟，我们坐了火车去。原想叫卡隆同去，他因为母亲病了，终于不能同去。天气很好，原野一片绿色，杂花满树，火车经过，空气也喷喷地发香。父亲很愉快地望着窗外，一面用手勾住我的头颈，像和朋友谈话似的和我说：

“啊！克洛赛谛先生！除了我父亲以外，先生是最初爱我和为我操心的人了。先生对于我的种种教训，我现在还记着。因了不好的行为受了先生的叱骂，悲哀地回家的光景，我现在还记得。先生的手很粗大，那时先生的神情都像在我眼前哩：他总是静静地进了教室，把手杖放在屋角，把外套挂在衣钩上；无论哪天，态度都是一样，总是很真诚很热心，什么事情都用了全副精神；从开学那天起，一直这样。我现在的耳朵里，还像有先生的话声：‘勃谛尼啊！勃谛尼啊！要把食指和中指这样地握住笔杆的啊！’已经四十四年了，先生恐怕也和以前不同了吧。”

到了孔特甫，我们去探听先生的住所，立刻就探听到了。原来在那里谁都认识先生。

我们出了街市，折向那篱间有花的小路。

父亲默然地似乎在沉思往事，时时微笑着摇着头。

突然，父亲站住了说：“这就是他！一定是他！”我一看，小路的那边来了一个带大麦秆帽的白发老人，正拄了手杖走下坡来，脚似乎有点跷，手在颤抖。

“果然是他！”父亲反复说，疾步走上前去。到了老人面前，老人也站住了向父亲注视。老人面上还有红彩，眼中露着光辉。父亲脱了帽子：

“您就是平善左·克洛赛谛先生吗？”

老人也把帽子去了，用颤动而粗大的声音回答说：“是的。”

“啊！那么……”父亲握了先生的手，“对不起，我是从前受教于先生的学生。先生好吗？我今天专从丘林来拜望您的。”

老人惊异地注视着父亲！

“真难为你！我不知道你是哪时候的学生？对不起！你的名字是——”

父亲把亚尔培脱·勃谛尼的姓名和曾在什么时候什么地方的学校上学说明了，又说：“难怪先生记不起来。但是我总记得先生的。”

老人垂了头沉思了一会儿，把父亲的名字念了三四遍，父亲只是微笑地看着先生。

老人忽然抬起头来，眼睛张得大大的，徐徐地说：

“亚尔培脱·勃谛尼？技师勃谛尼君的儿子？曾经住在配寨·代拉·孔沙拉泰，是吗？”

“是的。”父亲说着伸出手去。

“原来是这样！真对不起！”老人跨近一步抱住父亲，那白发正垂在父亲的发上。父亲把自己的颊贴住了先生的颈。

“请跟我到这边来！”老人说着移步向自己的住所走去。不久，我们走到小屋前面的一个花园里。老人开了自己的房门，引我们进去。四壁粉得雪白，室的一角摆着小床，另一角排着桌子和书架，四张椅子。壁上挂着旧地图。室中充满苹果的香气。

“勃谛尼君！”先生注视着受着日光的地板说，“啊！我还很记得呢！你母亲是个很好的人。你在一年级的时候坐在窗口左侧的位置上。慢点！是了，是了！你那卷曲的头发还如在眼前哩！”

先生又追忆了一会儿：

“你曾是个活泼的孩子，非常活泼。不是吗？在二年级那一年，曾患过喉痛病，回到学校来的时候非常消瘦，裹着围巾。到现在已四十年了，居然还没忘记我，真难得！旧

学生来访我的很多，其中有做了大佐的，做牧师的也有好几个，此外，还有许多已成了绅士。”

先生问了父亲的职业，又说：“我真快活！谢谢你！近来已经不大有人来访问我了，你恐怕是最后的一个了！”

“哪里！您还康健呢！请不要说这样的话！”父亲说。

“不，不！你看！手这样颤动呢！这是很不好的。三年前患了这毛病，那时还在学校就职，最初也不注意，总以为就会痊愈的，不料竟渐渐严重起来，终于字都不能写了。啊！那一天，我从做教师以来第一次把墨水落在学生的笔记簿上的那一天，真是裂胸似的难过啊！虽然这样，总还暂时支持着。后来真的尽了力，在做教师的第六十年，和我的学校、我的学生，我的事业分别了，真难过啊！在最后授课的那天，学生一直送我到了家里，还恋恋不舍。我悲哀之极，以为我的生涯从此完了！不幸，妻适在前一年亡故，一个独子，不久也跟着死了，现在只有两个做农夫的孙子。我靠了些许的养老金，终日不做事情。日子长长地，好像竟是不会夜！我现在的工作，每日只是重读以前学校里的书，或是翻读日记，或是阅读别人送给我的书。在这里呢。”说着指书架，“这是我的记录，我的全部生涯都在里面。除此以外，我没有留在世界上的东西了！”

说到这里，先生突然带着快乐的调子说：“是的！吓了你一跳吧！勃谛尼君！”说着走到书桌旁把那长抽屉打开。其中有许多纸束，都用细细的绳缚着。上面一一记着年月。翻寻了好一会儿，取了一束打开，翻出一张黄色的纸来，递给父亲。这是四十年前父亲的成绩。

纸的顶上，记着“听写，一八三八年四月三日，亚尔培脱·勃谛尼”等字样。父亲带笑读着这写着小孩笔迹的纸片，眼中浮出泪来。我立起来问是什么，父亲一手抱住了我说：

“你看这纸！这是母亲给我修改过的。母亲常替我这样修改，最后一行全是母亲给我写的。我疲劳了睡着在那里的时候，母亲仿了我的笔迹替我写的。”父亲说了在纸上亲吻。

先生又拿出另一束纸来。

“你看！这是我的纪念品。每学年，我把每个学生的成绩各取一纸这样留着。其中记有月日，是依了顺序排列的。打开来一一翻阅，就追忆起许多的事情来，好像我回复到那时的光景了。啊！已有许多年了，把眼睛一闭拢，就像有许多的孩子，许多的班级在面前。那些孩子，有的已经死去了吧，许多孩子的事情，我都记得，像最好的和最坏的，记得格外明白，使我快乐的孩子，使我伤心的孩子，尤其不会忘记。许多孩子之中，很有坏的哩！但是，我好像在另一世界，无论坏的好的，我都同样地爱他们。”

先生说了重新坐下，握住我的手。

“怎样？还记得我那时的恶作剧吗！”父亲笑着说。

“你吗？”老人也笑了，“不，不记得什么了。你原也算是淘气的。不过，你是个伶俐的孩子，并且与年龄相比，也大得快了一点。记得你母亲很爱你哩。这姑且不提，啊！今天你来得很难得，谢谢你！难为你在繁忙中还能来看我这衰老的苦教师！”

“克洛赛谛先生！”父亲用很高兴的声音说，“我还记得母亲第一次领我到学校里去的光景。母亲和我离开两点钟之久，那是第一回。母亲将我从自己手里交给别人，觉得似乎母子就从此分离了，心里很是悲哀，我也很是难过。我在窗上和母亲说再会的时候，眼中充满了泪水。这时先生用手招呼我，先生那时的姿势、脸色，都好像洞悉了母亲的心情似的。先生那时的眼色，好像在说：‘不要紧！’我看了那时先生的神情，就明白知道先生是保护我的，饶恕我的。先生那时的样子，我不会忘记，永远刻在我心里了。今天把我从丘林拉到此地来的就是这个记忆。因为要想在四十四年后的今天再见见先生，向先生道谢，所以来的。”

先生不作声，只用那颤抖着的手抚摸我的头。那手从头顶移到额侧，又移到肩上。

父亲环视室内。粗糙的墙壁，粗制的卧榻，些许面包，窗间搁着小小的油壶。父亲见了这些，似乎在说：“啊！可怜的先生！勤劳了六十年，所得的报酬只是这些吗？”

老先生自己却很满足。他高高兴兴地和父亲谈着我家里的事，还有从前的先生们和父亲同学们的情形，话说不完。父亲想拦住先生的话头，请他同到街上去吃午餐。先生只一味说谢谢，似乎迟疑不决。父亲执了先生的手，催促他去。先生于是说：

“但是，我怎么吃东西呢！手这样颤动，恐怕妨碍别人呢！”

“先生！我会帮助你的。”

先生见父亲这样说，也就应允了，微笑着摇着头。

“今天好天气啊！”老人一边关门一边说，“真是好天气。勃谛尼君！我一生都不会忘了今天这一天呢！”

父亲搀着先生，先生携了我的手一同下坡。途中遇见携手走着的两个赤脚的少女，又遇见担草的男孩子。据先生说，那是三年级的学生，午前在牧场或田野劳作，饭后才到学校里去。时候已经正午，我们进了街上的餐馆，三人围坐着大食桌进午餐。

先生很快乐，可是因快乐的缘故，手愈加颤动，几乎不能吃东西了。父亲代他割肉，代他切面包，代他把盐加在盘子里。汤是用玻璃杯盛了捧着饮的，可是仍还是轧轧地与牙齿相碰呢。先生不断地谈说，什么青年时代读过的书呀，现在社会上的新闻呀，自己被先辈称扬过的事呀，现代的制度呀，种种都说。他微红了脸，少年人似的快乐笑谈。父亲也微笑着看着先生，那神情和平日在家里一面想着事情一面注视着我的时候一样。

先生打翻了酒，父亲立起来用食巾替他拭干。先生笑了说：“咿呀！咿呀！真对不起你！”后来，先生用了那颤动着的手举起杯来，郑重地说：

“技师！为了祝你和孩子的健康，为了对你母亲的纪念，干了这杯！”

“先生！祝您健康！”父亲回答，握了先生的手。在屋角里的餐馆主人和侍者们都向我们看。他们见了这师生的情爱，似乎也很感动。

两点钟以后，我们出了餐馆。先生说要送我们到车站，父亲又去搀他。先生仍携着我的手，我帮先生拄着手杖走。街上行人有的站定了看我们。本地人都认识先生，和他招呼。

在街上走着。前面窗口传出小孩的读书声来。老人站住了悲哀地说：

“勃谛尼君！这最使我伤心！一听到学生的读书声，就想到我已不在学校，另有别人代我在那里，不觉悲伤起来了！那，那是我六十年来听熟了的音乐，我非常欢喜的。我好像已和家族分离，成了一个小孩都没有了的人了！”

“不，先生！”父亲说着一边向前走，“先生有许多孩子呢！那许多孩子散布在世界上，和我一样都记忆着先生呢！”

先生悲伤地说：

“不，不！我没有学校没有孩子了！没有孩子是不能生存的。我的末日大约就要到了吧！”

“请不要说这样的话！先生已做过许多好事，把一生用在很高尚的事情上了！”

老先生把那白发的头靠在父亲肩上，又把我的手紧紧握住。到车站时，火车快要开了。

“再会！先生！”父亲在老人颊上亲吻告别。

“再会！谢谢你！再会！”老人用颤动着的两手捧住了父亲的一只手贴在胸前。

我和老先生吻别时，老先生的脸上已满是眼泪了。

父亲把我先推入车内。车要开动的时候，他从老人的手中取过手杖，把自己执着的镶着银头刻有自己名氏的华美的手杖给了老人：

“请取了这个，当作我的纪念！”

老人正想推辞，父亲已跳入车里，把车门关了。

“再会！先生！”父亲说。

“再会！你给我这穷老人以慰藉了！愿上帝保佑你！”先生在车将动时说。

“再见吧！”父亲说。

先生摇着头，好像在说：“恐不能再见哩！”

“可以再见的，再见吧！”父亲反复说。

先生把颤着的手高高地举起，指着天：

“在那上面！”

先生的形影，就在那擎着手的瞬间不见了。

## 卡隆的母亲 二十八日

回到学校里，我最初听见的是一个恶消息，卡隆因母亲大病，缺课好几天了。终于，他母亲于前星期六那天死了。昨天早晨我们一走进教室，先生对我们说：

“卡隆遭遇了莫大的不幸！死去了母亲！他明天大约要回到学校里来的，望你们大家同情他的苦痛。他进教室来的时候，要亲切叮咛地招呼他，安慰他，不许说戏言或向他笑！”

今天早晨，卡隆略迟了一刻来校。我见了他，心里好像被什么塞住了。他脸孔瘦削，眼睛红红的，两脚颤悸着，似乎自己生了一个月大病的样子。全身换了黑服，差不多一眼认不出他是卡隆来。同学们都屏了气向他注视。他进了教室，似乎记到母亲每日来接他，从椅子背后看他，种种的注意他的情形，忍不住就哭了起来。先生携他过去，将他贴在胸前：

“哭吧！哭吧！苦孩子！但是不要灰心！你母亲虽已不在这世界了，但是仍在照顾你，仍在爱你，仍在你身旁呢。你有时会和母亲相见的，因为你有着和母亲一样的真正的精神。啊！你要自己珍重啊！”

先生说完，领他坐在我旁边的位子上。我不忍看卡隆的面孔。卡隆取出自己的笔记簿和久已不翻的书来看，翻到前次母亲送他来的时候折着做记号的地方，又掩面哭泣起来。先生向我们使眼色，暂时不去理他，管自上课。我想对卡隆说句话，可是不知说什么好，只将手搭在卡隆肩上，低声地这样说：

“卡隆！不要哭了！啊！”

卡隆不回答，把头伏倒在桌上，用手按着我的肩。散课以后，大家都沉默着恭敬地集在他周围。我看见我母亲来了，就跑过去想求抚抱。母亲将我推开，只是看着卡隆。我莫名其妙，及见卡隆独自站在那里默不作声，悲哀地看着我，那神情好像在说：

“你有母亲来抱你，我已不能够了！你有母亲，我已没有了！”

我才悟到母亲推开我的缘故，就不待母亲携我，自己出去了。

## 少年受勋章　　每月例话

午后一点钟，先生领我们到市政所去，参观把勋章授予前次在濮河救起小孩的少年。

大门上飘着大大的国旗。我们走进中庭，那里已是人山人海。前面摆着用红色桌布罩了的桌子，桌子上放着书件。后面是市长和议员的席次，有许多华美的椅子。着青背心穿白袜子的赞礼的傧相就在那里。再右边是一大队挂勋章的警察，税关的官员都在这旁边。这对面排着许多盛装的消防队，还有许多骑兵、步兵、炮兵和在乡军人。其他绅士呀、一般人民呀、妇女呀、小孩呀，都围集在这周围。我们和别校的学生并集在一角，旁边有一群从十岁到十八岁光景的少年，谈着笑着。据说这是今天受勋章的少年的朋友，特从故乡来到会的。市政所的人员多在窗口往下望，图书馆的走廊上也有许多人靠着栏杆观看。大门的楼上，满满地集着小学校的女学生和面上有青面罩的女会员。情形正像一个剧场，大家高兴地谈说，时时向铺有红毡的桌子的地方望，看有谁出来没有。乐队在廊下一角静奏乐曲，日光明亮地射在高墙上。

忽然，拍手声四起，从庭中，从窗口，从廊下。

我踮起脚来望。见在红桌子后面的人们已分为左右两排，另外来了一个男子和一个女子，男子携了一个少年的手。

这少年就是那救助朋友的勇敢的少年。那男子是他的父亲，原是一个做石工的，今天打扮得很整齐。女子是他的母亲，小小的身材，白皮肤，穿着黑服。少年也是白皮肤，衣服是鼠色的。

三人见了这许多人，听了这许多拍手声，只是站着不动，眼睛也不向别处看，傧相领他们到桌子的右旁。

过了一会儿，拍手声又起了。少年望望窗口，又望望女会员所居的廊下，好像不知自己在什么地方。少年面貌略像可莱谛，只是面色比可莱谛红些。他父母注视着桌上。

这时候，在我们旁边的少年的乡友接连地向少年招手。或是轻轻地唤着："平！平！平诺脱！"要引起少年的注意。少年好像听见了，向着他们看，在帽子下面露出笑影来。

隔不多一会儿，守卫把秩序整顿了，市长和许多绅士一齐走了进来。

市长穿了纯白的衣服，围着三色的肩衣。他站到桌子前，其余的绅士都在他两旁或背后就座。

乐队停止奏乐，因市长的号令，满场肃静了。

市长于是开始演说。开头大概叙说少年的功绩，不甚听得清楚。后来声音渐高，语音遍布全场，一句都不会漏了：

"这少年在河岸上见自己的朋友将要沉下去，就毫不犹豫地脱去衣服，跳入水中去救他。旁边的孩子们想拦住他，说：'你也要同他一起沉下去哩！'他不置辩跃入水去。河水正涨满，连大人下去也不免危险。他尽了力和急流奋斗，竟把快在水底淹死的友人捞着了，提了他浮上水面，几次险遭沉没，终于鼓着勇气游到岸边。那种坚忍和决死的精神，几乎不像是少年的行径，竟是大人救自己爱儿的情景。上帝鉴于这少年的勇敢行为，就助他成功，使他将快要死的友人从死亡中救出，更因了别人的助力，

终于更生了。事后，他若无其事地回到家里，淡淡地把经过报告家人知道。

“诸君！勇敢在大人已是难能可贵的美德，至于在没有名利之念的小孩，在体力怯弱，无论做什么都非有十分热心不可的小孩，在并无何等的义务责任，即使不做什么，只要能了解人所说的，不忘人的恩惠，已足受人爱悦的小孩，勇敢的行为真是神圣之至的了。诸君！我不再说什么了！我对于这样高尚的行为，不愿再加无谓的赞语！现在诸君的面前，就立着那高尚勇敢的少年！军人诸君啊！请以弟弟待他！做母亲的太太们啊！请像对自己儿子一样地替他祝福！小孩们啊！请记忆他的名字，将他的样子雕刻在心里，永久勿忘！请过来！少年！我现在以意大利国王的名义，授这勋章给你！”

市长就桌上取了勋章，替少年挂在胸前，又抱了他亲吻。母亲把手挡了两眼，父亲把下颌垂在胸口。

市长和少年的父母握了手，将用丝带束着的奖状递给母亲。又向那少年说：

“今天是你最荣誉的日子，在父母是最幸福的日子。请你终生不要忘记今天，走上你德义与名誉的路程！再会！”

市长说了退去。乐队又奏起乐来。我们以为仪式就此完毕了。这时，从消防队中走出一个八九岁的男孩子来，跑近那受勋章的少年，投入他张开的双臂。

拍手声又起来了。那是在濮河被救起的小孩，这次来是为表示感谢再生之恩的。被救的小孩与恩人互相亲吻。两个少年携了手，父母跟在他们后面，勉强从人群中挤向大门。警察、小孩、军人、妇女都面向一方，踮起了脚想看看这少年。靠近他的人有的去抚他的手。他们在学生的队伍旁通过时，学生们都把帽子高高地举在空中摇动。和少年同乡里的孩子们都纷纷地前去握住少年的臂，或是拉住他的上衣，狂叫：“平！平！万岁！平君万岁！”少年通过我的身旁时，我见他脸上带着红晕，似乎很欢悦。勋章上附有红白绿三色的丝带。那做父亲的用颤颤的手在抹胡须，在窗口及廊下的人们见了都向他们喝彩。他们通过大门时，女会员从廊下抛下堇花或野菊花束来，落在少年和他父母头上。有的在地上，旁边的人都俯下去拾了交付他母亲。这时，庭内的乐队静静地奏出幽婉的乐曲，那音调好像是一大群人的歌声在远远地消失。

# 五月

## 畸形儿　　五日

今天不大舒适，在学校请了假，母亲领我到畸形儿学院去。母亲去是为门房的儿子请求入院。到了那里，母亲叫我留在外面，不让我入内。

安利柯！我为什么不叫你进学院去？你怕是还不知道吧？因为把你这样健康的小孩带进去，给不幸的残废的他们看，是不好的。即使不是这样，他们已经时时痛感自己的不幸哩！那真是可怜啊！身入其境，眼泪就忍不住涌出来：男女小孩约有六十人，有的骨骼不正；有的手足歪斜；有的皮肤皲裂，身体扭转不展。其中也有许多相貌伶俐，眉目可爱的。有一个孩子，鼻子高高的，脸的下半部分已像老人似的又尖又长了，可是还带着可爱的微笑呢！有的孩子从前面看去很端正，不像是有残疾，一叫他背过身来，就觉得非常可怜。医生恰好在这里，叫他们一个一个站在椅上，曳上了衣服，检查他们的膨大的肚子或是臃肿的关节。他们时常这样脱去了衣服给人看，已经惯了，一点也不觉得难为情，可是在身体初发现残疾的时候是多么难过啊！病渐渐厉害，人们对于他们的爱就渐渐减退，有的整整几小时地被弃置在屋角，吃粗劣的食物；有的还要被嘲弄；有的也许白受了几个月的无益的绷带和疗治的苦痛。现在靠了学院的照料和适当的食物和运动，大抵已恢复许多了。见了那伸出来的缚着绷带或是夹着木板的手和脚，真是可怜呢。有的在椅子上不能直立，用臂托住了头，一手抚摸着拐杖；又有手臂虽勉强向前伸直了，呼吸却急促起来，苍白了倒下地去的。虽然这样，他们还要装着笑容藏匿苦痛呢！安利柯啊！像你这样健康的小孩，还不知自己感谢自己的健康，我见了那可怜的畸形的孩子，一想到世间做母亲的把矜夸抱着的壮健的小孩当做自己的荣耀，觉得很难堪。我恨不能一个一个去抚抱他们。如果周围没人，我就要这样说：

“我不离开此地了！我愿一生为你们牺牲，做你们的母亲！”

可是，孩子们还唱歌哩，那种细而可悲的声音，使人听了肠为之断。先生称赞他们，他们就非常快活；先生通过他们座位的时候，他们都去吻先生的手。大家都爱着先生呢。据先生说，他们头脑很好，也能用功。那位先生是一个年轻的温和的女人，脸上充满慈爱。她大概每天和不幸的孩子们做伴，脸上常带愁容。真可敬佩啊！生活辛劳的人虽是很多，但像她那样做着神圣职务的人是不多的吧。

——母亲

## 火灾　　十一日

今天早晨，我抄毕了《六千英里寻母》，正想着这次作文的材料。忽然楼梯上有陌生的说话声。过了一会儿，有两个消防队员进屋子里来，和父亲说要检查屋内的火炉和烟囱。因为屋顶的烟囱冒出了火，辨不出是从谁家发出来。

“呃！请检查！”父亲说。其实我们屋子里并没有燃着火。消防队员仍在客室巡视，把耳朵贴近墙壁，听有无火在爆发的声音。

在他们各处巡视时，父亲向我说：

“哦！这不是好题目吗？——叫作《消防队》。我讲，你写！

“两年以前，我深夜从剧场回来，在路上见过消防队救火。我才要走入罗马街，就见有猛烈的火光，许多人都集在那里。一间家屋正在烧着，像舌的火焰，像云的烟气，从窗口屋顶喷出。男人和女人从窗口探出头来拼命地叫，忽然又不见了。门口挤满了人，齐声叫喊说：

“‘要烧死了哩！快救命啊！消防队！’

“这时来了一部马车，四个消防队员从车中跳出。他们最先赶到，一下车就冲进屋子里去。他们一进去，同时发生了可怕的事情。一个女子在四层楼窗口叫喊奔出，手拉住了栏杆，背向了外，在空中挂着。火焰从窗口喷出。几乎要卷着她的头发了。群众恐怖地叫喊，方才进去的消防队员弄错了方向，打破了三层楼的墙壁进去。这时群众齐声狂叫：

“‘在四层楼，在四层楼！’

“他们急忙上四层楼，在那里听见了恐怖的叫声，梁木从屋顶落下，门口满是烟焰。要到那有人的屋子里去，除了从屋顶走，已没有别的路了。他们急忙跳上屋顶，只看到从烟里露出一个黑影，这就是那最先跑到的伍长。可是，要从屋顶到那被火包着的屋里去，非通过那屋顶的窗和承溜间的极狭小的地方不可。因为别处都被火焰包住了，只这狭小的地方，还积着冰雪，却没有可攀缘的东西。

“‘那里无论如何通不过！’群众在下面叫。

“伍长沿了屋顶边上走，群众震栗地看着他。他终于通过了那狭小的地方。下面的喝彩声几乎要震荡天空。伍长走到那危急的场所，用斧把梁椽斩断，砍出可以钻进去的窟窿。

“这时，那女子仍在窗外挂着，火焰快将卷到她的头上，眼见得就要落下来了。

“伍长砍出了窟窿，把身子缩紧了跳进屋里去，跟着他的消防队员也跳了进去。

“才运到的长梯子架在屋前。窗口冒出凶险的烟焰来，耳边闻到可怖的呼号声，危急得几乎无从着手了。

“‘不好了！连消防队员也要烧死了！完了！早已死了！’群众叫着。

“忽然，伍长的黑影在有栏杆的窗口出现了，火光在他头上照得红红的。女子抱着他的头颈，伍长两手抱了那女子，下到室中去。

“群众的叫声在火烧声中沸腾：

“‘还有别个呢，怎样下来？那梯子离窗口很远，怎样接得着呢！’

“在群众叫喊声中，突然来了一个消防队员，右脚踏了窗沿，左脚踏住梯子，身子悬空站着，室中的消防队员把遭难者一一抱出来递给他，他又一一递给从下面上去的消防队员。下面的又一一递给更下面的同伴。

“最先下来的是那个曾挂在栏杆上的女子，其次是小孩，再其次的也是个女子，再其次的是个老人。遭难者全部下来了。室中的消防队员也就一一下来，最后下来的是那个最先上去的伍长。他们下来的时候，群众喝彩欢迎，等到那拼了生命最先上去最后下来的勇敢的伍长下来时，群众欢声雷动，都张开了手，好像欢迎凯旋的将军也似的喝彩。一瞬间，他那寇塞贝·洛辟诺的名氏在数千人的口中传遍了。

“知道吗？这就叫作勇气。勇气这东西是不讲理由的，是不踌躇的，见了人有危难就会像电光似的不顾一切地跳过去。过几天，带了你去看消防队的练习，领你去见洛辟诺伍长吧。他是怎样一个人，你想知道他吗？”

我回答说很想知道。

“就是这一位喽！”父亲说。我不觉吃了一惊，回过头去，见那两个消防队员正检查完毕，要出去了。

“快和洛辟诺伍长握手！”父亲指着那衣上缀有金边的短小精悍的人说。伍长立住了伸手过来，我便去和他握手。伍长道别而去。

父亲说：

“好好地把这记着！你在一生中，握手的人当有几千，但像他那样豪勇的人恐不上十个吧！”

## 六千英里寻母　　每月例话

几年前，有一个工人家的十三岁的儿子，独自从意大利的热那亚到南美洲去寻找母亲。

这少年的父母因遭了种种不幸，陷于穷困，负了许多债。母亲为了能赚些钱，两年前到遥远的南美洲的阿根廷共和国首府布宜诺斯艾利斯市去做女仆。

那妇人平安地到了布宜诺斯艾利斯，她丈夫有一个从兄在那里经商，由他的介绍，她到了该市某上流人的家庭中为女仆。工资既丰厚，主人家待她也很亲切，她安心工作着。妇人每月工资十五元，她一文不用，隔三月寄钱给故乡一次。丈夫虽是做工的，但很爱重名誉，把这钱逐步清偿债款，一边自己奋发劳动，忍耐一切辛苦和困难，等他的妻子回国。自从妻子出国以后，家庭就冷落得像空屋，小儿子尤其恋念着母亲，一刻都忘不掉。

光阴如箭，不觉一年过去了。妇人自从来过了一封说略有不适的短信以后，就再没有消息。写信到从兄那里去问了两次，也没回信来。再直接写信到那妇人的雇主家里去，仍不得回复。——这是因为地址弄错了，未曾寄到。于是全家更不安心了，终于请求驻布宜诺斯艾利斯的意大利领事代为探访。过了三个月，领事回答说连新闻广告都登过了，没有人来承认。或者那妇人以为做女仆为一家的耻辱，所以把自己主人的本名隐瞒了吧。

又过了几月，仍如石沉海底，没有消息。父子三人很想去美洲自己去找，但是父亲与大儿子因为要继续工作赚钱，实在没有办法去。有一天，小儿子玛尔说："我到美洲寻母亲去！"

父亲没有回答什么，只是悲哀地摇着头。在父亲看来，这孝心虽可嘉，但以十三岁的年龄，登一个月的旅程独自到美洲去，究竟不是可能的事。幼子却坚执着这主张，从这天起，每天谈起这事，总是坚持到底，神情很沉着，述说可去的理由，其懂事的程度正像大人一样。

"别人不是也去的吗？比我再小的人去的也多着哩！只要下了船，就会和大众一同到那里的。一到了那里，就去找寻从伯的住所，意大利人在那里的很多，一问就可以明白。等找到了从伯，不就可寻着母亲了吗？如果再寻不着，可去请求领事，托他代访母亲做工的主人住所。无论中途有怎样的困难，那里有许多工作可做，只要去劳动，回国的路费是用不着担忧的。"

父亲听他这样说，就渐渐赞成他了。并且凑巧，父亲有一朋友曾为某船船长。父亲把这话和船长商量。船长答应替玛尔可弄到一张去阿根廷的三等船票。

到了出发日子，父亲替他包好衣服，拿了几块钱塞入他的衣袋，又写了从兄的住址交给他。在四月中天气很好的一个傍晚，父兄送玛尔可上了船。

船快开了，父亲在吊梯上和儿子做最后的吻别：

"那么，玛尔可去吧！不要害怕！上帝会守护着你的孝心的！"

可怜的玛尔可！他虽已发出勇气，不以任何风波为意，但眼见故乡美丽的山渐消

失于水平线上，举目只见汪洋大海，船中又无相识者，只是自身一个人，所带的财物只是行囊一个，一想到此，不觉悲愁起来。

海程连续了二十七日，最末的一天天气很好，凉风拂拂地吹着。玛尔可在船中熟识了一老人，这老人是隆巴尔地的农夫，说是到美洲去看儿子的。玛尔可和他谈起自己的情形，老人大发同情，常用手拍玛尔可的项部，反复地说："不要紧！就可见你母亲平安的面孔了！"有了这同伴，玛尔可也就增了勇气，觉得前途是有望的。

到了第二十七天，轮船在阿根廷共和国首府布宜诺斯艾利斯港口下锚了。那是五月中阳光很好的一个早晨，到埠碰着这样的好天气，前兆不恶。玛尔可高兴得忘了一切，只希望母亲就在距此几英里以内的地方，数小时中便可见面。

玛尔可提了衣包随了大批的意大利人下了轮船，再由舢板船渡至码头上陆，和那亲切的隆巴尔地老人告别后，急忙大步地向街市行进。

到了街市，向一行人询问亚尔忒斯街所在。那人恰巧是个意大利工人，向玛尔可打量了一会儿，问他能读文字不能。玛尔可答说能的。

那工人指着自己才走来的那条街道说：

"那么，向那条街道一直过去，转弯的地方都标着街名；一一读了过去，就会到你所要去的处所的。"

玛尔可道了谢，依着他指的方向走去。碰见女人都注意了看，或者她就是母亲。有一次，前面走过的女人很有点像母亲，不觉心跳血沸起来，急追上去看，虽有些相像，却是个有黑痣的。玛尔可急急忙忙走而又走，到了一处的十字街口，他看了地名，就钉住了似的立定不动，原来这就是亚尔忒斯街了。转角的地方，写着一百一十七号，从伯的店址是一百七十五号，急忙跑到一百七十五号门口，暂时立了定一定神，独语着说："啊！母亲，母亲！居然就可见面了！"走近拢去，见是一家小杂货铺。这一定是了！进了店门，里面走出一个戴眼镜的白发老妇人来：

"孩子！你要什么？"她用西班牙语问。

玛尔可几乎说不出话来，勉强地才发声问："这是勿兰塞斯可·牟里的店吗？"

"勿兰塞斯可·牟里已经死了啊！"妇人改用了意大利语回答。

"几时死的？"

"呃，很长久了。大约在三四个月以前。他因生意不顺手，逃走了，据说到了离这里很远的叫作勃兰卡的地方，不久就死了。这店现在已由我开设了。"

少年的脸色苍白了，急忙说：

"勿兰塞斯可，他是知道我的母亲的。我母亲在名叫美贵耐治的人那里做工，除了勿兰塞斯可，没有人知道母亲的所在。我是从意大利来寻母亲的，平常通信，都是托

勿兰塞斯可转交。我无论如何非寻着我的母亲不可！”

“可怜的孩子！我不知道，姑且问问附近的小儿们吧。哦！他认识勿兰塞斯可的伙计。问他，或者可以知道一些。”

说着到店门口叫了一个孩子进来：

“喂，我问你：还记得在勿兰塞斯可家里的那个青年吗？他不是常送信给在他同国人家里做工的那女人的吗？”

“就是美贵耐治先生家里，是的，夫人，是时常去的。就在亚尔忒斯街尽头。”

玛尔可快活地说：

“夫人，多谢！请把门牌告诉我，要是不知道，那么请他领我去！——喂，朋友，请你领我去，我身上还有些钱哩。”

玛尔可太热烈了，那孩子不等老妇人回答，就开步先走，说：“走吧。”

两个孩子跑也似的走到街尾，到了一所小小的白屋门口，在那华美的铁门旁停住。从栏杆缝里可望见有许多花木的小庭园。玛尔可按铃，一个青年女子从里面出来。

“美贵耐治先生就在这里吗？”他很不安地问。

“以前在这里的，现在这屋归我们住了。”女子用西班牙语调子的意大利语回答。

“美贵耐治先生到哪里去了？”玛尔可问，他胸中震动了。

“到可特淮去了。”

“可特淮？可特淮在什么地方，还有美贵耐治先生家里做工的也同去了吗？我的母亲——他们的女仆，就是我的母亲。我的母亲也被带了去吗？”

女子注视着玛尔可说：

“我不知道，我父亲或者知道的。请等一等。”说了进去，叫了一个身长白发的绅士出来。绅士打量了这金发尖鼻的热那亚少年一会儿，用了不纯粹的意大利语问：

“你母亲是热那亚人吗？”

“是的。”玛尔可回答。

“那么，就是那在美贵耐治先生家里做女佣的热那亚女人了。她随主人一家一同去了，我知道的。”

“到什么地方去了？”

“可特淮市。”

玛尔可叹了一口气，既而说：

“那么，我就到可特淮去！”

“啊！可怜的孩子！这里离可特淮有好几百英里路呢。”绅士用西班牙语向自己说着。

玛尔可听了这话，急得几乎死去，一手攀住铁门。

绅士很怜悯他，开了门说：“且请到里面来！让我想想看有没有什么法子。”说着自己坐下，叫玛尔可也坐下，详细问了一切经过，考虑了一会儿说：“没有钱了吧？”

“略微带着一些。”玛尔可回答。

绅士又思索了一会儿，就在桌上写了封信，封好了交给玛尔可说：

“拿了这信到勃卡去。勃卡是一个小镇，从这里去，两小时可以走到。那里有一半是热那亚人。路上自会有人给你指路的。到了勃卡，就去找这信面上所写的绅士，在那里谁都知道他。把信交给这人，这人明天就会送你到洛赛留去，把你再托给别人，设法使你去到可特淮。只要到了可特淮，美贵耐治先生和你的母亲就都可见到了。还有，这也拿了去。”说着把若干钱交到玛尔可手里。又说：

“去吧，大胆些！无论到什么地方，同国的人很多，怕什么！再会。”

玛尔可不知要怎么道谢才好，只说了一句“谢谢”，就提着衣包出来，和领路的孩子告了别，向勃卡行进。他心里充满着悲哀和惊诧，折过那阔大而喧扰的街道走去。

那夜就在勃卡的小宿店和土作工人一同住了一夜，次日终日坐在木堆上，梦似的盼望来船。到夜，乘了那满载着果物的大船往洛赛留。

船行了三四天，终于到了洛赛留市。那是一个寒冷的早晨，东方被旭日烧得血一样红。这市在巴拉那河岸，港口泊着百艘光景的各国的船只，旗影乱落在波中。

他提了衣包一上陆，就去访勃卡绅士所介绍给他的当地某绅士。问了好几次路，总算找到了绅士的住所。一按门铃，里面来了一个侍者样的肥大的可怕的男子，用外国语调问他来这里有什么事情。听到玛尔可说要见主人，就说：

“主人不在家，昨天和家属同到布宜诺斯艾利斯去了。”

玛尔可言语不通，强着舌头说：

“但是我——我这里没有别的相熟的人！我只是一个人！”说着把带来的介绍名片交给他。

侍者接了，生硬地说：

“我不晓得。主人过一个月就回来的，那时替你交给他吧。”

“但是，我只是一个人！怎样好呢！”玛尔可恳求说。

“哦！又来了！你们国里不是有许多人在这洛赛留吗？快走！快走！如果要行乞，到意大利人那里去！”说着把门关了。

玛尔可化石似的站在门口。

没有办法，过了一会儿，只好提了衣包懒懒地走开。他悲哀得很，心乱得如旋风，各种忧虑同时涌上胸来。怎样好呢？到什么地方去好？他于是把衣包放在路旁，倚壁坐下，两手捧着头，现出绝望的神情。

街上行人的脚碰在他身上。车辆轰轰地来往经过。孩子们站在旁边看他。他暂时不动，忽然听得有人用隆巴尔地土音的意大利语问他：

“怎么了？”

他举起头来看，不觉惊跳起来：“您在这里！”

原来这就是航海中要好的隆巴尔地老人。

老人的惊讶也不下于他。他不等老人询问，急忙把经过告诉了老人：

“我没有钱了，非寻工作做不可。请替我找个什么可以赚钱的工作。无论什么都愿做。搬垃圾、扫街路、小使、种田都可以。我只要有黑面包吃就好，只要得到路费能够去寻母亲就好。请替我找找看！此外已没有别的方法了！”

老人回视了四周，搔着头说：

“这可为难了！虽说工作，工作也不是这样容易寻找的。另外想法吧。有这许多同国人在这里，些许的金钱也许有法可想吧。”

玛尔可因这希望之光得了安慰，举头对着老人。

“随我来！”老人说着开步，玛尔可提起衣包跟着。他们默然在长长的街市上走，到了一旅馆前，老人停了脚。招牌上画着星点，下写着“意大利的星”。老人向内张望了一会儿，回头来对着玛尔可高兴地说：“幸而碰巧。”

进了一间大室，里面排着许多桌子，许多人在饮酒。隆巴尔地老人走近第一张桌前，依他和席上六位客人谈话的样子看来，似乎在没有多少时候以前，老人曾在这里和他们同席。他们都红着脸，在杯盘狼藉之间谈笑。

隆巴尔地老人不加叙说，立刻把玛尔可介绍给他们。六人听了都很同情这位小同胞，一齐击桌叫说，“是我们的同胞哩！孩子！到这里来！我们都是在这里做工的。有钱大家拿出来！送你到母亲那里去，不要担忧！”不到十分钟，已集得八元四角钱。老人对着玛尔可说：

“你看！到美洲来，什么都容易哩！”

另外有一客人举杯递给玛尔可说：

“喝了这杯，祝你母亲健康。”

玛尔可举起杯来反复地说：“祝我母亲健……”他心里充满了快活，不能把话说完。他把杯放在桌上以后，就去抱住老人的项颈。

第二天天未明，玛尔可即坐上火车向可特淮出发，胸中充满了欢喜，脸上也生出光彩。数小时以后，玛尔可冷不可耐。不但冷，并且几日来的疲劳也都一时现了出来，于是就蒙睡去，睡得很久。

火车到了可特淮了，他深深地吸了一口气，飞跑下车，向铁路职员询问美贵耐治技师的住址。职员告诉他一个教会的名词，说技师就住在这教会的近旁。他急忙前进。

到了教会和住家，用震栗着的手按铃，另一手按住那快要跳到喉间来的鼓动的心。

一个老妇人携了洋灯出来开门，玛尔可一时说不出话来。

“你找谁？”老妇人用西班牙语问。

“美贵耐治先生。”玛尔可回答。

老妇人摇着头。

“你也找美贵耐治先生吗？真讨厌极了！这三个月中，不知费了多少无谓的口舌。早已登过报纸哩，如果没看见，街的转角里还贴着他已移居杜克曼的告示哩。”

玛尔可绝望了，心乱如麻地说：

“有谁在诅咒我！我若见不到母亲，就要倒在路上死了！要发狂了！还是死了吧！那叫什么地名？在什么地方？从这里去有多少路？”

老妇人悯怜地回答道：

“可怜！那不得了，四五百英里至少是有的吧！”

“那么我怎样好呢？”玛尔可掩面哭着问。

“叫我怎样说呢？可怜！有什么法子呢？”老妇人说着忽然像想着了一条路：

“哦！有了！我想到了一个法子。你看怎样？向这街朝右下去。第三间房子前有一块空地，那里有一个叫作‘头脑’的，他是一个商贩，明天就要用牛车载货到杜克曼去。你去替他帮点什么忙，求他带了你去好吗？大概他总肯在货车上载你去的吧，快去！”

玛尔可提了衣包，还没有说毕道谢的话就走到了那空地。只见灯火通明，大批人夫正在把谷装入货车。一个着了外套穿了长靴的有须的人在旁边指挥搬运。

玛尔可走近那人，恭恭敬敬地陈述了自己的希望，并说明了从意大利来寻母亲的经过。

“头脑”用了尖锐的眼光把玛尔可从头到脚打量了一会儿，冷淡地回答说：“没有空位。”

玛尔可哀恳他：

“这里差不多有三元钱，都交给你，路上情愿再帮你劳动，替你搬取牲口的饮料和刍草。面包只吃一些些好了，请‘头脑’带了我去！”

“头脑”态度略为亲切地说：

“实在没有空位。并且我们不是到杜克曼去，而是到山契可·代·莱斯德洛去。就是带你同去，你也非中途下车，再走许多路不可。”

“啊，无论走多少路也不要紧，我愿意。请你不要替我担心。到了那里，我自会设法到杜克曼去。请你发发慈悲留个空位给我。我恳求你，不要把我留在这里！只要能寻到母亲，什么都愿忍受，请你应许我。”

“头脑”移过灯来，照着玛尔可的脸再注视了一会儿说：“可以。”玛尔可在他手上亲吻。

“你今夜就睡在货车里，明天四点钟就要起来的。再会。”“头脑”说了自去。

第二天早晨四点钟，长长的载货的车队在星光中嘈杂地行动了。每车用六头牛拖，最后的一辆车里又装着许多替换的牛。

玛尔可被叫醒以后，坐在一车的谷袋上面跟着大家出发了。一天又一天，玛尔可倦怠不堪。人夫待玛尔可渐渐凶悍，故意强迫他搬拿不动的刍草，到远处去汲饮水，竟把他当作奴隶。他的勇气就一天一天地沮丧下去。如果没有那“头脑”时时亲切的慰藉，他的气力或许要全部消失了。

有一天早晨，“头脑”不在，一个人夫怪他汲水太慢，打他，大家又轮流用脚踢他，骂说：

“带了这个去！畜生！把这带给你母亲！”

他心要碎了，终于大病，连发了三日的热，拉些什么当作被盖了卧在车里。除“头脑”有时来递汤水给他或是替他按脉搏外，谁都不去顾着他。他自以为快死了，反复地叫母亲，将两手交叉在胸前祈祷。从此以后，病渐减退，又得了“头脑”的善遇，遂恢复原状。病虽好了，这旅行中最难过的日子也到了。他就要下车独自步行。车行了两星期多，现在已到了杜克曼和山契可·代·莱斯德洛分路的地方。“头脑”说了声再会，指了路径，又替他将衣包搁在肩上，使他行路便当些，一时好像起了怜悯之心，接着即和他告别，弄得玛尔可想在“头脑”手上亲吻的工夫都没有。

玛尔可第一天尽力前行，夜宿于树下。第二天力乏了，行路不多，靴破，脚痛，又因食物不良，胃也受了病。看看天已将晚，不觉自己恐怖，在意大利时曾听人说这地方有毒蛇，耳朵边时常听得有声像蛇行。听到这声音时，方才停止的脚又复前奔，真是吓得不得了。有时为悲哀所缠绕，一边走一边哭泣。他想：“啊！母亲如果知道我在这里这样惊恐，将怎样悲哀啊！”这样一想，勇气就恢复几分。四天过了，五天过了，一星期过了，他气力益弱，脚上流出血来。有一天傍晚，他向人问路，那人和他说：“到杜克曼只五十英里了。”他听了欢呼急行。这终究不过是一时的兴奋，终于疲极力尽，倒在沟边。虽然这样，胸中却跳跃着满足的鼓动。他仰卧在草上想睡，天空好像母亲在俯视，他说：“啊！母亲！你在哪里？现在在做什么？也想念着我吗？想念着近在咫尺的玛尔可吗？”

可怜的玛尔可！如果他知道了母亲现在的情形，他将出死力急奔前进了！他母亲正病着，卧在美贵耐治家大屋中的下房里，美贵耐治一家素来爱她，曾尽了心力加以调护。当美贵耐治技师突然离去布宜诺斯艾利斯的时候，她已经病了。可特准的好空气在她也没有功效，并且，丈夫和从兄方面都消息全无，好像有什么不吉的事要落在她身上似的，每天忧愁着，病因此愈重，终于变成可怕的致命的内脏癌肿。睡了两星期，未好。如果要挽回生命，就非受外科手术不可。玛尔可倒在路旁呼叫母亲的时候，那边主人夫妇正在她病床前劝她接受医生的手术，她总是坚拒。杜克曼的某名医虽于一星期中每天临诊劝告，终以病人不听，徒然而返。

下一天早晨，玛尔可背了衣包，身体前屈了，跛着脚彳亍入杜克曼市。站在门口的人们都惊异地注视着这衣服褴褛满身尘垢的少年。正行走时，他忽然见有一旅店，招牌上写有意大利人的姓名。里面有个戴眼镜的男子和两个女人。玛尔可徐徐地走近门口，提起了全部勇气问：

“美贵耐治先生的家在什么地方？”

“是做技师的美贵耐治先生吗？”旅店主人问。

“是的。”玛尔可回答，声细如丝。这时已围上了一些人，看着这个奇怪的少年。

“美贵耐治技师不住在杜克曼哩。但距这里也不远，费五六点钟就可到的。”主人回答。

“向什么方向走的？快，把路指给我！我就去！”

人们齐声说：

“差不多有一天的路程哩，你不是已很疲劳了吗？非休息不可，明天去好吗？”

“不好！不好！请把路指给我！我不能等待了！就是倒在路上也不怕，立刻就去！”

人们见玛尔可这样坚决，也就不再劝阻了。

“上帝保护你！路上树林中要小心！但愿你平安！意大利的朋友啊！”他们这样说，有一个还陪他到街外，指示他路径，及种种应注意的事，又从背后目送他去。

这夜，病人危笃了，因患处剧痛，悲声哭叫，时时陷入人事不省的状态。看护的女人们守在床前片刻不离。病人发了狂，主妇不时惊惧地赶来省视。大家都很焦虑：她现在即使愿受手术，医生也非明天不能来，已不及救治了。她略为安静的时候，就非常苦闷，这并不是从身体上来的苦痛，乃是她悬念在远处的家属的缘故。她不时扯着头发疯也似的狂叫：

“啊！太凄凉了！死在这样远处！不见孩子的面！可怜的孩子。他们将没有母亲了！啊！玛尔可还小哩！只有这点长，他原是好孩子！没有了母亲，又贫穷，他就要流落为乞丐了！张了手饿倒在路上！我的玛尔可！啊！我那永远的上帝！不，我不愿死！医生！快去请来！快替我行手术！把我的心割开！把我弄成疯人！只要他把性命留牢！我想病好！想活命！想回国去！明天立刻！医生！救我！救我！”

在床前的女人们执了病人的手安慰她，使她心情沉静了些，且对她讲上帝及来世的话。病人听了又复绝望，扯着头发啜泣，终于像小儿似的扬声号哭：

“啊！我的热那亚！我的家！那个海！啊！我的玛尔可现在不知在什么地方做什么！我的可怜的玛尔可啊！”

时已夜半，她那可怜的玛尔可沿河走了几点钟，力已尽了，只在大树林中蹒跚着。他有时虽陷入昏迷，但心辄向着母亲。疲乏已极，脚上流着血，独自在广大的森林中踯躅。想到母亲就在近处，就自然地发出大人样的力和气魄，振起精神，脚步也加速，胸中充满了欢喜，热泪不觉在颊上流下，好像在薄暗的路上走着，一边和母亲谈话。继而独自唧咕着和母亲见面时要说的言语。

“总算到了这里了，母亲，你看我。以后永远不再离开了。一起回国去吧。无论遇到什么事，终生不再和母亲分离了。”

早晨八点钟光景，医生从杜克曼带了助手来，站在病人床前，做关于手术的最后劝告。美贵耐治夫妇也跟着多方劝说。可是她自觉体力已尽，早没有信赖手术的心了，细声说：

“不，我已预备死了，没有受无益的苦痛的勇气了。请让我平平和和地死吧。”

医生也失望了，谁也不再开口。她脸向着主妇，用细弱的声音嘱托后事：

“夫人，请将这一点钱和我的行李交给领事馆转送回国去。如果一家平安地都生存着就好了。在我瞑目以前，总望他们平安。请替我写信给他们，说我一向念着他们，曾经为了孩子们劳动过了……说我只以不能和他们再见一面为恨……说我虽然如此，却勇敢地自己忍受，为孩子们祈祷了才死……请替我把玛尔可托付丈夫和长子……说我到了临终，还不放心玛尔可……”话犹未完，突然气冲上来，拍手哭泣：

“啊！我的玛尔可！我的玛尔可！我的宝贝！我的性命！……”

等她含着泪看四周，主妇已不在了。有人进来把主妇悄悄地叫出去了。她到处找主人也不见。只有两个看护妇和医生助手在床前。过了一会儿，医生进来了，转变了脸色，后面跟着的主妇主人，面上也都有惊色。妇人恍惚听见医生对主妇说：“还是快些说吧。”主妇向她战栗地说：“约瑟华！有一个好消息说给你听，不要吃惊！”

主妇小心地继续说：“是你所非常喜欢的事呢。”

病人眼睁大了。主妇再继续说：“给你看一个人——是你所最爱的人啊。”病人拼命地抬起头来，眼光炯炯地向主妇看，又去看那门口。

主妇脸色苍白地说：

“现在有个万料不到的人来到这里了。”

“是谁？”病人惊惶地问。呼吸也急促了。忽然发出尖锐的叫声，跳起来坐在床上，两手捧住了头，好像见了什么鬼物似的。

这时，衣服褴褛、满身尘垢的玛尔可已出现在门口，医生携着他的手。

病人发出三次尖锐的叫声：“上帝！上帝！我的上帝！”

玛尔可奔近拢去。病人张开枯瘦的两臂，使出了虎也似的力将玛尔可抱紧在胸前。

剧烈地笑，无泪地啜泣。终于呼吸接不上来，倒在枕上。

她即刻恢复过来了，狂喜得不绝在儿子头上亲吻，叫着说：

“你怎么来到这里的？怎么？这真是你吗？啊，大了许多了！谁带了你来的？一个人吗？没有什么吗？啊！你是玛尔可？但愿我不是做梦！啊！上帝！你说些什么给我听吧！”

说着，又突然改了话语：

“咿哟！慢点说，且等一等！”于是向医生说：

“快！快快！医生！现在立刻！我想病好。已愿意了，愈快愈好。给我把玛尔可领到别处去，不要让他听见。——玛尔可，没有什么的。以后再说给你知道。来，再亲一下。就到那里去——医生！请快。”

玛尔可被领出去了，主人夫妇和别的女人们也急忙避去。美贵耐治先生要想拉玛尔可到远一点的室中去，可是不能。玛尔可长了根似的坐在阶石上不动。

“怎么？母亲怎样了？做什么？”他问。

美贵耐治先生仍想领开他，静静地和他说：

“你听着，我告诉你。你母亲病了，要受手术，快到这边来，我仔细说给你听。”

“不！”玛尔可抵抗，“我一定要在这里，就请在这里告诉我。”

技师强拉他过去，一边静静地和他说明经过。他恐惧战栗了。

突然，致命伤也似的尖叫声震动全宅。玛尔可也应声叫喊起来：“母亲死了！”

医生从门口探出头来：“你母亲有救了！”

玛尔可注视了医生一会儿，既而投身到他脚边，啜泣着说：“谢谢你！医生！”

医生搀住他说：“起来！你真勇敢！救活你母亲的，就是你！”

## 夏　　二十四日

热那亚少年玛尔可的故事已完，这学年只剩六月份的一次每月例话、两次试验了，还要上课二十六日，六个星期四和五个星期日。学年将终了时，熏风照例拂拂地吹着。庭树长满了叶和花，在体操器械上投射着凉阴。学生都改穿了夏衣了，放学的时候，觉得他们一切都已和从前不同，这是很有趣的事。垂在肩上的发已剪得短短的，脚部和项部完全露出。各种各样的麦秆帽子，背后长长地垂着丝带；各色的衬衣和领结上都缀有红红绿绿的东西，或是领章，或是袖口，或是流苏。这种好看的装饰，都是做母亲的替他儿子缀上的，就是贫家的母亲，也想把自己的小孩打扮得像个样子。其中，也有许多不戴帽子到学校里来的，好像由田家逃出来的，也有着白制服的。在代尔卡谛先生那级的学生中，有一个从头到脚着得红红的像熟蟹似的人，又有许多着水兵服的。

最有趣的是“小石匠”，他戴着大大的麦秆帽，样子像在半截蜡烛上加了一个笠罩。再在这下面露出兔脸，真可笑极了。可莱谛也已把那猫皮帽改换了鼠色绸制的旅行帽，华梯尼穿着有许多装饰的奇怪的苏格兰服，克洛西袒着胸，泼来可西被包在青色的铁工服中。

至于卡洛斐，他因为脱去了什么都可以藏的外套，现在改用口袋贮藏一切了。他的衣袋中藏着什么，从外面都可看见。有用半张报纸做成的扇子，有手杖的柄，有打鸟的弹弓，有各种各样的草，还有金色甲虫从袋中爬出来，停在他的上衣上。

有些幼小的孩子把花束拿到女先生那里。女先生也穿着美丽的夏衣了，只有那个“修女”先生仍是黑装束。戴红羽毛的先生仍戴了红羽毛，颈上结着红色的丝带。她那级的小孩要去拉她的那丝带，她总是笑着避开。

现在又是樱桃、蝴蝶、街上乐队和野外散步的季节。高年级的学生都到濮河去水浴，大家等着暑假到来。每天到学校里，都一天高兴似一天。只有见到穿丧服的卡隆，我不觉就起悲哀。还有，使我难过的就是那二年级教我的女先生的逐日消瘦，咳嗽加重，行路时身子向前大屈，路上相遇时那种招呼的样子很是可怜。

# 六月

## 格里勃尔第将军　　三日（明日是国庆日）

今天是国丧日，格里勃尔第将军昨夜逝世了。你知道他的事迹吗？他是把一千万意大利人从波旁政府的暴政下救出来的人。七十五年前，他生于尼斯。父亲是个船长，他八岁时，救过一个女子的生命；十三岁时，和朋友共乘小艇遇险，把朋友平安救起；二十七岁时，在马塞救起一个将淹死的青年。四十一岁时，在海上救助过一只险遭火灾的船。他为了本国人的自由，在亚美利加曾作十年的战争，为争得隆巴尔地和杜论谛诺的自由，曾与奥地利军交战三次。一八四九年守卫罗马以拒法国的攻击；一八六〇年解放那不勒斯和巴勒莫；一八六七年再为罗马而战；一八七〇年和德意志战斗，防御法军。他刚毅勇敢，在四十回战争中得过三十七回胜利。

平时以劳动自活，隐耕孤岛。教员、海员、劳动者、商人、兵士、将军、执政官，什么都做过。是个质朴伟大而且善良的人；是个痛恶一切压迫，爱护人民，保护弱者的人；是个以行善事为唯一志愿，不慕荣利，不计生命，热爱意大利的人。他振臂一呼，各处勇敢人士就立刻在他面前聚集：绅士弃了他们的宅第，海员弃了他们的船舶，青年弃了他们的学校，来到他那赫赫光荣之旗下作战。他战时常着红衣，是个强健美貌而优雅的人。他在战阵中威如雷电，在平时柔如小孩，在患难中刻苦如圣者。意大利几千的战士于垂死时，只要一望见这威风堂堂的将军的面影，就都愿为他而死。愿为将军牺牲自己生命的，不知有几千人；几万人都曾为将军祝福，或愿为将军祝福。

将军死了，全世界都哀悼着将军。你现在还未能熟知将军，以后当有机会读将军的传记，或听人说将军的逸事。你逐渐成长，将军的面影在你前面也会跟着加大，你到成为大人的时候，将军会巨人似的立在你面前。到你去世了，你的子孙以及子孙的子孙都去世以后，这民族对于他那日星般彪炳的面影，还当作人民的救星永远景仰吧。意大利人的眉，将因呼他的名而扬；意大利人的胆，将因呼他的名而壮吧。

——父亲

## 军队　十一日（因格里勃尔第将军之丧，国庆日延迟一周）

今天到配寨·卡斯德罗去看阅兵式。司令官率领兵队，在作了二列站着的观者间通过，喇叭和乐队的乐曲调和地合奏着。在军队行进中，父亲把队名和军旗一一指给我看。最初来的是炮兵工校的学生，人数约有三百，一律穿着黑服，勇敢地过去了。其次是步兵：有在哥伊托和桑马底诺战争过的奥斯泰旅团，有在卡斯德尔费达度战争过的勃卡漠旅团，共有四联队。一队一队地前进，无数的红带连续飘动，其状恰像花朵。步兵之后就是工兵，这是陆军中的工人，帽上饰着黑色的马尾，缀着红色的丝边。工兵后面接着又是数百个帽上有直而长的装饰的兵士，这是作意大利干城的山岳兵，高大褐色而壮健，都戴着格拉勃利亚型的帽子，那鲜碧的帽檐表示着故山的草色。山岳兵还没有走尽，群众就波动起来。接着来的是射击兵，就是那最先入罗马的有名的十二大队。帽上的装饰

因风俯伏着，全体像黑色波浪似的通过。他们吹的喇叭声尖锐得如奏着战胜的音调，可惜那声音不久就消失在辘辘的粗而低的噪声中；原来野炮兵来了。他们乘在弹药箱上，被六百匹骏马牵了前进。兵士饰着黄带，长长的大炮，闪着黄铜和钢铁的光。炮车车轮辘辘地在地上滚着作响。后面山炮兵肃然地接着，那壮大的兵士和所牵着的强力的骡马，所向震动，给敌人带去惊恐与死亡。最后是热那亚骑兵联队，甲兜闪着日光，直持了枪，小旗飘拂，金银晃耀，辔鸣马嘶，很快地去了。这是从桑泰·路雪以至维拉勿兰卡像旋风样在战场上扫荡过十次的联队。

“啊！多好看啊！”我叫说。父亲警诫我：

“不要把军队作玩具看！这许多充满力量与希望的青年，为了祖国的缘故，一旦被召集，就预备在国旗之下饮弹而死的啊。你每次听到像今天这样的‘陆军万岁！意大利万岁！’的喝彩，须想在这军队后面就是尸山血河啊！如此，对于军队的敬意自然会从你胸中流出，祖国的面影也更庄严地可以看见了吧。”

## 劳动者的奖品授予式　二十五日

依约，我们大家到公立剧场去看劳动者的奖品授予式。剧场的装饰和三月十四日那天一样。场中差不多都是劳动者的家属，音乐学校的男女生坐在池座里，他们齐唱克里米亚战争的歌。他们唱得真好，唱毕，大家都起立拍手。随后，各受奖者走到市长和知事面前，领受书籍、贮金折、文凭或是赏牌。“小石匠”傍着母亲坐在池座角边，在那一方，坐着校长先生，我三年级时的先生的红发头露出在校长先生后面。

最初出场的是图画科的夜学生，里面有铁匠、雕刻师、石版师、木匠以及石匠。其次是商业学校的学生。再其次是音乐学校的学生，其中有大批的姑娘和劳动者，都穿着华美的衣裳，因被大家喝彩，都笑着。最后来的是夜间小学校的学生，那光景真是好看，年龄不同，职业不同，衣服也各式各样。——有白发的老人，也有工场的徒弟，也有蓄长头发的职工。年纪轻的毫不在意，老的却似乎有些难为情的样子。群众虽拍手欢迎他们，却没有一个人笑的，谁都现着真诚热心的神情。

受奖者的妻子或子女大多坐在池座里观看。幼儿之中，有的一见到自己的父亲登上舞台，就尽力大声叫唤，笑着招手。农夫过去了，担夫也过去了。我父亲所认识的擦靴匠也登场到知事面前来领文凭。其次来了一个巨人样的大人，好像是在什么时候曾经见过的，原来就是那受过三等奖的“小石匠”的父亲。记得我去看望“小石匠”的病，上那房顶阁去的时候，他就站在病床旁。我回头去看坐在池座的“小石匠”，见“小石匠”正双目炯炯地注视着父亲，装着兔脸来藏瞒他的欢喜呢。忽然间喝彩声四起，急向舞台看时，见那小小的烟囱扫除人只洗净了面部，仍着了漆黑的工服出场了。市长携住他的手，和他说话。烟囱扫除人之后，又有一个清道夫来领奖品。这许多劳动者，一边为了自己一家人辛苦工作，再于工作以外用功求学，以至于得到奖品。真是难能可贵。我一想到此，就有一种说不出的感动。他们劳动了一日以后，再分出必要的睡眠时间，使用那不曾用惯的头脑，用那粗笨的手指执笔，这是怎样辛苦的事啊。

接着又来了一个工场的徒弟。他一定是穿了他父亲的上衣来的，只要看他上台受奖品时卷起了长长的袖口就可知道。大家都笑了起来，可是笑声终于立刻被喝彩声埋没了，其次，来了一个秃头白须的老人。还有许多的炮兵，这里有曾经在我校的夜学部上课的，此外还有税局的门房和警察，我校的门房也在其内。

末了，夜校的学生又唱克里米亚战争歌。因为那歌声从真心流出，含着深情，听众不再喝彩，只是感动地静静退出。

霎时，街上充满了人。烟囱扫除者拿了领得的红色的书册站在剧场门口时，绅士都集在他的周围和他说话。街上的人彼此互相招呼，有劳动者、小孩、警察和先生。我三年级时的先生和两个炮兵，从群众间出来。劳动者的妻子抱了小孩，小孩用小手拿着父亲的文凭矜夸地给群众看。

## 女先生之死　　二十七日

当我们在公立剧场时，女先生死了。她是于访问我母亲的一周后下午二时逝世的。昨天早晨，校长先生到我们教室里来告诉我们这事，说：

“你们之中，凡曾受过先生的教育的，都应该知道。先生真是个好人，曾像爱自己儿子般爱着学生。先生已不在了。她病得很久，为生活计，不能不劳动，终于缩短了可以延续的生命。如果能暂时休息养病，应该可以多延几个月吧。可是她总不肯抛离学生，星期六的傍晚，那是十七日这一天的事，说是将要不能再见学生了，亲去诀别。好好地训诫学生，一一与他们吻别了哭着回去。这先生现在已不能再见了，大家不要忘记她啊。”

在二年级时曾受过先生的教育的泼来可西，把头俯在桌上哭泣起来了。

昨天下午散学后，我们去送先生的葬。到了先生的寓所，见门口停着双马的柩车，许多人都低声谈说等待着。我们的学校里，从校长起，所有的先生都到了。先生以前曾任职过的别的学校，也都有先生来。先生所教过的幼小的学生，大抵都由手执蜡烛的母亲带领着。别级学生到的也很多，有拿花环的，有拿蔷薇花束的。柩车上已堆着许多花束，顶上放着大大的刺球花环，用黑文字记着："五年级旧学生敬呈女先生"。大花环下挂着的小花环，那都是小学生拿来的。群众之中有执了蜡烛代主妇来送葬的佣妇，有两个执着火把的穿法衣的男仆，还有一个学生的父亲某绅士乘了饰着青绸的马车来。大家都集在门旁，女孩们拭着泪。

我们静候了一会儿，棺出来了。小孩们见棺移入柩车就哭起来。其中有一个，好像到这时才信先生真死了似的，放声大哭，号叫着不肯停止，人们遂领了他走开。

行列徐徐出发，最前面是绿色装束的B会的姑娘们，其次是白装束饰青丝边的姑娘们，再其次是僧侣，这后面是柩车，先生们，二年级的小学生，别的小学生，最后是普通的送葬者。街上的人们从窗口门口张望，见了花环与小孩说："是学校的先生呢。"带领了小孩来的贵妇人们也哭着。

到了寺院，棺从柩车移出，安放在中堂的大祭坛前面。女先生们把花环放在棺上，小孩们把花覆满棺的周围。在棺旁的人都点起蜡烛在薄暗的寺院中开始祈祷。等僧侣一念出最后的"阿门"，就一齐把烛熄灭走出。女先生独自留在寺院里了！可怜！那样亲切，那样勤劳，那样长久尽过职的先生！据说先生把书籍以及一切遗赠给学生了，有的得着墨水壶，有的得着小画片。听说死前的两天，她曾对校长说，小孩们不宜哭泣，不要叫他们参与葬式。

先生做了好事，受了苦痛，终于死了。可怜独自留在那样昏暗的寺院里了！再会，先生！先生在我，是悲哀而爱慕的记忆！

## 难船　　　　最后的每月例话

在几年前十二月的某一天，一只大轮船从英国利物浦港出发。船中合船员六十人共载二百人光景。船长船员都是英国人，乘客中有几个是意大利人，船向马耳他岛行进。天色不佳。

三等旅客之中有一个十二岁的意大利少年。身体与年龄相比虽似矮小，却长得很结实，是个西西里型的英勇坚强的美少年。他独自坐在船头桅杆旁卷着的缆索上，身旁放着一个破损了的皮包，一手搭在皮包上面，粗布上衣，破旧的外套，皮带上系着

旧皮袋。他沉思似的冷眼看着周围的乘客、船只、来往的水手，以及汹涌的海水。好像他家中新近遭遇了大不幸，脸还是小孩，表情却已像大人了。

开船后不多一会儿，一个意大利水手携了一个小女孩来到西西里少年面前，向他说：

“马利阿，有一个很好的同伴呢。”说着自去。女孩在少年身旁坐下。他们彼此面面相对地看着。

“到哪里去？”男孩问。

“到了马耳他岛，再到那不勒斯去。父亲母亲正望我回去，我是去见他们的。我名叫寇列泰·法贵尼。”

过了一息，他从皮袋中取出面包和果物来，女孩带有饼干，两个人一同吃着。

方才来过的意大利水手慌忙地从旁边跑过，叫着说：

“快看那里！有些不妙了呢！”

风渐渐加烈，船身大摇。两个小孩却不眩晕。女的且笑着。她和少年年龄相仿佛，身较高长，肤色也一样地是褐色，身材窈窕，有几分像是有病的。服装很好，发短而鬈，头上包着红头巾，耳上戴着银耳环。

两个孩子一边吃着，一边互谈身世。男孩已没有父亲，父亲原是做职工的，几天前在利物浦死去了。孤儿受意大利领事的照料，送他回故乡巴勒莫，因为他有远亲在那里。女孩于前年到了伦敦叔母家里，她父亲因为贫穷，暂时把她寄养在叔母处，预备等叔母死后分些遗产。几个月前，叔母被马车碾伤，突然死了，财产分文无余。于是她请求意大利领事送归故乡。恰巧，两个孩子都是由那个意大利水手担任带领。

女孩说：

“所以，我的父亲母亲还以为我能带得钱回去呢，哪知道我一些都没有。不过，他们大约仍是爱我的。我的兄弟想也必定这样。我的四个兄弟都还小呢，我是最大的。我在家每天替他们穿衣服。我一回去，他们一定快活，一定要飞跑拢来哩。——呀，波浪好凶啊！”

又问男孩：

“你就住在亲戚家里吗？”

“是的，只要他们容留我。”

“他们不爱你吗？”

“不知道怎样。”

“我到今年圣诞节恰好十三岁了。”

他们一同谈海洋和关于船中乘客的事，终日在一处，时时交谈。别的乘客以为他们是姊弟。女孩编着袜子，男孩沉思着。浪渐渐加凶了，天色已夜。两个孩子分开的时候，女的对马利阿说：

“请安眠！”

“谁都不得安眠哩！孩子啊！”意大利水手恰好在旁走过，这样说。男孩正想对女孩答说“再会”，突然来了一个狂浪，将他晃倒了。

女孩飞跑近去：

“咿呀！你出血了呢。”

乘客各顾自己逃，没有人留心别的。女孩跪在瞪着眼睛的马利阿身旁，替他拭净头上的血，从自己头上取下红头巾，当作绷带替他包在头上。打结时，把他的头抱紧在自己胸前，以至自己上衣上也染了血。马利阿摇晃着站起来。

“好些吗？”女孩问。

“没有什么了。”马利阿回答。

“请安睡。”女孩说。

“再会。”马利阿回答。于是两人各自回进自己舱位去。

水手的话应验了。两个孩子还没有睡熟，可怖的暴风到了，其势猛如奔马。一根桅子立刻折断，三只舢板也被吹走。船尾载着的四头牛也像木叶一般地被吹走了。船中起了大扰乱，恐怖，喧嚣，暴风雨似的悲叫声，祈祷声，令人毛骨悚然。风势全夜不稍衰，到天明还是这样。山也似的怒浪从横面打来，在甲板上激散，击碎了那里的器物，卷入海里去。遮蔽机关的木板被击碎了。海水怒吼般地泼入，火被淹熄，司炉逃走，海水潮也似的从这里那里卷入。但听得船长的雷般的叫声：

“快攀住唧筒。”

船员奔到唧筒方面去。这时又来了一个狂浪，那狂浪从横面扑下，把船舷、舱口全部打破，海水从破孔涌进。

乘客自知要没有命了，逃入客室去。及见到船长，齐声叫说：

“船长！船长！怎么了！现在到了什么地方！能有救吗！快救我们！”

船长等大家说毕，冷静地说：“只好绝望了。”

一个女子呼叫神助，其余的默不作声，恐怖把他们吓住了。好一会儿，船中像墓里般的寂静。乘客都脸色苍白，彼此面面相对。海波汹涌，船一高一低地摇晃着。船长放下救命舢板艇，五个水手下了艇，艇立刻沉了，是浪冲沉的。五个水手淹没了两个。那个意大利水手也在内。其余的三人拼了命缒了绳逃上。

这时候，船员也绝望了。两小时以后，水已齐到货舱口了。

甲板上出现了悲惨的光景：母亲们于绝望之中将自己的小儿紧抱在胸前；朋友们互抱相告永诀；因为不愿见海而死，回到舱里去的人也有；有一人用手枪自击头部，从高处倒下死了；大多数的人们都狂乱地挣扎着；女人则可怕地痉挛着，哭声，呻吟声，和不可名状的叫声，混合在一起；到处都见有人失了神，睁大无光的眼，石像似的呆立着，面上已没有生气。寇列泰和马利阿二人抱住一桅杆，目不转睛地注视着海。

风浪小了些了，可是船已渐渐下沉，眼见不久就要沉没了。

“把那长舢板艇放下去！”船长叫道。

唯一仅存的一艘救命艇下水了，十四个水手和三个乘客乘在艇里。船长仍在本船。

“请快随我们来。”水手们从下面叫。

“我愿死在这里。”船长答。

“或许遇到别的船得救呢，快下救命艇吧！快下救命艇吧！”水手们反复劝。

“我留在这里。”

于是水手们向别的乘客说：

“还可乘一人，顶好是女的！”

船长搀扶一个女子过来，可是舢板离船很远，那女子无跳跃的勇气，就倒卧在甲板上了。别的妇女都也失神了，像死了的一样。

“送个小孩过来！”水手叫喊。

像化石似的呆在那里的西西里少年和其伴侣听到这叫声，被那求生的本能所驱使，同时离了桅杆，奔到船侧，野兽般挣扎地前冲，齐声叫喊：

“把我！”

“小的！艇已满了。小的！”水手叫说。

那女的一听到这话，就像触了电似的立刻把两臂垂下，注视着马利阿。

马利阿也注视着她。一见到那女孩衣上的血迹，记忆起前事，他脸上突然发出神圣的光来。

“小的！艇就要开行了！”水手焦急地等着。

马利阿情不自禁地喊出声来：

“你分量轻！应该是你！寇列泰！你还有父母！我只是独身！我让你！你去！”

“把那孩子掷下来！”水手叫道。马利阿把寇列泰抱了掷下海去。寇列泰从水泡飞溅声中叫喊了一声“呀”，一个水手就捉住她的手臂拖入艇中。

马利阿在船侧高高地举起头，头发被海风吹拂，泰然毫不在意，平静地、崇高地立着。

大船沉没时，水面起了一次漩涡，小艇侥幸未被卷没。

女孩先像失去了感觉，到这时，望着马利阿的方向泪如雨下。

“再会！马利阿！”唏嘘着把两臂向他伸张了叫着说：“再会！再会！”

少年高举着手：

“再会！”

小艇掠着暴波在昏暗的天空之下驶去，留在本船的已一个人都不能作声，水已浸到甲板的舷了。

马利阿突然跪下，合掌仰视天上。

女孩把头俯下。等她再举起头来看时，船已不见了。

# 七月

## 母亲的末后一页　　一日

安利柯啊！这学年已完了，在结束的一天，留下一个为朋友而舍生的高尚少年的印象，真是好事。你就要和先生朋友们离别，但我在这以前，还须告诉你一件悲哀的事情。这次的离别不单是三个月的离别，乃是长久的离别。父亲因事务上的关系，要离开这丘林到别处去了，家人也要同行。

一到秋天就须出发。你以后非换入新学校不可。这在你实是不快的事。你很爱你的旧学校呢。你在这四年中曾在这里一天两次尝到用功的愉快；在长久的时日中，每天得和同一先生，同一朋友，同一朋友的父母们见面；并且，每天在这里见父亲或母亲微笑着来接你。你的精神在这里才开发，许多朋友在这里始得到；在这里你才获得种种有用的知识。在这里，你也许曾有过苦楚，但这些于你也都是有益的。所以：你应该从心坎里向大众告别啊。大众之中，也有遭遇不幸的人吧，也有失了父亲或是母亲的人吧，也有年幼就死去的人吧，也有为战争流血壮烈而死的人吧，也有许多一方是正直勇敢的劳动者而同时又是勤勉正直的劳动者的父亲吧。在这里面，说不定有着许多为国立大功成美名的人呢。所以，要用了真心和这许多人们告别，要把你的精神的一部分留在这大家族里面啊。你在幼儿时入了这家族，现在成了一个壮健的少年出去了。父亲母亲也因了这大家族爱护你的缘故，很爱这大家族呢。

学校是母亲，安利柯。她从我怀中把你接过去时，你差不多还未能讲话，现在将你养育成强健善良勤勉的少年，仍还给我了。这该怎样感谢呢？你切不可把这忘记啊！你也怎能忘记啊！你将来年纪大了旅行全世界时，遇到大都会或是令人起敬的纪念碑，自会记忆起许多的往事。那关着的窗，有着小花园的朴素的白屋，你知识萌芽所从中产生的建筑物，将到你心上明显地浮出吧，到你终身为止，我愿你不忘记你呱呱坠地的诞生地！

——母亲

## 试验　　四日

试验终于到了。学校附近一带，不论先生、学生、父兄，所谈没有别的，只是分数、问题、平均、及格、落第等类的话。昨天试验过作文，今天是算术。见到别的学生的父母在街路上一件一件地吩咐自己的儿子，就不觉愈加担心起来。有的母亲亲送儿子入教室，替他看墨水瓶里有无墨水，检查钢笔头是否可用，回出去还在教室门口徘徊嘱咐：

"仔细啊！要用心！"

做我们的试验监督的是黑须的考谛先生，就是那虽然声音如狮子而却不责罚人的先生。学生之中也有怕得脸色发青的。先生把市政所送来的封袋撕开，抽出题纸来，全场连呼吸声都没有了。先生用可怕的眼色向室中一瞥，大声地宣读问题。我们想：如果能把问题和答案都告诉我们，使大家都能及格，先生们将多少欢喜呢。

问题很难，经过一小时，大家都无法了。有一个甚至哭泣起来。克洛西敲着头。有许多人做不出是应该的，因为他们受教的时间本少，父母也未曾教导监督的缘故。

可是天无绝人之路，代洛西想了种种的法子，在不被看见之中教了大家。或画了图传递或写了算式给人看，手段真是敏捷。卡隆自己原是长于算术的，也替他做帮手。矜骄的诺琵斯今天也无法了，只是规规矩矩地坐着，后来卡隆教给了他。

斯带地把拳撑住了头，将题目注视了一小时多，后来忽然提起笔来，在五分钟内全部做完就去了。

先生在桌间巡视，一边说：

"静静地，静静地！要静静地做的啊！"

见到窘急的学生，先生就张大了口装出狮子的样子来，这是想引诱他发笑，使他恢复元气。到了十一点光景，去看窗外，见学生的父母已在路上徘徊着等待了。泼来可西的父亲也着了工作服，脸上黑黑地从铁工场走来。克洛西的卖野菜的母亲，着黑衣服的耐利的母亲，都在那里。

将到正午的时候，我父亲到我们教室窗口来探望。试验在正午完毕，退课的时候真是好看：父母们都跑近自己儿子那里去，查问种种，翻阅笔记簿，或和在旁的小孩的彼此比较。

“几个问题？答数若干？减法这一章呢？小数点不曾忘记了？”

先生们被四围的人叫唤着，来往回答他们。父亲从我手里取过笔记簿去，看了说：

“好的，好的。”

泼来可西的父亲在我们近旁，也在那里翻着他儿子的笔记。他看了好像不解，神情似乎有些慌急。他对我的父亲说：

“请问，这总和是若干？”

父亲把答数说给他听。铁匠知道了儿子的计算没有错，欢呼着说：

“做得不错呢！”

父亲和铁匠相对，像朋友似的莞然而笑。父亲伸出手去，握住铁匠的手。

“那么我们在口头试验时再见吧。”二人分别时这样说。

我们走了五六步，就听到后面发出高音来，回头去看，原来是铁匠在那里唱歌。

## 最后的试验　　七日

今天是口答试验。我们八点入了教室，从八点十五分起，就分四人一组被呼入讲堂去。大大的桌子上铺着绿色的布。校长和四位先生围坐着，我们的先生也在里面。我在第一次被唤的一组里。啊，先生！先生是怎样爱护我们，我到了今天方才明白：在别的学生被口试时，先生只注视着我们；我们答语暧昧的时候，先生就面现忧色，答得完全的时候，先生就露出欢喜的样子来。他时时倾着耳，用手和头来表示意思，好像在说：

“对呀！不是的！当心喽！慢慢地！仔细！仔细！”

如果先生在这时可以说话，必将不论什么都告诉我们了。即使学生的父母替代了先生坐在这里，恐怕也不能像先生这样亲切吧。一听到别的先生对我说：“好了，回去！”先生的眼里就充满了喜悦之光。

我立刻回到教室去等候父亲。同学们大概都在教室里，我就坐在卡隆旁边，一想到这是最后一时间的相聚，不觉悲伤起来。我还没把将随父亲离开丘林的事告诉卡隆，卡隆毫不知道，正一心地伏在位上，埋着头，执笔在他父亲的照片边缘上加装饰。他父亲是机械师装束，身材高长，头也和卡隆一样，有些后缩，神情却很正直。卡隆埋头伏屈向前，敞开胸间的衣服，露出悬在胸前的金十字架来。这就是耐利的母亲因自己的儿子受了他的保护送给他的。我想我总要把将离开丘林的事告诉卡隆的，就爽直地说：

“卡隆，我父亲今年秋季要离开丘林了。父亲问我要去吗，我曾经回答他说同去呢。”

“那么，四年级不能同在一处读书了。”卡隆说。

“不能了。”我答。

卡隆默然无语，只是俯了头执笔作画。好一会儿，仍低了头问：

“你肯记忆着我们三年级的朋友吗？”

“当然记忆着的。都不会忘记的。特别是忘不了你。谁能把你忘了呢？”我说。

卡隆注视着我，其神情足以表示千言万语，而嘴里却不发一言。他一手仍执笔作画，把一手向我伸来，我紧紧地去握他那大手。这时，先生红着脸进来，欢喜而急促地说：

“不错呢，大家都通过了。后面的也希望你们好好地回答。要当心啊。我从没有这样地快活过。”他说完就急忙出去了，故意装作要跌跤的样子，引我们笑。一向没有笑容的先生突然这样，大家见了都觉诧异，室中反转为静穆，虽然微笑，却没有哄笑的。

不知为了什么，见了先生的那种孩子似的动作，我心里又欢喜又悲哀。先生所得的报酬就是这瞬时的喜悦。这就是这九个月来亲切忍耐以及悲哀的报酬了！因为要得这报酬，先生曾那样地长久劳动，学生病在家里还要亲自走去教他们。那样地爱护我们替我们费心的先生，原来只求这样轻微的报酬。

我将来每次想到先生，先生今天的样子，必然同时在心中浮出。我到了长大的时候，先生谅还健在吧，并且有见面的机会吧。那时我当重话动心的往事，在先生的白发上亲吻。

## 告别　　十日

午后一点，我们又齐集学校，听候发表成绩。学校附近挤满了学生的父母们，有的等在门口，有的进了教室，连先生的座位旁也都挤满了。我们的教室中，教坛前也满是人。卡隆的父亲，代洛西的母亲，铁匠的泼来可西，可莱谛的父亲，耐利的母亲，克洛西的母亲——就是那卖野菜的，“小石匠”的父亲，斯带地的父亲，此外还有许多我所向不认识的人们。全室中充满了错杂的低语声。

先生一到教室，室中就立刻肃静，先生手里拿着成绩表，当场宣读：

“亚巴泰西六十七分，及格。亚尔克尼五十五分，及格。”“小石匠”也及格了，克洛西也及格了。

先生又大声地说：

“代洛西七十分，及格，一等奖。”

到场的父母们都齐声赞许说：“了不得，了不得，代洛西。”

代洛西披着金发，微笑着朝他母亲看，母亲举手和他招呼。

卡洛斐、卡隆、格拉勃利亚少年，都及格了，落第的有三四个人。其中有一个因见他父亲站在门口装手势要斥责他，就哭了起来。先生和他父亲说：

“不要这样，落第并不全是小孩的不好，大都由于不幸。他是这样的。”又继续说着：

“耐利六十二分，及格。”

耐利的母亲用扇子送吻给儿子。斯带地是以六十七分及格的。他听了这好成绩，连微笑也不露，仍是用两拳撑着头不放。最后是华梯尼，他今天着得很华丽——也及格的。报告完毕，先生立起身来：

“我和大家在这室中相会，这次是最后了。我们大家在一处过了一年，今天就要分别，我感到很悲伤。”说到这里中止了一息，又说：

“在这一年中，我好几次地不留意发了怒。这是我的不好，请原恕我。”

“哪里，哪里！”父母们、学生们齐声说，“哪里！先生没有的事！”

先生继续说：

“请原恕我。来学年你们不能和我再在一处，但是仍会相见的。无论到了什么时候，你们总在我心里呢。再会了，孩子们！”

先生说毕走到我们座位旁来。我们站在椅子上，或是伸手去握先生的臂，或是执牢先生的衣襟，和先生亲吻的尤多。末后，五十人齐声说：

“再会，先生！多谢先生！愿先生康健，永远不忘我们！”

走出教室的时候，我感到一种悲哀，胸中难过得像有什么东西压迫着。大家都纷纷退出，别的教室的学生也像潮水样的向门口涌去。学生和父母们夹杂在一处，或向先生告别，或相互招呼。戴红羽毛的女先生给四五个小孩抱住，给大众包围，几乎要不能呼吸了。孩子们又把“修女”先生的帽子扯破，在她黑服的纽孔里、袋里乱塞进花束去。洛佩谛今天第一日除掉拐杖，大家见了都很高兴。

“那么，再会。到新学年，到十月二十日再会。”随处都听到这样的话。

我们也都互相招呼。这时，过去的一切不快顿时消减，向来嫉妒代洛西的华梯尼也张了两手去拥抱代洛西。我对“小石匠”叙别。“小石匠”装最后一次兔脸给我看，我吻了他一次。我去向泼来可西和卡洛斐告别。卡洛斐告诉我说不久就要发行最末一次彩票，且送我一块略有缺损的瓷镇纸。耐利跟住了卡隆难舍难分，大家见了那光景很感动，就围集在卡隆身旁。

“再会，卡隆，愿你好。”大家齐声说，有的去抱他，有的去握他的手，都向这位勇敢高尚的少年表示惜别。卡隆的父亲在旁见了兀自出神。

我最后在门外抱住了卡隆，把脸贴在他的胸前哭泣。卡隆吻我的额。跑到我父亲母亲身边时，父亲问我：“你已和你的朋友告别了吗？”我答说：“已告别过了。”父亲又说：“如果你从前有过对不起哪个的事，快去谢了罪，请他原恕。你有这样的人吗？”我答说：“没有。”

“那么，再会了！”父亲说着向学校做最后的一瞥，声音中充满了感情。

“再会！”母亲也跟着反复说。

我却什么话都说不出了。

# 秘密花园

[美] 伯内特 / 著　方凡 / 译

## 第一章

# 新生活

玛丽·雷诺克斯透过火车车窗看着灰暗的天空。雨很大，火车隆隆地穿过英国的乡间，大大的雨滴很响地敲打着车窗。

玛丽看着窗外的暴雨，皱起了眉头。她不喜欢坐在潮湿发霉的火车上，也不喜欢和梅德罗克夫人一起旅行，这个讨厌的老妇人是受了差遣照顾玛丽一路去米赛尔思维特庄园的。可是，玛丽根本就不喜欢到伦敦这里来和她从没见过面的陌生的叔叔一起生活。

火车穿过小村庄和树林的时候，玛丽一路看着窗外。一切看起来那么陌生奇怪，一点也不像玛丽从小到大生活的印度。

天空那么灰暗，似乎很配玛丽不愉快的心情。玛丽大声地叹了口气，坐回到座位上。她将目光从窗外收回，偷看了一眼若有所思的梅德罗克夫人。玛丽从梅德罗克夫人烦躁的表情可以看出她并不喜欢照料她。没有人想要照顾玛丽。

尽管玛丽生长在印度的一处豪华宫殿里，仆人成百上千，但是她大部分时间还是独自一人。实际上，玛丽很少见到自己的父母。她父亲在英国政府任职，工作太忙，以至于根本无暇顾及她。玛丽的母亲年轻漂亮，她关心的是操办舞会，也很少和自己的女儿在一起。

玛丽是由保姆带大的，玛丽叫她奶妈。她的奶妈每天照顾她，给她烧饭，跟在她后面收拾东西，甚至给她穿衣服。现在玛丽都九岁了，还不懂得自己穿衣服。

玛丽养成了坏脾气。她把她的仆人和奶妈指使得团团转，没人忍受得了和她在一起。很快，玛丽就从一个被宠坏了的婴儿长成了一个被宠坏了的坏脾气的孩子，一个几乎从来不笑的孩子。正因为如此，玛丽没有朋友。

在一个冬天的早晨，她的奶妈没有来叫醒她给她穿衣服。后来，玛丽得知她的奶妈得了一种可怕的病死了。几天之内，那种病在印度蔓延开来，死了很多人，包括玛丽的父母。玛丽被孤零零地留在了这世上，只得被送去和她的叔叔——英国米赛尔思维特庄园的阿奇博德·克莱温老爷一起生活。

玛丽乘船到了英国，梅德罗克夫人在火车站接她。当她看到这个女孩子的时候，非常失望。

“这么一个普通瘦弱的孩子！”她对一个列车员说，声音大得让玛丽听得清清楚楚，“听说她母亲是个美人。她好像没有得到她母亲的遗传，是不是？”

玛丽也不喜欢梅德罗克夫人。她的表情严厉烦躁，穿着黑色的衣服。玛丽希望在英国的其他人会比她可亲一些。

火车慢慢地停下来了，梅德罗克夫人转身对玛丽说话，打断了玛丽的思绪。“我想我最好告诉你一些有关你要去的地方的事。”她语气平淡地说，“你了解你叔叔吗？”

玛丽摇摇头。“不。”她回答。

“你父亲和母亲从来没有说起过他？”梅德罗克夫人诧异地问。

“没有。”玛丽又说。她父母从来没有跟她说过什么。

梅德罗克夫人似乎很吃惊。“哦，我想最好告诉你一些事，你好有个准备。”她说，“你要去一个非常古怪的地方。”

玛丽一言不发，一边盯着车窗外，一边听着。

梅德罗克夫人讲起了米赛尔思维特庄园的事。那个庄园很古老了，差不多有六百年的历史。庄园也很大，就像个城堡。那里有将近一百个房间。不过，这个庄园最古怪的地方，玛丽想，就是一个叫“荒野”的地方。梅德罗克夫人说米赛尔思维特庄园四周的荒野连绵几十英里。

“这座房子里大部分的房间都关着，锁起来了。”梅德罗克夫人告诉玛丽，“你会有属于你的地方玩耍，照顾自己。不过，也会有人警告你哪些房间是不能靠近的。那里还有很多花园，有些花园打理得很好。在屋外面，你去哪儿都随你。不过在这座房子里，你不可以到处闲晃。”

“我不会……”玛丽一惊，说。

“至于你叔叔，”梅德罗克夫人接着说，“他不会来管你，那是肯定的。他不会管任何人的。实际上，他现在不在国内，他会离开好长一段时间。”

梅德罗克夫人等着玛丽进一步问有关她叔叔的事，可是玛丽还是只盯着车窗外看。

“他是个驼背。”梅德罗克夫人说，“在他和你婶婶结婚之前，他是个脾气暴躁的小伙子，很有钱。婚后他们在一起很幸福。后来，她死了……”

玛丽在座位上转了个身，看着梅德罗克夫人。“她死了？”玛丽问。

“是的，”梅德罗克夫人回答，“这使克莱温老爷比以前更怪。他不想见任何人，现在也不想见。大部分时间他都是不在家的。即使他在庄园的时候，也把自己关在西侧楼，不让任何人见他。”

玛丽又回转身去朝向车窗外，望着外面的雨。她希望她能回到印度。至少在印度没有古怪的叔叔或严肃的老看护人。

玛丽看着雨，直到眼皮沉重起来。伴着急雨打着窗格玻璃的声音，她睡着了。

## 第二章

# 听到秘密

玛丽刚一到达米赛尔思维特庄园，就被带到一个又大又暗的房间，墙上挂着猎手和猎狗的画像。透过窗户，她能看见一大片地，却没有一棵树，看上去好像无边的紫色海洋。

“那就是荒野。”一个年轻女仆说，“你喜欢吗？”

玛丽盯着那个女仆，然后转身对着窗户。“不，”她冷冷地回答，“我不喜欢它。”

这个名叫玛莎的女仆继续打扫玛丽的房间，把她的行李打开收拾。即使她注意到了玛丽粗鲁的语气，她也不会表现出来。她继续开心地擦干净家具，拨拨壁炉里的火堆。

“哦，我喜欢它。”她告诉玛丽，“那里铺满了香气扑鼻的东西，春天开得很灿烂。我怎么都不愿意住到离开荒野的地方！我的名字叫玛莎。”她补充道。

玛丽很看不起她这个古怪的新仆人。在印度，仆人都不像玛莎。他们不会这样和主人说话，好像主人跟他们是平等的似的。他们鞠躬，叫他们“主人”和“先生”。

“你会给我穿衣服吗？”玛丽问玛莎，根本没打算自我介绍一下。

玛莎似乎有点吃惊。“你自己不会穿衣服吗？”她问。

“不会。”玛莎不耐烦地回答，“从小到大，我就没自己穿过。都是我奶妈帮我穿。”

玛莎举起手。“哦！”她大笑着说，“现在你该学学了。”

玛丽马上生气了。“我不允许一个仆人这样嘲笑我。”她叫道。

玛莎不相信地盯着玛丽看。她想，可怜的女孩，没有父亲、没有母亲、没有兄弟姐妹，她一定非常孤独。玛莎不知道什么是孤独，她有十二个兄弟姐妹。她决定装作没看

见玛丽的粗鲁行为。玛莎想，希望她以后能变得友善一些。

玛莎给玛丽倒了一些茶，然后就开始讲她的兄弟姐妹，特别是她的弟弟迪肯。尽管玛丽心情糟透了，假装没在听，可是听到玛莎讲的有趣的事时她还是禁不住笑了。

玛莎说迪肯是她认识的人当中最友好、最快乐的一个。他知道如何与荒野中的动物交朋友。迪肯甚至和一只野马驹交上了朋友，现在无论迪肯去哪儿，这只马驹都会和他形影不离。

玛丽很想见见那种情形。她从来没见过和动物交朋友的男孩子。很快，她就很仔细地听玛莎讲的话了，甚至还不时地大笑起来。

玛莎收拾干净玛丽的房间后，就建议玛丽出去玩一会儿。

"可谁和我一起去呢？"玛丽问。

"你自己去啊。"玛莎回答，"你要学会如何自己玩，就像迪肯一样。他就是这样和那头马驹交上朋友的，他甚至还和荒野上的羊和鸟交朋友呢，那个迪肯！"

这一番有关迪肯的话让玛丽更加想见见他了。

"有一天你会碰到他的。"玛莎向她保证。她帮着玛丽穿上大衣戴好帽子，给她指了指通向门口的路。

"要是你沿着那条路走，"玛莎说，"你会看到花园。在那里夏天有很多花，不过现在都凋谢了。"她犹豫了一会儿，说，"有一个花园锁起来了，你不能进去看了。十年了，没人进去过。"

"为什么？"玛丽问。

玛莎咬紧嘴唇，心里想着是否应该告诉玛丽有关这个紧锁的花园的事。她压低嗓子，解释说克莱温老爷在他太太死后就关闭了这座花园。

玛丽的眼睛睁大了。

"他锁上门，把钥匙埋在了地里。"玛莎又说。接着她意识到自己说得太多了，于是赶紧让玛丽到门外去了。

## 第三章

# 本和知更鸟

沿着花园旁的小路一路走着，玛丽禁不住想起那个被锁住的花园。那座花园怎么会被锁起来？为什么不能在那个花园里走走？她走着走着，心里想象着那座花园的样子。

突然，她看到一个老人，手里拿着一把铲子，弯腰在地上播种。他看见玛丽吃了一惊，不过他礼貌地歪了歪帽子，又接着播种了。

“这是什么地方？”玛丽问道，也不自我介绍一下。她看着四周那些普通的灌木，一脸的不高兴。

“一块菜地而已。”他回答，“庄园里的蔬菜都是种在这里的。”

“那个呢？”她指着一扇绿色的门问。

“另外一块菜地。”老人简短地

回答，对玛丽的闯入他很不高兴。

“我能进去吗？”玛丽问。

“如果你想去的话，”他耸耸肩回答，“不过没什么好看的。”

玛丽没有回答。相反，她一路走下去，进了那扇门。那个人说得对，这个花园只有冬天里的蔬菜。

花园的另一头，玛丽又看见一扇绿色的门。

“也许那就是通往神秘花园的门。”她心里想。她一点也没有犹豫，就跑向那扇门，希望那扇门不是开的，希望那就是神秘花园的紧锁的门。可是那扇门很轻易地就被打开了，她发现自己身处一个果树密布的果园。

玛丽焦急地朝四周看看，却再没有看到绿色的门了。不过，她看到了一座高高的墙，布满了常春藤。这座墙也很长，好像没有尽头似的。墙顶上，玛丽看见一丛丛树冠，鸟儿停在一根高高的树枝上，朝下盯着她看。

一只知更鸟突然啼叫起来，好像是唱给玛丽听的。尽管玛丽一直都觉得悲伤孤独，她还是笑了笑，继续听鸟叫，直到它飞过墙顶而去。她在想那个神秘的、紧锁的花园是不是在墙的那一头，那只知更鸟是不是就住在那里。

在回庄园的路上，玛丽一直都在想着那个花园。她是那么的好奇，以至于她觉得自己快要崩溃了。她梦想着花园的样子，心里想着为什么她的叔叔会锁了它、埋了钥匙。她会见到自己的叔叔吗？要是会的话，她能鼓起勇气问他有关花园的事吗？

正当她想着这一切时，她又看到了那个老人，他还在菜地里一直挖呀、种呀。玛丽在他身边站了一会儿，最后开口说话了。

“我去过其他的园子了。”她说，“还去过果园。”

那人还在不停地挖着，没有回答。就像玛莎一样，他也不喜欢玛丽的粗鲁。

“可没有一扇门是通往那边那个花园的。”玛丽说。

那人放下铲子，严厉地看了一眼玛丽。“什么花园？”他问。

“在高墙那头的花园。”玛丽回答，“我知道那里有个花园。我看见树冠了，还有一只红胸脯的鸟飞进去了。”

她等着听那个老人会说什么，可是他什么也没说，反而转向果园，吹了声口哨。突然，她的头顶上传来一个奇怪的声音，玛丽抬头一看，是那只知更鸟！它是应了老人的口哨声来的。

玛丽看着知更鸟在四周飞着，绕着老人转。它真是一只迷人的、友善的小鸟。

这个园丁看了那只鸟一会儿，然后转向玛丽。

“你是从印度来的克莱温老爷的侄女吗？”他问。

玛丽点点头。“你是谁？”她问。

“本·韦瑟斯塔夫。”园丁回答，然后他指着知更鸟说，“它是我在这里唯一的朋友。”

玛丽羡慕地看着知更鸟，鸟儿正在地上啄着寻食。

“我没有朋友。”她淡淡地说，“我从来都没有。我的奶妈也不喜欢我，我从来没和别人玩过。”

本·韦瑟斯塔夫看着玛丽。很显然她是个很孤独的小姑娘。看到她瘦削苍白的脸和忧郁的眼神，他很为她难过。

突然，知更鸟啼叫起来，停在玛丽身边的一根树枝上。

“你现在看上去好像有朋友了。”本·韦瑟斯塔夫咯咯笑道。

玛丽伸手去摸知更鸟，可它飞走了，越过花园，越过果园的墙。

“它住在那个花园吗？”玛丽问，“高墙那头的花园。”

“也许吧。”本·韦瑟斯塔夫回答，“在那些玫瑰树丛里。”

“哦，那里有玫瑰树丛？”玛丽激动地问，“你去过那里吗？”

本·韦瑟斯塔夫捡起铲子又开始挖了。“很久以前去过。”他咕哝着。

“我应该看看那座花园。”玛丽突然说，“门在哪儿？那个地方一定有门。”

本·韦瑟斯塔夫不安地动了一下。“听着，我要回去干活了。你不要在这里晃荡。现在你走吧，我没时间陪你。”说着，他把铲子抡上肩，走了，连再见也没有说。

## 第四章
# 克莱温女士

接下来的日子里，玛丽开始慢慢习惯了自己的新生活。她每天早上醒来以后，就和玛莎在一起。玛莎一边给她讲她兄弟姐妹的事，一边擦家具、安排早饭。玛丽特别喜欢听迪肯的事。

早饭后，玛丽就一个人出去玩。她会去大花园里四处看看，每天都能找到一条新的小路，看到新的花或鸟。

“新鲜空气对你有好处！”玛莎在一个下午这样说，至此玛丽已经在那里待了一个星期了。

玛丽不得不同意这一点。她的脸色开始红润起来，感觉比以前健康了。她看上去不再是梅德罗克夫人在火车站接她时的忧伤、坏脾气的样子了。连她的头发都开始有光泽了。

玛丽的叔叔还在海外没有回来。玛丽想他是否会回来，她也想他是否会想到她。也许，她想他知道自己不会喜欢她。也许，她父亲和母亲告诉过他她是怎样的坏脾气。也许这就是他离开的原因，也许他根本就不想见她。

与此同时，玛丽正忙着找那个神秘的花园。她始终没有找到门，尽管她一天又一天地沿着高墙边走。本·韦瑟斯塔夫说过没有门，可是她想应该有门。她叔叔曾经埋了钥匙。

这个秘密让她思来想去，弄得她很好奇，找到那扇门似乎就是她所关心的事了。在印度，玛丽没有关心过什么。

每天晚上，玛莎准备晚饭的时候，玛丽就听她讲有关迪肯和他的荒野动物伙伴的故事。有一天晚上，玛丽鼓起勇气，问玛莎有关那个花园的事。

“为什么我叔叔那么讨厌那个花园呢？”她问。

“那是克莱温夫人的花园。”玛莎解释说，“他们结婚时，是她开辟了这座花园。他们过去常常一起去那里，一待就是几个小时，他们非常喜欢这个花园。他们时常坐在一棵大树上，这棵树有根枝干长得像个座椅。可是有一天，树干断了，克莱温夫人从树上摔了下来。她伤得很重，第二天就死了。这就是为什么克莱温老爷不喜欢那座花园的原因，也是他为什么把它锁起来，不让任何人进去的原因。”

玛丽盯着壁炉里的火堆。她想，多么忧伤的故事啊。她的婶婶死的时候，她叔叔一定悲痛欲绝。窗外的风呼号着，玛丽一下子感觉毛骨悚然起来。

突然，透过呼号的风，她听到一个奇怪的声音。这声音听起来好像是风，实际上又不是。玛丽倒吸了一口气，那是有人在哭的声音。

“你听见有人在哭了吗？”她问玛莎。

玛莎紧张地转过脸。“没有，”她猛然回答，“你听到的是风。”

“可是，你听，”玛丽坚持着，“是从房子里传来的，是从某个长长的走廊里传出来的。”

就在这时，一阵狂风吹开了这所大房子另一头的一扇门。哭声更响了。“这个！”玛丽说，“我告诉过你的，是有人在哭。听起来像是个……孩子。”

玛莎跳了起来，关上玛丽房间的门。“是风。”她厉声说道，“如果不是风，就可能是厨房女仆贝迪·巴特文思。她整天牙疼。”

玛莎脸上的某种神情暴露了她。玛丽马上明白她想隐瞒些什么。

## 第五章

# 发现钥匙

接连下了几天雨后，天终于放晴了，又可以出门去玩了。玛丽吃完早饭，就冲出房门，她一眼就看到了晴朗的蓝色天空。

她做的第一件事，就是绕着庄园后的花园跑了十圈。然后，她跑到菜地。她已经闷在屋子里太久了，劲头足着呢。正沿途跑着，她看到了本·韦瑟斯塔夫，就停了下来。

“春天来了。”他说，“你有没有闻到它的气息？”

玛丽深深地吸了一口气。是的！她能闻到春天来了。她笑了笑。一想到春天，她就很激动。她想，真是有趣。她还不记得从小到大她对什么东西感到激动过。

玛丽闭上眼睛站在那里，脸庞朝着太阳。猛地，她听到树干轻柔的沙沙声，鸟儿的叽喳声。她知道那是她的知更鸟在叫。

玛丽睁开眼睛，看见它在身边的一根树枝上跳着。她高兴地拍起手来。知更鸟飞到玛丽身旁，让她激动得颤抖起来。

“它记得我。”玛丽高兴地叫起来。就在那一刻，她心里想，看来英国也不是那么差。就在英国，就在米赛尔思维特庄园，她找到了喜欢的人。玛丽从来都没有喜欢过别人，可现在她喜欢玛莎和她的弟弟迪肯，尽管她还没见过他。她当然也喜欢这只知更鸟。

知更鸟叽喳叫了一声，飞走了，朝着果园飞去。玛丽跟在它后面跑。她看着知更鸟停在树干上，啼叫着，不停地摇动着脑袋。玛丽想，它看上去真漂亮啊，全身羽毛光滑，啼叫时胸脯还骄傲地起伏着。突然，知更鸟又飞走了，这一次停在墙边的另一根树干上。

“它想让我跟着它。”玛丽激动地意识到了。于是她跟着知更鸟跳跃着，回应着它的唧喳声，好像在用它的语言和它交流。“我也要和动物说话，就像迪肯那样。”玛丽笑着想。

玛丽跟着知更鸟从一棵树转到另一棵树，直到它停在地上的一个小小的新挖的土堆旁，土堆旁边的地上有个洞。

玛丽往里看看，发现有什么东西半埋在土里，是个金属片。她伸出手捡起它，随后吃惊地倒吸一口气。这是个钥匙，一个看上去好像埋在地里很长时间的旧钥匙。

玛丽激动得几乎喘不过气来。她从土里把钥匙捡起来，仔细地查看着。

“可能吗？”她问知更鸟，“我拿着的这个钥匙是秘密花园的钥匙吗？”

## 第六章

# 知更鸟又帮忙了

差不多半个夜晚，玛丽都躺在床上无法入睡。每隔一会儿，她就伸手到枕头下摸摸钥匙。她想知道这把钥匙是不是真的能够打开秘密花园的大门。如果是真的，她所要做的就是找到那扇大门了。

最后玛丽终于睡着了。梦里，她找到了那扇大门，还用钥匙打开了门。她梦见和玛莎，还有迪肯在一起玩。她听了那么多美妙的故事，都是和迪肯有关的。她感觉好像认识了他很久一样。

第二天早上，玛丽醒来时，玛莎正端着她的早点盘子走进来。盘子上是玛丽惯常的一碗稀粥、一杯茶和一块饼干，还有一样别的东西——她的茶杯旁有个小包。

“来，打开它。”玛莎催促着她，“是个礼物。”

“礼物！”玛丽叫道。

玛丽很吃惊，玛莎竟然给她买了礼物。她知道玛莎很穷，和她的兄弟姐妹住在一间小房子里。这是一个慷慨的礼物。

“打开它！”玛莎又叫道。

玛丽伸手去拿小包，抽出了一根结实的细绳，绳子两头都有红蓝相间的绳柄。她好奇地看了看。玛丽从来没见过一根跳绳。

“这是用来跳的。”玛莎告诉她。

玛莎给玛丽看怎么用这根跳绳，很快，玛丽就跳着穿梭在整座房子里了，她等不及到屋外去跳了。

“谢谢你，玛莎。”玛丽有些不自然地说。从小到大，她从来没有谢过谁，她不习惯说这些话。

“别客气。”玛莎对她说。然后笑着把玛丽的大衣和帽子递给她，让她到屋外去跳。

很快，玛丽就跳得好像很早就会跳了一样。她快速地跳着穿过花园，嘴里哼着歌，边跳边唱。她跳啊跳啊，直到上气不接下气，然后才停下来。

玛丽在那个被锁住的花园的高墙边休息。她看着连绵的墙，猜想着这墙会有多长。她捡起绳子，决定沿着这堵墙一路跳去。她想也许她能围着整堵墙跳一圈。

玛丽开始跳了。不一会儿，空中有个红色的东西出现了。是她的知更鸟！

“你昨天告诉了我钥匙在哪里。”玛丽冲它叫道，“今天你能告诉我门在哪里吗？”

她想这样问知更鸟真是愚蠢，它肯定不明白她的意思。然而，让她吃惊的是，知更鸟大声啼叫了一下，回应了她的话，然后从枝头飞走了。

玛丽尽力地跟着它，有时都忘了跳绳。知更鸟停在一处高墙顶上的时候，她有点喘不过气来了。它往下盯着她看。

玛丽仔细地看知更鸟站的位置下面那堵墙。墙上布满了茂密的常春藤，从来也没有修剪过，疯长了很多。藤叶那么茂密，就是一阵狂风吹来，也丝毫不动。

她弯腰去捡跳绳，看见常春藤下有一丝亮光。玛丽马上跑到墙边，开始扯开那些粗粗的常春藤蔓。藤里面遮住的不是石头。玛丽再把常春藤拉开，她所看到的让她大吃一惊。

一扇木门！

玛丽的心狂跳起来，她的手激动得颤抖。很快，她尽可能地扯开常春藤。知更鸟看着玛丽打开那扇旧木门的时候，啼叫了一声。玛丽找到门锁洞的时候，它又欢快地叫起来。

玛丽把手伸进裙子口袋，掏出她前一天找到的钥匙。她深吸了一口气，把钥匙插进锁洞。正合适！她使出全身的力气，转动了钥匙。

她不敢相信眼前发生的一切。很快，她看了一眼来时的那条小路，确定没有人来。玛丽又深吸了一口气，把她小小的身体靠在那扇大而重的门上。她用了所有的力气推着门。慢慢地，慢慢地，门开了。

门开到刚好够她进去的时候，玛丽溜进了门，然后返身关上门。靠在门上休息了一下，她吃惊地四处张望着。她的心跳得更快了。

她现在就站在秘密花园里面。

# 第七章
# 进入花园

“真安静啊。”玛丽走进花园的时候低声对自己说。她四处张望着，看见玫瑰树丛和常春藤长得那么茂密，它们都结在一起了。地上铺满了冬日褐色的草和似乎枯死的玫瑰丛。花园里还有其他的树和植被，玛丽想象着它们曾经一定非常漂亮。

“我是十年里第一个进入这个花园的人。”她轻轻地说。

玛丽探究着这个陌生而又神秘的地方。她走到石拱门下面，穿过布满苔藓的凉亭。她看见曾是花床的地方整齐地排列着石头。玛丽看到这个花园曾经大部分布满了玫瑰。

“这个地方以前一定非常漂亮。”玛丽想。她想知道如果有人好好打理的话，那些玫瑰丛会不会重新焕发生机。她决定下次碰见本·韦瑟斯塔夫的时候，一定问问他有关玫瑰的事，玛丽对园艺一窍不通。

玛丽看见地面上冒出些绿点，就想那一定是有什么东西在生长，可又没有空间。她手脚着地，用一块木头去挖每个绿点的四周。每看到一个透出泥土的绿点，她就这样做。

“现在，它们该有空间生长了。”玛丽说着，退后看看自己干的活。她很累，用满是泥土的胳膊擦了擦眉头。

“我要再干些活。我要尽我所能去做。每天我都会来，多干些活。”

玛丽从这里到那里，挖呀拔呀。她干得非常开心，都忘了时间。等到她意识过来，都差不多是午饭时间了。

回到庄园，玛丽吃了两份肉。玛莎因玛丽胃口不错而高兴。玛丽刚到米赛尔思维特庄园的时候，她还是个瘦弱苍白的孩子。现在玛丽面颊红润，充满了活力。玛莎还注意到玛丽已经友善多了。

“天哪，看你变化多大啊！”玛莎叫道。

玛丽告诉玛莎她整个早上都在挖土。当然，她没有告诉玛莎她到那个锁住的花园去了。那是玛丽不准备和她分享的秘密。不过她告诉玛莎她已经发现一块地，她想在那里种些东西。

“可我对种植一点都不懂。”玛丽懊恼地说。

“迪肯会啊，”玛莎激动地说，“他对种植非常在行。就是砖墙，迪肯也能在上面种花。”

玛丽笑了。

“迪肯能给你弄些种子。”玛莎说，“他知道买什么。他来这里时，他能帮你摆弄你的小花园。”

玛丽简直不敢相信自己的耳朵。

“迪肯要来这里吗？”她吃惊地问，“哦，太好了。我很想见见你的弟弟。”

那时就决定了，迪肯会给玛丽的花园买些种子，并把它们带给她。玛丽简直等不及了。

秘密花园经历了差不多一个星期的阳光照射。玛丽决定就叫它秘密花园，她喜欢有个秘密。可是，大部分时候，她喜欢独自一人走进秘密花园的那种感觉。关在那堵高墙内，她觉得自由，想干什么就干什么。这就像她在童话故事里读到的充满魔力的地方。

在那个星期，玛丽看见本·韦瑟斯塔夫两次，她问了他一些有关种植的问题。她告

诉他，她有了一个自己的小花园，想种些玫瑰。本看上去难过了片刻。

“我知道曾经有另外一位女士喜欢玫瑰。”他轻声说。

“她现在在哪儿？”玛丽问。

“在天堂。”本说。

玛丽觉得本说的是她的婶婶，克莱温夫人。

“那些玫瑰怎样了？”玛丽问，“它们枯死了吗？没人照管的话，玫瑰会枯死吗？”

“它们会乱长一气。”本解释说，“大部分会死，但有些会存活。”

“你怎么知道它们是活的呢？”玛丽问，只希望本不会对她有关玫瑰的话题产生怀疑。

“等到春天就知道了。”他告诉她，“等到阳光照在它们上面，雨水落在它们上面，就能知道怎么样了。要是它们活着，就会开花。”

## 第八章

# 见到迪肯

一个阳光明媚的早晨，玛丽跳着绳朝着秘密花园跑去，她急切地想去挖土拔草直到午餐时分。她欢快地跳着绳，突然，她一下子停了下来，因为她听到旁边的凉亭传来一阵奇怪的笛声。

玛丽躲在树后，偷偷地朝凉亭里看。她看见一个男孩子背靠着树坐着，正在吹一根木管呢。他是个长相有趣的男孩，大约十二岁。他有个翘鼻子，面颊红得不得了。玛丽从来没见过谁有像他那么蓝的眼睛。

与此同时，那个男孩背靠着的那棵树的树枝上，有一只小松鼠正在倾听着。地上，离他几步远的地方，有两只兔子。在玛丽看来，那些兔子好像也在倾听。

“别动！”男孩看见了玛丽，轻轻说道，“会吓坏它们的。”

玛丽站在那里一动不动。男孩不吹笛子了，他慢慢地站起来。玛丽吃惊地看到那些动物都忙着自己的事，一点也没有被惊吓到。

那个男孩冲着玛丽笑了笑。“我是迪肯。”他对她说，“你一定是玛丽小姐。”

不知怎么地，玛丽好像早就知道他是迪肯。他还没有告诉她名字之前就知道。还有谁能这样吸引松鼠和兔子呢？

“我慢慢地站起来，因为，如果你猛地动起来的话，就会吓到它们。”迪肯解释说，“有动物在周围的时候，你必须轻轻地动，悄悄地说话。”

玛丽几乎按捺不住自己的激动。迪肯真棒！他对她说话的样子好像认识了她很久了，好像他们一直是朋友。

“你弄到种子了吗？”玛丽有些胆怯地问。

迪肯点点头。“我还带了园艺工具呢。”他开心地说，并给玛丽看他带的各种种子。“这些是虞美人籽，这些是飞燕草籽。这些虞美人会是你闻到的最香的花儿。”

突然，迪肯抬起下巴，注视着天空。他的脸焕发出光彩，笑容灿烂。“听见知更鸟的声音了吗？”他问，“它在呼唤你呢。”

“真的吗？”玛丽激动地问。是那只红胸的知更鸟，它正在和她说话呢。如果迪肯说它是，就一定是的，玛丽这样觉得。

“是的，它在说：‘我来啦。’”迪肯笑道。

“鸟的话你都懂吗？”玛丽问。

“我想是的，”迪肯说，“我还能和松鼠、狐狸、马驹说话呢。”

迪肯和玛丽坐了几个小时，边说边笑。时间不知不觉过去了，玛丽觉得和他在一起很放松。

他告诉她荒野里的鸟和动物，告诉她花和春天。生平第一次，玛丽那么期待春天。

玛丽仔细地察看迪肯的脸。突然，她紧紧地扣住十指，深吸了一口气，盯着他大大的蓝眼睛。

“迪肯，你能保守秘密吗？”她严肃地问。她知道她在冒大险，不过她确定她可以相信她的新朋友。

迪肯有点困惑，不过他的笑容是真诚的。“我一直都守口如瓶。”他说，“当然，我会保守秘密。”

“我偷了一个花园。”玛丽马上脱口而出。

迪肯奇怪地看着她。

“那不是我的。”玛丽解释说，“不过没有人想要它。没有人照料它，没有人进去过。也许那里的一切都已经死了。我不知道。”

玛丽把一切都告诉了迪肯。

“他们就让它荒着。”她叫道，“我想要它活着，那是我的花园，我找到了它。”她又加了一句，“知更鸟帮了我。”

“在哪儿？”迪肯马上问。

“跟我来，我给你看。”她说。她领着他沿着墙边的小路走到常春藤渐渐茂密的地方。他们来到门前，迪肯激动得眼睛睁大了。玛丽拿出钥匙，查看一下确信没有人看到，就打开了门。她刚把迪肯领进去，就很快关住了身后的门。

“就是这里。”她骄傲地说，“这是秘密花园。我是这世上唯一希望它充满生机的人。”

迪肯一动不动地站着，好奇地四下张望着这个花园。

“就像一场梦。”他屏住呼吸，“我从没想过我会看到这个地方。”

“你的意思是你知道它？”玛丽问。

迪肯点点头。

“玛莎告诉了我这个地方，还说从来没人进来过。”他说，“我总在想它会是什么样子。”

玛丽指着玫瑰丛。“那里是玫瑰吗？”她期待地问，“它们死了吗？”

“不是全死了。”迪肯说，“看这里。”迪肯用一把小刀割了一根玫瑰茎。“是有很多枯枝，可这个是有芯的。就是这个绿色的部分。”

“有芯？”玛丽问，“什么是芯？”

“活的。”迪肯解释说，“别着急，玛丽。今年夏天这里会有很多很多的玫瑰。”

玛丽高兴地跳了起来。“我真高兴，它有芯。”她高兴地说，“我想要它们都有芯。我们在花园里走走看，数数有多少棵有芯的。”

那天下午他们就到处跑着查看玫瑰和树。迪肯告诉玛丽，花园需要花好多工夫才能在夏天的时候像个样子。

“你会回来帮忙吗？”玛丽求他，“我会每天都在这里干活的，迪肯，我保证。你会吗？”

“当然。”迪肯回答，“来这里唤醒这座花园多有趣啊。”

到了吃晚饭的时间了，玛丽真不想离开。迪肯太棒了，她简直不敢相信。她关上秘密花园的门，然后慢慢地朝向他。

“不论发生什么，”她问道，“你都不会说出去，对吧？”

迪肯笑了，他的面颊更红了。“绝不！”他向她保证，“你的秘密在我这里绝对安全。”

玛丽相信那是真的。

## 第九章

# 克莱温老爷

玛丽飞快地跑回庄园，几乎上气不接下气地告诉玛莎刚才的事。

“迪肯！”她开心地叫着，“我碰见迪肯了。”

玛丽告诉玛莎迪肯带来了种子，还有园艺工具。她告诉玛莎他们打算开辟一个美丽的大花园。

“我们唯一需要的，”她说，“就是给我们的花园弄些土。我该去向谁要呢？”

玛莎想了一会儿。“也许是本·韦瑟斯塔夫，”她建议说，“你叔叔随他打理花园，也许是该问问他。你叔叔喜欢他，因为他是克莱温夫人的好朋友。”

玛丽正要告诉玛莎更多有关她的花园的事，这时，梅德罗克夫人出现在餐厅里。她看上去还是那么阴沉，不过当她看见玛丽时，吃惊得眼睛一下子睁大了。

“天哪，你……变了。”她说道。是的，玛丽的确和梅德罗克夫人接她的时候大不一样了。“这里有些东西很适合你。”她这样说。

“是户外活动。”玛莎告诉她。

梅德罗克夫人看着玛莎，然后转向玛丽。“去梳梳你的头发，”她命令道，“玛莎，帮玛丽穿上她最好的裙子。玛丽的叔叔回来了，他想在他再次离开前见见她。”

玛丽的脸色一下子变了。她的心开始狂跳，她觉得又回到了过去那个脆弱的自己。玛莎帮她穿衣服的时候，她一言不发。然后，她默默地跟着梅德罗克夫人去了西侧楼。

玛丽被带到这幢楼的一个她从来没到过的地方。最后，梅德罗克夫人敲了敲门。

“进来。”里面有人说。

在那间黑暗的屋子里，有个人坐在火堆边的一张巨大的扶椅上。他的头发黑中带白。玛丽偷看着他的脸，断定如果他看上去不那么忧伤的话，一定是个英俊的男子。

“先生，这是玛丽。”梅德罗克夫人说。

“让她待在这里。”克莱温老爷说，“我想让你带她离开的时候，我会叫你的。”

梅德罗克夫人离开屋子时，玛丽的腿轻轻地颤抖起来。

“走近些。”他终于说。

玛丽走向他，然后直直地站在他的扶椅旁。

“你好吗？”她叔叔问。

“是的。”她怯生生地回答。

“你看上去有些瘦。”他说。

“可我越来越健康了。”玛丽回答。他有一张多么不开心的脸啊。

“我把你的事都忘了。”她的叔叔说，“我曾想派个女家庭教师给你，可我太忙了，竟然给忘了。”

“没关系。”玛丽轻轻地说，“我不需要女家庭教师。”

“那是索韦比夫人说的。”她叔叔咕哝着。

“索韦比夫人？”玛丽问，“是玛莎的母亲吗？”

克莱温老爷在椅子上动了一下，然后盯着他的侄女看了一会儿。“是的。”他说。

“她很了解孩子。”玛丽接着说，“她自己有十二个孩子。”

玛丽的叔叔还是盯着她。“哦，你喜欢干什么？”他问。

玛丽希望她的声音没有发抖。“出去玩。”她马上回答，“我在印度不喜欢出去玩。可在这里，出去玩让我觉得很好。”

“你出去到哪里玩？”克莱温老爷说。

“到处玩。”玛丽回答，“玛莎给我买了根跳绳，我跳着、跑着。我在花园里四处看看，有哪些花要开了。我没干什么坏事。”她紧张地加了一句。

“别那么害怕。”克莱温老爷轻轻地说，“你这样的孩子怎么可能干坏事呢？你爱干什么都行。”

玛丽激动得嗓子一下子哽住了。

“我是你的监护人。”克莱温老爷接着说，“尽管我不是个合格的孩子监护人。我没时间陪你，也不会照看你。我自己也有病，精神不好。不过我希望你能快乐、自在。我不了解孩子的事，可是梅德罗克夫人会负责你需要的一切。”他凑近些看着她。“你要玩具吗？洋娃娃？书？”

玛丽深吸了一口气，也不知怎么地就鼓足勇气问：“我可以……”她胆怯地开始说，“我可以得到些土地吗？”

“土地？”他的叔叔困惑地问。

“在里面放些种子，然后看着它们生长。”玛丽解释道，“我想开辟一个自己的花园。”

克莱温老爷若有所思地擦擦下巴。他的目光显得很遥远，好像想起了过去。“你喜欢花园，是吗？”

玛丽点点头。

“你想要多少土地都行。”他说。

她的叔叔站起来，开始在屋子里慢慢地走着。玛丽注意到他的背几乎不驼。实际上，要是你不知道的话，你根本看不出来。

“你让我想起另外一个喜欢泥土和生长的植物的人。你要是看到你想要的泥土，你就拿去好了。让它焕发生机吧。”

玛丽很激动，她想她抑制不住了。不过她还是保持平静，直到她和玛莎一起回到她的房间。

“我可以拥有我的花园了。”她开心地叫道，“我可以随处拥有花园。我也不需要一个女家庭教师。”

玛莎笑了。“他人很好，嗯？”

“玛莎，”玛丽柔和地说，“他真的是个好人。只是，他的脸那么悲伤，眉头紧锁。看到他那么悲伤我也不开心。”

玛莎认真地点点头，转身去整理玛丽的房间。

## 第十章

# 夜晚的哭声

那天晚上雨下得很大。玛丽被大颗的雨滴敲打在窗户上的声音惊醒了。风呼啸着穿过庄园，她再也睡不着了。

玛丽翻来覆去将近一个小时，突然有个东西令她一下子从床上坐起来。那是从走廊里传来的奇怪的声音。

“那不会是风。”她心里想，“那是有人哭叫的声音。”

玛丽下了床，走到门口。她把头伸向楼道仔细地听了几分钟。她肯定自己听到了哭声。

“我一定要找出来是谁在哭。”她说。

玛丽从床边拿了一根蜡烛，悄悄地走出房间。走廊又长又黑，可是她不在意。她下定决心要找出是谁在恐怖地哭叫。

走过一条条走廊，她向左转，然后右转，然后又左转。她离那哭声越来越近了。玛丽紧紧地抓着蜡烛，往前走着。她的心狂跳着，她知道自己快撑不下去了。

玛丽发现，那哭声是从一扇大门后传出来的。那门微微开着，于是玛丽轻轻地推开门，又推开一些。她朝屋里看了看，吃惊地倒抽了一口气。玛丽想她一定是在做梦。

这是一个很大的房间，里面有漂亮的家具。壁炉里微弱的火还在烧着，一张大床旁边有一根蜡烛在闪烁着。床上，一个小男孩正在发脾气哭呢。

玛丽站在门边，张口结舌地看着那个男孩子。她的烛光引起了他的注意，他转过头，大大的眼睛也紧盯着她。

“你是谁？”他抽泣地低声问，“你是鬼吗？”

“不，”玛丽努力地回答，“你呢？”

男孩子继续盯着玛丽看。他的眼睛一刻也没离开她。

“不，”他终于说，“我是克林。”

“克林？”玛丽问。

“克林·克莱温，”男孩子回答，“你是谁？”

“我是玛丽·雷诺克斯。克莱温老爷是我叔叔。”

“他是我父亲。”克林说。

玛丽吃了一惊。“你父亲？可是没有人跟我说过他有个孩子。”

克林盯着她。他不哭了，开始研究起玛丽来。

“到这里来。”他说。

玛丽走近床，克林伸出手，碰碰她的胳膊。

“你是真的，”他说，“我有时有这样真实的梦。我以为你也是其中一个梦。你从哪里来？”

“从我房间里。”玛丽告诉他，“是雨把我吵醒了。然后我听到有人在哭，想看看是谁。你为什么哭？”

“因为我睡不着，我头痛。再说一遍，你叫什么名字？”他问，稍稍坐直了一些。

“玛丽·雷诺克斯。没有人告诉你我在这里生活吗？”

克林摇摇头：“没有，他们不敢。”

玛丽糊涂了：“为什么不敢？”

“因为他们知道我会害怕你看到我，我不喜欢人们看到我。”

“为什么？”玛丽问。

“因为我总是病恹恹的，我总是躺在床上。我父亲不让人们看到我。他不允许仆人来看我，也不许他们谈论我。”

玛丽拉了一把椅子靠近克林床边，然后坐下来。“这是一幢奇怪的房子。”她说，“一切都是秘密。房间被锁住了，花园被锁住了——还有你！你也被锁起来了吗？”

“没有，”克林说，“我一直待在这间屋子里，因为我从这里出去会觉得很累。”

“你父亲来看过你吗？”玛丽问。

“有时，”克林回答，“通常他来时我都睡着了。我想他是不想看我的。”

玛丽看着克林，问：“为什么？”

“我还是个婴儿的时候，母亲就死了。这让他一看到我就难过。”克林解释说，“他认为我不知道，可是我听人们说那就是他不能忍受看到我的原因。”

玛丽环顾整个房间。“你一直住在这里？”她问。

“是的。”克林轻轻地回答，“我以前常常被从这间房子带出去，可是人们总是盯着我看。现在我就一直待在这里。我的医生，克莱温医生，说我应该去呼吸点新鲜空气，可我不喜欢新鲜空气。”

“我刚来的时候，也不喜欢，”玛丽告诉他，“可我现在非常喜欢。”

“我对你一无所知，告诉我一切。”克林说。

玛丽深吸了一口气，告诉了克林有关印度，有关她父母的死，以及她如何来到米赛尔思维特庄园的事。克林有很多问题，玛丽都一一回答了。

从克林那里，玛丽得知她的叔叔很少来看他的儿子，不过他给克林送了很多书和玩具。她还得知克林经常待在床上，把别人指挥得团团转。

“每个人都要遵循我的话，”他告诉玛丽，“我生气时，就会不舒服，没人想让我不舒服。我父亲让每个人都按照我的吩咐去做。”

玛丽想，克林让她想起了她在印度时认识的一个印度王子，他有很多仆人，总喜欢把他们指挥得团团转。

“你多大了？”克林问。

“差不多十岁了。”她回答，“和你一样。”

克林的大眼睛怀疑地看着玛丽。“你怎么知道我十岁了？”他问。

“因为你说你母亲死时你刚出生。那也是那座花园门被锁上、钥匙被埋掉的时间。”玛丽回答。

克林朝她靠过去问：“你在说什么？什么花园？”

玛丽犹豫了一下。她不相信克林不知道那个花园——那个他母亲最喜欢的地方。

“你父亲不喜欢的那个花园。”她回答，“在你母亲死了以后，他把它锁起来了。没人被允许进去，没有人知道钥匙在哪里，他把它埋起来了。”

克林想知道所有关于那座花园的事。玛丽告诉了他她所知道的一切，不过她不想让他知道她已经找到了那座花园。她对克林还不是很熟悉，她不确定是否能信任他。

“你的病情怎样？”玛丽悄悄地问他。

“哦，我快要死了。”克林淡淡地回答，“自我记事以来，我就听到人们说我很快就要死了。开始他们认为我太小了不懂这些，现在他们认为他们这么说的时候，我听不见。可是我听得见。”

“你不想活着吗？”玛丽问。

“不想，”克林说，“不过我也不想死。我就是不喜欢这样一直病着。我真的不想再谈这个了，我们谈谈那个花园吧。你不想看看它吗？”

玛丽咬住下嘴唇。“想。”她轻柔地回答。

“我也想。”克林说。“我就想看看它，我想找到那把钥匙，打开门。我能坐轮椅去那里。”克林的表情突然变了。“我要让他们开门。”他说道。

玛丽暗暗地吃了一惊。那会毁了一切，每个人都会知道她的秘密了。

“哦，不。别那样做。”玛丽叫道。

“可是他们必须听我的。”克林反对说，“我想你也想看看它。”

“我当然想看看它。”玛丽说着，嗓子眼里哽住了。“可是如果你让他们开门，”她一边很快地想着，一边说，“那就再也不是秘密了。”

“你是什么意思？”克林问。

玛丽把椅子朝克林拉近了一些。“你看，”她压低声音说，“如果除了我们，没有人知道那个花园，知道某个地方隐藏着那扇门，而我们找到了它，然后我们一起走进那个秘密花园，关上身后的门。没有人会知道我们在那里，我们可以假装那就是我们的花园。

我们可以每天在那里玩，播下花籽，让它们开花，重新焕发生机。你难道没看见要是把它作为一个秘密来保守，会有多好？”

克林往后靠在枕头上。他苍白的脸有了一丝红晕，玛丽看得出他喜欢这个主意。

“我以前从来都没有秘密。”克林说。

“这就是个大秘密。”玛丽说，“我保证，我以后每天都会出去，找钥匙和门。我敢保证我能找到它。然后我们可以找个男孩子用轮椅推你去，我们可以单独去秘密花园。”

“我确实喜欢那样。”克林说，轻轻地伸了个懒腰。

克林静静地躺着，听着玛丽讲那个花园，和他们会在那里种上的美丽的花草、会生活在那个花园里的小动物。

“你找到那个花园，”克林说着，揉了揉眼睛。“我们就每天去那里。我真高兴你到这里来了，玛丽。”

“我也是。”玛丽说，“我会经常来，”她又加了一句，“不过我也得每天去找那个花园。”

克林的眼睛快闭上了。“是的，你要去。”他困倦地说。

玛丽给克林轻柔地唱起歌，那是她奶奶过去常常给她唱的催眠曲。很快，克林就睡着了。

# 第十一章
# 玛莎发现了

到了早上，雨比前一天晚上下得更大了。玛丽知道去不成花园了，感觉很失望。她皱起眉头，只吃了一点点早饭。

“今天早上怎么了？”玛莎问她。

玛丽抬头看着她。“我知道是谁在哭了。”她说。

玛莎惊恐地抽了一口气。“不。”

“我昨晚听见的。”玛丽说，“我就起床去看是从哪里传出来的。是克林。我找到他了。”

玛莎的脸一下子害怕得涨红了。“哦，玛丽小姐，你不应该，你会让我有麻烦的。我会失去工作的。”

“你不会失去工作，玛莎。克林很高兴我去了那里，我们谈了很长时间。”

玛莎吃惊地看着玛丽。“他没有尖叫，没有让你走开？”她问。

“没有，”玛丽回答，“我问他想不想要我离开，他说不。他问了我很多关于印度和花园的问题。他不让我走。我走之前，还哄他睡着了。”

玛莎看起来好像会吃惊得晕过去一样。“我不能相信。”她叫道，“他从来都不让陌生人看他的。”

“他让我看。”玛丽说，“现在他想让我每天去看他。他想让我去的时候，你要告诉我。”

玛莎开始收拾玛丽吃剩的早餐。玛丽看着她紧张地走在桌旁，她的手也在抖，她几乎把托盘都掉在地上了。

“玛莎，克林怎么回事？”玛丽好奇地问。

“没有人知道得很清楚。”玛莎说着在玛丽身边坐下来，“克莱温夫人死时，克林才刚出生。克莱温老爷太难过了，他不愿意看到这个婴儿。他说这个孩子会像他一样长成一个驼背的。”

“可是克林没有驼背。”玛丽指出来说。

“没有，可是每个人都害怕他会变成驼背，他们让他坐在床上。他从来不起床，从来不出去。他长得虚弱。”

“他还被宠坏了。”玛丽说。

“哦，他越来越糟糕了。”玛莎说，“他一直躺在床上，病了好几次。他那么虚弱，普通的感冒都能送了他的命。”

“你认为他会死吗？”玛丽问。

“如果他不呼吸新鲜空气，老是躺在床上，常常吃药，就有可能。”

玛丽盯着她的盘子。“你难道不认为，”她若有所思地问，“克林要是出去到花园里，看看万物生长会更好些？”

玛莎难过地摇摇头。“他有一次重病发作，”她说，“就是他们带他去喷泉边的玫瑰花园造成的。他在报上读到过有人对玫瑰过敏。他打喷嚏时，就开始颤抖，冲着大家尖叫。他要求被带回房子里去，他拼命地哭，冲着大家生气地大叫。”

“哦，要是他冲着我叫，”玛丽说，双手交叉在胸前，“我就再也不去看他了。”

玛莎正要回答，厨房里的铃声响了。她从桌边跳起来，跑出餐厅。一会儿她回来了，脸上的神情很困惑。

“克林少爷要见你。”她对玛丽说，“马上。”

## 第十二章

# 拜访新朋友

白天，玛丽看到克林的房间真的很漂亮。墙上挂着绚丽的画和挂毯，还有排满了书的大书架。克林裹在一件天鹅绒的长袍里，靠着一个大垫子坐在床上。看见她，他很高兴。

“玛丽。”他激动地叫了起来。

玛丽笑了，冲着玛莎晃了晃头。玛莎站在走廊上，颤抖着。很明显，玛莎非常害怕失去这份工作。

克林困惑了一会儿，很快他就意识到玛莎是怎么回事了。

“玛莎，”他下令说，“到这里来。”

玛莎走近他的床，还在颤抖着。

“你会做我想做的一切，对吗？”他问。

“是的，先生。”玛莎回答。

“那么，梅德罗克，她也会做我喜欢的事，对吗？”

“是的，先生。”玛莎说。

“好吧，如果是我让你去叫玛丽小姐到我这里来，”克林说服道，“那么，就算梅德罗克发现了，也不会让你失去工作的，你只是在做令我开心的事，所以你不必担心。”

玛莎转身看着玛丽，她也点点头同意克林的话，玛莎似乎轻松了许多。

“谢谢你，先生。”她说着，行了一个屈膝礼。

“要是你服从我，”克林口气很大，“那我会关照你的。去吧。”

玛莎出去关上了门，克林转身看见玛丽表情古怪地看着他。

“怎么？”克林问，“为什么那样看着我？”

“我在想两件事，”玛丽说，“第一就是你让我想起我在印度时认识的印度王子的事。他的衣服上配着珠宝和钻石，对每个人说话都像你刚才对玛莎说话的样子。每个人都会照他说的去做。我想要是他们不那样的话，他会杀了他们。”

克林茫然地盯着她，问：“还有一件呢？”

“我在想你和迪肯多么不一样啊？”她回答说。

“谁是迪肯？”克林问。

玛丽告诉克林有关迪肯的事时，眼睛都发亮了。她告诉他迪肯如何什么都懂，如何吸引动物。

“他和世上的人不一样。”玛丽说，“他能吸引狐狸、松鼠和鸟，就像印度的耍蛇人。他在一根木管上吹曲子，它们都来听。他知道花园的一切，他懂得生长在荒野上的所有东西。”

“荒野是个枯燥乏味的地方。”克林说着，一脸的不屑。

“我以前也常那么想，”玛丽马上说，“可是迪肯告诉了我荒野里生活和生长着的美丽的东西。迪肯说这些的时候，你会觉得你必须亲眼看看。”

“我是看不到的。”克林难过地嘟囔着。

“要是你老是待在这间屋子，就看不到了。”玛丽说，随后，她想了一会儿说，“不

过，也许有一天你能看到。”

克林的眼睛睁大了。“去荒野？我怎么能去？我会死的。”

玛丽把手放在腰后。“你怎么知道？”她问，她不喜欢克林老是谈到死。

“大家都那么说的，”克林回答，“他们都这样说。除了我以前的医生，大家都这么说。他说：‘这孩子要是决心要活，就会活。他需要一点振奋的东西。’可是他们赶走了医生。”

玛丽突然变得激动起来。“我知道谁能让你振奋起来。”她说，“迪肯。他总是讲活的东西，从来不说死的东西。他的蓝眼睛圆圆的，脸颊红扑扑的，他总是很愉快。”

克林犹豫地看着他。“可是……”

“没关系。”玛丽打断了他，“我们别再谈死了，我不喜欢。我们就谈活的东西，就谈迪肯。”

玛丽说了很多有关迪肯的故事。她记得玛莎说的一切。很快，克林和玛丽一样笑得前仰后合，他从来没有这么开心过。他甚至没有意识到，他坐直了，一点也没有抱怨他的后背。

玛丽让克林情绪高涨，她谈迪肯、红胸知更鸟，还有本·韦瑟斯塔夫。他们都笑得那么厉害，没听见卧室门被打开了。

“天哪。”房间里骤然响起一个声音。

克林和玛丽都止住了笑，转身朝向门。是梅德罗克夫人和克莱温医生，他们的眼睛都不相信地睁得大大的。

“怎么了？”梅德罗克夫人吃惊地问。

玛丽看到克林又变成一个印度王子了。

“这是我的表姐玛丽·雷诺克斯。”他冷冷地说，“我让她来和我说话的。我喜欢她。我什么时候派人去叫她，她就能来。”

“可是怎么……”梅德罗克夫人惊了一下，看看玛丽，又看看克林，又回头看看玛丽。

“她听到我哭，自己找到我的。”克林解释说。

“这使你情绪太激动了。”克莱温医生说，冲到克林床边，搭他的脉搏。

“胡说。”克林回答，一把甩开胳膊，“她让我感觉好多了，她让我忘了我还是个病人。”

克莱温医生和梅德罗克夫人站在那里，盯着他们看了一会儿。他们也没什么好说的了。克林已经决定了，玛丽是他的新朋友。没有人能够阻止他见她。

## 第十三章

# 制订新计划

雨下了整整一个星期，尽管不能去秘密花园，或去看看迪肯，玛丽还是每天和克林玩得很开心。他们一起看书、做游戏、讲故事。克林除了还是老躺在床上以外，他看起来很开心。

梅德罗克夫人很吃惊地看到克林的变化。“我知道我应该对你违背我的命令、四处窥探感到生气。”一天下午，她责备玛丽说，“不过，我相信你对那个男孩子很有帮助。”

一天早上，玛丽有了个主意。“我知道你不喜欢陌生人看到你，”她对克林说，“但如果我让迪肯来见你，我想你不会不同意吧？”

克林的眼睛发亮了。“迪肯不是陌生人，”他叫道，“我从你的故事里了解了他很多，我觉得我好像已经见过他了。我很想见见迪肯。”

几天后的一个早上，玛丽醒了，看见阳光照进了她的窗户。

“天暖了。”她叫着从床上跳了起来，“春天来了。”

天还早，可是玛丽现在会自己穿衣服了。她没有看到玛莎，就准备妥当跑到屋外了。她非常想去看看她的秘密花园。她到了屋外，就一路跑着去了。

玛丽找到常春藤覆盖的门，推开了它。她跳进门，深吸了一口新鲜空气。

“闻起来不错，嗯？”一个声音说道。

玛丽跳了起来。“迪肯！”她叫道，“你吓了我一跳。你怎么这么早就到了？”

迪肯笑了起来。“我都起床很久了。”他告诉她，“太阳一升起，我就离开我的小屋

了。我不能离开花园太久。”

就在那时，玛丽注意到迪肯不是一个人。在他身边，有一只小红狐狸正蹲在一棵苹果树下。一只乌鸦停在他头顶上的树枝上。

“这就是我告诉过你的小狐狸。”迪肯说，“它的名字叫上校。这是黑炭，它是和我一起穿过荒野过来的。”

玛丽冲着这些动物笑着，这时地上有东西吸引了她。

“迪肯，看，我们的花。”玛丽跪下来，轻抚着那些探出泥土的紫色的、橘色的和金色的花。

玛丽和迪肯在花园里笑啊，跑啊，为这开始焕发生机的一切感到惊奇。玛丽感到那么开心，她希望她能永远待在花园里。就在这时，她想起了克林。

“迪肯，我有事要告诉你。”

“又一个秘密？”迪肯咧着嘴问。

玛丽点点头。“你知道——克林吗？”她缓缓地问。

迪肯抬起头，盯着她。“你呢？”他小心地问。

玛丽又点点头。“我见过他，这个星期我每天都去看他。他想我去看他，他说我让他忘记了生病和死亡。”

迪肯似乎吃了一惊，又有一点放松。“哦，我很高兴你自己发现了他。这对我来说有点难，知道他，又不能说什么。”

“你怎么知道克林？”玛丽问。

“每个人都知道他，不过没有人谈起他，因为他不喜欢别人谈起他。每个人都为他感到难过，因为他是个残疾人。人们说他的眼睛长得和他母亲的一样，正因为如此，他的父亲不愿意看到他。”

“哦，他总是说自己快要死了。”玛丽说，“他那么说的时候，我不喜欢。他很担心会像他父亲那样有个驼背。他每天都查看他的背，看有没有隆包。他说如果他感觉到有隆包，他会疯的，并会尖叫着死掉。”

迪肯的眼睛睁大了。“他不能那样想，整天躺着，那样子想事情的话，没有人会好起来的。”

玛丽同意地点点头。“我在想，”她说，“如果克林来我们这个花园的话，那么他就不会在那里等着背上长隆包了。要是他在这里，他就会等着玫瑰枝上绽出嫩芽。他很可能会在这里的新鲜空气中健康起来。”

迪肯喜欢这个主意。“我们怎样才能让他出来和我们一起呢？”他问。

玛丽看上去若有所思。她说：“我和他说话的时候一直在想。我想知道他是否能保守这个秘密，我想知道我们能不能不让别人看到而带他来。要是你推着他的轮椅，也许可以。”玛丽提议。

迪肯点点头。

“他可以让所有的园工走开。”玛丽接着说，一边打算着，“那就没人能够发现了。”

迪肯拍拍上校的背。“我希望他也同意，玛丽。我打赌如果他出来到这里，他会完全康复的。”

## 第十四章

# 争论

那天下午玛丽很快就吃完午饭，她急着要回到花园去。

“克林少爷想见你。”玛莎告诉她，这时玛丽正要出门。

“可我不能，”玛丽说，“迪肯在等我，我等会儿再去见克林。”

那天下午，花园更加漂亮了。玛丽和迪肯成功地把几乎所有的杂草都剔出了花床。

等到玛丽回到庄园，她已经很累了。玛莎迎接她的是一副难过的表情，和让人心烦的消息。

“我真希望你已经去见过克林少爷了。”玛莎摇摇头说，“你没有出现，他大发了一顿脾气。”

玛丽马上去见克林，他正躺在床上，表情烦躁。他看见玛丽时，头转向另一边。

“你为什么不来？”克林问，也不看她。

“我和迪肯在花园里干活呢。”玛丽回答。

克林的脸顿时气得通红。“我不会让那个男孩再到这里来，如果你去见他而不来见我的话。”他生气地叫道。

玛丽觉得自己的脸也涨红了。“如果你让迪肯走，”她警告说，“我就再也不会见你了。”

克林面对着她。“如果我要见你，你必须来。”他大叫。

“我决不。”玛丽也冲他吼。

“我要强迫你。”克林大叫，“我要让他们把你拖到这里来。”

玛丽把手交叉在胸前。“哦，真的，少爷？哦，他们会把我拖到这里来，可是我到了这里他们也不能让我开口说话。我会坐在这里，牙关紧咬，我不会告诉你一件事。我不会看你，我就坐在那里，看着地板。”

“你真是自私。”克林冲她尖叫。

玛丽看起来很吃惊。“我？你呢？你才是世上最自私的男孩。”

“我不自私，”克林坚持说，“我是一个快要死的人。我有隆包在背上，它们会越来越大。我要死了。”

“你不会死的。”玛丽回敬了一句。

克林不相信地盯着她。他突然不说话了。他从来没有听到过别人说他不会死的话。

“我……我不会？”他困惑地说，“可我会的，大家都这么说。”

“哦，我不相信。”玛丽反对地说，“你这么说，就是想让大家为你难过。”

克林开始歇斯底里起来。“我要死了，我快了。”他冲着玛丽叫，“我要你滚出我的房间，现在！”

玛丽很吃惊，克林要把她轰出房间。她很烦他，很乐意走开。

“对我来说太好了。”她冲他叫道，“砰”的一声关上身后的门。她走开的时候，能听到他大哭的声音。她只得两手捂住耳朵，跑进自己的房间。

# 第十五章

# 原谅

半夜的时候，玛丽被一阵可怕的尖叫声惊醒了。

她跳下床，穿过走廊到了克林的房间。在他的门口，梅德罗克夫人正压着嗓子和玛莎，还有克林的护工说话。屋里，尖叫声越来越响了。

“是克林。”梅德罗克夫人告诉玛丽，“他发作了。”

“他不能安静下来。”玛莎叫道，“谁也做不了什么。玛丽，求求你，看看你能做些什么。他喜欢你，求你了。”

“他今天要把我赶出房间呢。”玛丽告诉他们。

“求求你了。”玛莎又叫道。

玛丽很恼火。克林叫得那么响，他可能忘了他为什么那么惹人烦。

玛丽怒火中烧，一下子推开了他的卧室门。

“住口！”她冲着他大叫，“住口，你要让大家都疯了。”

克林听到玛丽的声音，坐了起来。他的脸因为哭泣而涨红了。他大声抽泣着，几乎喘不过气来。

“我……停不下来。”他喘着气，“我……停不下来。”

“你可以。”玛丽叫道，“你的病有一半是你的脾气造成的。”她跺着脚。

“我感到有个隆包。”克林呼吸困难，气喘吁吁地说，“我将会变成一个驼背，我会死的。”

“你没有感到有个隆包。”玛丽坚持说，“那是你想象的。转过来，让我看看你的隆包。护士！”她叫道，“你能来这里，看看他的背吗？”

护士给克林翻了个身，掀起他的衬衫。玛丽看着克林瘦弱苍白的后背。

“没有一个包！”她说。

护士又给他翻了个身。克林抽泣着，喘着气。

“没有……没有包？”他问。

玛丽摇摇头。

克林看着玛丽，他的脸上到处都是眼泪。“你是说我还会活着？”

“很可能。”玛丽平静地说，“要是你改掉你的臭脾气的话。”

克林一直这么折腾，也累了。他靠在枕头上，吸着鼻子，收回眼泪。

“你也需要新鲜空气。”玛丽告诉他，“它会像帮助我一样对你有好处的。”

克林沉默了一会儿。

“我要和你一起出去，玛丽。”他终于说，“如果我们找到……那我不会讨厌新鲜空气的。”他停住了，因为护士还在屋子里。“如果我和你，还有迪肯一起出去，迪肯可以推我的扶椅。我真的想看看迪肯和狐狸，还有知更鸟。”

玛丽突然开始觉得为她的朋友难过。这不是他的错，他一直待在房间里这么些年。她拉起他的被子，让护士离开房间。

“你想让我给你唱歌吗？”她轻柔地问。

克林困倦地笑了一下，说：“哦，好的，那会帮我入睡的。”

玛丽轻轻地唱着，克林安静下来了。很快，他微笑着睡着了。

## 第十六章

# 克林和小羊

第二天早上，玛丽跑到花园和迪肯见面。她一看见他，就禁不住笑了起来。迪肯的每个口袋里都有一只松鼠在向外窥看。

迪肯咧着嘴笑着，向玛丽介绍松鼠们。“这是纳特，这是谢尔。”他说。听到它们的名字，纳特和谢尔就跳到他肩膀上去了，这让玛丽笑得更厉害了。

迪肯在他最喜欢的那棵树下坐下来，拿出他的木管。

“克林想见你。”玛丽告诉他，“当然还有纳特和谢尔。”

到了玛丽回庄园吃午饭的时间时，玛丽没吃饭就先去看克林了。她坐在他的床边，告诉他有关迪肯和纳特、谢尔的事。克林笑得那么厉害，以至于眼泪都出来了。玛丽看得出他好多了。

“哦，我希望我能见到他们。”克林喊着，还在不停地笑着。玛丽抬起眉毛。“好，我很高兴你这么说了，克林。”她说，“因为我有个惊喜要告诉你。”

克林在床上一下子坐直了，盯着玛丽的眼睛。“什么？”他急切地问道，“什么惊喜？”

玛丽显得非常不安，她从椅子上站起来，坐到他床上靠近他。“我能相信你吗？”她低声问道，“我真的能相信你吗？”

“当然。”克林也低声说，“当然。”

“迪肯今天晚些时候会来看你，他会带着他的小动物来。”她说。

听到这个好消息，克林高兴得叫起来。

“还不止这些呢，”玛丽又说，“下面的更棒。那扇通往秘密花园的门我找到了，它就在墙上的常春藤下。我还找到了钥匙，它被埋在了门边上。”

要是克林是个结实健康的孩子，他肯定会跳起来，大声欢呼了。可是他身体瘦弱，他能做的就是轻轻地喊一声“万岁”了。“哦，玛丽，”他叹了口气说，“我能看看那座秘密花园吗？我能活着见到它吗？”

玛丽眼睛一转。“别傻了，克林。”她说，“你当然能。”

她说这话的时候非常自然，大大地开导了克林。很快他就笑自己真傻了。

玛丽和克林在克林房间里一起吃午饭。他们吃完了以后，克莱温医生来给克林检查。“我以为你不喜欢新鲜空气。”当克林说他要和玛丽一起出去的时候，克莱温医生这样说。

“我姐姐会照顾我的。”克林告诉他说，“她会和我一起去。”

“那护士呢？”克莱温医生问。

克林连连摇头。“不，我不想要护士跟着我。玛丽认识一个男孩子，他会帮我推轮椅的。”

“是迪肯。”玛丽插话说。

克莱温医生点点头。“要是迪肯，那你就没事。他是个结实能干的孩子，那个迪肯。”

楼下，梅德罗克夫人送克莱温医生到门口。

“你能相信吗？”她问。

“要不是我亲眼看见，”克莱温医生说着，摇摇头，“我不会相信。”

在克林的房间，玛丽打开卧室的窗户。“多美啊！”她叫道，深吸了一口气。“这是我见过的最美丽的春天。呼吸点新鲜空气，克林。”

克林躺在床上，两眼闭着，深深地呼吸。玛丽从来没见他那么放松过。

突然，玛丽发出一声低叫，克林马上睁开了眼睛。

“怎么了？”他问。

“你听见乌鸦叫了吗？”玛丽问他。

克林仔细听着。几秒钟后，又传来一声乌鸦叫。

“是的，”他回答，“我听见了。”

“那是黑炭。”玛丽告诉他，“再仔细听听。你听见轻轻的‘咩咩’声了吗？”

“哦，是的。”克林叫道。

“那是迪肯的新生羊羔。他昨天在荒野上发现的，病得厉害，都快死了。他细心地照顾它，让它好起来了。”

很快，他们听见迪肯和他的动物朋友们沿着走廊来到了克林的房间。

“要是你愿意，先生，”玛莎说着，一下子打开了克林的房门，“迪肯和他的动物们来了。"

迪肯来了，脸上挂着最美好、最灿烂的笑容。他手臂里抱着那只新生的小羊，身边小跑着那只小红狐狸。和往常一样，纳特在他左肩上，谢尔在他右肩上。

克林慢慢地坐直身子，惊奇地盯着这只游行队伍，就像他第一次看到玛丽时一样盯着看。

迪肯冲着克林笑着，然后走向他，把小羊放在克林膝上。那小动物马上用鼻子抚弄着他的新主人。

"它在干什么？"克林低声问。

"它饿了。"迪肯轻声解释说，跪在小羊边上，从口袋里拿出一个奶瓶递给小羊。小羊开始饥渴地吮吸起来。

喂羊的时候，大家都很安静。很快，这个小动物就在克林腿上睡着了。迪肯稍稍提高嗓门，告诉克林他是如何发现这只小羊，如何照顾它，让它好转起来的。

就在迪肯说话的时候，黑炭在房间里飞转着，有时飞出开着的窗户，然后又飞进来。纳特和谢尔停在窗台上。上校蜷在迪肯身边的地板上。

三个朋友一起待了将近两个小时。他们看有关花园和花的图画书，还激动地谈论着他们自己的花园。

克林和玛丽不时地互相默默地看看对方。很明显他们都非常开心。

## 第十七章

# 克林在花园

不幸的是，玛丽和迪肯还得等一个星期才能带克林去秘密花园。因为天气变冷了，克林感冒了。玛丽和克林只得满足于谈论花园，计划着他的第一次出游。

这一天终于到了。太阳出来了，比以往任何时候都要明媚，微风习习。一个名叫约翰的男仆被叫来抱克林下楼，玛丽和迪肯，还有克林的轮椅都等在那儿。

克林一坐上轮椅，就对梅德罗克夫人发号施令。

“今天我要和玛丽、迪肯一起去花园。”他开始说，“要是新鲜空气适合我，那我就每天出去。我出去的时候，其他仆人或园工都不要在外面。大家都走开些，直到我发话说他们可以回去干活为止。”

“好的。”她回答道。

到了庄园外，迪肯慢慢地、稳稳地推着轮椅沿路走着。玛丽走在轮椅边，沿途指点着。克林舒适地靠在垫子上，让阳光温暖着他的脸。

“新鲜空气真棒！”他说着，深吸了一口气。

最后，他们到了一堵长长的、布满常春藤的墙边。

“就在这里。”玛丽告诉克林，“这堵墙的那边，就是秘密花园。”

克林几乎抑制不住激动。“门！我们到门那里去。”

玛丽给他指点着她曾告诉过克林的所有东西——第一次见到知更鸟的树；本·韦瑟斯塔夫的花园；她找到钥匙的地方；最后，就是遮盖住门的厚厚的常春藤丛。

“就在这里。”她激动地叫道，用手扯开常春藤，现出厚重的木头门来。

克林激动得十指紧扣。

玛丽打开门，迪肯很快地把扶椅推了进去。一到花园里面，他们都低头看克林，他正用手捂着眼睛呢。他们告诉他，他已经到了花园里面，他慢慢地睁开了眼睛。

“哦！”克林高兴地喘着气。他朝四周看着，不知道该说什么。这真是一幅美丽的图画——树叶、大树、紫色金色的花、飞在空中的鸟，还有玫瑰的香味。

克林看完这一切，然后抬头看玛丽和迪肯。他的笑容更加灿烂了，黑眼睛在阳光下眯起来。“我会好起来的。”他对他们说，“我会好起来的，会活得很长很长的！”

迪肯把克林的轮椅推到苹果树下的阴凉处。在那里，克林可以看着玛丽和迪肯拔草，种花。不时地，他们还带东西给他看——花苞、嫩枝、啄木鸟的羽毛。那个下午的每一刻都有新鲜的东西可看。

太阳爬到最高处了，迪肯拿出他的笛子，吹起了美妙的音乐。克林相信他再快乐不过了。

就在这时，玛丽听到树枝的沙沙声，抬头朝大树看去。“克林，”她叫道，“知更鸟。”

克林抬头，看见了玛丽告诉过他的那只红胸知更鸟。

他靠在垫子上，听着知更鸟啼叫，看着它在四处飞旋。

“它真美。”克林叹着气说。

看着知更鸟，克林很快睡着了。

“克林看上去好多了。”玛丽低声对迪肯说，“他脸上有红晕了，看上去差不多正常了。”

“我们的花园对他有好处。”迪肯赞同地说。

克林睡觉的时候，玛丽和迪肯接着拔草、挖土。等他醒了，他们一起享用了一次小小的野餐，热茶加松饼。当纳特和谢尔给自己偷了一些饼渣，又急急地回到树上大吃的时候，他们大笑起来。

“我真不想这个下午这么快就过去了。”克林对他的朋友们说，“可我会每天和你们到这里来的。”

“你会得到足够多的新鲜空气。”玛丽说道，“很快你就会长高、健康起来的。像我一样。”

“我们会让你和我们一起在这里四处走走，挖挖土的。”迪肯加了一句。

克林脸上泛起红晕，睁着期待的大眼睛看着迪肯。

“走走？”他吞了吞口水，“挖土？你真的认为我可以吗？”

“当然。”迪肯回答，“你和我们一样有腿，不是吗？”

玛丽紧张地看看迪肯。他们真的从来没有问过克林，他的腿有没有问题。

“是的，”克林阴沉着脸回答，“可是它们太细瘦了。它们抖得厉害，我想我站不起来。”

“哦，”迪肯说，“你不怕的时候，你就能站起来。”

克林开始看上去有点怀疑。然后，他迸出一个大大的笑容。“是的。”他能说的就是这个了。

玛丽和迪肯又接着种花籽，照料花床。突然，克林吃惊地喘了一口气。

“那个人是谁？”他惊恐地小声问。

“人？”玛丽和迪肯齐声叫起来。他们顺着克林的目光看向那堵高墙。那是本·韦瑟斯塔夫，他正站在高墙那边的梯子上瞪着他们看，好像非常生气。

# 第十八章 站立与挖土

“你在干什么？”本·韦瑟斯塔夫冲着玛丽叫道，“你不该四处乱闯到这里来。这个花园是禁区。克莱温老爷吩咐过的。”

突然，他看见了克林，一下子闭上了嘴。

“天哪。”他说着，声音低了下来。本看上去好像见鬼了一样。

“推我去那边。”克林在轮椅上说。

迪肯推着轮椅到了墙边。

“你知道我是谁吗？”克林冲着园工吼道。

本·韦瑟斯塔夫没有回答，他只是盯着克林看。然后，他揉揉眼睛，又开始盯着他看。

他用颤抖的声音回答：“只能是你，克莱温少爷。我到哪儿都认识这双眼睛。它们就是你母亲的眼睛。不过我想你太虚弱了，不可能从庄园里出来。”

克林尽可能地坐得直直的，显得高一些。

“我不是个残废。”他恼火地叫起来。

“他不是，”玛丽表示同意，“我在他背上找过隆包，他没有。”

本·韦瑟斯塔夫紧张地擦擦前额。“你没有驼背？”他问。

“没有。”克林叫道。

“你没有畸形腿？”

这种羞辱超过了克林的忍受度。玛丽看到她朋友的脸涨红了，她知道被人说有畸形腿是肯定会让克林气疯的。她暗暗祈祷他不会又来大发一通脾气。

克林没有冲着本·韦瑟斯塔夫尖叫，他一把掀掉盖在腿上的毛毯，让他们都吃了一惊。

“迪肯。”他大叫，“到这里来。”

迪肯跑向他的朋友。玛丽看着克林抓住迪肯的胳膊，从轮椅上慢慢地站了起来。克林的脚碰到地面的时候，她开始屏住呼吸。然后，她咧着嘴笑了。克林直直地站起来了。

“看我。”克林冲着本·韦瑟斯塔夫叫道，“看看我。”

“他和我一样挺直。”迪肯叫道，“他和任何一个男孩子一样挺直。”

玛丽抬头看向本·韦瑟斯塔夫，惊讶地看到他在哭。

“你是一个健康的孩子。”园工哭着说，“上帝保佑你！”

克林紧紧地抓住迪肯的胳膊，不过他没有踉跄，也没有摔倒。他站得越来越挺直，盯着本·韦瑟斯塔夫的脸看。

“我父亲不在，我就是你的主人。”他说，“你得服从我。这是我的花园，你不能告诉任何人这件事。从你的梯子上下来，到花园里来，你要加入我们的秘密中来。”

看不见本·韦瑟斯塔夫了，克林转身朝向朋友们。“我能站起来。”他骄傲地说。

“我知道你能。”迪肯欢呼着。

“你就得不害怕才行。”玛丽加了一句。

克林冲着他的朋友们笑着，然后站得更加笔直了。

“我要走到那棵树那里。”他指着几英尺外的一棵树说，“我想等本·韦瑟斯塔夫进来的时候站在那里。”

克林走到了那棵树下，迪肯扶着他的胳膊，他站得稳稳的。他站直的时候，显得高了一些。

“看着我。”克林对本·韦瑟斯塔夫说，“你看到的是个驼背男孩吗？你看到的是个畸形腿男孩吗？”

“不，先生。”本·韦瑟斯塔夫回答。

克林清清嗓子。“现在这是我的花园了，”他说，“我会每天都来。不过这必须保密。我的命令是不让任何人知道我们到过这里。迪肯和我的姐姐一直在努力干活，想让这个花园重新焕发生机。我不想破坏了他们的计划。”

本·韦瑟斯塔夫点点头，四处看了看。“你母亲那么喜欢这个花园，”他静静地说，“她曾告诉我：‘本，如果我病了或者离开了。你要来照看我的玫瑰。’我做到了。每年我都翻过这堵墙，来修剪一下。可是自从我关节炎犯了之后，我就没能进来了。”

“这就是为什么会有活的植物。”迪肯说。

“我很高兴你信守着对我母亲的承诺。”克林告诉他，“你知道如何保守秘密。”

克林慢慢地蹲下来，迪肯跑过去帮他时，他挥挥手，让他走开。

“我也想挖土。”他说，抓住一个泥铲。慢慢地，他开始用泥铲挖土了。“看，我在挖土。就在这一天，我站起来了、走了、挖土了。”

秘密花园里，太阳快要落山了。在克林新生活的第一天，他做的最后一件事就是为他母亲种下了一株玫瑰。当太阳最后隐没在花园的那堵墙后时，克林仍用双腿站立着。

## 第十九章
# 又一个秘密

迪肯和玛丽种下的花籽开花了，这个花园在荒芜了那么多年后又恢复了原先的色彩和生命。玫瑰丛也茂盛起来了，像常春藤一样爬上了树干和墙。一天天地，一时一刻地，叶子长大了，花苞盛开了，空气中充满了香气。

阳光明媚的日子里，孩子们在花园里干活玩耍。克林能看到这生机勃勃的一切，每个早上迪肯都推他出去。克林已经恢复得能够躺在草地上，看万物生长了。

最有趣的就是看着小动物们在他们的花园里玩耍了。纳特和谢尔，还有上校和知更鸟能让他们乐上好几个小时。每天，迪肯在穿过荒野的时候就会吸引上一只新动物，带它到秘密花园里生活。很快，那里就有了兔子、松鼠和狐狸。

克林日复一日强壮起来，走得更远了一些。他正在恢复健康。

克林快速的康复又产生了一个新问题。梅德罗克夫人和克莱温医生越是看到克林身体好了，就越说要写信给克林的父亲，告诉他这个消息，而克林想自己把这个好消息告诉父亲。他很想向父亲展示一下自己和别的孩子一样正常。

于是孩子们有了一个计划。在花园里，就剩他们几个人的时候，克林就走走跑跑，尽可能多地锻炼。可是在梅德罗克夫人和克莱温医生面前，克林就待在轮椅上，抱怨着这里痛那里痛。

唯一一个他们同意加入他们秘密中来的人是苏珊·索韦比，迪肯的母亲。于是一个晚上，迪肯告诉母亲整个有关钥匙和门，以及玛丽如何找到克林的故事。他还告诉她克林怎样和正常的男孩子一样走路、跑步。

苏珊·索韦比很高兴听到克林的事，她高兴得眼泪都掉下来了。

“天哪，”她说，“玛丽来到米赛尔思维特庄园住多好啊。梅德罗克夫人和那个孩子的医生怎么样？他们知道这一切吗？”

“他们不知道是怎么回事。”迪肯告诉她，“每天，克林看上去都不一样。他的脸胖起来了，苍白暗黄的脸色也不见了。不过，他还得继续抱怨下去。”迪肯加了一句，咧着嘴诡笑了一下。

苏珊·索韦比糊涂地盯着她儿子扑闪的眼睛。“什么意思？”她问。

“他这么做是为了避免让他们猜到发生了什么。”迪肯解释说，“要是医生知道他能站起来了，就会写信告诉克莱温老爷。可是克林少爷想保守住这个消息，他想亲自告诉他父亲这个秘密。他想每天都结实一些、强壮一些，这样等他父亲回来时，他就能给他看看他有多么健康。”

迪肯的母亲咯咯地笑了起来。

“克林少爷被抱下楼梯，然后坐到轮椅上，每天都这样。”迪肯继续高兴地说，“他冲着那个仆人约翰大叫，说他没有小心地抱他。他努力地表现得很无助的样子，被放到轮椅上时，他呻吟着、哼哼着。然后玛丽说：‘哦，可怜的克林。很疼吗？可怜的克林。’他们几乎忍不住笑起来了。等他们安全到了花园里，克林就从轮椅上跳下来，跑啊笑啊，直到上气不接下气。”

苏珊·索韦比也笑了。“我真高兴听到那个孩子好了。”她说。

再来看庄园里，克莱温医生正在摇头。他刚刚检查完克林的身体，他总是抱怨说整个晚上全身都很痛。检查的时候，玛丽站在医生身后，冲着克林做鬼脸。

“我会给护士留下一瓶药片。”克莱温医生对克林说，“你再头疼背痛时，她会给你吃一片的。”

“好的。”克林装作尽可能虚弱地说。他拼命地忍着笑，等克莱温医生离开房间后，他和玛丽都再也忍不住了，他们只得从克林床上抓个枕头，捂住自己的笑声。

# 第二十章
# 索韦比夫人帮了忙

到了仲夏的时候，花园里开满了花。玛丽、迪肯和克林每天都待在那里。一个炎热的早晨，克林正在一块花地里干活呢，他的泥铲掉下地了。他低头看着自己的胳膊、腿，然后慢慢地站起来，尽可能地站直。突然，他意识到了什么。

“玛丽，迪肯。”他叫道，“看我。”

他们停止了拔草，看着他。

“还记得你们第一次带我来这里的那个早晨吗？”克林问。

玛丽和迪肯都点点头。

“刚才，”克林喘着气说。“我意识到了。我看着我的手用泥铲挖土，我要站起来确认一下这一切是不是真的，是真的！我好了，我好了！”

“哦，是的，克林少爷。你当然是好了。”

孩子们转身去看说话的是谁。

苏珊·索韦比站在那里，

眼里噙着泪，赞赏地看着克林。

“母亲。”迪肯高兴地叫着。

玛丽和克林奔向她，很高兴终于见到了迪肯和玛莎的母亲。

“我生病的时候，”克林告诉她，“我也曾想见你。”

苏珊·索韦比眼里还有泪。

“哦，我亲爱的孩子。”她说，“你看上去太像你母亲了。这让我的心狂跳。就等着你父亲看到你吧。”

克林看起来很着急。“你认为他会喜欢我吗？”他犹豫地问。

苏珊·索韦比笑了。“啊，当然。”她回答说，给了他一个拥抱。“看看你，”她冲着玛丽叫道，“你看上去和我的伊丽莎白·艾伦一样健康。我想你也很像你的母亲，玛莎告诉我她是一个美丽的女人。你也一样漂亮。”

玛丽害羞地笑了。她记得自己的母亲有多么美丽，她很高兴听到说她像她的母亲。

他们带着迪肯的母亲在花园里四处走着，然后吃了她带给他们的美味午餐。他们玩啊，唱啊，就这样过了好几个小时，一直到回家的时候。

苏珊·索韦比把手放在克林肩膀上。“他很快就会回家的，我知道。”她温柔地说，“你自己告诉他，这多好啊。不论如何，你都在努力确保这一点。”

克林笑了。“每天我都在想怎么告诉他。现在我想，我就直接跑到他房间去好了。”

苏珊·索韦比大声笑了起来。“哦，我多想看看他脸上的表情啊。”

在远方的一个美丽的奥地利村庄，阿奇博德·克莱温老爷慢慢地沿着河岸走着。他在一个地方停了下来，盯着水里看，注视着自己的倒影，可是他很快转身走开了。他不忍心看自己那副悲伤的模样。

克莱温老爷离开米赛尔思维特庄园很久了。他想起自己家中那个生病的儿子，眼泪涌了出来。他为自己是这样一个糟糕的父亲感到难过和羞愧。他也不想这样。他的妻子死后，他无法让自己去照看这个孩子。后来，随着时间的流逝，克莱温老爷变得越来越悲伤难过。

仲夏的一个晚上，克莱温老爷做了一个梦。他梦见自己的妻子在呼唤他。

“阿奇，”那个甜美的声音响起来，“阿奇。”

在梦中，他应声回答她。“莉莲丝，”他叫道，“你在哪里？”

“在花园里。”她开心地回答，“在花园里。”克莱温老爷醒来时，感到特别奇怪。他突然很想去看看他太太曾经那么喜爱的那个花园，他想看看那个自己在她死的那天锁上的花园。

比那个梦更奇怪的是，那天下午，他在酒店收到了一封信。他打开信，看到：

亲爱的先生：

我是苏珊·索韦比。好几个月前，您曾问过我怎么照顾您的侄女——玛丽。先生，如果我是您的话，我就回家去。我想您一定会很高兴回到家里的，而且——如果您能原谅我的话，先生——我想如果您妻子在的话，也会让您回家的。

谦恭的

苏珊·索韦比

克莱温老爷把这封奇怪的信读了两遍，才把它放回信封里。他一直在思索那个梦。“我要回到米赛尔思维特庄园去。”他心里想，“马上就回去。”

## 第二十一章

# “父亲，是我！”

几天后，克莱温老爷回到了约克郡，乘火车回家。一路上他只想着他的儿子。他想到那个可怜的孩子躺在那个沉闷的屋子里，躺在那张令人悲伤的床上。克莱温老爷哭了，为自己那样糟糕地对待克林感到羞愧。他决定当天晚上就去看克林，请求他的原谅。也许要成为这个孩子合格的父亲还不算太晚。

克莱温老爷回到庄园时，正是正午时分，太阳高照。他站在庄园门口，看着他的花园。一切都很漂亮，他能闻到玫瑰香味。

这玫瑰香味立即让他想起了自己的太太和他的梦。那个梦多么真实啊，他想。那个声音多么美妙、多么清晰，它冲着他说：“在花园里，在花园里。”

“我要去找到钥匙。”他说，“我要打开那扇门，我必须这么做。”

这时梅德罗克夫人出现在他身后。“克莱温老爷，欢迎您回家来。”

“谢谢。”克莱温老爷说，“克林怎么样？”他问。

顿时，梅德罗克夫人脸上露出古怪的神情。“他……变了。”她能说的就是这些。

“克林现在在哪儿？”克莱温老爷问。

“在花园里，先生。他总是在花园里，不允许任何人靠近。他不想让他们看着他。”

克莱温老爷几乎没听见她后面的话。

“在花园里，”他重复道，“在花园里！”

克莱温老爷沿着小路走着，他路过本·韦瑟斯塔夫的菜地，穿过果园。很快，他来

到那堵高高的、布满了常春藤的墙。看到它，他颤抖起来。他有很久没有见到这堵墙了。

他沿着这堵墙走着，试图想起他埋钥匙的地方。他慢慢地走着，搜寻着每一寸土地，可是他记不起他埋钥匙的地方了。随后，也是一下子的运气，克莱温老爷找到了门！让他吃惊的是，门开着！

他一动不动地站在那里，随后，他伸手进一步推开了门。他听到一个奇怪的声音，就停住了。十年了，没有人进过这扇门，可是他听到花园里传来了声音。是混乱的脚步声和压抑住的笑声。笑声……孩子们的笑声。

克莱温老爷确信他是在做梦。可是等他走进花园，突然一个男孩子快速地冲出来，和克莱温老爷撞了个满怀。

慌乱间，克莱温老爷抓住这个少年。他拉开他想好好看看。突然，他吃惊地倒抽一口气，他看见了克林的眼睛，大大的灰眼睛。

“父亲，是我！克林。”

克莱温老爷一直盯着克林的脸看。他不敢相信他看到的一切。“可是，怎么……”他开始说话。

“是这个花园。”克林告诉他，“是玛丽、迪肯和小动物。我想保守这个秘密，直到你回来。我的身体好了，父亲。”

克莱温老爷抑制着自己的眼泪。他高兴得颤抖着，紧紧地抱住了自己的儿子。“我的儿子。”他抽泣着说。

“现在，不用再保守这个秘密了。”克林说，“他们看到我一定会吓昏头。我不会再坐那张轮椅了，我要和你一起走回庄园里去，父亲。”

本·韦瑟斯塔夫拎着几桶蔬菜到梅德罗克夫人的厨房的时候，听到了玛莎的尖叫声。他和梅德罗克夫人、克莱温医生一起，跑到庄园的前门。

“怎么了，玛莎？”梅德罗克夫人焦急地问。

玛莎一句话也说不出来。她只是指着窗外的两个人，他们正沿路朝着庄园走来。

梅德罗克夫人顺着她的目光看过去。突然，她大声尖叫起来，把整幢房子里的仆人都吸引来了。

每个人都看到克莱温老爷正快乐地走向庄园。在他身边的，是克林·克莱温少爷，他高昂着头，眼中充满了笑意。那个男孩和任何一个十岁男孩一样，稳步地走着。

# 小公主

[美] 伯内特 / 著  方凡 / 译

## 第一章

# 萨拉·克鲁

一个昏暗的冬天下午，一位叫萨拉·克鲁的小女孩，坐着车，驶过伦敦一条条雾沉沉的街道。她要去一座寄宿学校开始一种全新的生活。她坐在马车上，两条腿蜷缩在身子底下，偎依在父亲的身旁，父亲则用手臂搂着她。两个人都不想多说话，因为父女情深，而眼看着就要分离好几年。

萨拉生在印度，长在印度，现在已七岁了，而她的爸爸想让她去英国上学。爸爸不能跟着她在伦敦待下去，因为他是英国军队里的一名上尉，得回到孟买[①]自己的士兵身边。萨拉很小的时候母亲就去世了，所以在孟买时克鲁上尉不得不依赖保姆照管萨拉，如今他要把女儿托付给高级明卿寄宿女校的明卿小姐，让她帮助培养、教育女儿。

萨拉坐在车上，打量车窗外来来往往的行人。她是个瘦小、听话的女孩子。不过，在她这种年纪，她的个子算是很高的了。她那讨人爱的小小脸蛋儿流露出认真的神情。她的头发浓密，相当黑，只是在发尖处有点打卷儿。她的眼睛很大，灰中带点绿，这时正以一种老气横秋的沉思神情打量着外面的世界，小小的年纪竟出现这样的神色实在很不寻常。萨拉这时正想着：不久前她与父亲还在印度的炎炎烈日下，此刻却已在马车里，行驶在这大白天里昏暗得如同黑夜的大街上。

“爸爸。”萨拉说，声音低得近似耳语。

---

① 孟买：印度西海岸工业、商业和金融中心城市。

“什么事，小宝贝？我的萨拉这会儿在琢磨什么哪？”拉尔夫·克鲁说着，把女儿搂得更紧。

“就是这个地方吗？是这儿吗，爸爸？”

“是的，我的小萨拉，是这儿。咱俩终于到了。”他答道，口气中流露出几分伤感。

“爸爸，”她轻声说，“咱们既然来了，我想我们必须顺从。”

克鲁上尉听她这么一说，不禁大笑起来，不过他心里并不好受。马车在一座阴沉沉的大砖房前停了下来，他感到越来越不安了。这座房子跟广场四周的所有房子几乎一模一样。大门上钉着一块闪闪发亮的铜牌，上面刻有几个黑字：明卿小姐高级女子寄宿学校。

父亲领着萨拉进了客厅。在萨拉看来，这座房子的模样跟明卿小姐像极了。这校长和她的学校全都体体面面，光光鲜鲜，但又显得硬邦邦的，煞是威严——甚至连扶手椅里面也像长着硬硬的骨头一般。地毯上的图案是方方正正的，椅子也是方方正正的，明卿小姐本人长得也像个长方形体，一双大而冷漠的眼睛，脸上挂着不怀好意的笑容。

萨拉这就要成为这所寄宿女校的特殊寄宿生了，因为明卿小姐收了克鲁上尉一大笔学费，作出了特别的安排。今后萨拉将享受到比一般的寄宿生多得多的特殊待遇。她将有自己的卧房，将有自己的起居室，有自己的小马和马车。有位叫玛丽埃塔的法国女子做她的贴身侍女，照看她的穿戴和其他的需要。

克鲁上尉一再交代明卿小姐。“萨拉要多少书，尽管买给她。她这么个小姑娘，哪是在看书，简直在狼吞虎咽。给她大人读的书——又大又厚又重的书。英语的、法语的、德语的——不管是历史书，还是传记和诗歌，什么书都行。不过如果她书看得太久了，得让她骑上小马上公园去遛遛，或出去走走、玩玩。还有，萨拉喜欢什么，都要放手满足她，做到有求必应。她是个明事理的孩子，从来不会提出有害的或过分的要求。我已经跟我的法律顾问巴罗与斯基普沃斯先生说过，你把萨拉的开销费用账单送去，他们会结付的。我会在孟买与他们保持联系，我当然会每周给我亲爱的女儿写两次信。”

不知不觉间，克鲁上尉不得不走了！他给萨拉买了个洋娃娃爱米丽，轻轻地放在萨拉的怀中，好让自己的女儿继续有个亲近的伴。爱米丽长着一头棕黄色的头发，一对湛蓝色的眼睛，在克鲁上尉看来，它活脱脱就是个有血有肉的孩子。至少萨拉今后有爱米丽

做伴了，她与学校里的陌生人很快就会相处习惯的。往后他肯定要惦念女儿的。

萨拉最后抱了抱父亲。她用一双小手抱住父亲军大衣的衣领，久久地紧紧盯着他的脸打量着。“你会用心记住我吗，小萨拉？”他问。

“不对，爸爸，”她回答道，“我早已把你记在心里了。你就活在我心里。”说罢，她松开手眼看着爸爸坐上马车走了。马车转了弯，消失在拐角处，但萨拉还是能看到克鲁上尉挥着手给她送去飞吻，仿佛不忍心停下手来。

“你的爸爸可要惯坏你了，亲爱的。赶紧去教室上课吧，要不今天很快就要过去了！”明卿小姐领着萨拉走进客厅隔壁的教室，大声对萨拉说道。进了教室，她让萨拉在自己桌子旁边的一张课桌前坐下来，递给她一本初级法语入门读本。萨拉竭力想说明，她对这本书并不感兴趣，但是明卿小姐认为萨拉压根儿不想学法语。就在这时候，法语老师杜法奇先生进了教室。

“杜法奇先生！谢天谢地，你来了，正好帮助我对付这个教不好的孩子。她居然不想学法语！”明卿小姐说，显然，她恼了。

萨拉心想，杜法奇先生会明白是怎么回事的。于是她用漂亮而流利的法语解释起来——不过那位明卿小姐听不明白她说了些什么，因为她并不懂法语。原来萨拉的妈妈是法国人，在萨拉出生时去世。萨拉的爸爸深爱着她妈妈，想让萨拉也学会妈妈说的法语。所以他经常和她说法语，结果她也学会了法语，能读也能写，水平与英语不相上下。不错，她的法语不是通过书本学来的，但她乐于学习先生教的任何东西。不过明卿小姐给她的小书里的字她早已认得。

“你应该早点儿告诉我，你的法语已经很好了！”明卿小姐听到教室里的小姑娘开始“哧哧”笑起来，愤愤地大声嚷道。

“我——我试过。我——我想也许是我一开头没说清楚。”

明卿小姐心里明白，萨拉是试图解释过，没有让她说下去不是她的错。但是教室里萨拉的一班同学“哧哧”的笑声惹得她更加生气。从此之后，明卿小姐对这新学生就一直怀恨在心了。“安静，姑娘们！”她拍着桌子，厉声道，“立刻给我安静下来！厄尔梅加德·圣·约翰！快坐下去！把发带从嘴里给我拿出来！”

萨拉决定，要设法跟厄尔梅加德交朋友。见到谁受委屈、遇到麻烦、心里不痛快，萨拉就要挺身而出帮助人。她一向就是这样的。

当天晚上临睡觉时，萨拉找到了与厄尔梅加德认识的机会。萨拉从交谈中了解到，厄尔梅加德生活中主要的麻烦就是她有个聪明过人的父亲。如果你有一位无所不知的父亲，会说七八种语言，拥有万卷书，都能熟记在心，这样的父亲可能就会指望你至少做到熟悉自己课本里的内容。圣·约翰先生怎么也不明白：自己的孩子怎么就不能在历史、法语或数学方面做到出类拔萃呢？他深信，一定得让厄尔梅加德做到学习好，尽管她老记不住东西，在学校里老被惹得眼泪汪汪。

“难道你就不爱你爸爸，爱他胜过世上的一切？我最爱的就是我爸爸！”萨拉大声道。厄尔梅加德听了这话，嘴巴微微张开。她知道，要是她说自己从来没有想到过她能爱自己的父亲，那就不像一个高级学校里受人尊敬的女学生了。此时她确实觉得难堪极了。“我——我连见他一面都很难，”她结结巴巴地说，“他老在工作，要不就是在书房里看书。”

“我爱我的爸爸，十倍于世上的一切，”萨拉回答道，“所以我才整天感到孤独。即使交上你这样的朋友，可能很多时候我也会感到孤独的。你知道，我的爸爸离开我好长一段时间了。”她把头垂到膝盖上，一动不动地坐着，不让自己的孤独感表露出来。印度离伦敦老远、老远，她早已开始想念自己的父亲了。

# 第二章
# 贝基

虽然萨拉不停地思念自己的父亲，但在明卿女校里的生活很快就过去了好几年。她很快就在学校里交上了许多朋友。她待人友好、大方，自己的东西和特殊的待遇都慷慨地与别人分享。她对比自己年幼的孩子怀着一颗慈母般的爱心，从不嫌她们年幼而不与她们往来或者戏弄她们。她很快就博得初级班全体学生的崇敬，被尊为女神，并成了小洛蒂·利的“养母”。大多数年龄大点的女孩子都嫌洛蒂岁数太小，太娇气，太烦人了。萨拉穿着漂亮的衣服，又受到大家的爱戴，引起了几个年龄大点的女孩子的妒忌。但是她们不得不承认，这个小公主行为举止十全十美。萨拉长得很迷人，待人接物始终彬彬有礼。她说起“请”和“谢谢你”来轻声细语，表达了对周围人真挚的感情。

萨拉学起功课来领悟得很快，对同学又慷慨，又友爱，受到老师们的称赞。当然啰，明卿学校的大人们都知道萨拉非常富有。所以哪怕是萨拉干了件微乎其微的小事，在他们看来都是件大德行。如果萨拉没有良好的思想意识，没有聪明的脑子，她很可能成为一个洋洋自得、娇纵任性的小姑娘。幸亏她对自己和周围环境的许多真实情况都一清二

楚。“世上发生的事往往很偶然，”一天，她对厄尔梅加德解释说，“碰巧我喜欢上学习和看书，碰巧我学了就记得住；还有，如果你想要的东西全都有了，而且人人对你又非常好，那你不就自然而然变得好脾气、讨人喜欢吗？”

萨拉确实又聪明，又肯学，对明卿女校的大多数事情都能应付自如。但是说到萨拉所具有的天赋，最大的倒不是她经常在课堂里所表现出来的那些。她所具备的最大才能是她不但讲起故事来有声有色，而且样样事情一经她讲出，无不成了奇妙无比的大事，不管这些事是真实的，还是出于想象。她讲起故事来能让其他人听得如痴如醉，而她最爱的就是讲故事了。时间一到，女孩子们急不可耐地到萨拉的房间里去听她讲故事。她们可以坐在暖和的壁炉前、软软的地毯上和坐垫上，心醉神迷地听着，四周是萨拉的书本和图画。每当萨拉坐在或站在一圈听故事的人中间，讲起自己编造的种种奇妙的故事来，她的绿眼睛就会变得越来越大，腮帮子通红，讲着、讲着，达到忘我的境界。这时候她便表演起来：声音或高或低，肌体富有表情，手舞足蹈，使自己讲的故事听起来美妙动人，发人深省。她忘了她只是在讲故事，仿佛自己就生活在自己讲述的那些童话人物、那些国王、王后之中，跟他们一起历险。

在这些故事中，她最爱讲到她父亲在信中提到的钻石矿。父亲跟萨拉说，他小时候的一位同学，是他的好朋友，意外地到印度来看望他。这人拥有一大片土地，发现地下有钻石，但要开发这些钻石矿他的钱不够。克鲁上尉答应与这位朋友合伙投资开发钻石矿。两个人都深信这些钻石矿最终会给他们俩带来的财富大得令人头昏目眩，难以想象。在几封信里，萨拉的父亲对这事也流露出怀疑和担心，因为他已把全部的钱都投给了这位朋友来开发这项新的事业了。但是，他信任这位事业合伙人，萨拉和他一样，对钻石矿的主意都想得入迷了。在她所讲的钻石矿的故事中，萨拉有声有色地描绘了地底深处那一条条迷宫般的巷道，巷道的墙上和顶篷上都缀满了各种璀璨夺目的宝石，听起来简直是在讲《天方夜谭》里的故事。

一天下午，正是吃茶点的时候，一班同学正围着萨拉，听她讲那些动听的故事，一个小女仆进了房间。她拎着一桶煤，这么重的煤，她这样小小的手拎起来实在太吃力了。她一边往萨拉的壁炉里添煤并清除炉内的煤灰，一边津津有味地听着萨拉讲美人鱼的故事。这些美人鱼生活在深海下铺着金沙的洞穴内，海水晶莹澄澈，发出柔和的、蓝莹莹的光辉。这位小女仆跪在炉前，全神贯注地听着、听着，忘了手中的活儿，直到那新添上的煤发出的嗞嗞的声响惊醒了她，这才急匆匆地跑出房间。

当天晚上，萨拉问自己的侍女玛丽埃塔，知不知道那个照管炉火的女孩是谁。“那个孤苦伶仃的可怜虫，她名叫贝基。”玛丽埃塔答道，“除了照看炉火，还有许许多多的事她都得干。她整天忙着在楼上楼下擦亮炉子，添煤。她要擦地板、揩窗子，还要干厨子和其他人差她干的活。我想，她十四岁了，可从来没吃饱过肚子。所以看起来无论是个儿还是模样都比不上十二岁的娃娃。”

萨拉发誓要设法帮助贝基。这事做起来比她所想的要难。贝基很胆小，尽量避开任何人，不与他们接触——尤其是寄宿学校里的那些女孩子。萨拉注意到，每当有人跟贝基说话，这可怜的女仆那双担惊受怕的眼睛睁就睁得大大的，仿佛要从眼眶里蹦出来似的。大多数大人只有在使唤贝基干活时才跟她搭腔，所以即使她想说话，也没有时间。

贝基整天忙得不可开交，萨拉怎么也捞不到与她说话的机会，更不用说问她怎么帮她了。终于有一天，萨拉碰上了好运。晚饭后，萨拉回到自己的房间，发现贝基在炉前的扶手椅上睡得很香。她看起来累坏了，已筋疲力尽，萨拉不忍心唤醒她，便悄悄地在附近的地毯上坐下来等着。一块烧得通红的煤“砰”的一声落在炉架上，把贝基吓了一跳，惊醒过来。

“啊，小姐，小姐！”她慌乱中紧紧抓住自己的帽子，结结巴巴地说，“求你开恩，小姐。对不起，小姐！”[①]

“别害怕！”萨拉笑着安慰她，“没事儿，丝毫不碍事！”

“你不——你不生气吧，小姐？你不会去告诉女东家吧？”

“不会，当然不会。你能不能在这儿再多待几分钟？明卿小姐或厨娘会不会来找你？”

“这儿，小姐？我？”

① 以下贝基的说话中，作者为表示贝基没有文化，用了不少不符合英语规范的说法。

萨拉跑到门口，朝外望了望，仔细听了听。“附近没有人，”她解释道，“如果你把自己负责的卧室都收拾好了，或许可以在这儿再多待一小会儿。我不想让你惹麻烦的。我想——或许——你可能喜欢吃块蛋糕吧。”

就这样，好心好意的萨拉请贝基吃了茶点。过了半小时，贝基下了楼，这时的她与那个拎着沉重的煤箱、踉踉跄跄上楼的小姑娘已判若两人。她的口袋里装着另一块蛋糕。刚才在萨拉炉火前烤得暖暖的，这时她的脸颊还留着余温，这女孩子的想象天地里还活跃着美人鱼的形象。萨拉已把上次贝基没听完的美人鱼的故事给她讲完了。

从此以后，贝基一有机会就忙里偷闲去萨拉的房间里吃茶点，并断断续续地听萨拉讲了一些新的故事。贝基裙子下面有只老式口袋，腰上系着一条带子，口袋里往往装了好吃的东西。萨拉生活中又多了一件乐事，多了一个目标，那就是寻找能打成小包放在贝基口袋里的东西，像野餐时吃的食物——肉饼、松糕一类的东西。为了实现这一新目标，她跑遍了城里的大街小巷。最后，贝基终于不再感到饥饿和劳累，煤箱也不再重得可怕了。而令她感到更美好的是萨拉为她那苦难重重的年轻生命提供的那些故事和友情——帮助、安慰和笑声。

## 第三章

# 难忘的生日

萨拉十一岁的生日快到了，克鲁上尉在给女儿的信中提到两件令他操心的事：首先是他计划要保证做到他女儿的生日过得最最好——此事看来他是满心欢喜而念念不忘地做了；第二件事——有关钻石矿的事——看来为此他心事重重。此外，他还重病缠身：印度沼泽热病害得他起不了床，只感到浑身疲劳无力。

在萨拉最近一封给父亲的信中——就在她生日的那天上午写的——她希望他百分之百健康。父亲在上一封信中问她对他在巴黎为她订购的那个新洋娃娃作为生日礼物满不满意，她在自己的信中作出了回答。

“我这就要长大成人了，”在这隆重的场合，她对父亲道出了自己的想法。“你知道吧，过了十一岁的年龄，我已是大人，再不能要洋娃娃了，所以从这个意义上来说，以后我再也不能接受送我的洋娃娃了。你要送我的那只洋娃娃无疑是我最后的一只洋娃娃。得到最后一只洋娃娃是件严肃而神圣的事。要是我能够写诗的话，我相信‘最后的洋娃娃’这样的诗肯定非常优美。可是我写不了诗。我试过，可

是写出来的诗糟透了，让我感到好笑。爱米丽的地位是无论谁都无法取代的，因为她是我在明卿学校得到的第一个洋娃娃。不过我会十分尊重你送的新的‘最后的洋娃娃’，而且我敢肯定学校里的其他女孩子都会喜欢跟它玩的。她们都喜欢洋娃娃，尽管当中有些大一点的女孩——快满十五岁的——假装已经长大，不再需要它们了。”

萨拉给亲爱的爸爸写好信，封好信封后，就下楼去参加自己的生日聚会了。当萨拉走进悬挂着冬青树的教室，她俨然成了一支队伍的领头人了。明卿小姐穿上最华贵的丝绸长裙，牵着萨拉的手走进去。那个装着“最后的洋娃娃”的盒子由一个男仆捧着，跟随其后，第二只礼盒由一名女仆捧着。而在队伍的最后是贝基，她捧着第三只礼盒，身上围着一条干净的围裙，头上戴着一顶新帽子。

“听我说，诸位小姐，我有几句话要对你们说。”明卿小姐说了起来，同时看了看来参加萨拉生日聚会的女学生们，“小姐们，你们很清楚，今天萨拉已经十一周岁了。你们当中有几位同样也已十一岁，可是萨拉的生日与别的小女孩的生日不可同日而语。等她再大些，她会拥有很大一笔财富，如何有价值地用好这笔财富将是她未来的职责所在。”

萨拉一听，觉得浑身热烘烘的很不自在。每当明卿小姐一提到钱，不知怎么的她就会对这个女人生出一股恨意——自然啰，恨年长的人有失体统。

“当时萨拉亲爱的爸爸克鲁上尉将她从印度送到这儿托我照管，”明卿小姐接着说道，“他就以玩笑的口气对我说：‘说不定萨拉日后会很富有的，明卿小姐。’我回答说：‘克鲁上尉，萨拉在我的学校所得到的教育，将给那笔极大的财富锦上添花。’”明卿小姐的话会没完没了吗？“如今萨拉已经是我培养出来的最十全十美的女孩了。”说到这里，明卿小姐的声音变得低沉而单调起来，“她的法语和舞蹈是我的学校的一大骄傲，她的风度完美无双。你们受邀参加今天下午的聚会，足以表示她是友善可亲的。我希望诸位对她的慷慨表示感谢，希望你们齐声高呼：‘感谢你，萨拉！’以表达大家的感激之情。”

教室里所有的人都站起来了。“感谢你，萨拉！”大家齐声喊道，洛蒂兴奋得蹦蹦跳跳起来。

一时间萨拉看上去有点不好意思。她行了个屈膝礼——表现得优雅之极。“大家来参加我的生日聚会，我表示感谢。”她答谢道。

“你表现得实在非常出色，萨拉。”明卿小姐夸道，“好了，我要走了，你们尽情玩乐吧。”

只要有明卿小姐在，学生们就觉得有种魔力使她们感到拘束和不自在。她刚快步离开教室，转瞬之间这种魔力立即消遁了。于是大家都向那几个装着生日礼物的盒子涌了过去。萨拉兴高采烈，笑容满面，在第二个盒子上俯下了身子。“这些都是书，我一看就知道是书。”她说。

“你爸爸送书给你做生日礼物？”厄尔梅加德惊恐地问，“哎哟哟，他跟我爸爸一样差劲。不要打开，萨拉！”

“我可喜欢书哩。”萨拉笑着说，不过她还是转身到了那个最大的盒子跟前。她把“最后的洋娃娃”抱了出来。洋娃娃美极了，孩子们惊呆了，她们屏住呼吸，后退几步，细细端详起来。

“她差不多跟洛蒂一样大。”

“她身上穿的是演出服！披风衬里子是真正的丝绸做的！”

“这是她的衣箱，咱们打开来看看她有哪些衣服和别的东西！”

萨拉在地板上坐下，扭动钥匙，从衣箱里拿出一只只抽屉，露出里面装的东西。教室里从来没有出现过这样喧闹的场面。箱子里的衣服的衣领都镶着手工花边，里面还有长筒丝袜和微型的绣花手绢。有一只首饰盒，里面有一串项链、一顶冕状头饰，都是洋娃娃用的，看上去是用真正的钻石点缀而成的；有好几套手工缝制的服装，供参加舞会、室外散步和出门做客时穿的；还有一些帽子、茶会装与扇子，一副蓝色和黄金色的珐琅观剧镜！

“设想，”萨拉说着，给“最后的洋娃娃”头上戴上一顶黑色天鹅绒大礼帽，“设想她能听懂我们的谈话，并且因为得到赞美而骄傲。”

“你老是喜欢设想的。”她的同学拉维尼亚刻薄地奚落道。

“这我知道，”萨拉答道，“我喜欢设想。‘设想’比什么都要美妙，简直像乐意帮助别人的仙女一样。要是你尽心尽力去设想，结果就会像真的一样了。”

“要是你什么也不缺，尽可以去设想。”拉维尼亚由于对萨拉的洋娃娃眼红，不由得不怀好意地说，“要是你是个叫花子，待在阁楼里，你还能设想和想象吗？”

萨拉不再整理“最后的洋娃娃”的鸵鸟羽饰，陷入了沉思。“我相信，我还是可以的，”她回答说，“要是我是个叫花子，那更得随时设想和想象，只是做起来确实有点难。”

她刚刚说完这句话——正好就是这个时刻——明卿小姐的妹妹艾米丽亚小姐进了教室。此后萨拉常常想，这真是太奇怪了。“萨拉，”艾米丽亚小姐说，“你父亲的法律顾问刚来拜见明卿小姐。由于她一定得单独与他谈谈，茶点已经在我们的客厅里摆好了，你们这些女孩子现在就过去受用，这教室得让给他们来交谈。”

## 第四章

# 丧父的孤儿

明卿小姐与巴罗先生交谈完后，出了教室，这时她的脸色死一样的苍白，显得非常非常生气。“萨拉·克鲁在哪里？”

“怎么了？她自然和孩子们在咱们的客厅里。”艾米丽亚小姐被问糊涂了。

“在她那些华丽的衣服里有没有一件黑色的连衣裙？”她用的是怪异而嘲讽的口吻问。

“黑色连衣裙？”艾米丽亚小姐结巴起来，“黑色的？”

“她什么颜色、什么式样的衣服都有，就没有黑色的？”

艾米丽亚小姐的脸色发白了。“有！”她战战兢兢地说，“可她穿起来太短了，她只有一件旧的黑色天鹅绒，她人长高了，不能穿了。”

“去，让她把那件粉红色宴会装脱下来，换上那件黑的，管它太长还是太短，从今往后萨拉·克鲁再别指望讲排场了！”明卿小姐草草地说道。

艾米丽亚小姐绞着手，哭了起来。“哦，亲爱的姐姐！”她呜咽着，“到底是出了什么事？”

明卿小姐倒也说得干脆。“克鲁上尉死了，”她道出了原委，“死后分文也没留下，他无亲无故，那孩子再也没人照看了。咱们那个被惯坏了的寄宿生成了孤儿和叫花子，成了咱们手中的大包袱了！”

艾米丽亚小姐一屁股重重跌坐在离她最近的一张椅子上。

“她这次生日让我白花了好几百英镑的钱。”明卿小姐怒气冲冲地说，“还以为他会把钱还给我哩！现在倒好，她欠下的钱一文也别想要回来了。去，马上让她那个荒唐的聚会停下来。马上让她把衣服换掉！”

每当她的姐姐用那种语气说话，最好的应付办法就是一声不吭，乖乖地听从吩咐。艾米丽亚小姐悄悄地出了房间，让大厅另一边的聚会停下来，并把克鲁上尉的事告诉了萨拉。

几个钟头之后，萨拉被明卿小姐召进了客厅。这时明卿小姐的脸变成了不折不扣的长方形，神情严厉冷酷，这是她一贯的尊容。这时候，在萨拉的心目中，那生日聚会已是一场梦，一场多年前做过的梦，或多年前发生过的事，而且是发生在另外的女孩身上。萨拉站在明卿小姐跟前，脸色苍白，但没有流泪。她的眼圈黑黑的，紧闭嘴巴，像是希望不想让人看出自己受过而且现在正在受着多大的痛苦。她已换上了黑色天鹅绒的衣服。衣服太短、太小了，一双细腿露在裙下，显得又瘦又长。由于找不到一条黑色的发带，她厚密的、黑油油的短发松散地在脸旁垂下来。她的一只手臂紧紧抱住爱米丽。爱米丽身上也裹着一块黑料子。

“把你的洋娃娃放下，”明卿小姐命令道，“你带着它到这儿来干吗？”

“我不会放下，”萨拉勇敢地答道，“现在我只有爱米丽了。她是我爸爸留给我的。”

“以后你在学校里再也不会有时间摆弄洋娃娃了。现在你是救济的对象。你得干活，做个对这里有用的人。”

萨拉那双大眼睛死死地瞪着明卿小姐，但一声不吭。要是这时候萨拉哭哭啼啼，或抽抽搭搭，显出害怕的模样，明卿小姐说不定心肠会软下来。因为总的来说，她是个喜欢操纵他人的女人。可是她看着萨拉那苍白、坚毅的小脸，只觉得自己的权威受到了蔑视。

“别再神气十足了，大小姐。”明卿小姐怒斥道，“那种日子已经过去，你在这里再也不能过小公主的生活。你的马车和矮种马要被卖了。侍女也得打发走。你要穿上最破旧、最普通的衣服——别的衣服你再也不配穿了，都要卖掉。从此你成了另一个贝基——要吃在这儿，要住在这儿，那你得干活。往后你就住在阁楼里，贝基隔壁的那一间。学校里的人谁都可以差你干活。你除了在教室里教那些初级班的小姑娘的功课，还要跑腿干杂差，下厨房帮工。要是干得不称我的心，就给我走人。这些话说得够清楚的了，随时记住我说的话。现在你可以走了！”

萨拉望着眼前这个无情的女人，一动不动站了一小会儿，然后转身要走了。

“等一下，”听明卿小姐说话的口气，她这是让萨拉站住别走，“你不打算感谢我吗？”

“谢什么？”萨拉轻声问。

“谢我对你仁慈，谢我念你无亲无故，仁慈地让你有个家。”

萨拉向这个折磨自己的人走近两三步，瘦小的胸口起伏着，用一种奇特而严厉的语调说：“你一点也不仁慈！这里根本算不上是家！”她说完转身奔出房间，明卿小姐来不及作出别的反应，只能呆呆地、愤怒地瞪着她离去的身影。

第五章

# 阁楼里的生活

这个从此成了孤儿的女孩子爬上两段楼梯，只见她身穿过短的黑衣服，与数小时前穿着过生日盛装的女孩已判若两人。她觉得似乎正在远离这个世界，把另一个女孩生活过的世界留在了身后，那女孩已经不再是她自己了。当她到了阁楼上的那个房间门口，打开门的时候，她的心受到一点小小的撞击，不免有些沮丧。这里便是她的新家。

是的，这确实是另外一个世界。房间的屋顶是倾斜的，如果她想直立，那只能站在一边，另一边不行。天花板虽然刷过石灰，但已肮脏不堪了，很多地方的灰泥都已脱落。一张旧铁床，床垫硬邦邦的，像石头，铺着一条褪了色的棉被，薄得冷天不能御寒。从屋顶的天窗望出去，只有一角灰蒙蒙的昏暗天空，其他什么都见不到，天窗下放着一条破旧不堪的红色矮凳，一张旧桌子。

萨拉在又硬又冷的地板上坐了下来。她没有哭，却让爱米丽横躺在膝盖上，低下脸偎依着自己的洋娃娃。她用手臂环抱膝盖，就这样坐着，脑袋靠在洋娃娃黑色的丧服上，一言不发。晚上很迟的时候，贝基上楼来发现她还在地板上待着。她为萨拉送来几样吃的东西，那都是她自己的晚饭——几片藏在衣服内

口袋的碎面包。

萨拉的生活突然发生了变化。“她必须这样生活下去。”明卿小姐搬出自己的一套理论对艾米丽亚小姐说，“应该马上教她知道，她能指望得到的是什么。”

“今天上午你就得开始履行新的职责了，萨拉，”第二天吃早餐的时候，明卿小姐教训她说，“你就坐在那张小桌子前，和年龄小一点的孩子们一起。你得让她们保持安静，而且一定要负责做到让她们守规矩。最重要的是看好她们不浪费食物。今后你得早些下楼来了，安排好饭桌。拿条毛巾来。你看洛蒂都把茶打翻了。”

此后每天交给萨拉干的活儿越来越多。假如她不是十一岁，年纪再大点，明卿小姐早就会叫她去教大些的女孩了，这样女校长就能够辞掉一位得付工钱的女教师。让萨拉来代替，她就让萨拉白干。这样就可以省下一笔工钱。可是萨拉还是个小孩子，并且模样看起来也小，还不能把上课的事交给她。倒不如让她当个高级小杂工，样样活都要干，就像不用付工钱的女佣，这样作用更大。普通干杂活的男童不会有萨拉那样聪明可靠。这样，一些困难的事儿可以放心地交给萨拉去办，让她传递复杂的口信也没问题。还可以让她去办别人不愿干，或没时间干的事儿，甚至还可以差她外出支账单。她可靠、负责，既可把这样重大的事托她去办，而像打扫房间，整理东西这样需要技术的活儿也可让她去办。

过去萨拉的时间都花在课堂学习上，现在再也谈不到她自己的学业了，明卿小姐什么都不让她学。她整天被人使来唤去，跑前跑后，忙忙碌碌劳累了一天之后，才被允许进入教室。这时已是夜里，她孤单单地坐在一堆书旁边，自个儿用功。有时候她对着笔记本，看着看着竟睡了过去。

萨拉只有在被差去教那些低级班的孩子功课或吃饭的时候，才见到从前那些同学。她没有真正的机会跟同龄的女孩子说说话。她不得不过着与其他女学生完全不同的日子。这正是明卿小姐要她过的日子。她身上穿的衣衫越来越褴褛，脚上的旧鞋前后露出一个个破洞，因而在学校里与她同龄的女孩子眼中，她就是个仆人。到头来她的衣衫实在破烂不堪了，明卿小姐便命令她待在厨房里吃饭。总之，萨拉被看作是无人疼的孩子。她变得越发痛心，但她心高气傲，不愿招惹是非。

“军人是不会抱怨叫屈的，”她紧咬着自己小小的牙关说道，“我也不想抱怨叫屈，我要把这假设是在打仗。我是被关在敌人集中营里的囚犯。我也是被关在巴士底监狱[①]里的囚犯！”但是也有时候，这小孩子的心似乎随时就要因孤独与劳累而破碎了。

在萨拉的生活中若是不出现这三个人，她的心很可能真的要碎了。一个是贝基，她就住在萨拉的隔壁——她是萨拉想象中的那臭名昭著的法国巴士底监狱里的难友。第二个是厄尔梅加德。晚上，等大家都睡了，她便偷偷地上萨拉的阁楼来与萨拉做伴。第三个便是洛蒂，有天下午她找到了萨拉在阁楼上房间，一见萨拉的新家这样糟糕，差点没哭出来。

“萨拉！”洛蒂惊讶得嚷起来，“萨拉妈妈！”

萨拉从天窗口跳了下来，向这小姑娘奔过去。“请别嚷，别闹出声响来，”她求道，“要是被人听见，我可要挨骂了。我今天整天都挨人骂。这里——这房间不算糟糕吧，洛蒂？”

“还不糟糕？怎么不糟糕呢，萨拉？”洛蒂低声问。

萨拉把她紧紧抱住，竭力想笑起来。洛蒂那胖嘟嘟的幼小身躯暖暖的，令萨拉感到一种慰藉。这天萨拉过得非常艰难，她刚才双眼满含着热泪坐在天窗上正凝视着窗外。

“从这里你可以看到许许多多东西，在楼下是看不到的。”萨拉解释说。

“什么东西？”洛蒂像是新发现了什么，好奇地问。就是那些年纪比萨拉自己还要大些的女孩子，她也有办法挑起她们的好奇心，而像洛蒂这样的小家伙更不用说了。

“烟囱——离咱俩很近很近——冒出来的烟像花环和云雾，飘向天空。屋顶上的麻雀也在那蹦蹦跳跳，叽叽喳喳，跟人一样说个没完，还有别的阁楼的天窗，也和我的一样。让人感觉自己站得老高、老高——像是在另一个世界。”

“噢，让我来看看，”洛蒂嚷了起来，“抱我上去！”

---

① 巴士底监狱：原为巴黎一古堡，用作国家监狱，以狱规残酷而闻名。1789 年法国大革命时为群众所毁。

萨拉抱她上去，她俩一起站在那张旧桌子上，靠着屋顶扁平的天窗的边上眺望起来。看起来天空比在伦敦大街上离人近多了，这令洛蒂很着迷。

“清晨的曙光悄悄透过窗子照进我的房间，”萨拉又夸起来，“我能在床上躺着，直接看到天空。太阳快出来的时候，粉红色的小云朵在空中飘浮，我感到似乎可以触摸到它们。要是下雨呢，滴答、滴答的雨点儿，好像在给我讲一些美妙的故事。还有，要是晚上有星星，你能躺着数数，天窗外那一片夜空里的星星有多少颗。你看，这小房间确实美。”

“噢，萨拉！”洛蒂喊起来，“我也愿意住在这儿！”

两个姑娘在房间里转了一圈后，萨拉便劝洛蒂下楼去，免得被明卿小姐发现洛蒂不在。送走了洛蒂，萨拉站在阁楼房间中央又一次环顾周围。她为洛蒂所想象出来的那些迷人图景已消失殆尽。唯一真实的是：洛蒂来了，又走了。这反而使情况变得更糟糕了些——好像是探监的人来了又走了，丢下坐牢的人待在狱中，感到分外难受。“这是一个孤寂的地方，”萨拉自言自语道，“有时令人感到这里是这世上最最孤寂的地方。”

第六章

# 印度绅士

一个冬天的早晨，萨拉出了学校，第一次外出办事。她突然看见驶来一辆搬家的大型货车，在学校隔壁的一幢排屋前停了下来。房子的前门跟着打开了，几个穿得很随便的人搬着沉重的箱子和家具，进进出出。

萨拉以为，她只要一看从大车上卸下的家具，就能猜出这些买房子的人的一些情况。“明卿小姐的桌椅板凳就跟她这人一个样，”她心想，“记得我第一次见到她时，我就有这想法，虽然那时我还只有七岁。我把这想法跟爸爸说过，他听了好一阵大笑，不过他也认为我说得不错。”

接着萨拉看到一些东西，有似曾相识之感，令她怦然心动——那是一张雕花的柚木桌子，很漂亮，还有六张与桌子相配的椅子以及一座屏风，上面绷着华丽的东方[①]刺绣。在印度时，她曾见过许多类似的东西。现在在伦敦的街头，看到这些东西，她感到不可思议，一种思乡之情油然而生。明卿小姐从她那儿拿走并卖掉的东西中就有一件雕花的柚木书桌，那是父亲送给她的。这张被搬进房子里的桌子令她联想到那张书桌。

“这些东西可真好看，”她说，“这样的家具只有高雅的人家才配有。所有的东西看上去很华丽，很值钱。想来隔壁新搬来的人家一定很富有。不知道他们家有没有孩子。”

搬家的大车来了一辆，卸下东西，开走了，接着又来了一辆，来来往往忙了一整天。

①指印度、阿富汗等亚洲国家和地区。

有几次恰好让萨拉碰上了，有机会看到搬进去的东西。明摆着，她猜得没错：新搬来的人家相当有钱。家具全都做工考究，漂漂亮亮。显而易见，很多还是从东方买来的。搬进去的地毯、织物和饰物美极了，还有许许多多的图画和书籍。单单图书就足够办个大图书馆了。其中萨拉还看到一尊精致的佛像，装在华丽的神龛里。

“这家一定有人在印度待过，”萨拉想，“他们惯用印度的东西，也喜欢印度的东西。隔壁搬来这样的人家真叫我高兴。我准会觉得他们像朋友似的，即使我与他们永远也见不上一面。”

这时，驶来一辆马车，从萨拉站着的地方附近驶过去，径直停在寄宿女校对面的房子前。那是“大家庭”的家，车也是“大家庭”的车。萨拉赶忙转过目光打量“大家庭”的大门。指望看到令人高兴的事。

萨拉自然不知道她所说的“大家庭”的真名实姓。她之所以这么称呼他们，并不是这家人都是大个子。事实上，他们大多都是小孩子；她称他们为“大家庭”是因为那所大房子里住着许多人。除了爸爸、妈妈、奶奶外，还有八个小孩。此外房子里还住着保姆和仆人。

经常有人带这八个孩子去散步或坐车，傍晚的时候他们往往跑到大门口迎接爸爸归来。要不就挤挤挨挨在儿童室窗口张望，有说有笑。事实上，“大家庭”的人一直都干着快快乐乐的事，干些适合一个又大又有钱的人家情趣的事。

萨拉很喜欢观察他们，甚至给这八个孩子都取了名字——都是从书本中挑出来的、浪漫色彩很浓的名字。她不说他们“大家庭”时，便叫他们为“蒙特莫伦西”[①]一家。她管那个头戴花边帽的胖娃娃叫埃塞尔伯塔·比彻姆·蒙特莫伦西；管那个刚学会用两条圆滚滚的小腿蹒跚学步的小男孩叫西德尼·塞西尔·维维安·蒙特莫伦西。接下来，依次为利莲·伊万杰琳、莫德·马里恩、罗莎琳德·格拉迪斯、盖伊·克拉伦斯、维罗尼加·尤斯塔西亚和克劳德·哈罗德·赫克托。

这时候他们家的大门前就停着辆马车，萨拉以为，有几个蒙特莫伦西的孩子这就要出门参加儿童聚会去了。女孩子都身着饰有花边的白色连衣裙，系着漂亮的腰带，外面罩着暖和的外衣，从屋里奔出来，坐进了马车，吵着争着要坐最好的位置。盖伊·克拉伦斯跟在后面慢慢出来，因为他还只有五岁左右，一只手小心翼翼拎着一只小小的、用纸包着的礼物。

萨拉正想着：这个盖伊·克拉伦斯长得真叫招人爱，可爱的圆脑袋上长满卷发。她没有意识到盖伊·克拉伦斯刚才也注意到她身上穿着破衣烂衫站在那儿。盖伊·克拉伦斯一准认定萨拉在挨饿。他不知道她真正向往的是他家里那温暖、美好的生活。他看到的只是萨拉瘦削的脸庞、细小的双腿、凝视着的眼睛和破旧的衣衫。所以，他伸手从口袋里掏出一枚崭新的六便士硬币，递给了她。这六便士是他圣诞节得到的全部的钱。“拿着，可怜的小女孩。”他说，“这里有我的六便士钱，送给你。”

萨拉一下子就明白了，原来在盖伊·克拉伦斯看来，她已跟此前自己看到的那些穷人家的孩子一模一样了。那时父亲还活着，他站在人行道上等着她从马车里出来时，她常常看见那样的穷孩子。那时她也多次给他们一些零钱。萨拉的脸涨得通红。一时间她感到自己似乎不能从这可爱的小手中接过这六便士。

“啊，不！”她大声道，“哦！不，谢谢你。可我真的不能要！”

可是盖伊·克拉伦斯出于一片好心，他说什么也不会就此罢休，硬是把那六便士硬币塞到了萨拉的手里。“不行，这钱你得拿着，可怜的小女孩！”他语气坚决，“拿它买些吃的。这可是整整六便士哩！”

他脸上的表情非常真挚，令人感动，要是萨拉不拿这钱，看来那真的会让他伤心极了，萨拉意识到这钱不能不拿。要是再表现得那么心高气傲，对盖伊·克拉伦斯可就太残酷无情了。

---

① 蒙特莫伦西是英国幽默作家杰罗姆·克·杰罗姆(1859 ~ 1927)的代表作《一条船上的三个人》(1889)中一条狗的名字。

“谢谢你，亲爱的先生，”她亲切地说，“你是个心肠极好、可爱又慷慨的小孩子。”盖伊·克拉伦斯高高兴兴地钻进马车后，萨拉匆匆忙忙回寄宿学校去了。她尽量想笑起来，但眼睛里噙满了泪水。此前她觉得自己古怪，衣衫褴褛，怎么也没有想到在人家眼里自己已成了叫花子了。

这天忙完了事，贝基发现自己这个“巴士底监狱”的难友待在阁楼那小囚室里用一根细带缠着一枚崭新的六便士硬币。

“你这是干吗？”贝基问。

“这是件纪念品。我要用它做条项链。”萨拉简单地做了回答。

“小姐，隔壁新搬来一位印度绅士。”贝基是位女佣，所以说起话来满口方言，听来怪怪的。她看着萨拉用细带把硬币缠绕起来。“他挺有钱，可害着病，你说的那个‘大家庭’的父亲是他的法律顾问。他遇到了一大堆麻烦事儿，害得他病病恹恹，垂头丧气的，情绪坏透了。他敬那些个菩萨哩，小姐。我就见到他家搬进一尊菩萨，供他拜的。这菩萨是男的，穿一件长袍儿。”

萨拉听了这后一条消息，轻轻一笑。“我认为他不会拜你见到的那个菩萨，”萨拉答道，“有的人藏着菩萨是为了作摆设，因为那些雕像很好看。我爸爸就有一尊，可是他就不拜。他认为那玩意儿很有意思。”

贝基认定了这个新邻居爱拜菩萨，是个地地道道的异教徒。因为这听起来至少要富有传奇色彩得多。谁愿意相信这么一个从大老远印度来的绅士只是个寻寻常常的绅士？人家生在英国，回到伦敦会拿着本祷告书去教堂做礼拜？“我压根儿没跟异教徒做过邻居，小姐，”她激动地说，“我倒想看看这位绅士是怎么过日子的。”

## 第七章
# “巴士底监狱”里的公主

“做这个巴士底监狱的囚徒倒也是件挺不错的事儿，”萨拉从阁楼的天窗探出头来，眼望着夜空，想道，“全寄宿学校只有我一个人才有这么一个房间能看到伦敦落日的美景。”

当广场上的灯光神秘地亮起来时，萨拉知道，这时候头顶高空上正发生奇妙的事。只要可以脱身而不为人所觉察，不被叫回，她就会悄悄离开厨房，爬上阁楼，登上那张旧桌子，打开天窗，尽可能把头和身子探出窗外。到了这时候她便深深吸一口气，极目四望起来。这时候，整片天空，整个世界的上空都属于她了。再没有别的人能通过他们阁楼的窗户，像萨拉一样，望得那么远。

萨拉独自站在窗前，有时候抬头仰望蓝天，只觉得蓝天对她异常亲切，近在咫尺。有时候眼望西边的天空，那边发生种种奇妙的变幻——朵朵云彩或浮游，或随时化成粉红、深红、

绛紫或淡淡的鸽灰色。有时候萨拉觉得，云里有的地方似乎可以去奔跑、攀登或站立片刻，等着美景出现，最后，一切消融殆尽，她便飘然回到地面。在萨拉看来，再也没有比她立在桌子上、半个身子探出窗外所见到的景象更美的了。在柔和的落日下，她周围屋顶石板瓦上的麻雀在叽叽喳喳地欢叫。

那位从印度回来的英国绅士和他的仆人搬到隔壁的房子几天后就出现过这样壮丽的落日美景。萨拉做完了下午厨房里的活，可以悄悄地溜走，回到阁楼上了。她爬到窗口前的桌子上，向西边的天空望去。这是个奇妙的时刻。空中布满团团金色浮云，光彩夺目，像潮水般翻滚着，汹涌着，席卷整个世界。天空中闪烁着艳丽的深黄色光芒，伦敦屋顶上飞翔而过的鸟儿，在这黄光衬托下，显得影影绰绰。

“这是个辉煌壮丽的时刻，”萨拉暗自低声道，“看得我几乎害怕起来了——担心会发生什么奇怪的事。每次看到壮丽辉煌的景象我无不有这种感觉。”

这时她听到离自己只有几码的地方，传来一个声音，她不禁转过身去。这声音怪怪的像一阵短促而尖锐的吱吱声，声音从隔壁阁楼天窗传过来。终于有人也像她那样来看日落了。从隔壁天窗探出一个脑袋来。头上缠着白头巾，是位印度人。数秒钟后一只猴子从天窗里探出来张望，方才萨拉听到的吱吱声则是只小猴子发出的。

萨拉首先想到的是，这人怀有思乡之情。她完全肯定，他上楼来是看太阳的，因为在英国难得一见阳光，他太想看到阳光了。在印度多的是阳光和温暖。萨拉隔着石板瓦朝他微微一笑，挥挥手。她知道，一个笑容，哪怕是出于礼貌点点头或一个微笑，对人也是一大安慰。

萨拉友好的目光对疲惫而沮丧的人向来非常有感染力。这男仆的整个表情都起了变

化。他也朝萨拉笑了，露出一口漂亮的洁白牙齿，亮晶晶的。那人也向萨拉挥手致意时，手中的猴子突然挣脱开来，跳到石板瓦上，待了一会儿，便跳进萨拉的房间里来。

萨拉看到猴子调皮的样子开心得哈哈笑了起来，但是她知道，要抓住这畜生可不是件容易的事。她便用印度话对那印度人说了起来。还好她还记得一些印度话，是小时候学来的。“请问，先生，你认为猴子能让我抓住，好归还你吗？”萨拉用印度话问。

一听对方说起自己最熟悉的话来，那人非常高兴，很快便作了自我介绍。首先，他对萨拉能说一口漂漂亮亮的印度话大大夸赞了一番。他说自己叫拉姆·达斯，是那位患病的英国绅士的仆从。猴子是只好猴子，不会咬人，不过抓住它不容易。这猴子不听话，一准儿会从她这位年轻的小姐手中逃掉。它蹦跳起来快得像闪电。拉姆·达斯了解这猴子，就像了解自己的孩子一样。这猴子有时很听拉姆·达斯的话，但不是始终都听话的。他说如果萨拉允许的话，他可以从屋顶过来，从天窗爬进她的房间，把这只不中用的小畜生抓住。

“你从屋顶能过得来吗？”萨拉问。拉姆·达斯点点头，开心地笑了起来。

“那就过来吧，”她说，“你那可怜的猴子这会儿满屋子东窜西跑，像是吓坏了。对啦，请允许我做个自我介绍——我叫萨拉。”

拉姆·达斯从自家屋顶过了萨拉家的屋顶，动作又稳又快，像是一辈子全在离地九十英尺的高空行走似的。他进了房间，恭恭敬敬对萨拉行了礼。猴子一见到自己的主人便吱吱尖叫起来。追了没多久。猴子显然是为了好玩才让他追了几分钟，很快便跳到拉姆·达斯的肩上，坐在那儿，伸出怪怪的、瘦巴巴的手臂抱住拉姆·达斯的脖子。

拉姆·达斯再次谢了谢萨拉的好心。萨拉见这印度人的目光迅速地扫了房间一眼，他已看到房间空空如也，但对萨拉说起话来像面对着的是位印度土邦的女儿。“这小坏蛋，”他拍了拍猴子，说，“看起来很调皮，其实并不坏，有时候还逗我的东家乐呢。要是自己的心爱的宠物跑掉了，丢失了，那准会让他更加伤心失望的。”

拉姆·达斯再次对萨拉行了礼，表示感激。然后钻出天窗，健步如飞地跑走了，动作之优美和敏捷不亚于刚才那猴子在石板瓦上施展出来的功夫。两位客人走了后，萨拉立在阁楼中间，想起往事来。想来何等的不可思议。不是吗，一小时前，她，一名听人差遣的小苦工，刚挨过厨娘的痛骂；可过去，人人都像拉姆·达斯那样恭恭敬敬对待她。这一切恍如梦中，全成了往事，一去不可返了。现状肯定无法改观。

萨拉一动不动立了几分钟，想着自己的未来。接着她的心中出现一个想法，禁不住双颊发红，两眼生辉。她因而挺直那纤弱瘦小的身躯，抬起了头。“任凭发生什么事，”她以向人挑战的口吻说，“有一点是不会变的。我穿着破衣烂衫，外表不像是公主，但我精神上仍然可以是公主。穿金戴银时当个公主固然容易，但在别人眼中，我虽破衣烂衫，

但对人仍然保持善良、慷慨和高贵，这更了不起。面对那些不仁慈和卑下的人我不会降尊而变得粗俗，因为他们不懂什么是更加美好的事物。作为公主必须随时都要彬彬有礼。她不应该变得像周围其他的人那样心胸狭窄。”

这位巴士底狱的囚徒认清了自己真正的内心特征后，便下了阁楼。每逢别的奴仆们学着明卿小姐的腔调对她吆喝时，她始终高高昂起头，彬彬有礼地回答他们。面对这情景，他们无不惊得目瞪口呆，不知所措。当天晚上，最后忙着准备晚餐时，厨娘也不得不对女总管承认：“瞧萨拉这孩子那样儿，一本正经的，多高贵，像是位白金汉宫[1]里的金枝玉叶。我知道，我没少对她发火，可萨拉就是不忘摆出有礼有貌的谱子，满嘴的‘对不起，师傅’、‘请费心，师傅’、‘请原谅，师傅’、‘能打扰一下吗，师傅’，到处说这些个客气话，像这是她的第二天性！”

① 白金汉宫：英国王宫，在伦敦。

## 第八章

# 四便士银币

冬天又冷又潮，伦敦的街头泥泞不堪，害得这种日子里大部分时间都在外面奔忙的人景况更糟。有几天浓雾迷漫，大白天也点上街灯。在这又冷又潮的空气中，萨拉呼出的气都凝结成一团团水汽。在这些日子里，对面“大家庭”的窗户始终透着温暖舒适，令人愉悦。那位印度绅士坐在寄宿女校隔壁的那座排屋的书房里，裹着毯子，面对着壁炉，火光令他暖和，映得他容光焕发。

户外的天气实在糟透了。但萨拉在一个特别糟糕的日子里还要整天出去办事。大街上寒风刺骨，道路泥泞，笼罩着阴沉、寒冷的迷雾。到处都是泥泞——黏稠而散发着恶臭的伦敦泥泞——泥水从萨拉那双薄靴的底部和鞋面的破洞里渗了进来。蒙蒙细雨早已湿透萨拉几层单薄的衣服，但她还得穿在身上。她加快步伐，免得身子冷得发抖。萨拉挣扎着穿过几条泥泞的大街后，她逼着自己想些别的事，好分分心，免得老感到饥寒交迫。

“设想我身上穿的是又干燥又合身的新衣服，”萨拉嘟嘟哝哝，自言自语，“设想我脚上穿的是双好靴子，大衣又长又厚，袜子是羊毛的，戴着手套，打着伞。设想——想我刚走近卖热圆面包的铺子时，在大街上捡到一枚没主的六便士硬币。设想我真的捡到了六便士，就可以跑进面包铺里，买六只热腾腾的面包，刚出炉的，一口气全吃下去。”

萨拉这番话是在过街时说的。满街都是可怕的泥浆——她几乎是蹚着泥浆过去的。她小心翼翼伸出脚，可还是没少遭罪。因为要选路，眼睛得看着脚下，留神别踩着泥浆。就在她低头——刚走到对面的人行道时，她看到路沟里有样东西在闪闪发亮。是一枚银币——一枚被多人踩过的小硬币，但还在闪着银光。不过不是六便士的，面值小些——只有四便士。

眨眼间这枚四便士银币就到了萨拉那冰冷的小手中。“哦，”她喘着粗气说，“是真的！就在我手中攥着！”接着她的目光从那只捏着银币的手上转过去，抬头看了看，她的目光落在正对面的铺子——那居然是间面包铺！只见一个快快活活、大脸盘红扑扑的慈祥女人正端着一盘刚出炉的圆面包，热气腾腾，往橱窗里放——这些圆面包又大又松，香气扑鼻，上面还缀着一粒粒葡萄干。

见了面包铺，加上那热腾腾的小圆面包，一时间萨拉几乎感到眩晕。这是因为愿望成真时的激动，也是因面包铺地下室窗口飘来热面包诱人的香气。萨拉知道，这笔钱她可以花。这枚硬币在泥水浆里肯定躺了有些时间了，街上人来人往，熙熙攘攘，哪里找得到失主？这只是一枚面值很小的银币，反正对大多数人来说，算不了什么。

“不过我得去问问面包铺里的女人，有没有丢过东西。”她大声说道。当她一条湿腿踩到面包铺大门前的台阶上，她看见了一件东西，禁不住停下了脚步。只见一个小家伙，境况比她还要惨——一个小女孩，看起来简直是一团破布，里面露出一双满是污泥、冻得通红而瘦小的光脚。那小家伙原想把全身都裹进破布里，没奈何，太短了，脚才露了出来。

这孩子一双大眼睛露出饥饿的神色，茫然地打量萨拉，同时身子朝台阶一旁挪了挪，好让萨拉过去。看来她似乎已习惯于给人让路了。一旦被警察发现，对方无疑会赶她离开面包铺，到别的地方去。

萨拉手里攥着四便士的钱币，问台阶上的孩子：“你饿不饿？”

“咋不饿？”女孩用那因寒冷而沙哑了的嗓子反问道，“我咋不饿？”

“你没吃过中饭？”

“啥中饭——早饭也没吃——晚饭也是。啥也没吃。”

“多久没吃东西了？上次是什么时候吃的？”萨拉问。

“不知道——今儿啥也没吃——没处要。要来要去啥也要不到。”

萨拉看到女孩后自己感到越发的饥饿，越发头昏眼花。可是那些古怪的小念头又在她脑子里闹腾开来，便默默地说起来。“要是我真的是公主，”她想道，“那我一定要与人同甘苦。因为公主们即使一贫如洗，又被赶下王位——也会与人同甘共苦的——如果她们遇到比自己更穷、更饿的人，也会与他分享自己的东西。圆面包一便士买一只。这点儿钱买来的圆面包不够两个人吃。不过比起什么都没有要强多了。”

“你在这儿等等。”她对小叫花子大声说罢，便进了面包铺。铺内暖和和的，香气扑鼻。老板娘正往橱窗里添更多的热气腾腾的圆面包。

“请问，大妈，”萨拉说，“你有没有丢了四便士——四便士的银币？”她把那枚不起眼的硬币递给了老板娘看。

老板娘看了看银币，又看了看萨拉——看了看那张冻僵了的瘦削的脸和那身破破烂烂的衣衫。“哦，老天爷，我可没丢！”她答道，“你捡到的？”

“是我捡到的，”萨拉说，“外面沟里捡到的，就在你家店铺前面的沟里。”

“那你就留着吧。硬币落在那里没准儿有一个星期了，天知道是哪个丢的。这可没法查。”

“我寻思先得问问你。”

“真不多见。”老板娘脸上立刻露出困惑，同时又露出关切和友善的神情来。“你要买些什么吗？”她一见萨拉两眼贪婪地在打量圆面包，便问。

“是的，大妈。请给四只小圆面包，”萨拉说，“一便士一只的那种。”

老板娘去橱窗，拿了几只面包，装进纸袋子。萨拉看见她装了六只。

“对不起，我说的是四只。”萨拉提醒她说，“我只有四便士。”

“今儿破例了，”那女老板眨了眨眼，显得十分的慈祥，“我敢说，过会儿你准会全吃下。看样子你的胃口还不小哩。”

萨拉的眼睛湿润了，泪眼迷离中她几乎看不清东西。“你这么好心，多谢了。”她感激地答道。

萨拉还想说：店外台阶上还有个孩子，不巧这时候进来三个顾客，面包铺女老板急忙过去照顾他们。萨拉只是大声地说了声“再见”，出了店门。

到了店外，萨拉打开纸袋，拿出一只热腾腾的圆面包。她冰冷的手已被热面包捂暖了些。“你看，”她说着把面包放到小叫花子那破破烂烂的外衣下摆里。“这面包又香又热。吃吧，吃了就不觉得饿得慌了。”

那孩子吃了一惊，抬头看了看她，像是想不到突然让她碰上这么好的事，令她又惊又怕。接着她一把抓过面包往嘴里塞，大口大口吃了起来。“哦，老天爷！老天爷！”萨拉听到那孩子欣喜若狂，惊叫起来，“哦，老天爷！”

这饿坏了的女孩狼吞虎咽地吃着，发出的声音惨极了。萨拉又掏出两只面包，放到女孩的下摆中。“她远比我饿，”萨拉暗自寻思道，“她饿极了。”但是当萨拉递给她六只面包中的第四只面包时，她的手哆嗦起来。“我不算最饿。”她坚定地提醒自己——第五只面包放到那女孩的上衣的下摆中。

萨拉该走了。她转身朝街对面走去，又回头对小女孩说了一声：“再见。”当她到了街对面，回头再次挥手，看见那孩子一手各拿着一只面包。她刚咬了一口，半途停下来，惊讶地看了看萨拉。萨拉轻轻点了点头，那孩子又盯着她看——神色奇异，盯了好一会儿，接着，那长着乱蓬蓬头发的脑袋晃了一下，算是回礼，直到看不见萨拉后她才重新吃起来。

这时候，面包铺老板娘正好从橱窗里往外看，见到这孩子还在吃圆面包。“哎，真想不到！”她高声道，“这小姑娘竟把面包都给了小叫花子！倒不是她不想吃。我倒是想知道，她这是图个啥。”她在橱窗后立了好一会儿，寻思起来。出于好奇，她来到门口，盘问起小叫花子来。

“这些面包是谁给你的？”她问。

女孩朝萨拉那远去的背影点了点头。

“她问我饿不饿。”

“你怎么对她说的？”

“我说‘咋不饿？’”

“后来她进来买了面包，给了你，是不是？”

那孩子点点头，称是。

“给几只？”

“五只。”

老板娘琢磨了一阵。“自己只留下一只，”她低声道，“六只全让她吃，也吃得下——从她的眼神看得出。”面包铺老板娘望着萨拉那拖着沉重的步子向街那头远去的身影。好几天，她的心都被这事搅得不能平静。

“要是她没跑得那么快就好了，”她说，“也真是，当时我怎么就没再给她六只呢？”她说罢转身对台阶上的小孩说，“你还饿吗？”

“我老觉得饿，不过不像刚才那样饿得慌了。”

“进来，再喝些汤。”老板娘说着推开店门。

那孩子站了起来，胆怯地拖着步子走了进去。被人请进这暖烘烘的地方，里面满是面包，这真是件不可思议的事。她并十分不清楚自己将会怎么样。

“先暖和、暖和身子吧，”老板娘指了指店铺里屋狭小房间里的炉火，说，“听好了，往后你讨不到面包时，就上我这儿来要。我这是看在那小姑娘的分上才这么做的，要不，就该五雷轰顶了。”

## 第九章

# 夜半盛宴

萨拉回到寄宿女校所在的广场时，天已黑了。她从那印度绅士房前经过时，照例能看见壁炉里明亮的火光闪烁着，印度绅士身上披着披巾，缩在壁炉前的扶手椅里。他一手托着脑袋，像往日一样显得又孤独，又痛苦。

萨拉从供仆人进出的门进了学校，撞见了明卿小姐。明卿小姐刚下楼来把厨娘训了一顿。“你到哪儿瞎混去了？”她一见萨拉劈头就问，“你这一出去可有好几个小时了。”

“外面湿漉漉的，满是泥浆，路很难走，”萨拉不慌不忙地答道，“我的鞋子太破，老打滑。”

“别找借口，”明卿小姐厉声道，“也别说瞎话。”

明卿小姐轻手轻脚地回到楼上去，萨拉进了厨房。厨娘刚挨了明卿小姐的一顿重责，正在气头上，萨拉正好成了她的出气筒。“你回来得这么迟，要是你这么喜欢，干吗不整夜待在外面？”厨娘挖苦道。

萨拉把买回的一篮子很重的食品放到桌子上。“你单子上开的东西全在这儿了。”萨拉好声好气地说。

厨娘看了看一包包东西，嘴里嘟嘟哝哝个不停。这时她正在火头上。

“能不能让我吃些东西？”萨拉饿得头昏眼花，问厨娘道。

“早过了吃饭的时间，再说也没剩了。”厨娘就这样回答，“你敢情指望我温好东西给你留着吧？”

萨拉好一会儿一声不吭地立着。“今天我除了一只热圆面包，什么也没吃过。”她说。

“柜子里还有点面包。这么晚了，你只能吃这些。”

萨拉过去找到面包。面包不新鲜，又硬又干。她边吃边拖着沉重的脚步爬上三层长梯回房间去。她很想一头扑到床上，指望一觉睡去再也不会注意到咕噜作响的肚皮了。

她终于到了楼梯顶，只觉得两腿在哆嗦，想停下再次歇息一下。这时候她看到房间门缝透出一道微光，说明厄尔梅加德已经设法上楼来看望她了。萨拉很高兴有个伴儿。单有这个为了御寒而裹着羊毛红披巾、胖嘟嘟、让人看了舒坦的厄尔梅加德，房间就会暖和起来，而且让人精神一振。

“你看起来累坏了，萨拉。”萨拉一进房间，厄尔梅加德便嚷道，“瞧你脸色多苍白。”

“我是累了，”萨拉说罢一屁股坐到那条歪歪斜斜的矮凳上，“想不到今晚你还要来，厄米[①]。”

“爸爸又给我寄来书了，全在那儿。”厄尔梅加德指着书，难过地说。

萨拉一时间把自己的苦恼抛到了九霄云外。“多棒呀！卡莱尔[②]的《法国革命》。我一直就想读这本书。”

① 厄米是厄尔梅加德的爱称。
② 托马斯·卡莱尔（1795 ~ 1881）：苏格兰散文家和历史学家。主要著作有《法国革命》《论英雄、英雄崇拜和历史上的英雄事迹》等。

“我可不想读！这全都是些大部头的，又厚又难读！”厄尔梅加德哭诉道，“爸爸要是知道我没有读准会生气的。放假回家他准会问我这书讲了些啥。他会考问我的。唉，你看我该怎么办？”

“听我说，”萨拉兴奋起来，大声道，“要是你把书全借给我，让我来替你读。过后我就把书的内容全讲给你听——我教你，这样你也记住了！”

“那就拿去吧！要是我想要就好了，可就是不想，不感兴趣。可我爸爸感兴趣，他以为我也应该感兴趣。”

“要是你爸爸问你的新书都到哪儿去了，你打算怎么跟他说？”

“喔，他不会问的。他还以为我都读了。他不会知道真情的。”

“可咱们不能说谎。说谎——你知道，说谎不单可恶，而且卑劣。有时候我也想干些可恶的事——譬如说，没准儿在明卿小姐侮辱我，训斥我时，一气之下我会宰了她——可我不能做个卑劣的人。为什么你不告诉你爸爸把书都给了我呢？”

“他要我来读。他希望我知道这些书的内容。”

“要是我用讲故事的办法讲给你听，让你记住，他会高兴吗？”

“不管用什么办法，只要我学到了，他会高兴的。”厄尔梅加德不耐烦地叹息道，“要是你是我爸爸，你也会高兴的。”

猛地两个姑娘听到明卿小姐轻声上楼来的声音，惊呆了。萨拉从凳上跳了起来，灭了蜡烛。明卿小姐一向难得上顶楼来的。萨拉记得她只来过一次。可这一次看来她正大发雷霆，至少已上了几级楼梯了。听起来她像是推着贝基上来的。

“你这不要脸的东西，贼骨头！厨娘跟我说了，在这之前，食品橱里多次丢东西！”

“我没拿，东家，”贝基抽抽搭搭地说，“我是饿坏了，可我没拿——从来没拿！”

“整整一大半肉饼，该让你下大牢！”

“可我没拿，”贝基哭哭啼啼道，“就是整只我也吃得下——可我连一个手指也没碰过。”

“别对我撒谎，这就滚回自己的房间。明天你别想吃到中饭和晚饭！”明卿小姐踩着重重的步子，嚷嚷着下了楼。

萨拉和厄尔梅加德都听到贝基“砰”地关上房门，哭哭啼啼，一头扑到了床上。

萨拉几乎无法这么一动不动地站下去了，但是直到明卿小姐下了楼，四周又变得静悄悄的，她才敢挪动身子。

“恶毒、残忍的女人！”等到危险过去，萨拉破口骂了起来，“厨娘自己拿了东西送给情人，反说是贝基偷的。贝基不会偷！她有时饿极了就去垃圾桶里捡面包皮吃！但她不会偷！”

萨拉扑倒在地板上，双手紧紧捂住脸，动情地小声哭起来。萨拉在哭！这不屈不挠的萨拉！厄尔梅加德过去从未听到萨拉会哭。她可能突然遭到什么可怕的情况。“萨拉，”她又点上蜡烛，惶恐不安地问，“你——你——你从来没跟我说过——别因为我问你而怪我不懂礼貌，可——你是不是没有吃饱，是不是也像贝基挨饿了？”

此时此刻，既然已经到这地步，已被一语道破，萨拉便拿开手，抬起头。“是的，是的，我饿。”她大声道，“现在我非常饿，饿得能吃下你。听到可怜的贝基在那边哭，我更难受了。她比我还要饿呀。”

厄尔梅加德喘着粗气。“哦，萨拉！你干吗不跟我说呢？”

“我本不想让你知道。这会让我觉得自己成了叫花子。糟糕的是我现在这模样已跟叫花子一个样了。我知道，我像叫花子了。”

“不，你一丁点儿也不像！”

“不，我像。有一次有个男孩施舍我一枚六便士硬币，”萨拉说着，从外衣领子里拉出拴在细带上的钱币来，“要不是他看出我需要钱，不会把六便士的钱币给我的。”

一见这枚六便士硬币多多少少让萨拉的心情好了些。虽说她的眼里还噙着泪花，但还是笑了起来。

“他是哪个？”厄尔梅加德问。

“他是‘大家庭’里的一个孩子——我管他叫盖依·克拉伦斯。在我的想象中，他的儿童室里满是圣诞礼物，一篮篮糕点和糖果，他看得出，我啥也没有。”

“哦，萨拉！”厄尔梅加德嚷了起来，“瞧我多蠢，刚才我怎么就没想到呢？就在今

天下午，我姨妈给我寄来一盒东西，塞得满满的，尽是好吃的东西！里面有蛋糕，有小圆面包，有橘子、无花果和巧克力！我这就偷偷回房间拿来。咱们过会儿就吃。你去把贝基也叫来！”

厄尔梅加德回来时，萨拉和贝基已费了很大力气把萨拉的房间布置得看上去像是举办宴会了。厄尔梅加德的红披巾用来当台布。萨拉从那只被冷落在角落里的、现在已空空的箱子里找来几条带花边的旧手绢，放在桌子四周，当作盘碟和餐巾。把一些包手绢的红色的薄棉纸卷起来，放在炉架上看起来像炉火。萨拉还找来一顶旧草帽子上的几朵绢花。绢花用来装饰肥皂盒，可以摆在餐桌中央当装饰物。

“多漂亮的餐桌！”厄尔梅加德放下食品篮，惊叫起来。

“漂亮吧？”萨拉说，“眼看情况糟得不能再糟时，办法就有了。是某种魔法变出来的，这叫天无绝人之路！”

“我说，厄尔梅加德小姐！你倒是听她说说都是啥玩意儿！那可不是一般东西——哦，你就跟她说说这宴会厅吧。”贝基求起萨拉来了。

于是就在三个女孩从篮子里拿出好吃的东西，拆开来的时候，萨拉就说起了故事来。在故事中她们三个人都是豪华宴会厅里的公主。炉子里炉火熊熊，使得这宽大的房间暖和和的。沿着四壁，火炬明晃晃的。脚下铺满色彩艳丽而柔软的地毯。一只镶嵌着宝石的碗上插着无数的花束，餐桌上金色的盘子熠熠生辉。

没一个女孩注意到，缠着白头巾的拉姆·达斯那张笑吟吟的脸这时正从萨拉房间天窗的一角打量着她们，像个守护天使俯视着她们。

“请过来吧，各位美丽的淑女，请来宴会桌前就座吧。”萨拉优雅地说，“我高贵的父王，他远行在外，传旨命我代为宴请各位。嗨，乐师们！奏起六弦琴，吹起巴松管，为我们表演美妙的音乐吧。啊，多神奇！好，现在开始吧。”

萨拉刚传过第一盘蛋糕，三个人就听到有人上楼来了。姑娘们都跳了起来，脸孔发白，转向门口，竖起耳朵听了起来——真真切切，有人来了。三个人都听得出那怒气冲冲上楼来的脚步声，知道，一场好事现在泡汤了。

“来的是——是女东家。”贝基吓得几乎说不出话来，手中的蛋糕跟着掉了下来。明卿小姐一拳敲开门。她怒气冲冲，气得脸色煞白。

“这一篮吃的是我姨妈送的。我们只是在举行聚会！”厄尔梅加德号啕大哭起来，说道。

“三更半夜！大家都睡时举行秘密的聚会！你竟把自己漂亮的新书拿到这肮脏的阁楼里来。都拿回你的房间去。明儿整天不让你出房门。我要给你爸爸写信。要是他知道你该是睡觉的时候，却待在什么地方，看他怎么说？给我听着，”最后明卿小姐把一堆乱七八糟的吃食一股脑儿往篮子里扫，“把这些拿回去。”

后来明卿小姐注意到萨拉那严厉而专注的目光，便转向她。“你在想什么来着？”她怒气冲冲地问，“你为什么这样看着我？”

“我在想，要是我爸爸知道今晚我在什么地方，看他会说些什么。”

“你这个讨人厌的、放肆的东西！你怎么敢这样！这就给我睡觉去！你呢，”她对着贝基吼道，“立刻回自己的房间去！”

贝基跌跌撞撞出了萨拉的房间，明卿小姐也跟着她走了。“我倒是让你好好想想。”她挖苦地说着，“砰”的一声关上了门。

萨拉的宴会成了一场梦，一场可怕的噩梦，就这样收场了。宴会桌已空无一物，乐师座上的乐师已狼狈地消失得无影无踪，爱米丽背靠墙壁坐着，睁着眼，目光专注。萨拉双手颤抖，抱起了自己的洋娃娃。

“宴会已荡然无存，爱米丽，也见不到什么公主了。什么也没有，留下的只有巴士底监狱里挨饿的囚犯。”她说罢坐到地板上，脑袋久久地伏在爱米丽的胸前。每当她竭力要默默地忍受痛苦时往往盘起腿，这样坐着。

最后萨拉站起来，向床边走去。“今天我不能设想什么了——怎么努力也办不到。要是睡着了，没准儿会做梦，梦中也许我会设想的。”

突然间萨拉感到累极了——也许是太饿了。“设想这时候炉火旺旺的，跳动着许许多多小小的火焰，”她喃喃道，“设想炉火前有张舒适的椅子，还有张小桌子，桌子上有份热腾腾的晚餐，设想——”她拉过薄薄的被子盖到了下巴，打着哈欠，“设想这果真是张软绵绵的床，有好些羊毛毯，还有大大的鸭绒枕头。设想——设想……”正是疲劳催她闭上眼睛，进入深沉的梦乡。

# 第十章

# 魔法

拂晓前萨拉就醒来了。她不知道自己睡了多久。她拿不准是什么唤醒了自己，不过隐隐约约记得听到天窗关上时发出的嗒嗒声。

刚醒过来时，她还闭着眼睛，睡意还是很浓。怪的是，她觉得床上挺暖和，挺舒服。她待在阁楼里第一次有这样的感觉。她舒服得简不相信自己真的醒了。

“好梦！”她喃喃道。这一定是在做梦。她感到身上似乎盖着很多暖和的毯子。她伸出一只手，触摸到一种十分像缎子面鸭绒被的东西。她闭着眼睛，眼前闪烁着一道道光，像是壁炉里那欢快的炉火在跳跃。

萨拉竭力想闭着眼睛，好让这梦继续下去，但禁不住还是张开了。接着，她竟露出了笑容，因为眼前阁楼里的景象是她前所未见的。“哦，原来我还没醒。”她低声道，同时鼓起勇气一只胳膊支起身子，看了看四周，“我还在梦中哩。”

熊熊炉火前，地板上铺着一块红地毯。地毯上摆着一把折椅，已经打开，上面铺着舒舒服服的软垫。椅子旁是一张小折叠桌子，也已打开，铺着白台布，摆着几只带盖的小菜盘、几只茶杯、茶碟。还有一把茶壶，搁在炉架上，在炉火中冒着热气。一盏看书用的灯，有玫瑰色罩子，发出柔和的光。萨拉看见床上的新毯子和缎睡袍，床下还有一双拖鞋，等着她去穿哩。

萨拉坐了起来，呼吸越来越急促，越来越快。“梦——还未消失。”她喘着粗气说，“过去我从未做过这样的梦。我在梦中——我从床上下来。”她听到自己在说话。她站在这焕然一新的房间中，慢慢地向炉火前走去。“我在梦中，可又是多么真实！炉火真的是烫的！这是被施了魔法了——要把就是我们自己中了魔了。”

萨拉摸摸桌子、盘子、地毯。她穿上睡袍，套上拖鞋。“这些也是真的。全是真的，又奇妙又真实！”她大声道，“我不是——不是做梦！”

附近的椅子垫上有堆书，她几乎是晃晃悠悠地来到书堆前，翻开上面的那本。扉页上有几个字，写道：

送给阁楼里的小女孩。——一位朋友赠

她把脸伏在书上，泪水夺眶而出。“不知道他是谁？”她呜咽着说，“毕竟还是有人在关心我。我到底有朋友了。”

萨拉在墙上敲了四声，把贝基叫到了自己的房间。萨拉把目瞪口呆的贝基拉进了这温暖又炉火闪烁的地方。“真的！是真的！”萨拉向朋友保证说，“我全触摸过了。你眼前的东西就跟你我一样真实存在。是有人来施展了魔法，贝基。咱俩睡着时施展的——

今后魔法决不会让最糟糕的事再度发生了。”

请想象一下，接着会怎么样。萨拉和贝基跪在熊熊燃烧着的壁炉前，她俩揭开菜盘上的盖子，发现美味可口、浓香的汤，三明治、小松糕，足够两个人吃的。茶香扑鼻，完全没有必要假装成是别的东西。两个小姑娘吃得饱饱的，心花怒放。

睡意袭来，难以抵挡。床上的毯子有好几条，萨拉把一半毯子分给了贝基。两个姑娘各自回到自己的床上。趁天大亮前的短短几小时再睡上一觉。贝基在离开萨拉的房间时，最后恋恋不舍地又看了一眼。“即使天亮后全没了，小姐，”她叹了口气，说，“今晚反正让我见识过了，我是永远也忘不了的。”

第二天早上，萨拉急匆匆下楼进了厨房。她睡得稍稍过了头。这时候她看见自己的朋友在洗碗间里擦水壶，径自哼着快活的小曲儿。贝基抬起头，瞧她的脸，很有些喜不自禁的表情。“我醒过来一看，它们全在，小姐——我是说毯子还在哩。”她兴奋地低声道，“跟昨晚一个样，全是真的！”

“我的也一样！”萨拉得意地说，“现在东西还在楼上——全在。我边穿衣，边吃了些东西，是咱们吃剩的。”

“哦，老天爷！老天爷！”贝基开心得叽里咕噜起来，但一见厨娘进来，要差萨拉办事，赶紧埋头擦起水壶，收起了笑容。

论天气，前天算是糟的了，但是这一天更加恶劣——更潮、更泥泞、更冷。要干的活儿更多，厨娘的脾气更坏，她知道萨拉跟明卿小姐闹别扭，越发蛮不讲理了。

天很晚了，萨拉终于回到了阁楼。她在教室里学习了一段时间——都是在一天干完活后学的。萨拉上了楼，在阁楼门前站了下来。这时候她的心跳得快极了。

“不用说，白天里东西没准儿全被收回去了，”她尽量装得胆壮气粗的样子，低声说，“那都是有人可怜我陷入了可怕的境地才暂时借给我的。只是归我享用一个晚上——我也享用过了！都是真的！”

萨拉打开门，走了进去。魔法又施展了一番！法力比上次还要广！壁炉台上铺了一块厚实的绣花布，原先光秃秃、难看的墙上蒙上了布幔，贴上了小图画，显得十分美观。墙上还钉着几把色彩缤纷的扇子，地上摆着几只垫子，又大又结实，完全可以坐人。萨拉的那只旧箱子，上面铺了块厚毯子，摆着几个坐垫，看起来很有沙发的派头。最诱人的是，再次生起的熊熊炉火前摆着晚餐，专等萨拉和贝基两个人来受用。

“确确实实，像童话变成现实了。”萨拉喘着粗气，说，“丝毫没有区别。我觉得自己可以想什么就有什么——钻石呀，成袋的金子呀，全都会有！天底下还有什么比眼前发生的事更古怪的？这就是我的房间？我还是那个破衣烂衫、又冷又湿、满身污泥的萨拉吗？想当初我多么希望会出现仙女！现在我就生活在童话故事中。我觉得自己已经是仙女了！”

萨拉敲了敲墙壁，要贝基过来，贝基一进来，差点没跌倒在地，瘫成一团。“哦，老天爷，小姐！”她嚷嚷道，“哦，老天爷，小姐！这全是哪儿来的？谁办的，小姐？”

“就别问了，”萨拉答道，“不管是谁办的，我倒想谢谢他，可我还是不知道的好。这反而觉得更美好，不是吗？”

从此这两个女孩的生活变得一天比一天美好。童话故事从不间断。萨拉的房间几乎每天都添了新东西——折叠书架，里面满是书，文具盒里装着纸笔，崭新的家具和用具一应俱全，什么也不缺了。早晨萨拉下了楼，桌子上摆着的是头天晚上吃剩的饭菜。晚上回到阁楼里，剩饭冷菜已被魔法收拾走了，换上一份可口的晚餐。萨拉和贝基享受舒适而快活的生活，人也变得越来越强壮了。萨拉变得不那么消瘦，双眼也与脸面相称，不显得过于大了。贝基越来越健康，也更加快活了。

接着又出了件奇事。来了个送货人，在大门口留下几包东西，上面用粗大字体写着：“阁楼右边的小姑娘收”。这送货人按门铃的时候，萨拉被打发去开门。正在她惊奇地打量那一包包东西上的地址条子时，恰好明卿小姐到前厅来，撞见了她。“别傻站着。”明卿小姐不耐烦地说，“这些东西是哪位小姐的，就给她送去。”

“东西是送给我的。”萨拉笑着说。

“给你的？你到底是什么意思？”

“我不知道是从哪儿送来的，可上面写着是送给我的。我就睡在右面的阁楼里。贝基在左面。”

“里面都有些什么？”

“不知道。”

“那就打开来看看。”明卿小姐命令道。

萨拉照吩咐做了。里面是一大堆漂漂亮亮的生活用品——连衣裙、保暖的袜子、手套、鞋子，还有一件暖暖和和的长外衣。甚至还有一顶好看的帽子、一把结实的雨伞。全是昂贵、上好的东西。衣服做工上等，裁制讲究，给萨拉穿戴十分合身。外衣口袋里别着一张字条，上面写着：

**供日常穿戴——需要替换时会送来新的。**

明卿小姐皱起了眉头。她原认为萨拉是个不折不扣的孤儿，是不是她看错了人？也许她的某个亲戚，突然乐于用这种古怪的办法来资助萨拉？亲戚的事往往都很古怪，特别是那些有钱的单身老舅、老叔辈，他们不喜欢身边有孩子。要是让这种人得知真相，知道自己的至亲落得衣衫褴褛、食不果腹，还要干重活的境地，那他就不高兴了。可明卿小姐却一直以为自己是在行善积德，干的是好事。

“好吧，”明卿小姐说话的口气不那么确定，“既然东西是送给你的，那就穿上吧。换好衣服你就下楼到教室学习去。今天你就不必外出办事了。”

当天晚上，萨拉和贝基一起在阁楼房间里吃过晚饭后，萨拉在壁炉前坐下，打量着

炉火。“你脑瓜子里又在编什么故事了，小姐？”贝基恭恭敬敬地问。

“没有，我在想，应该怎么办。我禁不住想到咱们的那些朋友，那些仙女。”萨拉解释道，“要是他们不愿意公开自己的身份，想方设法找出他们是谁就很不礼貌了。我多么想让他们知道，咱们是多么感激他们。心地善良、慷慨大方的人也想听到对方是如何因自己的慷慨而快活起来的。行善的人所关心的不是人家的感谢。但愿——”说到这里，没有说下去，因为这时她注意到了文具盒。“哦！”她接着说，“之前我怎么没想到呢？我可以给他们写信，把写好的信留在桌子上。也许来收拾餐具的仙女会把信也拿走的。我不会问他们什么事的——我断定，给他们写信，他们是不会介意的。”

于是萨拉写了一封短信。信是这样写的：

你们不愿意公开自己的身份，而我却要给你们写信，希望你们不要认为这是不礼貌的行为。请相信，我无意做个不礼貌的人。我无意打探有关魔法方面的事。我只想感谢你们对我和贝基这样仁慈。在此之前我俩非常孤单，受冻挨饿，而现在——哦，不是吗，你们为我俩做了多少好事！非常感谢你们！

你们的朋友，阁楼里的小姑娘

# 第十一章

# 失而复得

且说萨拉把短信留在小桌子上，希望信能与晚饭时用过的碗盏一起被拿走并转交出去。可不是吗，当天晚上她回到房间，信果然不见了。可见魔术师已收到她的感谢信了。萨拉想到此就觉得更高兴了。

临睡前，萨拉正给贝基朗读了一本新收到的书。读着、读着，她的注意力被天窗外的一个声音吸引过去。她的目光离开书本，抬头一看，发现贝基也听到那声响了。

“那边有什么东西，小姐？”贝基紧张地说。

“听起来屋顶上有只猫，想进来。”

萨拉来到天窗前。她听到的是挺怪的声音，声音很小，像是什么东西在轻轻地抓挠。她爬上一张椅子，小心翼翼地打开天窗，朝外张望。这天整天都下着雪。就在离她很近的雪地上，蹲着一只瘦小的畜生，打着冷战。

“是拉姆·达斯的猴子。”萨拉喊了起来。

“拉姆·达斯是谁？”贝基问。

“拉斯卡——我是说隔壁的英国绅士的仆人。在印度管男仆人叫‘拉斯卡’。”

“你打算让猴子进来，小姐？”贝基战战兢兢地问。

“当然！天太冷了，不能让猴子待在外面。猴子很娇嫩。它一定是从那边的阁楼里跑出来的，看见咱们的灯光跑到这儿来了。帮我哄它进来。”

萨拉伸出一只手，并和小猴子说话，就像她经常给麻雀喂食时那样说话。她自己就好像是只友善的小动物，理解小动物胆怯的天性。“过来，亲爱的猴子，”她哄道，“我不会伤害你的。”她把手轻轻地放在它的背上，朝自己拉过来。猴子曾在拉姆·达斯那双细长、棕色的手中感到过人类的爱心，这时在萨拉手中也有同样体贴的爱心。它让她把自己提起来，抱进天窗。它待在萨拉怀抱中，紧紧地依偎着她，友善地抓住她的一绺头发。

显而易见，这猴子愿意挨近炉火。萨拉坐了下来，把它抱在膝上。猴子看了看萨拉，又看了看贝基，那神情显得既好奇，又感激。“乖猴子！乖猴子！”萨拉低声哼着，亲着那好玩的脑袋，“哦，我就喜爱像你这样的小动物。”

“它的模样可不怎么样，小姐，你说是不是？”贝基说，她拿不准自己是不是想抱这样的东西。

“看起来真像个难看的小娃娃。”

“你打算拿它怎么办，小姐？”

“今晚我让它跟我一起睡，它就睡在床脚。明天一早，第一件事就是把它送还给印度绅士。”不久，萨拉和贝基道过晚安后，小猴子用萨拉的睡袍给自己做了一个窝，蜷起了身子，睡在萨拉的脚下，它好像很高兴自己能这样度过一夜。

第二天上午，萨拉外衣下藏着猴子，偷偷地溜出寄宿女校。她到了印度绅士的家，拉姆·达斯一见到她和猴子，十分高兴。他很快就把她领进东家的书房。

萨拉抱着猴子进了房间。这畜生较着劲显然不愿与自己的新朋友分开。他缠着萨拉不放，嘴里叽里咕噜个不停。萨拉在这间暖和的房间里同时见到这印度绅士和“大家庭”的父亲，她兴奋得两颊绯红起来。在这之前，就是这个房间，她经常从窗外往里张望。

“您的猴子又跑出来了，先生，”她说着，优雅地行了个屈膝礼，“昨晚很迟了，它到了我的窗前。因为天太冷了，我把它抱了进去。要不是天太晚了，当晚我准送它回来的。我不愿打扰您。”

“你想得很周到。”壁炉旁的病人答道。这位绅士那黯然无光的眼睛，怀着好奇，兴

致勃勃地紧盯着萨拉看了很久。

拉姆·达斯站在门边，萨拉的目光转向他。“我这就把猴子交给您的拉斯卡，好吗？”她问。

“你怎么知道他是拉斯卡？”印度绅士微微一笑，问道。

“我就出生在印度。”她简单地答道。

冷不防，印度绅士从椅子上直直地坐了起来，表情起了很大的变化，把萨拉吓了一跳。“你说，你生在印度？可是你不是住在隔壁吗！”听来这话有些意思。

“是的。我待在明卿小姐的女子寄宿学校里。”

“你不是她的学生？”

“我不知道自己现在到底是什么身份。”她答道。

“为什么？你这是什么意思？”

“最初，我是学生，是个特殊寄宿生。可现在——”

“过去你是学生？那么现在呢？”

“我睡在阁楼里，我要跑杂差。谁都能差我干活。我还要教年龄小的孩子法语和历史。”

“你来问她，卡米克尔。”卡里斯福特先生突然对“大家庭”的父亲说，“仔细问问，一点细节都不要放过。我问不下去了。我太激动，无力问了。我的身体不行了。”这位印度来的绅士又深深跌坐回椅子。拉姆·达斯给东家端来一杯水。

“你刚才说的‘最初’是什么意思，我的孩子？”卡米克尔带着鼓励的口气，笑着问了起来。

“指的是我爸爸最初带我来这寄宿学校的时候。”

“你爸爸现在哪儿？”

“他去世了，”萨拉说得语气非常平静，“他的钱全没了，没给我留下一分一厘。再也没人照料我，没人给明卿小姐付我吃住的费用了。”

“你父亲的钱是怎么失去的？”印度绅士喘着粗气，插言问道。

“不是他自己丢掉的。他有个好朋友，他非常喜欢这个朋友——非常喜欢。他信任他。就是这个朋友拿走了他的钱，他太信任这个朋友了。”

“可他的朋友不是存心想伤害他！是出于误会。”这印度人说。

“结果同样给我爸爸带来了苦难，”她说，“这害死了我爸爸。他得脑炎死了。”

“你爸爸叫什么名字？告诉我吧。我受不了啦！”

“他叫拉尔夫·克鲁，”萨拉答道，她感到又惊又怕，“两年前他死在印度。”

“卡米克尔！”印度绅士气喘吁吁道，“正是这孩子——这孩子，他的孩子！我们终于找到她了！”

一时间萨拉以为这位印度绅士快要死了。拉姆·达斯忙着又端来一杯水，三步并作两步奔到东家身旁。

萨拉立在附近，身子有些哆嗦。她迷惑地看着卡米克尔先生。“我怎么了？”她结结巴巴地问。

“这位是卡里斯福特先生，就是你父亲的那个朋友。当年钻石矿似乎要垮了，他也像你父亲一样，害上了热病。卡里斯福特先生被送进医院，一连几个星期他胡言乱语，神经错乱。不幸的是，等他病好了，对过去发生的事很少记得了。要知道，热病之后他得了失忆症，许多事都忘了。他知道你父亲死了后，怎么也不能宽恕自己。但是他又想不起别的事情来。后来断断续续才慢慢想起其他一些事来。当他想起拉尔夫·克鲁曾经给他说过一位在寄宿学校的小女孩，已经过了六个月了。尽管他绞尽脑汁，就是想不起你父亲说的那个学校在哪里。我们把欧洲的每个大城市都找遍了，甚至还去了俄国！现在终于把你找到了！确切地说，是你找到了我们！”

萨拉一只手放到额头上，她的嘴唇哆嗦起来，泪眼盈盈。她像是在梦中，说了起来。“我一直就在明卿小姐的寄宿学校里。”她有气无力地说道，“就在墙的那一边。”

## 第十二章

# 安妮

卡里斯福特先生终于与萨拉相逢了，他经不起这样的冲击，晕了过去。当他恢复了知觉，急切地东张西望，找寻萨拉。看到萨拉就坐在拉姆·达斯和猴子的旁边，这才松了口气，靠回椅背。“太对不起了，亲爱的萨拉，”他双手伸向她，哭着说，“我不是恶人。我已经为自己的愚蠢受到了惩罚。为了寻找你，我请卡米克尔先生跑遍了天涯海角。谢天谢地，终于找到你了！我右面阁楼里的小女孩。”他把她拉过来，拥抱她，同时喃喃道。他一手摸索着睡袍前胸的口袋，从中掏出萨拉的感谢信。这信一直紧贴着他的心。

“魔法是您送来的？”萨拉吃惊地打量他，问道。

“缺了拉姆·达斯我可办不到。是他把你的事告诉了我。我俩一起想出了帮助你的办法。多亏拉姆·达斯身强力壮，手脚敏捷，这样才能悄悄地把我为你选中的东西送到你的房间中去。”

“可您为什么要这样做呢？”

“我这是因为萨拉·克鲁，我并不知道你就是萨拉·克鲁，但是我再也不忍心看到另一个可怜的、身无分文的女孩在苦苦挣扎而得不到帮助和关爱。我害了一场可怕的脑炎之后，神经错乱中，才让我朋友的独生女儿陷于贫穷潦倒的惨境。”

“如此说来你俩就是我的朋友了！”萨拉大声说道，伸出双手搂住卡里斯福特先生的脖子，“您和拉姆·达斯。您一直就是我父亲真正的朋友！”萨拉甜甜地亲了亲自己朋友的面颊。

“这人不出几个星期准会康复如初，”卡米克尔先生作出了预言，“瞧他的脸色已大有好转！”

事实上，汤姆·卡里斯福特看起开来确实变了个人似的。如今有许多事得去考虑和筹划。萨拉无论如何不能再回寄宿学校去了。他态度很坚决，要求卡米克尔先生给明卿小姐起草一封信，从法律的角度向她说明过去所发生的一切，并大略说说萨拉命运的变化。要求把隔壁的贝基请到排屋来，卡里斯福特先生建议雇下她当萨拉的贴身侍女和伴侣。再也用不着去洗洗刷刷！再也不用忍饥挨饿了！

此外，还要通知明卿小姐：寄宿学校里的女孩，只要是萨拉的朋友，允许她们到隔壁的排屋——萨拉的新家来做客。若是明卿小姐对此有异议，务必告诉她，若是有什么虐待行为，或对萨拉·克鲁的幸福进行干涉，价值千百万的钻石矿的女继承人必将对该寄宿学校产生很坏的印象。克鲁小姐朋友的家长不太可能拒绝邀请，不去萨拉保护人的家拜访萨拉的。如有必要，有关明卿小姐对待自己早先的救济学生的可耻行径，经卡里斯福特先生之嘴，日后定在这些家长中间流传。

过了一个月，汤姆·卡里斯福特已完全康复如初，不再郁郁寡欢了。他从来没有遇到过哪个人像自己的养女萨拉那样博得自己这样的欢心。有那么多美妙的事等着家里两个“魔术师”去做，好给萨拉一个惊喜，让她快乐。她的房间里可能出现鲜花，枕头下藏些小礼物。有一天傍晚，萨拉和贝基在一起时，听到门上响起重重的爪子抓挠声，萨拉开门一看，原来外面立着一只大狗——一只漂亮的俄罗斯猎犬——挂着项圈，上有几个字。“我是鲍里斯，专来伺候萨拉公主。”

萨拉和印度绅士一块读书、谈天的时光，更有其独特的魅力。一天傍晚，卡里斯福特先生从书本上抬起头来，发现自己的伙伴坐在那儿凝视着炉火。“你在‘设想’什么来着，萨拉？”他问。

“我在设想，”她说，“我在回忆那些挨饿的日子，想起一个我在户外见过的孩子。”

“可你有过不少挨饿的日子，到底是哪一天呢？”

“就是魔法第一次显灵的那一天。”于是她对自己的监护人说了面包铺的事，说到自己如何在泥浆里拾到一枚四便士硬币，说到那个小乞丐。她说得很简单，只是寥寥数语。“我刚设想一个计划，”她接着说，“我想我该做点事了。”

“什么事呢？”卡里斯福特先生好奇地问，“你想做什么都可以去做。”

“我想，”萨拉有些不好意思，“我想能不能去见见那面包铺的老板娘，跟她说，如果挨饿的孩子——尤其是遇到特别冷的天气——他们到她家门前台阶上坐，或张望橱窗，她能不能把他们叫进去，给他们些吃的，费用可以由我来支付。我可以这么做吗？”

“明天早晨就可以去做。”

“谢谢你。你是知道的，我懂挨饿的滋味，到了连假装也假装不了时候，那日子真是太难受了。”

第二天早晨，布朗面包铺门前驶来一辆马车。车里的人下车的时候，正好这当儿，布朗太太端着一盘热气腾腾的小圆面包准备放进橱窗。萨拉进了店，老板娘细细端详萨拉一番，认出了对方，那张善良的面孔随之容光焕发起来。“我肯定记得你，小姐。”她大声说，“可现在——”

“有一次我付了四便士，你给了我六便士的面包。今天我可是专程来的。”萨拉眨巴着眼睛，说道。

“可您把其中的五个给了小叫花子，我一直记得这件事。我请您原谅，先生。”她转身对卡里斯福特先生说，“如今如此好心的年轻人可不多见。我说话放肆，您别见怪，小

姐——如今您脸蛋儿红润多了——得，挺好，比那天好多了，健康多了。”

“我是好多了，谢谢你，”萨拉说，“而且也幸福多了。我来是请你费心为我办件事。”

“要我，小姐！老天爷，倒是什么事，小姐？”

萨拉讲了自己有关坏天气为饥饿的流浪儿提供热饭菜的想法。

“唉哟哟，老天爷！”布朗太太听罢说道，“这种事要我干太好了。我自己是个干活的，要我干太多的事没那个本钱，要说穷苦人到处都有，太多、太多了。不过不怕你笑话，自打那个下午以后，我施舍了不少面包，都是想到你的缘故——那时瞧你浑身湿透，又冷又饿，可你把自己的热面包给了别人，活像个公主。”

“那个小姑娘比我还要饿。”听了布朗太太这么一夸，萨拉的脸蛋儿变得绯红起来，提出了自己的看法。

“她确实饿。她饿坏了。自那以后她跟我说过好多次——风雨天她坐在那儿，像是有条饿狼，在撕咬她那可怜的五脏六腑。”

“哦，自那以后你见过她吗？”萨拉急切地问，“你知道她在哪儿吗？”

“这不，她就在后间，小姐，她跟着我都一个月了。她会出落成个懂规矩的、心地善良的好孩子。她可成了我店里、厨房的好帮手哩。你简直不会相信她以前过的什么日子。你瞧，当时我跟她说，要是饿了就上我这儿来，她一来我就让她干点零活。结果呢，我就让她干点活，给她一个住处。她做了我的帮手，表现得挺不错，小小的年纪，还懂得知恩图报呢。她叫安妮。不知道姓什么。”

安妮羞答答地从后间走了出来，立在萨拉身旁。两个孩子好一会儿站着你望我、我望你。“我太高兴了，”萨拉说，“也许布朗太太会让你负责给小孩子分发面包的。”

“好的，小姐。我挺乐意干这事。”安妮答道。

不知怎么的，萨拉觉得安妮是了解自己的，虽然对方话没说几句，只是静静地站着打量自己，看着自己走出店铺。

# 海蒂

[瑞士] 斯比丽 / 著　隋红升 / 译

## 第一章

# 阿鲁姆大叔

从瑞士古老的小镇梅恩费尔德，有一条陡峭的小路蜿蜒曲折地穿过绿荫地，径直延伸到庄严肃穆的阿尔卑斯山上。六月的一个阳光明媚的清晨，有个看上去健壮结实的年轻女子正攀缘在这条狭窄的小路上。她手里牵着一个有着像苹果般通红的面颊的小女孩——这并不奇怪啊！在这么热辣辣的太阳底下，她竟然还里里外外穿着三层衣服，而且脚上穿着厚重的靴子，脖子上还系着一条红红的围巾。

爬了一个小时的山路，两个人来到位于阿鲁姆山半山腰的多弗里村。这位年轻女子好像就是本村的，因为每间村舍的人都向她打招呼。但她并无意于停下来和他们交谈，对他们的问题只是挥着手敷衍着。

“等我一下，蒂提，我要跟你们一起走。”一位和颜悦色、名叫芭贝尔的女子从敞开的门口处喊道。那个年轻的女子停了下来，那个小女孩就势一屁股坐到了地上。

“你累了吗，海蒂？”她的同伴问道。

“我太热了。”小女孩抱怨道。

“我们就快到了；还有一小时路程。”

芭贝尔加入了她们的行列，于是这个小队伍继续向阿尔卑斯山进发，小女孩步履沉重地跟在两个大人后面。

“你这是要把孩子带到哪里去啊，蒂提？”新来者问道，“她就是你姐姐的那个孩子，现在成了孤儿——是吗？”

“是的，芭贝尔，”蒂提回答道，“我这是要带海蒂去她爷爷那里，以后她要和他一起生活了。”

“什么！跟阿鲁姆大叔一起生活？你疯了？”

“他是她的爷爷，该轮到他照顾她了。以前一直都是我在照顾她，但我不能再照顾她了。”

“但你也不是不了解他，”芭贝尔说，“你让他拿这个小孩怎么办？尤其是这么小的一个孩子！你又打算到哪里去呢？”

“去法兰克福，”蒂提说，“我已经在那儿找到一份像样的工作，是给一户有钱人家当管家。”

“噢，幸好我不是那个孩子！”芭贝尔耸了耸肩，嘟囔道，“阿鲁姆大叔对谁都很讨厌！他甚至从来都不去教堂。和我说说，蒂提，是什么东西让他看上去这么可怕？为什么他总是一个人住在山上？他向来都是这么离群索居么？”

“好吧，我来告诉你，但可不要在村子里四处乱讲啊。”蒂提说着，环顾了一下四周，看看海蒂是不是就在身后听她们的讲话——但是小女孩已经不见了！

“她在那儿！”芭贝尔指着远处伸向美丽的芳草地的小径喊道。只见小女孩正和一个拿着一根弯曲木棍的小男孩讲着话。“她正和彼得，还有他的羊群在一起呢。他会照看好她的。”

“她自己也能照顾好自己，这……”蒂提回答说，“这倒也是件好事。她爷爷除了小木屋和一些山羊外可什么也没有了。”

“他过去不是有很多财产吗？”芭贝尔问道。

“他曾经在阿鲁姆有最好的农场，但是他当时太不老成，结果把所有的家当都输光了。后来，他跑到城里当了兵。有人说他在一次争吵中杀了一个人后就离开了军队。不管怎样说，几年之后他带着一个半成年的儿子托拜厄斯回来了。他请求他的亲戚们收养这个男孩，结果被拒之门外。他非常地恼火，开始与所有人为敌，自己带着托拜厄斯在多弗里建造起了自己的家园。

“托拜厄斯长大以后当了木匠学徒，在多弗里工作。他是一个英俊的小伙子，人人都很喜欢他，因此当他娶了我姐姐阿德尔希特时，我妈妈感到很满意。可是阿德尔希特身体虚弱，当托拜厄斯在盖房子的过程中被落下的一根横梁砸死时，她受不了这么大的打击，自己也一命呜呼了。这对夫妻的悲惨命运被认为是对大叔的罪恶行径的惩罚，这也使镇上的人们更加鄙视他。就是在那个时候，他只身来到阿鲁姆山顶住了下来，从此就再也没下来过。于是母亲和我就把阿德尔希特的女儿海蒂带在身边，让她和我们一起生活，当时她才只有一岁。但现在母亲已经去世，而我又刚刚找到这份新工作……”

“因此现在你就要把她扔给那个老头不管了！我真没想到你会这样，蒂提。”芭贝尔责备地说。

“对她我还能怎么做呢？”蒂提不客气地反驳道，“后天我就要工作了呀。不过你现在要去哪儿，芭贝尔？我们已经走到阿鲁姆山的半山腰了。”

她们那时已经来到一个有点背风的山坳。“我得去看看彼得的奶奶，”芭贝尔说，“冬天她给我纺纱来着。再见，祝你好运！”

蒂提眼见芭贝尔沿着一条石头小径向一间小村屋走去。只见小屋的屋顶凹陷，一扇百叶窗靠一根铰链悬挂着。一旦遇到冬天的暴风雪，蒂提想，小屋就会被吹到山谷里。

她耸耸肩，开始东张西望，寻找海蒂和彼得。但到处都没有他们的踪影。彼得肯定是赶着为村民放牧的山羊去草场了。蒂提只好开始沿小路朝山上走。海蒂最好和他待在一起，蒂提生气地想。

两个孩子一直在追赶着山羊呢，因为它们不断从一个美味的灌木丛跑向另一个灌木丛。起初，海蒂还气喘吁吁地跟在彼得后面跑，但当她看到彼得赤着脚在树丛间和石头上跑来跑去时，心里顿时有了主意。她索性坐下来，把靴子和袜子统统脱掉。接着，她把三件外套也脱了下来，整齐地叠成一堆，红围巾放在最上面，然后只穿着汗衫和衬裙开心地蹦跳着跟在彼得身后。

看到海蒂的新装束，彼得什么也没说，只是咧着嘴笑——海蒂喋喋不休地问这问那，在他身边蹦来跳去，他哪还有机会对此品头论足呢？她一会儿问他有多少山羊，一会儿又问他要带它们到哪里去，这一连串的问题在她阿姨蒂提出现后才被打断。

“看看你，都成什么样子啦，海蒂！”蒂提斥责道，“你把衣服弄到哪里去了？你的新靴子和我给你织的袜子呢？”

海蒂平静地指着山下说：“在那儿。”

她的阿姨顺着海蒂所指的方向眯着眼看了看，她能看清的只有那条红围巾。“你真是个淘气包！你为什么要把它们都脱掉？”

“我不需要它们了。”海蒂说，脸上看不出丝毫的歉意。

蒂提转向彼得。“你往山下跑一趟，把衣服抱上来。”她命令道。

“我已经要迟到了。”彼得手插在衣袋里站着，动也不动。

蒂提换了一种方式。“得了，彼得。”她哄着他说，“辛苦一下，这枚新便士就是你的了。”

一看到那枚闪闪发亮的硬币，小男孩立刻行动了起来，以最快的速度跑下山坡。几乎一眨眼的工夫他就跑上来了，对此蒂提好好地夸奖了他一顿。彼得开心地咧着嘴笑着把硬币放进衣袋。像这样的意外之财可并不经常降临到他的头上。

他们沿着陡峭的山路一边向上爬，海蒂还一边和山羊们欢快地嬉戏玩耍。她最先看到坐在一间孤零零的小屋外面的木凳上叼着烟斗的老人。他正看着这队人马走上前来。

海蒂径直跑向老人。“你好吗，爷爷？”她说。

“这是怎么回事？”他喊道，声音低沉沙哑。他皱着浓眉恼怒地打量着眼前这个小女孩。海蒂紧紧盯着他的脸，眼睛连眨都不眨一下。

“早上好，大叔！”蒂提喊道，“我把托拜厄斯和阿德尔希特的孩子带过来了，以后她要和您在一起生活了。”

老人怒视着她，然后朝着彼得大声喊道：“又是你！把你的山羊照看好！别忘了把我

的山羊也带上！”

彼得挥动了一下手中的长棍，又开始赶着山羊往山上走去。蒂提继续坚定地说：“她是要住在这里的。我该做的已经做完了，大叔。现在，该轮到您了。”

“当然！”老头哼着鼻子说，“但是如果这个孩子哭着喊着想见你，我该怎么办？”

“那就是您的事了。”

老人乍变的脸色不禁让蒂提连连后退。“你给我滚！”他咆哮道，“再也不要让我看到你！”

“既然如此，我也没什么好说的了。”蒂提边后退边说，“再见，海蒂。再见，大叔。”

蒂提急匆匆地下山，来到多弗里，内心对自己所做的一切深感不安。经过村庄时，村里人向她喊道：“孩子呢，蒂提？你把孩子弄到哪里去了？”对此，她不耐烦地答道：“我告诉你们，她现在在山上和阿鲁姆大叔在一起！”

一想到不久她就会在一个良好的环境下生活，远离阿鲁姆大叔，并且不用再听村里人说三道四，她就由衷地感到高兴。

第二章

# 在爷爷家

海蒂没有注意到阿姨的离开，她正忙着发现新鲜事儿。她窥视了建造在爷爷小屋后面的羊棚，看到了里面山羊的铺位和食槽。她还聆听风儿从屋旁高耸的杉木间吹过时发出的阵阵呼啸和咆哮。等风儿平息之后，她回到爷爷身边，看到他正在喷云吐雾般地抽着烟斗，眼睛凝视着下面的山谷。她静静地伫立在他的身边，双手紧握着放在背后。

“你现在想做什么？”老人粗声粗气地问。

“我想到你的小屋里去看看。”

“那就跟我来吧。”爷爷站起身，向屋内走去。“把你的衣服也拿进来。”他补充说。

“我再也用不着它们啦。我要像山羊那样到处跑。”

老人转过身，用犀利的眼光盯视着海蒂，看到她乌黑的眸子里闪烁着好奇和兴奋的光芒。

“这是不成问题的，”他说，“但还是把衣服拿进来吧。我们可以把它们放到柜橱里去。”随后他又压低了声音嘟哝了一句，“她还真有几分头脑。”

海蒂抱起了那包衣服，跟着他走进了小屋的一个大房间。房间的一角放着一张床。紧靠在远处墙壁上的是一张桌子。另一堵墙的大部分都被一个壁炉所占据，壁炉里的炉火上方悬挂着一把汩汩作响的水壶。

爷爷穿过房间，打开了墙上的一扇门。海蒂看到里面有三层隔板。一层隔板上整齐地放着衬衣、织袜和手帕；另一层隔板上放着一些盘子和餐具，一块圆面包和一片厚厚

的奶酪；最下面的隔板是空的，海蒂就把她那包衣服推到了隔板最黑暗的角落。她再也不需要它们了！

“我该睡哪儿，爷爷？”她问道。

“你想睡在哪里就睡在哪里吧。”老人回答说。

海蒂查看了小屋的每一个角落。她发现在爷爷床边的墙角处竖立着一把梯子。爬上梯子的顶端，海蒂发现了一个阁楼，阁楼里堆满了香气扑鼻的干草。那儿甚至还有一扇小窗户，从那里她正好可以看到山谷！

“我就睡这儿了，”海蒂对爷爷喊道，“这个地方太好了！上来看看你就会知道它是多么招人喜欢了！”

“这些我全都知道。”爷爷的声音从下面传来。

“我要把床铺一下，”孩子宣称道，“不过你得给我一条床单。”

老人从壁柜里拿出一个厚重的麻布袋，顺着梯子把它送到上面。海蒂已经用稻草铺好了一张床，并把一端垫得高一些做枕头。她和她爷爷一起把床单的边角掖到稻草下。床铺整洁清爽，海蒂高兴地看了又看。“我多么希望现在就是睡觉的时间啊！”她喊道。

“我想我们得先吃点东西。”爷爷说，“你说呢？”

“噢，是的！”海蒂喊道，突然记起早餐之后到现在她还没吃过任何东西呢。

“那好，既然我们意见相同，我们就下去吧。”老人说着，紧跟在海蒂的后面下了梯子。他走向壁炉，拣起一根长叉。在一张三只脚的凳子上安坐下来后，爷爷用叉子穿起一块干酪，把它举到炭火上翻来覆去地烘烤，直到它变成黄褐色。海蒂急切地看着。然后她飞快地跑到壁橱边，从第二层隔板上拿来了两个盘子、两把刀子和一块面包。

“能够想着自己干些事情，很不错。”爷爷说，“但是我们还是缺少点什么。”

海蒂注意到挂在炉火上面的钩子上的水壶里正不断有热气冒出来，就飞快地跑回到壁橱那里——但那儿只有一只大水杯。她端着杯子和一只小碗来到桌子边。

“很好，”她的爷爷一边自己安坐在仅有的一把椅子上，一边说，“但你坐哪儿呢？”

海蒂搬过三脚凳，把它放在桌子旁边。

“太矮了，”他说，“但即使你坐在我的椅子上你也不够高。我们可以用这种办法给你弄张桌子。”说着老人把椅子推到凳子旁当作海蒂的桌子。然后他往小碗里倒了一些羊奶，并把溶化的干酪涂在面包上。“吃吧。”他把它们放到了椅子上，对海蒂说。

海蒂两手捧起碗咕咚咕咚地喝了起来。

“我还从来没喝过这么好喝的羊奶呢。”她喝完后这样说道。

“那你一定要多喝点。”老人说着，又往她的碗里倒了些羊奶。海蒂一边高兴地吃着面包和烤干酪，一边不停地喝着新鲜的羊奶。

“现在我们必须做些家务事了。”当他们吃完饭时，爷爷说。海蒂站在羊棚外面，看着他打扫干净了地面，并在山羊睡的地方铺了些新鲜的稻草。接下来，他在木料堆里找了四根坚固的木棍。经过一阵刀削锤打，很快他就修理出一块木板，并在上面穿了几个孔，然后把圆木棍插进孔里。

“这是什么，海蒂？”他问。

“一张凳子，”小女孩喊道，“一张能让我够到桌子的高脚凳！你做得可真快！”

“她竟然能够认出她所看到的东西，”爷爷嘟哝着对自己说，“她的眼睛可真好使。”

夜晚即将来临。风儿猛烈地吹着古老的冷杉，在它掠过浓密的树枝时发出阵阵呼啸和呜咽。这声音在海蒂听起来却非常优美动听，她和着拍子开始翩翩起舞。此时爷爷就站在门口看她跳舞。

突然，一声呼哨打破了黄昏的宁静。一群山羊正鱼贯而下，彼得就在它们中间。一只白山羊和一只棕色山羊十分优雅地从羊群里跳跃而出，奔向老人。老人的手里捧着一把盐，两只山羊开始急切地舔食起来。

海蒂满脑子都是问题，以至于不知道该从哪里问起。“这两只山羊是我们的吗，爷爷？它们都叫什么名字？”

“这只白山羊叫‘小天鹅’，棕色的山羊叫‘小熊’。现在，去把你的碗和面包拿来。”

海蒂蹦跳着回来后，爷爷给白山羊挤了奶。他把海蒂的碗挤满了冒着泡沫的羊奶，

然后切下一块面包。

“这就是你的晚餐，”他说，“吃完后就去睡觉吧。我还要照料一下山羊。”

老人走进了羊棚，两只山羊紧跟在身后。

“晚安，爷爷。”海蒂吃完晚餐后，喊道。很快她就爬上梯子，来到她的床上，在那里她就像一个公主一样酣然入睡。

不久，在天完全黑下来之前，爷爷也上床睡觉了。他躺在床上倾听着狂风在林间号叫的声音。整个小屋在风中战栗，椽子嘎吱嘎吱作响。“她可能会害怕。”他自言自语地说着，顺着梯子爬到了阁楼上。

明亮的月光穿过阁楼的窗户照射在海蒂的床上。她躺在那里安睡着，红润的嘴唇上还洋溢着幸福的微笑。爷爷对着这恬然安睡的孩子凝视了许久，然后，回到了自己的床上。

## 第三章

# 在牧场上

第二天一早，一阵刺耳的哨声把海蒂吵醒了。好一会儿她都不知道自己身在何处；阳光从窗口泻入，照得干草像金子般熠熠发光。正在此时，外面传来爷爷低沉的声音。

海蒂立刻从床上一跃而起，穿上汗衫和衬裙，跑到了外面，看到彼得正和他的羊群站在那里。“小天鹅”和“小熊”轻快地从羊棚里跑了出来，爷爷跟在它们的后面。

“你也想去牧场吗？”爷爷问海蒂。

一听这话，海蒂开心得手舞足蹈起来。

“你必须先洗脸。”爷爷指着正在太阳下晒着的一盆水告诉海蒂，然后对彼得说道，“到屋里来一下，我们的山羊将军，把你的背包也拿进来。”

彼得虽然有点惊讶，但还是服从了命令，把那只装着少得可怜的午餐的袋子拿进了屋子。在小屋里，老人切下大块的干酪和面包，并把它们塞进了男孩的干粮口袋。“把这只碗也带上。”他说着把碗塞进口袋，放到面包旁边，“中午的时候，从‘小天鹅’身上挤满两碗羊奶给海蒂喝，并且要留心别让她掉下悬崖。”

“我会的，大叔。”彼得的眼睛几乎难以从海蒂的面包和干酪上挪开。它们足有自己午餐要吃的那小小几块的两倍大。

海蒂对能上山感到欢欣鼓舞，一路上蹦蹦跳跳，欢喜雀跃。明媚的阳光使蓝黄相间的龙胆花和报春花在牧场上显得更加清晰可辨。很快，海蒂就摘了一大把金凤花。

彼得经常在上面消磨度日的牧场就坐落在石峰的脚下。他们到达最高点时，彼得拿

掉他的背包，把它掖在一个低洼处，以防止它被强烈的山风刮走。海蒂用围裙把她的花裹了起来，并把它安放在背包的旁边。然后她坐在彼得旁边，四处观望。

山谷远远地躺在脚下。在她的面前，横亘着广袤的雪地——在它的左边，一块拔地而起的巨石和光秃的峭壁突兀耸立，直插云霄。周围的一切都沉浸在一片深深的静寂之中。天亮之前就起床，并且从村民那里聚拢羊群的彼得现在躺倒在地，闭上眼睛睡着了。

海蒂安静地和山羊玩耍着，直到彼得从他的小睡中醒来，并且开始张罗午餐。他展开一块方布铺在草地上，把海蒂大块的面包和干酪放在一边，把自己小块的面包和干酪放到另一边。然后他把"小天鹅"叫了过来，并给它挤了奶。

"你喝的羊奶该到哪里弄？"海蒂问他。

"从我家的山羊那里挤。"彼得指着一只瘦小的山羊回答道。

海蒂喝了两碗羊奶，又吃了一些面包。她把干酪递给了彼得。

"干酪就归你了，"她说，"我已经吃饱了。"

彼得惊讶地瞪着她。看到他没有从她的手里接过食物，她索性把它放在他的膝盖上。有点难为情的羊倌连连点头称谢，然后吃起了他平生最丰盛的一顿午餐。

当彼得正在舔食指间最后几片食物碎屑时，他突然转过头专心地倾听着什么，然后一跃而起，撒腿就跑。

“出什么事了，彼得？”海蒂喊道。她跟着他一直跑到悬崖边，在那里，一只轻率鲁莽的小山羊正向悬崖走去。彼得纵身一跃，扑倒在地，在山羊坠入峡谷之前，成功地抓住了它的一只后腿。山羊恐惧地咩咩叫着，拼命挣扎，试图摆脱彼得握紧它的手。

“帮我一把，海蒂。”彼得喊道。

海蒂从地上拔了一把香喷喷的青草，把它们凑近山羊的鼻子。“来，小山羊，听话，”她哄着它说，“你也不想掉下去摔得粉身碎骨，是不是？”

小山羊不再左冲右突，开始转身啃食青草。彼得趁机抓住了它的颈圈，把它拉到安全的地面上。

“总算没事了！”他喊叫着，举起长棍就要打这只小动物。

“不要，不要打它！”海蒂反对道，一边抓住他的手臂，两眼直冒火。“我不允许你打它！”

“我可以饶了它，”彼得狡猾地说，“不过你得答应我明天再把你的干酪分给我一些。”

海蒂爽快地答应了。“你可以全部拿去，明天或者以后的每一天。但你必须得答应我再也不准打山羊了——无论是这只或是别的任何一只。”

彼得耸了耸肩。“这对我来说都一样。”他说着放开了那只山羊，后者蹦蹦跳跳地跑回了羊群。

一天就这样很快过去了。当太阳沉落到雄伟的山峰之后时，落日的余晖在白雪的映衬下，呈现出玫瑰色和金黄色的光晕。海蒂发出一声尖叫。“彼得！你看那山！它着火了！”

“一到晚上就总会这个样子的，”彼得解释说，“不是真的着火了。”

“但那又是什么呢？瞧那些雪和高高尖尖的岩石，它们叫什么名字？”

“山是没有名字的。”他说。

“噢，看！火已经熄灭了！一切都变得那么灰暗。”海蒂伤心地在彼得身边的地上坐下来，而他正在剥着一根新木棍的皮。

“明天一切又会照旧的。”他说，“起来！我们该回家了。”

他们回到小屋时，海蒂径直跑到爷爷的身边。“山上的一切都美极了，”她喊道，“无论是山火、白雪，还是野花。看看我给你带回什么来了！”她抖了抖围裙，但纷纷落地的花儿已经不再是她刚摘下它们时的那副样子了。相反，它们看上去更像一小把干草。

“怎么会这样？”海蒂喊道。

“花儿们喜欢待在野外的阳光下，而不是被禁闭在你的围裙里。”爷爷解释道。

“那以后我再也不摘它们了。爷爷，为什么山没有名字？为什么一到傍晚山上就着火？”

“你进澡盆去洗个澡，我给山羊挤挤奶，”老人说，“然后我再告诉你。”

在吃牛奶和面包做成的晚餐时，她的爷爷解释道：“那些山其实是有名字的。你们刚去过的那座山叫猎鹰之家。你喜欢那里的感觉吗？”

“噢，当然啦！”孩子大声说道，“特别是当火烧起来的时候。山为什么会着火呢？”

爷爷若有所思地摸了摸胡子，说：“你看，那是太阳向群山告别的方式。太阳把它最美丽的光线送给它们，这样它们在第二天来临前就忘不了它了。”

这种解释使海蒂很高兴，她迫不及待地等着第二天的到来，好再次看到太阳。但是，她不得不先去睡觉，那晚她梦到在一座光芒四射的山脉陡坡上，羊群正在奔跑。

第四章

# 在老奶奶家

一个夏天过后，海蒂变得皮肤黝黑，身体结实而健康。每天她都像欢快的林间小鸟那样无忧无虑地生活。不久，秋天到了。一个下过霜冻的早晨，彼得来了，他不停地对着手呵气，好让它们变暖和一些。海蒂正准备和他一起去牧场，但她的爷爷说："今天就不要去了，海蒂。山上的大风会把你吹下悬崖的。"

因此，随着白天的变短和雪天的开始，海蒂大多数时间都坐在炉火旁的凳子上，要么是看她爷爷做圆圆的羊奶干酪，要么就是看他在木匠凳上用锤子和钉子干木匠活。一天下午，当海蒂和爷爷坐在桌旁吃午饭时，听到小屋外面有很大的跺脚声。最后，门一下子被撞开了，彼得闯了进来。他的头发和夹克衫上到处都沾满了积雪，靴子上也是。

看到他这副样子，海蒂不禁笑了起来。他在炉火边取暖时，衣服上的雪纷纷融化。海蒂觉得他看起来简直

像一条瀑布。

“你还好吧，山羊将军？”爷爷问道，“我猜既然你不再统帅你的山羊大军，那你一定是在咬你的笔杆子吧？”

这马上引起海蒂的好奇心。“他为什么非得如此不可呢？”

“有时咬笔杆子可以帮你解决像阅读、写作这样的难题。”爷爷解释说，“我说的对吗，将军？”

海蒂被这条信息给迷住了，她连珠炮似的向彼得问起了学校的事情。

最后，老人说：“好了，将军，现在你已经烤完火了，需要补充点体力了。别走了，留下来和我们一起吃晚饭吧。”

看到阿鲁姆大叔把那么好的一根香肠放在他的盘子上，旁边还有一大片厚厚的面包，彼得的眼睛顿时睁大了。他好多年没吃过如此美味的东西了。他津津有味地吃了起来。

晚饭过后，彼得起身回家。“我整周都在上学，”他走到门口时告诉海蒂说，“不过下周日我还会尽量过来的；你有时间可一定要来看看我奶奶啊。”

这个主意让海蒂感到兴奋不已。“我们今天一定要去看看彼得的奶奶，”第二天早晨、第三天的早晨她都这么说，“她正盼望着我们前去呢。”但每次老人都回答说：“今天不行，雪太厚了。”

第四天的时候，天气如此寒冷，以至于每走一步都会踩得积雪嘎吱嘎吱地响，海蒂又一次说：“今天我真的得去老奶奶家了。就这样让她等下去会使她感到厌倦的。”

爷爷从桌旁站起身，爬上阁楼，把海蒂那厚重的床单拿了下来。“那好吧，跟我来！”他说。

海蒂匆匆地穿上她最暖和的衣裳，然后跑到外面，发现爷爷正坐在一个大雪橇上。他把海蒂放在他的前面，用床单把她裹住。他一只手紧紧地把她抱住，另一只手紧握着一根大木棍——木棍的一端固着在雪橇前部的导向横木上，双脚往后猛力一蹬，他们就出发了。他们从山上一路飞奔直下，雪橇溅起的雪花不停地打在他们的脸上。他们恰好在彼得的小屋前停了下来。

然后老人帮海蒂下了雪橇，说：“进去吧，天快黑时再出来，我们好动身上山。”然后他调转雪橇，开始拉着它沿着雪路往山上走。

海蒂打开了摇摇欲坠的小屋屋门，走了进去。借着小壁炉发出的亮光，她可以看到一个身材矮小的老妇人正弯着腰在一辆手纺车上忙活着。

“你好，老奶奶。”

老妇人抬起头，用手摸索了一会儿，直到摸到海蒂向她伸出来的手。“你就是和阿鲁姆大叔住在一起的那个小女孩吗？”她问。

“是的，我叫海蒂。”

“这孩子长得什么模样，布丽奇特？”她向彼得的妈妈问道，“她像她的妈妈阿德尔希特那样瘦弱吗？”

“她长着和托拜厄斯一样的卷发，她的身材像她妈妈一样优雅。她看上去非常健康。”

“看来彼得说的一定都是真的。阿鲁姆大叔把她照看得不错。这简直令任何人都难以置信！”

当两个女人在她的头顶上说这说那时，海蒂四处打量着屋子。当她看到挂在铰链上的百叶窗松松垮垮、摇摇欲坠时，就突然插嘴说：“我爷爷会来给你们修好的。他什么都能修好。”

“噢，你真是一个好孩子！”奶奶大声说道，“但我得抱歉地说，在这一点上你可能是搞错了。”

“不，不，老奶奶，他会来给你修的。修好后光线就会从窗户射进来，那样的话你就能看得清楚了。”

“噢，孩子，我看不到任何东西，什么也看不到。”

“但是到了夏天，当太阳把大山烧着了，你就能看到，是不是？”

“不可能，孩子。我的视力再也不能恢复了。”

海蒂号啕大哭了起来。“没有人能让你重见光明吗？”她哭着问道。

“到这里来，海蒂，陪我坐一会儿。”老妇人温和地说，“当一个人瞎了的时候，听到一个友好的声音感觉真好。和我说说你和阿鲁姆大叔平时在山上都干些什么。”

海蒂擦干眼泪，开始对老妇人讲起了那两只山羊的事，还讲了她爷爷是如何为他们刷毛和梳理，以及她如何学会喂养它们。

突然，外面传来一阵沉重的跺脚声，彼得闯进了屋子。

“怎么回事，这么快就放学回家了？”老奶奶喊道，“一天过得可真快啊！你还好吧，彼得？书读得怎样？”

彼得耸耸肩，咧嘴笑了一下。“噢，还是老样子。”他说。

“彼得啊，彼得，”奶奶叹着气说，“到二月份你就十二岁了，可到现在你还认不得字！”

“认字为什么那么重要？”海蒂问道。

“往那个架子上看看，孩子。看到一本旧书了吗？那里面有很多优美的赞美诗。我很想再听听它们，但是对彼得来说，读书实在是太难了。”她叹气道。

“终有一天他会学会的，妈妈。”布丽奇特说，“拿盏灯过来，彼得。天要黑了。”

“噢，”海蒂喊道，“我必须得走了！”她穿上了外套，跑过去亲了亲奶奶的脸颊。

“不要一个人走！”奶奶说，“和她一起去，彼得。”但在屋里人起身之前，海蒂早已溜出门外。

“追上她，布丽奇特，快跑几步！她会被冻僵的！”彼得的奶奶吩咐道。

布丽奇特依命行事，但她还没走出几步，就看到海蒂的爷爷顺着雪坡滑了下来。

“表现得不错，海蒂，”老人说，“你遵守了你的诺言。”他把床单裹在海蒂的身上，把她抱在怀里，开始爬回山上。布丽奇特把这一切都看在了眼里，回到屋子后都跟奶奶说了。

“这得感谢上帝。”老妇人喊着说，“他对她是多么好啊！”

那天吃晚饭的时候，海蒂向爷爷宣布说：“明天你一定要带上你的锤子和钉子下山到彼得家去一趟，帮他们修理一下百叶窗。”

“谁说我一定要去？”她爷爷粗声地质问道。

“我说的！老奶奶害怕听到百叶窗发出的‘咣当咣当’的响声。她担心屋顶会塌陷下来，落到他们的头上。我们明天就去她家帮忙好吗？”

海蒂走过来站在老人的身边，后者久久地凝视着那张热切的小脸蛋。“好的，明天。”他答应道。

第二天下午，海蒂和爷爷又一次坐着雪橇沿着山坡飞奔而下。“快进去吧。”他们一到彼得的小屋，老人就催促海蒂说，“天黑的时候就出来。”

海蒂打开门，老奶奶从角落里高兴地朝外喊道：“又听到那个小姑娘的声音了！”

海蒂刚把一张小矮凳推到老妇人的手纺车旁边，就听到屋外传来咕咚咕咚的重击声。这些巨响把老奶奶吓得跳了起来，差点把手纺车给弄翻了。“担心的事情终于发生了！”她喊道，“屋子就要倒塌了，就要裂成碎片了！”

“别害怕，”海蒂拉着老妇人的手臂说，“那只不过是爷爷弄出来的声音。他正在给房子进行全面的修理呢。”

“布丽奇特，”奶奶叫道，“去看看！真的是阿鲁姆大叔吗？”

布丽奇特发现老人正在把一根松动的墙板钉牢。“下午好，大叔。”她紧张兮兮地说，“妈妈和我都非常感激——”

“得了吧！”爷爷没好气地打断了她说，“我很清楚你们和村里人对我是什么看法。回到屋里去吧。什么地方需要修理我自己很清楚。”

布丽奇特匆忙地回到小屋，把他们的谈话向老奶奶做了汇报。

“你看，上帝没有忘记我们。”老妇人回答说。

冬天就这么一天一天地过去了。爷爷每天都要用床单把海蒂裹好，乘坐着雪橇下山。他每天都要填堵更多的洞，钉上更多的木板，直到老奶奶的小屋变得既舒适又牢固。

当海蒂意识到即使爷爷也不能让奶奶重见光明时，她感到很难过，但是老奶奶的话让她稍微得到了一点安慰。“你的声音使我重见了光明，”她说，“再跟我讲讲你们在山上和山羊一起度过的日子。”

## 第五章

# 一位来访者

两个冬天过去了，海蒂像空中的鸟儿那样快乐地生活着。接着，春天到了，山上来了一位拜访者。正当海蒂和爷爷在收拾饭桌时，蒂提阿姨大模大样地走了进来。只见她头戴一顶插着羽毛、看上去十分考究的帽子，身穿一条长得拖地的裙子。

“你看起来气色很不错，海蒂！”她不自然地喊道，“我就知道这里的空气对你是有好处的。”

海蒂看了看爷爷。见他正眉头紧皱，嘴巴紧紧地咬着烟斗，似乎要把它咬成两半。任由蒂提絮絮叨叨地说个不停，他就是一言不发。

“我知道海蒂在您身边总是碍手碍脚的，大叔，因此我已经在法兰克福为她找到了一个很好的去处，她将在一户富贵人家生活。海蒂只需给一个深受轮椅之苦的小女孩做玩伴就可以了。她将会被当作他们家的一个家庭成员而不是下人来看待。她将和他们在同一张桌子上吃饭，和小女孩的家庭教师一起学习——说不定她还真的能学出点名堂来呢。”

“你说完没有？”爷爷不客气地说。

“哼！”蒂提头一扬，用鼻子哼了一声，“看您的架势，好像这样的机会每天都会来临似的。海蒂现在可是已经八岁了，可她还是个睁眼瞎。天天跟您住在这里，她将来会有什么出息？”

“住嘴！”阿鲁姆大叔咆哮着，眼里充满怒火，“带着她走吧！”说完怒气冲冲地离开了小屋。

“你惹爷爷生气了。”海蒂皱着眉头说。

“他不久就会没事的。现在我们得抓紧时间了。”蒂提催促道，“你的衣服在哪里？”

“我不去。”海蒂说。

“什么？”蒂提不耐烦地说，“别像山羊那样又蠢又倔了。你爷爷希望你跟我走，他说的你都听到了。你无法想象你将会有一段多么美好的时光。”说着她走到壁橱前，把海蒂的东西都收拾停当。

“这是你的帽子，”她继续说，“把它戴上。如果你不喜欢住在法兰克福，到时候你还可以回来。”

“今晚？”

“是，是的，现在我们该走了。”蒂提阿姨一只胳膊夹着行李包，一只手拉着海蒂，两人开始向山下走去。

“彼得的老奶奶！”当他们来到山坳时，海蒂叫着说，“我必须得跟她说声再见。”

“没时间了，”蒂提坚持说，“顶多到了法兰克福，我们挑一件精美的礼物送给她就得了。也许一些柔软的白面包卷就不错。我想她很难再咬得动黑面包了。”

“哦，是的！”海蒂赞同道，同时她开始拽着阿姨的手往前走。因此，当她们来到多弗里时，村里人所看到的实际情形就成了海蒂跑在她的阿姨前面。

“你们也看到事情的真相了，”蒂提对村里人喊道，“是这孩子自己急着要走的。”

“她是迫不及待地想要远离那个可怕的老家伙了。”村民们开始窃窃私语。

从那天起，爷爷看上去比以前更凶了。只有彼得的老奶奶站在阿鲁姆大叔这一边，她对每个到她家来送纺纱或取纺线的人说他对海蒂是多么和蔼可亲，以及他是如何修理好她们的小屋的，但是没有人相信她的话。奶奶以后再也没有见到阿鲁姆大叔，她的日子又开始变得空荡荡的。“唉！”她经常叹着气说，“如果在我死之前能够再听一听海蒂的声音那该多好啊。”

第六章

# 在法兰克福

“现在应该到了吧，罗丁梅尔小姐？”瘦小的女孩再次问女管家。女管家只顾埋头刺绣，眼皮都没有抬一下。“耐心点，克拉拉小姐。”她如此说道。

克拉拉的母亲多年前就去世了，克拉拉的父亲赛斯曼先生要经常外出经商，因此女管家罗丁梅尔小姐就负责掌管着赛斯曼家的一切。她表情严肃，肩上披着一件短斗篷，头上戴着一顶大帽子。“她们很快就会到这里来的。”她确信地说。

就在这个时候，门铃响了，一个满脸苦相的女仆声称有客来访。当海蒂和她的阿姨蒂提走进屋子时，罗丁梅尔小姐才慢腾腾地从椅子上站了起来。

“这么说她就是你说的那个孩子了。”罗丁梅尔小姐一边用不客气的口吻说，一边上下打量着这位新来者，“她戴的帽子可很不体面。你叫什么名字，小女孩？”

“海蒂。”

“什么？这名字太古怪了！这不可能是你的真名。你出生时的名字是什么？”

“我不知道。”小女孩回答说。

“哪有这样回答问题的！”女管家嚷道，“蒂提，这个孩子是愚蠢呢还是不懂规矩？”

“只要您喜欢，怎么说都行，小姐。”蒂提一边说，一边向女管家行屈膝礼，“她是按我姐姐阿德尔希特的名字取的名。”

“噢！阿德尔希特至少是个能够发音的名字。她多大了？”

“十岁了。”蒂提回答说。

“我爷爷说我今年八岁。”海蒂坚持说。

“才八岁啊！”女管家惊呼道，“克拉拉已经十二岁了。我告诉过你的，蒂提，克拉拉的同伴必须和她一样大。你读过什么书，孩子？”

“什么书都没有读过。”海蒂回答说。

“什么？那你是怎么学会认字的？”

“我从来没学过认字。”

“天哪！你竟然不认识字！蒂提，这可不符合我们的约定。你怎么会给我带这样一个人来？”

“如果您还记得，小姐，”蒂提冷静地说，“您要找的不是一个娇生惯养的孩子。这孩子可是出类拔萃的。现在，如果您不介意的话，我得到我的女主人那里去了，她正在等着我呢。”蒂提又行了个礼，然后没等罗丁梅小姐反应过来，人就已经走出了房门。

“等等！”罗丁梅尔小姐愤怒地叫着，飞身前去追赶。

海蒂站在蒂提离开她的地方，开始打量整间屋子。直到现在为止，克拉拉都在默默地看着这一切。现在，她向海蒂招了招手，说：“到这边来。”

听到这个温和的说话声，海蒂转过身来，看到小桌旁边的轮椅上坐着一个面相可亲的女孩。

“我应该叫你海蒂还是叫你阿德尔希特呢？”那女孩问。

“我的名字叫海蒂。”

“那我就应当这样叫你了。我叫克拉拉。是你自己想要来法兰克福的吗？”

“不，”海蒂回答说，“明天我就要回家，以便给老奶奶带回一些白面包卷。”

“你真是一个与众不同的孩子！”克拉拉惊叫道，“难道你不知道她们带你来这儿是为了和我做伴吗？”

罗丁梅尔小姐急匆匆地走进屋，说道：“还没等我走到楼下，那个讨厌的蒂提就溜掉了。这下我们不得不全力以赴了。”

她拍了拍手，厉声叫道：“提乃特？塞巴斯蒂安？”屋子后面的双重门马上就被打

开了。

“提乃特，给这位年轻的小姐准备好一个房间。”那个女仆轻蔑地朝海蒂瞥了一眼，然后气哼哼地转身离去了。女管家又对男管家塞巴斯蒂安说：“现在我们该吃晚饭了。带克拉拉小姐进来。”

海蒂目不转睛地盯着塞巴斯蒂安看。她走到他的面前说：“你看上去很像我们那里的羊倌彼得！”

女管家惊慌失措地攥住她的手说：“不要用这种随便的口气跟下人说话！看来我显然要教你一些待人处世的礼节了。”

塞巴斯蒂安把克拉拉安放到桌旁。女管家挨着克拉拉坐下，并招呼海蒂坐在她们对面。在海蒂的盘子旁边放着一个上好的白面包卷。当塞巴斯蒂安从托盘里拿了些鱼递给海蒂时，她指着面包卷说：“我可以吃它吗？”

塞巴斯蒂安点了点头。眨眼间，海蒂就把面包卷塞入了她的围裙口袋。塞巴斯蒂安做了个鬼脸，努力克制自己不笑出声来。他一声不吭地站在海蒂旁边，因为他既不敢开口说话，在未得到许可之前也不敢擅自离开。

“这个我能吃一些吗？”海蒂指着鱼问。

塞巴斯蒂安又点了点头。

“那就给我一些吧。”

海蒂轻率的举止令罗丁梅尔小姐吃惊不小，她马上把这个孩子训诫了一番。塞巴斯蒂安极力不使自己的笑意表现出来，但这样一来，他手中的托盘就开始危险地抖动起来。

“你现在可以走了，塞巴斯蒂安，”女管家命令道，“把托盘放在那里好了。”

整个晚餐期间，罗丁梅尔小姐都在教导海蒂，告诉她在一个上流人士家里，该如何注意自己的言行举止。但是由于长时间的旅途劳累，这个小女孩实在太累了，几乎什么都没听进去。

当塞巴斯蒂安过来收拾盘子的时候，发现海蒂在椅子上睡得正香。甚至当他背着她上楼，走进提乃特为她准备的小偏房时，她都没醒过来。

第二天早晨，当海蒂一觉醒来时，发现周围的一切对她来说都是那么陌生：高高的、洁白的床铺，脸盆架，紧闭的窗户上长长的窗帘。为了呼吸到新鲜空气，她试图打开窗户，却没有成功。她慢吞吞地穿好衣服，下楼去找克拉拉。

在外面的大厅里，罗丁梅尔小姐正在跟一位男教师讲话。“有件事要跟您说一下，卡迪达先生。”她说，“我们有一位来自瑞士阿尔卑斯山的年轻客人。她将成为克拉拉的同伴，并且将得到和其他家庭成员一样的待遇。然而我必须得提醒您，她甚至连字母都不认识。”

“我不会介意教她字母的，小姐。”家庭教师回答说。

“那好，但是如果这个孩子有任何拖克拉拉小姐后腿的地方，您务必通知赛斯曼先生。”

这个家庭教师礼貌地鞠了一个躬。他刚转过身准备去书房，就听到“啪”的一声响。

罗丁梅尔小姐从他的身边掠过，猛地把房门大开。只见一张小桌侧翻在地，书和纸散落得到处都是，同时他们瞥见海蒂正从另一扇门向外跑去。

“这个讨人嫌的孩子！她都干了些什么？”罗丁梅尔小姐喊道。

“这是个意外。”克拉拉在阵阵大笑中间喘着气说，“她听到街道上有马车经过，就跑出去想看个究竟。”

“这您都看到了，卡迪达先生。她根本不知道在一个上流社会该怎样使自己举止得体。”女管家再次说道。她匆匆来到楼下，发现海蒂正站在敞开的门口，一副迷惑不解的样子。

“我还以为自己是听到了风吹过杉树的声音呢。但我到处都看不到它们。”海蒂难过地对女管家说。

“杉树？你以为我们是住在森林里吗？立刻上楼，不要再这样四处乱跑了。你明白吗，阿德尔希特？”

海蒂叹了口气说：“是，小姐。”

等塞巴斯蒂安把书房打扫干净，上课的时间已经所剩无几了。由于身体不是很好，所以克拉拉下午的时候都要小睡一会儿；海蒂被告知想干什么都可以，只要别搞恶作剧就行。

海蒂一个人坐在楼梯上，等着塞巴斯蒂安。“麻烦一下。”当塞巴斯蒂安托着一个盘子出现时，海蒂说。

“什么事？”他没好气地说。

海蒂犹豫了一下，然后问道：“你们是怎样打开窗户的？”

“就这个吗？”塞巴斯蒂安笑了，领着小女孩走进了餐厅，他转开了一扇大窗户。海蒂高兴地叫着，跑过去向窗外张望。

“但这里只能看到石头砌的街道！”她喊着说，“你们一般都到什么地方去才能看到整个山谷？”

塞巴斯蒂安搔了搔头，说：“这个嘛，我想你得登上那边教堂的塔楼，就是那个有金黄色圆顶的塔楼。”

“谢谢你，塞巴斯蒂安。”海蒂说着，马上跑下楼梯，从前门一溜烟儿地跑了出去。

## 第七章

# 令罗丁梅尔小姐不安的一天

来到大街上，海蒂一时间茫然不知所措。从窗户向外看时近在咫尺的那座塔楼现在怎么也看不到了。海蒂沿着街道向前跑，直到她来到另一条街，然后又是一条街。许多人从她身边经过，但是他们都是那么匆匆匆忙忙的，海蒂得不到机会向他们问路。最后，她注意到一个男孩正站在拐角处；他背着一个小手风琴，怀里抱着一个怪模怪样的动物。

“那个有着金黄色圆顶的塔楼在什么地方？”她向他问道。

“不知道。”他回答说。

“有高塔的教堂你一个也不知道吗？”

“这我当然知道，不过要我带你去那里，你会给我什么东西呢？”那个男孩问道。

“你想要什么？”海蒂问。

男孩伸出了他的手。海蒂摸了摸自己的口袋，掏出了一张画着一个红玫瑰花环的小图画。她朝这幅画看了好一会儿，很不忍心把它送给别人——那可是克拉拉那天早晨为她画的。但是为了向下能看到山谷，向前能够看到绿山坡，只好忍痛割爱了！

“给你这个，”她说着把图画递给他，“这个你要不？”

那男孩令人讨厌地笑了起来。“我要的是四个便士。”他说。

“我没有钱，”海蒂说，“但是克拉拉有，她会把钱给你的。”

“那就跟我来吧。”男孩说，两个人开始沿着那条街道向前走。他们还没走出多远，海蒂就开始对他背着的那架手风琴问这问那。他向她展示了他是如何转动手柄来演奏音乐，以及他的同伙——那只训练有素的猴子——如何跳舞。

海蒂还没来得及问更多的问题，他们已经到了教堂了。它那厚重的木头大门紧闭着。

“我们怎样进去？”她问。

“不知道。”

“也许我可以像叫塞巴斯蒂安时那样按一下门铃。”海蒂按了一下门铃，听到远处传来了微弱的叮当声。

“我上去时，你必须待在这儿等我。”海蒂说，“然后，把我送回去。”

“那你必须再给我四个便士。”那男孩说。

正在那时，门吱吱嘎嘎地被打开了，一位老人探出头来。“走开。”他大叫到。

“但是我想到塔上去。”海蒂说。

“回家去，”守门人不耐烦地说，“而且不要再按我的门铃了，否则我就叫警察了。”

“求你啦，”海蒂恳求道，“就这一次。”

“噢，那好吧，”他嘟哝道，“那就跟我来吧。”

他拉着海蒂的手，领着她走了进去。“你就待在那里好了。”他对男孩说了一句就“砰”的一声把大门关上了。

他们爬啊爬，黑乎乎的楼梯变得越来越窄，而且梯级也越来越小，直到最后他们看到了上面的亮光。他们来到了一个四周被高墙包围的阳台上，每面墙上都有一个大窗户。老人把海蒂举了起来，这样她就能从窗户向外看了，但是她所看到的尽是房顶、高楼和烟囱。

“噢，天哪！”她失望地喊了起来，“这根本不是我希望看到的。”

“你这样一个小孩子家能知道什么是风景？”她的同伴不屑一顾地说，“好了，你已经看过了，下来吧。记住以后不要再来按我的门铃了。”

向下走到一半的时候，楼梯扩展开来，一直伸展到一个平台上。守门人住的房间就在那里。在他的房门旁边的一个篮子里面，躺着一只灰猫。当海蒂靠近时，这只猫警觉地“喵喵”叫了起来，不过老人却说：“没关系，你可以过来看看这些小猫。有我在，它不会伤害你的。”

海蒂走向篮子，高兴地笑着说：“噢，多么可爱的小动物啊！”

“你想要一只吗？”那守门人问。

“给我？”

“是的，如果你喜欢，你可以把它们都拿去。”他狡猾地补充了一句，“我会把它们给你送去的，只要你告诉我你住在什么地方就可以了。”

海蒂满心欢喜。当这些小猫被送到家时，克拉拉将会多么惊喜啊！“把它们送到赛斯曼先生的大宅子里去。他家前面的正门上有一个金色狗头，嘴里叼着一只大门环。我自己能带一两只回去吗——一只给我自己，一只给克拉拉？”

“好，等一会儿。”守门人说着，把那只老猫带进他的房间放进衣橱，关上门，然后重新回来。“现在好了，拿两只吧！”

海蒂选了一只白色的和一只黄白相间的小猫，一只放到右边的口袋，一只放进左边的口袋。然后，她走下了楼梯。

那个男孩还一直坐在外面的台阶上，当守门人关上大门时，海蒂问男孩：“去赛斯曼家该走哪条路？”

“不知道。”男孩回答说。

“他家的屋顶是这样的。”海蒂向他解释着，一边用手指比画出一个尖塔的形状。

男孩跳了起来：要想找到路，他所需要的就是这样的一条线索。他开始一路小跑着在前面带路，海蒂紧紧跟在后面，很快他们就站在有个大铜环的门前了。海蒂按了按门铃，塞巴斯蒂安出来开门。

“快！快！”他看到海蒂时大声嚷道。

海蒂跑了进去，塞巴斯蒂安把那个男孩关在了门外。

“快！”塞巴斯蒂安催促道，“直接去餐厅好了。罗丁梅尔小姐看上去简直像一门装满火药的大炮，随时都有可能爆发。”

当海蒂进屋时，女管家冷冷地盯着她。克拉拉坐在那里，眼睛看着盘子。整个屋子陷入一阵令人不安的沉默。

“阿德尔希特，”罗丁梅尔小姐开始说话了，“我没有别的什么好讲，你表现得实在太差了，你未经允许就擅自离家，为此你理应受到惩罚——”

“喵！”

“你说什么？你敢嘲笑我？”

“可是我没有啊。”

“喵，喵！”

塞巴斯蒂安从屋子里冲了出去。

“海蒂，”克拉拉喘着气说，“你为什么一直要那么做？你不是看不到……已经有多么生气——”

几乎要哭出来的海蒂大声喊道：“那是小猫在叫！”

“什么？小猫！”罗丁梅尔小姐尖叫道，“塞巴斯蒂安！找到那些可怕的动物，把它们拿走！”

女管家从房子里冲了出去。正捂着嘴巴笑的塞巴斯蒂安重新回到屋子时，发现克拉拉把猫咪放在两腿间，正在和跪坐在旁边的海蒂，以及两只可爱的小动物玩耍呢。

“塞巴斯蒂安，”克拉拉恳求道，“你一定要找张床把小猫安顿好，别让罗丁梅尔小姐看见了。”

“我会照顾它们的，克拉拉小姐。”男管家保证道，“我会找一个小巧漂亮的篮子把猫放在里面，罗丁梅尔小姐不会找到它们的。”

第二天早晨，塞巴斯蒂安刚领着卡迪达先生来到书房，门铃就猛烈地响了起来。从按门铃的力道来看，塞巴斯蒂安确信一定是赛斯曼先生本人回来了。但令他惊讶的是，他看到一个衣着褴褛、背着一架手风琴的男孩正站在台阶上。

“你为什么要按这个门铃？走开！”

“我要见克拉拉。”男孩坚持说。

“像你这么一个脏兮兮的街头浪子怎么会认识克拉拉小姐的？”

“昨天是我送她回家的。”

塞巴斯蒂安的脸上闪过一丝狡黠的微笑，他知道肯定又是海蒂搞的恶作剧。“好的，好的，”他说，“进来吧。你可以用你的音乐匣子为克拉拉小姐奏首曲子，她会很喜欢的。跟我来吧。”

塞巴斯蒂安先是敲了两下，然后打开了书房的房门。“一个男孩想见克拉拉小姐。”他宣称道。

“可以让他进来吗，卡迪达先生？”克拉拉问，但是说话间那个男孩已经进到屋子里了。他马上开始弹奏起他的手风琴。

克拉拉和海蒂听得入了迷，她们拍着手要求他再奏一曲。卡迪达先生不断地清喉咙，似乎想说点什么，但他还是什么也没说。突然，罗丁梅尔小姐闯了进来。

“你们这是在干什么？这是谁？塞巴斯蒂安，立刻把他带走！”

男管家立刻催促这个男孩离开书房，下了楼梯。

“这是给你的，”在大门口他对男孩说，“八便士是你给那个年轻小姐带路的报酬，另外八便士是你演奏音乐的报酬。”

但是整个上午令人惊讶的事还远没有结束。卡迪达先生刚刚给他的学生布置好了任务，门铃就又响了起来。这次是一个男人，手里拎着一个盖着盖儿的篮子，是送给克拉拉小姐的！

“给我的吗？让我看看！”当塞巴斯蒂安把篮子带进书房时，克拉拉喊道。

“也许等到下课后再看会更好一些。”卡迪达先生建议道。

但是已经太迟了。塞巴斯蒂安刚把篮子放下，篮子盖就“砰”的一声打开了，一只，二只，三只小猫先后跳了出来，开始满屋子地乱跑。它们跑得如此之快，以至于整个房间似乎都充满了这些小动物。海蒂逮住了两只，接着去追第三只，而这时又有更多的小猫从那个柳条盖子下逃了出来。

“那儿有一只，”克拉拉指着桌子下面喊道，“那儿还有一只！”

“小姐们，小姐们。”家庭教师反对道。但是没有一个孩子注意到他——她们正忙着追赶那些狡猾的小动物呢。在塞巴斯蒂安的帮助下，当罗丁梅尔小姐出现时，所有的小猫都已经被放回到篮子里去了。

“这里发生了什么事？阿德尔希特，从地上站起来。”女管家过于急着去责备海蒂了，以至于没有注意到塞巴斯蒂安麻利地把篮子转移出了书房。

“该拿你怎么办呢，阿德尔希特？你一点儿也不懂得守规矩。对于你这种不懂礼貌和不守规矩的人，我知道只有一种惩罚对你才会有点效果。今天剩下的时间你就在地窖里与蜥蜴和老鼠为伴吧。”

海蒂听得有点莫名其妙，因为她从来没有到一个可怕的地窖待过；爷爷小屋下面的地窖是一个放羊奶和干酪的令人愉悦的地方。但是卡迪达先生看上去却大为震惊。克拉拉喘着气说：“不，罗丁梅尔小姐！你一定要等到爸爸回来再说。他已经写信说他很快就要回来了。让他决定好了。”

女管家皱着眉头，傲慢地离开了房间。

不久之后，塞巴斯蒂安回到了书房。他小声地告诉克拉拉说，他已经把所有的小猫藏在阁楼里了。他保证等罗丁梅尔小姐出门时，他会把它们带到克拉拉的房间陪女孩们玩耍。

那天晚上，海蒂对克拉拉讲起了有关彼得和山羊，以及那些高大的冷杉树林的故事。讲到后来，她对阿鲁姆的想念之情变得如此强烈，以至于她大声地喊道：“现在，我真的

必须回家了！明天，我真的必须走了！”

不过，克拉拉使她平静了下来，她提醒海蒂，在她的爸爸回来之前一定要待在这里。到那时，她们再看看情形会是个什么样子。

在这期间，海蒂试图学会识字，但无论卡迪达先生对她多么耐心，她似乎都不能把一个字母和另外一个字母区分开来。随着时间一天天地过去，家庭教师注意到海蒂变得越来越少言寡语了。塞巴斯蒂安注意到她像只老鼠那样安静地坐在桌子边，一动不动；但是她总是迅速地把面包往口袋里装。

只有藏在一条围巾里面，并放在她的壁橱最底层的那堆正在慢慢增多的白面包卷，才能给她带来些许安慰。至少，当她回家的时候，她将会有一件绝好的礼物送给彼得的老奶奶。

## 第八章

# 一家之主

随着赛斯曼先生预期回家的日子日渐临近，罗丁梅尔小姐决定用克拉拉穿过的旧衣服来装点一下海蒂的衣柜。女管家去海蒂的壁橱查看她的家当，以决定哪些应当保留，哪些应当扔掉。但过了不一会儿她就来到书房，带着满脸的厌恶之情。

“我可真是大有发现啊，阿德尔希特！”她嚷嚷道，“在你的衣服柜子里，猜猜我都发现什么了？你知道我发现了什么？一堆的面包卷包在围巾里！”

“提乃特！”她冲着餐厅喊道，“把阿德尔希特壁橱里的陈面包，连同她床边桌子上的那顶破破烂烂的旧草帽一起扔掉。”

“不要！不要！”海蒂请求道，“我必须保留这顶帽子，那些面包卷是给老奶奶的！”海蒂正要冲出去追赶提乃特，被女管家一把拽了回来。海蒂在克拉拉的椅子旁边颓然倒地，绝望地哭了起来。“现在老奶奶再也吃不到面包卷了。它们是给老奶奶的，现在她再也吃不到了！”

“海蒂，请不要哭了。”克拉拉请求道，“你想要多少面包卷就会有多少面包卷！我向你保证。”

“和我储存的那些一样多吗？”

“甚至更多！而且它们将是又软又新鲜的面包卷。你那些都已经变硬了，它们什么用处也没有了。”

虽然克拉拉的许诺使海蒂深感宽慰，但当她出现在饭桌旁时，她的眼睛还是红红的。

每当塞巴斯蒂安走近海蒂时，他都会做些意味深长的手势。然后会向她眨眨眼，似乎是让她明白："放宽心！我把一切都照料好了，一切都很顺利。"

过了一会儿，当海蒂回到自己的房间准备睡觉时，她发现那顶皱巴巴的小草帽被藏在床罩下面——这就是晚饭时塞巴斯蒂安想告诉她的：他已经给她把草帽取回来藏好了。海蒂轻柔地抚平卷曲的帽檐，然后在壁橱靠后的位置重新把它藏好。

几天之后的一天，海蒂和克拉拉正坐在克拉拉的房间里看一本连环画，忽然听到外面传来马车轮子在鹅卵石上辗过的咯吱声。几分钟后，赛斯曼先生走进了屋子。

"爸爸！"克拉拉伸出手臂喊道。海蒂走到屋子的远侧，安静地等着这对父女行完见面礼。然后，赛斯曼先生转向海蒂，向她伸出了手。"这就是我们的瑞士小姑娘吧。你在这儿过得快乐吗，亲爱的？你和克拉拉相处得好吗？"

"克拉拉一直对我很好。"海蒂回答说。

"海蒂让我感到很快乐，爸爸。"克拉拉马上说道。

"我很高兴听见你们这么说。现在我必须去吃午餐了，吃完午饭我再回来和你们交谈。"

在餐厅里，罗丁梅尔小姐正一副酸溜溜的表情坐在那里。

"赛斯曼先生，我不得不遗憾地向您汇报：在您不在的这段日子里，我们的小客人使得整座宅子到处都是陌生人和动物；这孩子的行为简直不可理喻。我担心她的大脑可能有点问题！"

"天哪，是这样！可是克拉拉看起来倒是很快活。"

赛斯曼先生非常认真地打量着女管家，似乎是要自己相信事态真的很严重，而不是这个女人凭空想象出来的。"失陪一下，"他说，"我必须跟克拉拉谈谈这件事。"

在书房里，他发现这对朋友正一边闲聊一边咯咯地笑。赛斯曼先生转向海蒂说："听我说，给我拿杯——"赛斯曼先生不知道自己到底想要什么，但是他希望把海蒂支开一会儿。"请给我拿一杯水来，麻烦你了。"他说。

海蒂离开了。

"现在，我亲爱的克拉拉，"她爸爸说，"你想要我把海蒂打发走吗？"

"不，不，爸爸！不要那样做！"克拉拉请求道，"我们在一起时有很多乐趣，有她在这儿，时间也没那么难熬了！"

"好极了，克拉拉；你的小朋友此时也回来了。谢谢你，孩子。现在我要给你们两个一个惊喜。下周我必须回巴黎了，但是奶奶将来这儿住上很长一段时间。"

在赛斯曼先生离开前，他通知女管家要好好地对待海蒂，并且如果她自己处理不好这个孩子的事情，他的母亲——赛斯曼太太——肯定会处理好的。

一个星期后，当一辆马车在前门停下时，罗丁梅尔小姐把海蒂打发到她自己的房间里去。“赛斯曼太太要先见见克拉拉。”她解释道。但是没过多少时间，女仆提纳特就敲起了海蒂的房门。“到书房去。”她尖声说道。

克拉拉的奶奶正坐在一张低矮的椅子里，两脚搁在一张小凳上。海蒂走上前去，握住了赛斯曼太太向她伸出的那只柔软白皙的手。赛斯曼太太有一头可爱的白发，上面戴着一顶花边白帽。

“你叫什么名字，孩子？”她问。

“我叫海蒂，但是如果一定要叫我阿德尔希特，那我也会答应的。”

“赛斯曼太太定会承认，”罗丁梅尔小姐插嘴说，“我不得不选一个让仆人们称呼起来不那么费劲的名字。”

“我亲爱的罗丁梅尔，”赛斯曼太太回答道，“如果一个人的名字叫海蒂，我就会这么叫她。现在，请把我床上的包裹拿来。我有一些书要送给海蒂。”

女管家用轻蔑的口吻说：“书对她来讲是毫无用处的，她连字母都还不认识呢。如果不是卡迪达先生拥有天使般的耐心，他早就已经放弃教她了。”

当女管家离开房间时，赛斯曼太太问道：“这是真的吗，海蒂？你不识字吗？”

海蒂叹了口气，说："是的，夫人。彼得说读书太难了，所以我想我也读不了。"

"首先，这个彼得听起来好像是个非常陌生的人。其次，你必须叫我奶奶。不要紧，很快我们就会教会你读书的。"

从那天起，在克拉拉休息的时候，海蒂每个下午都泡在书房，和赛斯曼太太一起翻阅那些漂亮的故事书。一天，她发现一张上面有着绿色草坪的图片。图片上画着两只活蹦乱跳的山羊在一个男孩身边嬉戏玩耍，那个男孩正拄着他的木棍站在那里。突然间，泪水沿着小女孩海蒂的脸颊淌了下来。

"怎么了，孩子？"奶奶担心地问，"不要哭。这张图片让你想起什么事了吗？只要你学会读书，这本书就是你的了，这样你就会知道关于那个牧羊人和他的山羊的整个故事。你也很希望如此，是不是，海蒂？"

海蒂点点头，依然抽泣着。她觉得，不能告诉奶奶她是多么想念大山和她的爷爷。罗丁梅尔小姐曾经警告过她，说如果她有所抱怨并要求回家的话，克拉拉和赛斯曼先生将会认为她是个忘恩负义、不知好歹的人。

"亲爱的，我注意到有时你似乎并不快乐，"奶奶说，"如果你不能把你的烦恼告诉任何人，那么向上帝求助将是个好办法。"

"今晚我就会祈祷。"海蒂答应道。她决定要请求上帝把她送回阿鲁姆的家。

## 第九章

# 鬼魂风波

在奶奶的拜访行将结束之际，有一天，卡迪达先生找她来了。“最不可思议的事情发生了，”他说道，“我原来几乎不再抱任何希望来着——”

“你是想告诉我，”赛斯曼太太打断他说，“海蒂已经学会读书了？”

家庭教师惊奇地盯着她，说道：“是的，确实是这样！”

赛斯曼太太只是笑了笑。那天吃晚饭的时候，海蒂在她的位置上发现了她喜爱的那本故事书。

“这是给我的吗？”她问道，“我可以永远保留它吗？”

“永远。”奶奶说。

“即使我回家的时候？”

“但是你不会在家待太久的，是吧，海蒂？”克拉拉打断她说，“我会非常想念你的。”

海蒂叹了口气没再说什么。但是她把书抱在怀里，并且，在那天晚上睡觉时把它放到了枕头底下。

最终，老奶奶起程的日子到了，海蒂变得更加的孤独凄凉。整座宅院看上去是那么的寂静，似乎一切都到了尽头，并且这种感觉充斥了当日剩下的所有时间。克拉拉和海蒂很失落，百无聊赖地坐在那里，不知道该做些什么。

第二天下课后，海蒂宣布说：“克拉拉，我要把奶奶给我的那本书上的故事大声读给你听。”

然而，海蒂还没读多久就完全停了下来。她刚读到一个关于垂死的老奶奶的故事，就突然大声喊道："噢，老奶奶死了！"说着就号啕大哭了起来，其情状实在令人不忍。

"现在奶奶死了，我再也见不到她了，她一个面包卷都没吃着！"她哭着说。

克拉拉试图向海蒂解释这不是阿鲁姆山上的奶奶，只是故事里一个死去的老奶奶，但小女孩还是无法使自己平静下来。

正在这时，罗丁梅尔小姐走了进来，听到了克拉拉正试图解释海蒂的误解。看到海蒂还在哭，罗丁梅尔小姐不耐烦地说："阿德尔希特，我们已经受够了你的哭声。如果你再哭的话，我将会拿走你的书。"

海蒂一下子被吓得脸色都发白了。这书可是她的宝贝。她急忙擦干眼泪，并且以后无论读到什么令人伤心的内容她都没有再哭过。取而代之的是：她把眼泪留给了枕头，每晚睡觉前她都要哭上几个小时。

冬天慢慢地变成了春天。由于要竭力控制自己对家乡的思念之情，海蒂的脸色变得越发苍白，身体也日渐消瘦下去。

罗丁梅尔小姐也遇到了问题。她养成了一种总是神经质般地往自己身后看的习惯，因为赛斯曼大宅正在发生一些稀奇古怪的事情。每晚无论女管家是多么仔细地检查好门锁和窗锁，一到早晨，正大门总是大开在那里。怎么会发生这种事情呢？

一天晚上，她说服塞巴斯蒂安和马车夫约翰整夜都守候在前门，看看有何动静。两人在前厅边侧的一间屋子里潜伏下来。几个小时过去了，什么也没有发生，他们的眼皮变得沉重起来，很快两人就睡着了。夜间不知什么时候，一阵凉风把塞巴斯蒂安给吹醒了。他跳了起来，跑到外面的大厅里，发现前门大开着。他转身来喊约翰，感觉自己脊梁骨直冒寒气——在楼梯处，一个白色的东西在眼前晃动了一下就不见了！

罗丁梅尔小姐一听说夜间发现了白色人影，就立即给赛斯曼先生写信。她在信中说：由于害怕，她写信的手指都僵住了。赛斯曼先生必须立刻回家！宅子里的鬼可能会严重损害他女儿本就病弱的身体。

赛斯曼先生立即赶回家中。"这简直是胡扯，"他一走进前厅就说，"哪有什么鬼魂，简直荒唐！塞巴斯蒂安，一个成年人怎么这么愚蠢？今晚我留下来，非弄个水落石出不可。”

那天晚上，赛斯曼先生带着几根蜡烛和一本书在那里安顿下来，专等那个鬼魂的出现。当他的怀表显示为凌晨一点时，一个声音引起了他的注意。那个轻微的咔嗒声是钥匙在锁里面转动的声音吗？他小心翼翼地慢慢挨近大厅。前门开着，暗淡的月光射了进来，照亮了在门槛上的那个白色形体。

“谁在那儿？”赛斯曼先生怒吼道。随着一小声尖叫，那个人影转过身来，原来是海蒂正赤着脚，穿着睡衣，满脸困惑地站在那里。只见她浑身瑟瑟发抖，像风中的一片叶子。

“孩子，你这是要干什么？”赛斯曼先生质问道。

受到惊吓、面色苍白的海蒂喃喃道：“我不知道。”

海蒂困惑和恐惧的样子触动了赛斯曼先生，他温和地说：“来，到屋里来坐坐，跟我讲讲你的烦恼。”

赛斯曼先生领着海蒂来到厅侧的小屋。壁炉里依然燃着火光，房间也非常暖和，但是海蒂却浑身颤抖得厉害，牙齿“咯咯”作响。

“不要害怕。”赛斯曼先生安慰她说，一边把一条披肩裹在小女孩身上，“告诉我，你这是打算要到哪里去？”

“我要去寻找冷杉树。”海蒂开始说道，“每个晚上我一闭上眼就会看到爷爷家窗外的

冷杉树，听到风穿过树枝的唱歌声，我就跑到外面，观看满天亮闪闪的星星。一切都太美了！但是当我睁开眼睛的时候，一切都消失了。我能看到的都是墙壁和街道。我感觉有一块大石头压着我，就是这儿。”海蒂把手放到胸口上。

赛斯曼先生叹了口气，把海蒂冰冷的小手握在自己温暖的大手里。“来，让我把你抱到床上去。”

第二天清晨四点半，赛斯曼先生重重地敲响了女管家的门。“赶紧起床，小姐。”他喊道，“有个旅行需要准备一下。”

然后，他来到女儿的房间，在她的床脚坐了下来。“克拉拉，我知道你是多么喜欢海蒂。”他说，“但是她太想家了，因此得了梦游症。看到她病成那副样子，我感到很震惊。我们必须得为她考虑一下，不能只考虑自己，亲爱的。”

克拉拉擦去了眼泪。“你说得对，爸爸。我不可以这么自私。她应该回家。请让塞巴斯蒂安把海蒂的箱子搬到我的房间里来，我要装些意外的礼物给她。噢，爸爸，还有一件事。”克拉拉把关于白面包卷的整个故事告诉了她的爸爸，他听后立刻走出去吩咐罗丁梅尔小姐马上包装好一篮新鲜的面包卷。

海蒂不明白为什么提纳特奉命来到她的房间，并且用克拉拉最好的旧衣服把她打扮了起来。在餐厅里看到泪水涟涟的克拉拉时，她感到更加迷惑了。

海蒂诧异地四处张望着。

“你还被蒙在鼓里吧，”赛斯曼先生笑着说，“好了，今天你就可以回家了，海蒂，早餐过后就马上起程。”

“回家？”海蒂重复道。她几乎喘不过气来了。

“你不想知道是怎么安排的吗？”

“噢，想啊！”她喊道。

“那好，你马上就知道了。马车即将准备就绪，它会拉着你去乘火车。塞巴斯蒂安会陪着你回到多弗里。现在，好好地吃一顿早餐，然后和克拉拉一起去拿行李。”

海蒂太激动了，哪里还吃得下饭，而克拉拉早已经吃过了，因此塞巴斯蒂安就用轮椅把克拉拉推到她的房间。只见在地板中央放着一个大行李箱。

“来看看我都给你装了些什么。”克拉拉向她的朋友招呼道。箱子里装满了一摞摞的衣服、围裙、手帕和缝纫用具。“再看这儿，海蒂。”她一边补充说，一边举着一只装有十二个松软的白面包卷的篮子。海蒂高兴得咯咯地笑了起来。两个小女孩谁也没有意识到她们告别的时刻已经到了。当她们听到外面有人喊——“马车准备好了！”——的时候，连伤心的时间都没有了。

海蒂跑到她的房间里拿出那本放在枕头底下的漂亮的故事书，她把书放在盛面包卷的篮子里。在壁橱里，她找到了她的红色旧围巾和她那被压扁了的草帽；提纳特却觉得它们不值得放进行李里去。海蒂用围巾把草帽包好，然后把这个布包放到篮子的最上面。然后她就戴上克拉拉给她的那顶雅致的帽子，离开了房间。

由于马车一直在等着，两个孩子不得不迅速地道别。“我会非常想念你的！”克拉拉喊道，“不过，爸爸已经答应我了，明年春天我们就会去山里看望你的。”

“噢，克拉拉，你可一定要去啊！大山会使你变得更强壮的，就像它们使我变得更强壮一样。”

罗丁梅尔小姐打断了她们的告别，她从海蒂的篮子里把红色小包裹拿了出来，就要往地上扔。

“不行，阿德尔希特，你不能带着这样一件东西离开这个家门。”她说。

“孩子想带什么就让她带什么好了。”赛斯曼先生严厉地说，然后他转向海蒂，“现在，亲爱的海蒂，把这封信和这个包裹交给你爷爷——小心不要弄丢了。塞巴斯蒂安会安全地把你送回家的。”

一只胳膊夹着那顶宝贝帽子，另一只胳膊夹着那封信和包裹，海蒂就这样被抱上了马车。

“再见！”克拉拉喊道。

“旅途愉快！”她爸爸补充道。

“谢谢你们！”海蒂从马车的窗户向外大声喊道，同时马车夫约翰轻甩马鞭，他们就向火车站进发了。

# 第十章

# 回到阿鲁姆

两天以后，塞巴斯蒂安把海蒂的箱子和篮子卸在了梅恩费尔德火车站的站台上。一辆火车鸣响着汽笛继续向山谷深处驶去。塞巴斯蒂安无限留恋地看着火车远去，因为他更喜欢这种安全而不费力的旅行，而不是徒步爬山——一座有可能陡峭而危险的山。

离火车站不远处停着一辆小马车，由一匹瘦马拉着；一个肩膀宽阔的男人正在把从火车上卸下来的几个大袋子往马车里装。塞巴斯蒂安走上前去，向他打听去多弗里最安全的路。

“这里所有的路都是安全的。”那个人简短地回答道，“如果你的箱子不太重的话，我可以把它带到那个村子里去——同样还有那个孩子。”

“我可以一个人回去了，”海蒂插嘴说，“而且我认识从多弗里到阿鲁姆的那段路。”

塞巴斯蒂安觉得他应该跟海蒂一起回去，但是他还是同意了让海蒂单独回去。当他望着坐在马车高座上的海蒂的身影随着马车的滚动前行渐渐远去时，塞巴斯蒂安才感觉到心头的重担终于落了下来。毕竟他不用爬那座山了。他坐在火车站里等待着返程的火车。

马车上的这位搬运工对孩子感到很好奇。“你一定是以前跟阿鲁姆大叔住在一起的那个小女孩吧。那些城里人待你不好吗？”

“他们都对我很好。”海蒂回答说。

“那你为什么不留下来？”

“因为我一千倍地喜欢在山上跟爷爷住在一起。”

“呸！”那人粗鲁地说，“也许到了山上你就不那么想了。”随后他又自言自语道，“但我不知道，她是否知情。”

当马车到了多弗里时，海蒂抓起她的篮子就开始沿着山路往上爬。“谢谢你！箱子爷爷会来取的。”她回身喊道。

于是马车夫就被留在了山下，把海蒂又回到阿鲁姆大叔身边这个惊人的消息在村民中间到处传播。

海蒂以尽可能快的速度往山上跑，心中只有一个念头：“奶奶会是坐在她的手纺车旁边吗？或者在她离开的这段时间里她已经不在人世了？”

现在她已经来到了奶奶的小屋所在的那个山坳，她的心开始“怦怦”地跳了起来。她手抖得厉害，几乎连门都打不开。她跑到屋子中央，站在那儿，连连喘气，一句话也说不出来。

“天啊！”从角落里传来一个声音，“我们的海蒂以前就是经常这样跑进来的！谁进来了？”

海蒂冲到角落里，一头扎进奶奶的怀里，除了由衷地感到高兴以外，一时间什么话也说不出来了。

“亲爱的孩子，你可回来了！谢天谢地！”老妇人说道。

“而且我再也不离开了，”海蒂许诺道，“这是给你的礼物。”她把一个面包卷塞到奶

奶的手里，“现在你不用再吃那些又硬又黑的面包了。”

就在这个时候，布丽奇特出现在门口。“海蒂！”她气喘吁吁地说，“我简直不敢相信我的眼睛。噢，妈妈，如果你能看到她穿的漂亮衣服该多好啊，还有插着羽毛的帽子。哎呀，我几乎都认不出她来了！”

“我必须回家看我爷爷了，”海蒂说，“但明天我会再来看你们的。晚安，奶奶。”

“好的，下次再来，海蒂。”老妇人嘴里这么说着，却紧紧攥住海蒂的手不放。

“你为什么要脱下你的漂亮衣服呢？”布丽奇特看着海蒂的举动，不解地问道。

“因为如果我穿着这身衣服，爷爷可能会认不出我来的。”

“他会认出你的，但你必须得小心了。彼得说阿鲁姆大叔的脾气变得非常暴躁了。”

但是海蒂已经沿着小路往山上跑了。一路上她几次停下来喘气，凝望在落日的余晖中泛着红光的山峰。当她到达小屋时，爷爷正坐在那儿抽着烟斗，她如此上气不接下气，以至于她所能做的一切只有放下篮子，扑到爷爷的怀里。

老人眼睛湿润了，半晌后才说道：“这么说你又回家了，海蒂。是他们把你赶走的吗？”

“噢，不是这样的，爷爷，”海蒂回答道，“他们对我很好。是我忍受不了远离家的感觉。我经常想，那样我会给闷死的，那简直会让我窒息。之后的一天早上，赛斯曼先生一大早就把我叫醒，说我要回家了。也许这些在信中他已经都说了。”她从篮子里拿出那封信和包裹，把它们放在老人的膝盖上。

读完信后，他把包裹递给了海蒂，说：“这是属于你的。里面有足够的钱买张床和一些衣服。”

“我不需要这些，爷爷。”海蒂说，“我已经有床了，而且克拉拉给了我许多衣服，我再也不需要更多的衣服了。”

“收下吧，把它放到壁橱里；有一天你会用得着的。”

海蒂顺从地跑进了小屋，在里面她又高兴地看到了屋内的一切。她顺着梯子爬上阁楼，但是——“爷爷，”她喊道，“我的床不见了！”

“你很快就会有另一张床的，”他回答说，“我不知道你会回来；现在过来喝羊奶吧。”

海蒂爬下梯子，在高脚凳上坐了下来。她急切地喝着羊奶，就像以前从来没喝过这么美味的东西似的。

一阵刺耳的口哨声从外面传来。海蒂闪电般地冲出屋门，是彼得和他的羊群。

“你回来了！”彼得大喊道，“明天你能和我一起去牧场吗？”

“明天不行，”海蒂边亲着“小天鹅”和“小熊”边说，“我已经答应明天去看望你的奶奶了。不过很快我就能去了。”

海蒂把两只小山羊带到羊棚，然后回到小屋，发现爷爷正在用清香的干草铺成的新床上掖床单。海蒂躺了下来，深深地打了一个呵欠，不久就睡着了。那个晚上，爷爷至少有十次离开自己的卧榻，爬上楼梯看海蒂是否真的已经回家，又和他在一起了。

第二天，阿鲁姆大叔带海蒂下山去看望彼得的老奶奶，借此机会他也好动身下山去取海蒂的行李箱。

“啊，孩子，”这个老妇人叫道，“面包卷真是又好吃又松软。我已经感觉身体强壮多了！”

“太好了，奶奶。不过，你必须多吃点，不要只吃一个啊。”

“妈妈想尽量吃得久些。”布丽奇特解释说。

“但它们会变味的！”

这时，海蒂想起了从法兰克福带回来的包裹。“我有很多钱，”她说，“彼得可以拿一些去，让他每天都到村里的面包师那里给你买一个新鲜的面包卷。”

“噢，那可不行，孩子——”布丽奇特刚要拒绝。

“可以的。”海蒂坚持说，“那么现在，奶奶，我可以读书给你听了吗？”

两个女人都吃惊不小。“你能读书了，海蒂？”

海蒂踩着一张椅子，把那本赞美诗拿了下来。“你想听哪首？”

“你想读的哪首都可以，孩子。”老妇人急切地说。

“这儿有首关于太阳的诗。我念给你听听：

由于痛苦和伤悲
我们在此日渐憔悴，
过早的感伤
会使未来失去光芒：
暴风雨后的太阳
更加明亮。

和平与快乐的甘甜

是那么广阔无边
但却不在人间
它们只在天堂的乐园；
那里寄托着我的渴望和期盼
不分白天和夜晚！”

“噢，海蒂，它使我看到了光明！它给我的心灵带来了光明。噢，你为我做了这么多好事，海蒂！”老妇人大声说道，脸上洋溢着幸福的光芒。

第十一章

# 另一位来访者

在那个漫长而多雪的冬天里，克拉拉给海蒂写了许多信，答应她来年春天就去拜访她。起先在海蒂看来，春天似乎永远都不会到来，但是自从阿鲁姆大叔在多弗里租了一间小屋，海蒂由此得以到村里的学校读书以来，日子就过得快了起来。

海蒂是一个好学生，不久她的成绩在班级里就名列前茅了，但是她的朋友彼得对功课却心不在焉。

“你很快就要学会认字了。”她告诉他说。因此，在海蒂的帮助下，尽管彼得开始嘟嘟囔囔不太情愿，但他还是很快就能背诵他的字母表了。到了冬末的时候，他甚至能读一些简单一点的赞美诗给奶奶听了。

又到了五月。涨满水的小溪从面八方的高地倾泻到低处的峡谷。春风吹过冷杉林，摇落了那些陈旧、发黑的针叶，好让新鲜的、嫩绿的针叶把杉树们打扮得焕然一新。

海蒂东跑西跑，已经无法说出哪个地方是最美的了。似乎这里的所有生灵都在快乐地

唱着："在阿鲁姆山上！在阿鲁姆山上！"

海蒂和她的爷爷及山羊们都回到了阿鲁姆山上的小屋。从房子后面的工作间里传来了忙碌的锤击声和锯木声。在工作间的门前，放着一张漂亮的新凳子，她的爷爷正在做另一张。

"哦，我知道这张新凳子是用来干什么的了！"海蒂喊道，"当克拉拉从法兰克福来到这里时，它就会派上用场了！还得为她的奶奶准备一张凳子，而且另外还得准备一张给罗丁梅尔小姐坐。"

"我不知道罗丁梅尔小姐会不会来，"爷爷说，"但是，还是多准备一张凳子保险一些。这样的话，如果她来了，我们就可以请她坐下来。"

海蒂看了看这张小木凳。"我想她不会在这上面坐的。"海蒂表示怀疑地说。

"那么，我们就邀请她坐到由美丽的绿草覆盖着的沙发上去。"爷爷朝院子做了一个手势，回答道。

突然，传来一阵鞭子甩向空中时发出的清脆的呼啸声。海蒂跑出木棚，转瞬间就被蹦跳着的山羊所包围。彼得把它们全部推开，因为他有封信要交给海蒂。

"是克拉拉写来的！'一切行李都打点好了，'"她大声读着，"'我迫不及待地想再见到你。'"

彼得转身皱着眉头赶着受到惊吓的羊群上山去了。他不想和任何人分享海蒂——尤其是那些先前把她带到法兰克福去的人。

克拉拉预计到达的那一天，海蒂坐到屋外爷爷做的板凳上守候着客人。不久，她看

到一个奇怪的队伍正朝着山上蜿蜒而行。走在最前面的两个人用轿子抬着克拉拉，跟在后面的一个男人把克拉拉的轮椅倒放着顶在头上，再后面的两个人各背一个大箩筐，用带子绑在背上。给队伍殿后的是一个牵着一匹白色小马驹的人，马驹的背上端坐着赛斯曼太太。

“她们在那儿！她们在那儿！”海蒂大声地喊着，高兴地跳了起来。

“亲爱的阿鲁姆大叔，”老妇人友好地打着招呼，“你们这里的风景可真好啊！很多国王也会羡慕你们的！海蒂看上去气色可真不错——就像六月的玫瑰。”

轿夫把轿子放在了地上，海蒂和克拉拉高兴地相互问长问短起来。

“噢，这儿可真美啊！”克拉拉说。爷爷轻轻地把她从轿子上抱到了轮椅里，海蒂就推着她去观看山羊棚、唱着歌的冷杉树和点缀着花朵的草坪。之后不久，他们就团团地围坐在阿鲁姆大叔放在屋外的桌子旁了。

当以面包和烤干酪为主的午饭吃到一半的时候，赛斯曼太太惊叫道：“克拉拉，我从未见过你吃得这么多。”

“这儿的每样东西都比法兰克福的好吃得多。我想我从来都没有这么饿过！”女孩回答道。

爷爷转向奶奶说：“如果你同意，我们想让克拉拉在这里和我们待上一个夏天。山里的空气对她的身体会很有好处的。”

“亲爱的大叔，”那个老太太说着，眼里闪着愉快地光芒，“您真是猜透了我的心思。”

两个女孩就像两只出笼的小鸟一样高兴地叫了起来，奶奶的脸也显得容光焕发了起来。

当那些雇工抬着轿子、牵着白马驹再次吃力地爬上山来的时候，只有赛斯曼太太和他们一起回去。阿鲁姆大叔亲自抓着马的缰绳，牵着小马走下陡峭的山坡。

在那个非凡的日子里所遇到的所有奇妙的事情当中，对克拉拉来说，最美妙的莫过于舒适地蜷伏在爷爷在阁楼上为她铺好的床上，通过小圆窗看满天星斗的夜空了。

“啊，海蒂，”她低语道，“待在这上面，就像在空中骑马一般。”

两个女孩愉快地度过了几个星期。每天早晨爷爷都会把克拉拉从阁楼上抱下来放到轮椅上，然后海蒂推着她沿着遍地石头的小路去采蓝铃花和蓝色龙胆花。她们经常坐在一起聊天，或者给奶奶写信。每个早晨和傍晚，彼得都赶着山羊从她们身边走过。克拉拉很快就知道了它们的名字，并非常渴望能够和它们一起玩耍，但是彼得总是气恼地挥舞着他的木棍，赶着山羊尽可能快地经过小屋。

然而，一天早上，阿鲁姆大叔把彼得叫到了一边。

“从今天起，对‘小天鹅’看得别太紧了，”他说，“它知道哪个地方能吃到最香甜的草，这样它就会产出极好的羊奶。如果它爬到山顶，你就跟上它，明白吗？你为什么看起来好像要把谁吃掉似的，彼得？没有人妨碍了你什么。你去吧！”

彼得习惯了听从阿鲁姆大叔的命令，他顺从的赶着山羊出发了。然而，当海蒂跳到一边，避开沿着小路往山上跑的羊群时，一个突然的想法使彼得大声向她喊道：“你必须和我一起去。”

“不，”海蒂回答说，“只要克拉拉和我们在一起，我就不能去牧场。”

说完这些话，她飞快地摆脱了羊群，跑回了小屋。彼得气坏了，他朝着停放在门口无辜的空轮椅挥舞了一下双拳。然后，他就和蹦跳着跟在身后的山羊一起跑上了山。

## 第十二章
# 意想不到的事发生了

“我多么希望能和彼得一起上山啊，”一次在早餐桌上，克拉拉对海蒂和阿鲁姆大叔说，“我很想看看那个高山牧场。”

“克拉拉现在每餐都能和我一样喝两碗‘小天鹅’的奶了，”海蒂说，“你是否觉得她已经够强壮，可以去高山牧场和山羊们玩上一天了呢，爷爷？”

爷爷若有所思地摸了摸胡子。“孩子，你确实看上去强壮多了。你想不想尝试着在地上站一下呢？就一次。”

克拉拉显得很惊恐。“那样会痛的。”她说。

“我会扶着你的。尝试一下吧，哪怕是一小会儿也好。”

由于想让爷爷高兴，克拉拉咬紧牙关，紧抓着老人的手臂，从轮椅里立起身子，两腿颤抖着站了起来。

“棒极了！”爷爷说着把她

放回了轮椅，“我们还要继续尝试。”

第二天早晨，正当他们吃早餐的时候，彼得赶着山羊来到小屋前。他没有像往常那样打口哨，羊群也没有像平常那样放心地四处撒欢。彼得总用棍子打它们。他再次对着放在门口的轮椅怒目而视。在彼得看来，它简直就像一个敌人。

彼得环顾四周；周围一片寂静。冲动之下，他跑向轮椅，猛力一推，轮椅就开始发了疯似的滚下山坡，转眼间就从山坡边缘消失了。然后，彼得飞一般跑上了阿鲁姆山。

“轮椅哪里去了？”当爷爷抱着克拉拉走出来时，海蒂问道。她又绕着小屋找了一遍。“难道是风把它吹到山坡下面去了吗？”

“彼得去哪儿了？”老人问道，“我们的山羊还在羊棚里呢。”

“没有了轮椅我该怎么办啊？”克拉拉喊道，“我永远也看不到那高大的阿尔卑斯山了！”

“我会抱你上去的。”爷爷回答说。

当他们到达高山牧场时，他们发现羊群正安静地吃着草，但是任何地方都看不到彼得的身影。海蒂很快就发现他正蜷缩在一块大石头的后面。

“他怎么了，爷爷？他像是一只等着挨揍的山羊。”

“也许吧，”爷爷一边把克拉拉安置在地上的一块毯子上，一边冷冷地说，“他确实该挨揍了。”

说完这些，爷爷给他们留下了丰盛的午餐，然后就顺着小路下山回家了。傍晚的时候他还会再来的。

海蒂开始在附近的草地上采摘鲜花，好给克拉拉做一个花束。“克拉拉，如果你能看到阳光下随风摇曳的蓝铃花该多好啊，”她喊道，“我几乎都能听到它们的铃声了。”

海蒂回到她的朋友身边待了一会儿，接着建议道：“只要往山上再走几步，就到那个环绕在岩石四周的草地了，如果我扶着你，没准儿你还能走到那里呢。”

“哦，不行啊！你太小了，扶不动我的。”

“我可以叫彼得帮忙啊。”

海蒂撒腿就往山上跑，来到彼得所待的地方，发现他正躺在那儿闷闷不乐地凝视着远方。“彼得，过来帮帮忙。”

“不去！”彼得头不抬眼不睁地说。

突然对彼得的恶声恶气已经感到忍无可忍的海蒂跺了跺脚，大声喊道：“你最好过来帮忙，否则你会后悔的！”

彼得惊慌地抬起头。难道她知道关于轮椅的事了？她会告诉阿鲁姆大叔吗？虽然海蒂的意思仅仅是吃午餐时她不会再分给他一份额外的干酪，但是彼得的犯罪感还是使他跳了起来，跟着她走了过去。

在两个人的协力合作之下，很快他们就让克拉拉站了起来，奋力地顺着斜坡往上爬。克拉拉实际忍受的疼痛远比她表现出来的要大得多。她眼里含着泪，沉重地喘着气。她试着让双脚稍微承受一点体重，但她就是无法向前挪步。

“用力往下踩一脚，”海蒂建议道，“那么以后就不会这么痛了。”

克拉拉试着在地面上向前迈出坚实的一步，接着又是一步，但是感觉太疼了，她不禁大叫了起来。尽管如此，她还是又往前迈了一步。

“感觉没有那么疼了。”她说。

“再来一次。”海蒂热切地催促道。

克拉拉照做了，然后反反复复地做着，跟着她不禁大喊起来：“我能走了，海蒂！噢，我能走了！看！看！我能一步接着一步地往前走了！”

“噢，噢！”海蒂大声喊道，“现在你能走路了！”

到达草地时，她们都一下子扑倒在柔软的草地上。“啊，多美啊！”克拉拉惊叹道，“我是多么高兴自己能够来到这个地方啊。”

傍晚时分，爷爷前来接两个女孩，他抱着克拉拉回到了小屋。她睡得比以前任何时候都要香甜，并且到了早上，她又开始尝试着走路。日子一天天地过去，她颤抖的步伐变得越来越稳健。当一封来信说赛斯曼太太不久将要到达山上时，克拉拉决定暂时不告诉她这个好消息，以便给老人一个惊喜。

# 第十三章
# 山上的奇迹

客人预期到达的那天上午，海蒂和克拉拉坐在屋外爷爷做的板凳上不停地向山谷中眺望。最后，她们终于看到了奶奶，她正骑着她的白色小马驹。

当赛斯曼太太走到近前时，不禁大声喊了出来：“克拉拉，你为什么没有坐在轮椅上？”

感到惊讶的奶奶匆忙地下了马。“不过克拉拉，”当她靠近小屋时，又喊道，“真的是你吗？脸颊又红又圆，简直就像个苹果！孩子，我几乎认不出你了！”

接着，海蒂挽起克拉拉的胳膊，然后两个女孩站了起来，开始向客人走去。赛斯曼太太一下子愣在了那里，先是由于担心，接着，当她意识到克拉拉是在直立行走时，则是由于意外的惊喜了。

奶奶立刻又是笑又是哭，她甚

至摸了摸克拉拉的胳膊来确认她所看到的都是真的。她向阿鲁姆大叔跑去，紧紧地抓住了他的双手。

“亲爱的大叔！亲爱的大叔！我的儿子和我得多么感激您啊！”

“不用，不用感激我，”他说，“使她康复的是阳光和山里的空气。”

“还有，‘小天鹅’那美味的奶也起了作用。”克拉拉补充说。

就在这时候，彼得的口哨声响了起来，他和山羊正跑着跳着下山来了。奶奶着迷地看着这些动物，关于它们的故事她已经知晓了很多。

“过来，孩子。”她向彼得招呼道。

饱受恐惧和歉疚之苦的彼得，呆望着眼前这位衣着考究的女士，开始含糊不清地说：“对不起！我不是有意要这样做的，现在它已经被摔成碎片了。”

赛斯曼太太迷惑地转向阿鲁姆大叔，向他询问道：“这孩子怎么了？”

“我猜，”他说，“这个彼得正在讲关于克拉拉的轮椅的事。他就是把它吹下山的那阵风。现在他担心会受到惩罚。”

奶奶仔细地端详着彼得受惊的脸，说：“不用了，亲爱的大叔。这孩子已经受到足够的惩罚了。但是这件事值得好好反省，孩子。任何做了坏事还抱着不被发现的侥幸心理都是错误的。这次坏事反而变成了好事，因为克拉拉一旦丢掉了轮椅，她就变得更加努力地去锻炼走路了。但是你一定得记住，在你忍不住要做坏事之前，你都要好好考虑一下。你明白我的意思了吗？”

彼得点点头。

“好孩子，”奶奶笑着说，“现在我想给你一个礼物，可以让你记得法兰克福的人。在这个世上，你最想要什么？”

彼得几乎难以相信他的耳朵。不但不用挨鞭子，还有礼物好得！“一便士。”他说。

老太太笑着从她的钱包里拿出一元钱。

“给你一百便士。每星期花两个，可以花一年。”然后她把海蒂叫到身边。“那么你呢，亲爱的孩子，”她问，“你想要什么？”

海蒂根本就不需要思考。她知道她真正想要的是什么。

“我在法兰克福睡过的那张床，我想把它送给彼得的奶奶，这样她就不用在那张又凉又硬的床上睡觉了。”

“亲爱的孩子，”奶奶亲了亲她说，“我一回到法兰克福，就派人把它送过来。”

在阁楼的卧室里，在满天星斗的陪伴下，克拉拉度过了她在山上的最后一个夜晚。第二天早上，当阿鲁姆大叔要把她抱到正等在山下那辆准备把她带回家去的马车上时，克拉拉流下了热泪，因为她不得不和这座美丽的阿鲁姆山说再见了。

海蒂边安慰她边说：“很快又将是夏天了，那时你就可以再回来了，而且那时这里将会比其他任何时候都更美丽。再说，那时你已经可以四处走动了，那样我们就可以每天和山羊一起去牧场，要多快活有多快活。”

“代我向彼得问好，”克拉拉泪眼模糊地说，“还有那些山羊们。我想送给‘小天鹅’

一个礼物，这样她就不会忘记我了。”

“那很容易，”海蒂回答说，“送给它一些盐就好了。你不知道晚上它从爷爷手上舔盐时是多么开心！”

“噢，那么到了法兰克福，我一定要送几百磅的盐给它！”克拉拉笑着说。

接着奶奶和克拉拉各自骑上了马驹——因为克拉拉现在能够骑马下山了，已经不再需要轿子了。海蒂在斜坡的最靠边缘的地方停住了，在那里她向克拉拉和奶奶频频挥手，直到最后一个人和马的小黑点在视野中消失。“夏天还会再来的！”她对她珍爱的朋友喊道。

夏天当然还会再来的。……

# 假如给我三天光明

[美] 海伦·凯勒 / 著　胡玉正 / 译

# 假如给我三天光明

我们都读过一些扣人心弦的故事，在这些故事里面，主人公面临着死亡，只剩一段有限的时间能活在世上，有时候是一年，有时候只有一天。我们常常很迫切地想知道这个难逃死劫的主人公将以怎样的方式来度过所剩不多的时日。当然，我说的主人公是有人身自由的人，不是那种被判有罪，活动范围受到严格限制的囚犯。

读这样的故事会激发人的思考：要是我们自己面临类似的情形时将会做些什么。哪些事件，哪些经历，哪些联想将会在生命的尽头涌现？回顾已逝的岁月，我们会为哪些事情感到幸福，又会为哪些事情觉得遗憾？

有时候我想，把每一天都当作生命的最后一天应该会是一种很好的生活规则，抱着这样一种生活态度，我们才会真正看重生活的价值。我们会对每一天的生活感到亲切、热心，并且会对生活有一种敏锐的欣赏力，而这种对生活的敏锐欣赏力常常会在日复一日的生活中失去。当然也有一些人抱着伊壁鸠鲁的享乐主义信条“吃，喝，及时行乐”，不过大部分人则会被死亡来临的必然性所折磨。

故事里面本来注定死亡的主人公常常会在最后的关头受到幸运之神的眷顾而得救，而他的价值观念也往往因为与死神邂逅而改变。他更懂得欣赏生活的意义和生活中永恒的精神价值。常常会看到一些正在经受死亡威胁或者曾经与死亡擦肩而过的人，他们对自己所做的每一件事情都注入醇美的心愿。

但是我们很多人认为生命是理所当然的。虽然我们知道总有一天死神会降临到我们头上，但是那一天仿佛遥遥无期。在我们年富力强的时候，死亡是一件永远不会出现在我们头脑中的事情，我们很少会去思考它。日子一天天地来了又去，延伸到了无穷之处，于是我们整天关心那些微不足道的事情，在琐碎无聊当中消磨时光，从不会意识到我们对生活的态度是多么的倦怠和麻木。

对我们所具有的感官能力和其他天赋，我想我们同样是倦怠和麻木的。只有失聪者才知道拥有听力是多么幸福；只有目盲者才知道能看见阳光是多么庆幸。那些在成年以后丧失了视觉和听力的人最能体会这一点，但是那些从未遭受视听障碍的人却几乎不懂得如何去利用这种珍贵的天赋。他们的眼睛粗枝大叶地扫过身边的世界，耳朵则模模糊糊地接受周围的声音，从不会集中起来，带上哪怕是一点点欣赏的意味。失去了才知道珍惜，生病了才想起健康的好，这都是老生常谈了。

我常想，要是能让一个人在即将成年时失明失聪几天就好了，黑暗会让他更加珍惜光明，寂静会教他如何欣赏声响。

我会不时地问问那些看得见的朋友，想发现那些他们看得见的东西。最近，有一个好友来访，她刚从树林散步归来，我问她看到什么没有。她回答说：“没什么特别的。”在很久以前我就相信了有视力的人看见的很少，要不是我对朋友这种熟视无睹的情况已经习以为常，我可能会纳闷呢。

我心里直犯嘀咕，用了一个小时的时间从林间穿越居然没有看到什么值得注意的东西，这怎么可能啊？像我这种看不见的人光靠触摸还发现了无数有趣的事物呢。我感觉出了树叶精巧的对称性，欣喜地抚摸光滑细腻的白桦树，或者是粗糙坚硬的松树皮。春天里我沿着树枝触摸，希望能找到春回大地后抽出的第一支新芽，这是大自然从寒冬的睡梦中苏醒的信号。我触摸到柔软的花瓣时有说不出的欣喜，还发现它们一圈圈地卷绕着，真不简单，大自然向我展示了它的奇迹。偶尔，要是我比较走运的话，当我把手轻轻地搭在小树上时会摸到一只欢快歌唱的鸟儿。我还喜欢把手伸到小溪里面，感受溪水从指间流过的那份清凉。对我而言，松树叶堆积成的天然地毯或者一片柔柔的青草地都比豪华的波斯地毯来得更惬意一些。春夏秋冬的轮回是一场激动人心、永不落幕的戏剧，这场戏剧中所有的表演都在我的指尖凸现。

有时候我在内心热切地渴望着能把所有的东西看个究竟，我靠触摸就感觉到了如此多的乐趣，能看见的话肯定有很多事物在我面前展现它们的美妙之处吧。但是那些双眼明澈的人却似乎什么都看不见，他们把这个多姿多彩的世界当作是理所当然的。也许，忽视拥有的而追求没有的是人类的一种天性，然而，我们所拥有的视觉天赋若只用来满足生存的便利，而不用来缔造更加丰富充实的生活，那是一件多么令人遗憾的事情啊。

如果我是某大学的校长，我要设一门《怎样使用你的眼睛》的必修课。教授们将教学生如何从审视身边那些平淡无奇的事物当中发现生活的乐趣，唤醒他们沉睡呆滞的天赋。

也许，我可以通过想象假如给我三天光明，我将最想看到什么，来对我前面所说的作一个最好的说明。在我展开想象的同时，请你也考虑一下，假如只给你三天光明，你将怎样使用你的眼睛。想想看，当第三天的黑夜来临，往后太阳将再也不会在你面前升起了，如此珍贵的三天你将怎样度过？你最想把目光停留在哪里？

很自然地，我最想看看在我黑暗的岁月里让我感觉亲切的事物。你也是一样的吧，会把目光投向那些最亲切的事物，把他们的形象烙印在记忆中，这样当你浸没在黑暗之中时还能回忆起他们。

若真的出现了奇迹，我得到了三天光明，继而又陷入黑暗，我将把这段时间分成三部分。

## 第一天

第一天，我要去见那些好心亲切的人，因为他们的友谊我的生活才变得有意义。首先我要好好地看看亲爱的安妮·苏莉文·梅西夫人。在我还是一个懵懂孩童的时候，她来到我身边，向我揭示了外面的世界。我不想仅仅模糊地看到她脸庞的轮廓，而要把她仔细端详，从她的脸上寻找深切的同情和耐心，这两种品性让她在教育我的过程中克服了重重困难。如此，就能把她的面容珍藏到我的记忆里面了。我还要凝视她的眼眸，她的眼里定然蕴藏着面对困难时的坚毅，以及她经常对我流露的对整个人类的同情心。

我不知道透过眼睛这“心灵的窗户”去看一个朋友的心意味着什么。我仅能通过指尖“看见”一张脸庞的轮廓。我能觉察出欢笑、伤悲还有很多其他明显的表情。我是通过触摸朋友的脸了解他们的。当然我可以用其他方式来了解他们的个性，比如通过他们向我表达的思想，通过他们与我交流的动作。我并不认为一定要看见他们才能更深地了解他们，不一定要观察到他们对各种思想和环境的反应才能更深地了解他们，不一定要觉察到他们一闪而过的眼神才能更深地了解他们，不一定要捕捉到他们脸上转瞬即逝的表情才能更深地了解他们。

和我亲近的朋友我都非常了解，因为随着岁月的流逝，他们在我面前展现了立体的自我，我了解他们的每一方面；但是对于一般的泛泛之交我只有一些不完整的印象，比如一次握手留下的印象，还有我用手指从他们的嘴唇上读到的或者他们写在我手心的零星字句。

通过一个微妙的表情、一次肌肉的颤动、一次握手的摇摆就能发现一个人的素质和修养，这对于你——一个能够在一瞬之间把所有这些看在眼里的人是多么容易，多么让人满意的事情！但是你曾经用眼睛去发现一个朋友或者相识者的内心世界吗？你们之中的大部分人仅仅对面容的外在特点匆匆一瞥就停留在这一刹那的印象上了，不是吗？

比如说，你能准确地描述五个好友的容貌吗？其中一些人或许能，但是大部分人是做不到的。作为一项实验，我曾经问那些结婚多年的丈夫们他们妻子的眼睛是什么颜色，他们经常表现得很尴尬，承认自己并不知道。另外顺便提一下，一直以来，作为妻子的一方经常抱怨她们的丈夫注意不到她们的新衣服、新帽子，还有家里面摆设的改变。

对看得见的人来说，他们的眼睛已经对身边的景物和日常事务都习以为常了，他们只能注意到那些让人吃惊的事情和蔚为壮观的景色。但是即使遇上了最轰动的场面他们的眼睛也还是懒散的。法庭记录里面每天都有许许多多不确切的“目击”证词，同一事件会被很多目击者以各种不同的方式“看见”。有人能比其他人看到更多的东西，但是几乎没有人能看见视野范围内的全部事物。

噢，假如给我三天光明，我想看到的事物是何其的多啊！

第一天肯定是忙碌的一天。我会把所有亲爱的朋友叫来，长久地凝视他们的脸，要将能反映他们内在的美与善的姿态和表情镌刻在脑海里。当然了，我还会把目光投向婴儿的脸，捕捉人在婴孩时期所具有的热切和纯洁之美，这种美在人们觉察到生活所蕴含的矛盾冲突之前才有。

我还要看我的宠物狗那双忠诚、信任的眼睛。毛色灰黑、活泼可爱的苏格兰狗小黑，还有体格健壮、善解人意的丹麦大狗海尔格，它们热情、驯服，与我耍玩，让我觉得十分欣慰。

在忙碌的第一天里面我还要看看家里面的那些小东西。我想看看脚底下的地毯温暖的颜色，墙上的字画，还有我喜爱的点心糖果。有了它们，一栋房子才会变成一个家。我将用一种虔诚的目光注视我阅读过的那些凸印书籍，不过明眼人阅读的印刷书籍可能会更加地吸引我。我热爱书籍，因为在我生命中漫长的黑夜里，是那些我自己阅读过的和别人给我读的书籍为我筑起了一座高耸、明亮的灯塔，为我了解人类生活的千姿百态指明了航道，引领我找到人类宝贵的精神宝藏。

在拥有光明的第一天下午，我要在丛林里远足，让眼睛沉醉于自然之美，尽量用几个小时的时间把自然的胜景尽收眼底。这些奇观在明眼人面前变化无穷，而我就只能看见其中的一面了。从树林远足回家的时候，我要路过附近的一个农场，我应该会看到在田间耐心耕作的马儿（也可能我看到的是一台拖拉机！），看到与土地紧密相连的农夫脸上淳朴的笑容。另外我还祈祷能够一睹彩霞满天的夕阳胜景。

当夜幕降临的时候，我能通过人造光源看世界，这将给我一种双倍的喜悦。人类的天才创造了灯光，在自然宣布黑暗来临时拓展了人的视力。

重见光明的第一天夜里，我将会睡不着觉，脑子里肯定塞满了一天来所看见的各种事物。

## 第二天

第二天——拥有光明的第二天——我要在拂晓起床，去看白天替代黑夜那激动人心的一幕。我会以一种敬畏的心理去迎接日出，正是朝阳的万丈光芒把大地从睡梦中唤醒。

这一天我要快速地浏览这个世界，了解它的历史和现状。我要看看人类进步的历史画卷，时代的万花筒。这么多东西怎么能压缩到一天之内看完呢？实际上，我是通过博物馆来了解这些东西的。我经常造访纽约自然历史博物馆，用手抚摸过无数展品，但是我非常渴望能用眼睛看一看浓缩了的地球历史和那里展出的地球生物。包括动物和人类，以及他们的生活场景。那里有躯体庞大的恐龙和乳齿象，这些庞然大物在人类出现以前漫不经心地在地球上荡来逛去，在整个动物王国里面称王称霸。人类虽然身材渺小却有着发达的大脑。此外还要看看对动物和人类演化的真实介绍，还有人类为保护自己的家园而制造的适合自身使用的工具，还要了解自然历史的其他方方面面。

我不知道读到这篇文章的读者有多少人已经看见过博物馆里面展出的那些图片上的东西。当然，很多人是没有机会的，但是我相信很多人即使有机会也没有抓住，博物馆确实是一个可以让你好好利用眼睛的好地方。明眼的你可以在那里度过几天收获良多的时间，但是在我虚拟的三天光明里，我只能对那里匆匆一瞥就过了。

下一站我将到大都会艺术博物馆，自然历史博物馆向我展现的是世界的物质财富，艺术博物馆则向我展现人类的精神财富。纵观人类历史全程，人的艺术表现欲望几乎和获得食物、住所及繁衍后代的欲望一样强烈。在巨大的大都会博物馆里面，我会欣赏到以艺术形式表达的埃及、希腊和罗马精神。我可以用手抚摸到尼罗河流域的祖先雕刻的神像，触摸到帕台农神庙的仿制品，感觉到雅典勇士像的阳刚之美。阿波罗、维纳斯和萨莫色雷斯岛那长着翅膀的胜利女神像都已经和我的手指成为朋友了。我对满脸胡须的荷马备感亲切，因为他也是目盲者。

我的手指在古罗马的大理石雕像上抚摸过，也感受过后人的作品。我从米开朗琪罗的石膏作品“英雄摩西像”中感受到一种奋进的精神激励，我还感觉出罗丹的雕塑中蕴藏的力量。我钟爱哥特式木雕并且有一种崇敬的心理。这些能够触摸的艺术品对我是非常有意义的，但是它们原本是要通过视觉而非触觉来欣赏，对那些看不见的美我只能靠猜测了。我能欣赏希腊花瓶简单线条的简约之美，但是它那复杂的图纹就与我无缘了。

在拥有光明的第二天，我选择通过艺术来探求人类深层次的精神世界。以前我通过触摸认识的东西现在可以仔细打量了。更让人高兴的是绘画艺术的华丽殿堂将向我敞开，从意大利那带有宗教热情的原始绘画到在视觉上给人震撼的现代作品。对拉斐尔、达·芬奇、提香、伦勃朗的油画我要仔细品味，还要用韦罗内塞那色彩艳丽的作品来一饱眼福，还将研究一下埃尔·格列柯作品里的神秘，另外从科洛特那里看一种全新的自然。噢，对你，一个视力正常的人，这些古老的作品中包含了多少美的元素和有意义的东西啊！

伟大的艺术世界对你们是开放的，而我在艺术殿堂的这次短暂的参观中，连一小部分都看不到。艺术家曾告诉我，要想真正的欣赏到艺术作品的美，眼睛必须是要经过训练的。你必须通过经验学习衡量线条、构图、形式和颜色的优点。假如我能使用眼睛，我将是多么乐意去学习这么一种有意义的能力啊！然而，据我所知，你们很多能够使用眼睛来看的人，艺术的世界却是漆黑的夜，你们从不去发展这方面的能力，甚至一点不了解。

我肯定会依依不舍地离开大都会博物馆，那里面有通向美的钥匙，那是一种被忽视的美。不过，双眼明澈的人并不需要去大都会寻找通向美的钥匙，因为同样的钥匙在小一些的博物馆，甚至一个小图书馆的书架上都能找到。但是也很自然，我拥有想象中的视力和时间是那样有限，我只有选择能在最短时间内打开最多财富的钥匙。

拥有光明的第二天晚上我将在剧院或者电影院度过。哪怕是现在我也经常关注各种戏剧表演，但是表演的动作得靠陪我的人写到我手里。我是多么希望能够亲眼看看哈姆雷特迷人的英姿，或者是穿着色彩艳丽的伊丽莎白服饰的福斯塔夫！我是多么想追踪哈姆雷特每一个优雅的动作，还有福斯塔夫每一步夸张的步伐！因为只能看一场戏剧，我还会面临难以取舍的困境，有二十几部戏剧我都想看。眼明的你可以想看多少就看多少，但是我想会有几个人在观赏一出戏剧、一场电影或者其他任何壮观场面的时候，意识到正因为有奇迹般的视力你才能够欣赏到斑斓的色彩和优雅的动作，而又有几个人对这一奇迹心怀感激？

除了在我的手所能接触到的范围内，我欣赏不到任何有节奏的动作的美，我只能对芭芙洛娃优雅的舞姿做一番模糊的想象。我知道一些韵律能带来的乐趣，因为我经常能感觉到地板上传来的音乐节拍所引起的震动。有节拍的运动定是世界上最赏心悦目的场景了，当我用手指顺着大理石雕塑移动时我能体验到这种节律之美，静态的美都如此可爱，亲眼看看有节律的动作将会多么激动人心！

约瑟夫·杰弗逊先生允许我在他表演和朗诵他最钟爱的《瑞普·凡·温克尔》的时候抚摸他的脸和手，这是我最亲切的回忆之一，我也因此得以瞥见戏剧艺术的精彩，永远不会忘记那快乐的时光。但是，噢，我错过的何其之多，而你们拥有视力的人能从观看戏剧表演的动作和聆听台词当中获得多少的乐趣啊！要是我能看一场戏剧那多好，我就可以将我读过的和通过手语字母翻译给我的上百部剧本里面的动作想象出来了。

所以，在我拥有光明的第二天夜里，戏剧文学的魅力将会把睡意从我眼里驱除。

## 第三天

接下来的这天早晨，我会再次黎明就起床，热切寻找新的欣喜，我敢肯定对于那些视力正常而且真正用心看世界的人来说，每一天的黎明始终都会是美的再现。

根据我想象的奇迹，这是我的第三天也是最后一天拥有光明，我没有工夫浪费在遗憾和期盼上面，世界上的东西太多，我是不可能看完了。第一天我留给了我那些有生命和没生命的朋友们，第二天我去探索了人类和自然的历史，今天我要过一回工作日里的生活，融入那些忙碌于商业活动和生活琐事的人群。还有谁能找到比纽约更为繁忙、更多元化的地方呢？所以，纽约将是我的目的地。

我从位于长岛希尔森林的家乡出发，这里是郊区，很宁静。在小巧的房屋周围有如茵的绿草、青翠的树木和盛开的野花，还有妇女和孩子们欢快的身影和幸福的笑声，对在城里奋斗挣扎的人来说，这里是一个安宁的可以歇息的天堂。我驱车从横跨在东河上的钢铁桥上经过，看到人类智慧的神奇力量。繁忙的船只轰隆隆地沿着河流行驶——活泼的快艇，古板的、喘着粗气的拖船。要是往后有更多的日子我还能拥有光明，我会花很多时间来欣赏这河流上一派忙碌的场面。

我向前看去，纽约的高楼大厦已经矗立在我面前，它像是一个从神话世界里面搬出来的城市。那么多摩天大楼，巨大的石头河堤，宏伟的钢筋混凝土结构像是天神给自己造出来的！这些景象是成千上万的人每天生活的一部分，但是有多少人会留意它们，哪怕是多看上一眼呢？几乎没有吧，因为他们的眼睛对这些宏伟的景象太熟悉了，所以视而不见。

我很急切地登上高耸的帝国大厦楼顶，在那里，我可以用极短的时间把下面的城市一览无遗。我急于把先前的想象和眼下的现实做一番对比，我相信面对眼前展现的景象我是不会失望的，因为对我来说，那将是另一个世界的景象。

现在，我开始在城里面到处看了。首先，我站在一个繁忙的角落，仅仅为了看来往的人潮，从他们的衣着形象、举止行为当中推测他们生活里面的一些情况。当我看到别人脸上洋溢的微笑，我会感到高兴；当我看到严肃而坚决果断的表情，我会觉得自豪；当我看到受苦受难的人，我便心存怜悯。

我沿着第五大道往下走，不再把目光会聚到某一特定事物上面，只是随意地看，让形形色色的人和物涌入眼底。我肯定会对人潮中女人穿的各种衣服的颜色百看不厌。但是若我真的拥有视力，可能就像大多数女人一样，过于关心服装的款式和剪裁，以至于不大注意人群中的壮丽色彩。同时我肯定会是一个十足的橱窗主顾，因为看橱窗里展出的各种各样的漂亮衣服应该会是一种莫大的乐趣。

我从第五大道开始要把这个城市游览一遍——公园大道，然后到贫民窟，到工厂，到孩子玩耍的公园。我要通过拜访异邦人士的居所达成周游世界的梦想，我要睁大眼睛去发现生活中的幸福和痛苦，这样我才能更深刻地理解人们是怎样工作和生活的。我心里充满了对各种人和物的想象，我的眼睛不会放过任何一个细微琐碎的事物，目光停留在哪里都想前去抚摸一下。看到愉快的事物让人感觉很开心，但是也会看见一些让人伤悲的东西，对于后者我并不想闭上眼睛，因为它们也是生活的一部分，对它们闭上眼睛同时也就关闭了心扉，停止了思索。

第三天的光明即将逝去。也许还有很多严肃的东西，我应该为之付出剩下的这几个小时，但是我想在最后一天的晚上我还是会再一次跑到剧院，去看一场滑稽热闹的喜剧，这样或许能欣赏到人类精神中的喜剧色彩。

在午夜，我从目盲中暂时解脱出来的短暂时光就要结束了，永久的黑夜将再一次将我包围。自然，在短短的三天光明里我不能看尽我所希望看到的全部，只有当黑暗再次降临我才会意识到自己来不及看的东西还有很多很多。但是我的头脑中将塞满了光辉的记忆，以至于我没有多少时间去遗憾。此后，我对每一件物品的触觉将会唤起关于它的模样的生动记忆。

或许，你若是知道自己三天后会永远也看不见了，你对这三天光明的使用会与我所做的粗略勾勒并不一致。但是我确信，要是你确实要遭受这样的命运，你也会把目光投向那些你从未见过的事物，为以后漫长的黑暗留下些珍贵的记忆。你会以一种和从前不同的方式来使用眼睛，眼里的一切将会变得格外亲切，你会想把映入眼帘的一切都抚摸一下，拥抱一下，这时，你终于真正看见了东西，一个美丽的新世界将会在你面前展现。

我作为一个目盲之人可以给那些目明者一点建议。对那些想要把视觉天赋充分发挥的人也许是一句警言：使用你的眼睛，好似明天你将完全失明。同样的方法也可以运用到其他感官上。倾听人声的音乐、鸟儿的歌声、管弦乐强有力的旋律，仿佛明天你就会永远失聪；触摸一切你想触摸到的东西，仿佛明天你就会触觉失灵；闻闻花朵散发的清香，每一口食物都津津有味地品尝，仿佛明天你再也没有嗅觉和味觉。让每一种感官都发挥出最大的功能，为世界通过大自然以各种接触的方式给予你的一切欢乐和美的享受而自豪吧。不过在所有的感官当中，我确信视觉是最让人愉快的。

# 我生活的故事

## 第一章

怀着一种恐惧的心情，我开始写我的人生历史。可以说，我在揭开如同金色薄雾般笼罩着我的童年时光的金色面纱时，我有一种迷信的犹豫。写自传真是一件困难的工作。当我试图梳理那些最早的印象，我发现，在跨过连接过去和现在的岁月之后，事实和想象看起来是相像的。女人在自己的幻想里描画自己的童年经历。我早年的少数经历会很生动地浮现，但“其余的则被笼罩在牢狱的阴影中”。此外，童年的许多快乐和痛苦已经失去了当时的强烈，还有许多早期教育中重要的事情也在重大发现的激动中被忘却了。所以，为了不显得沉闷，我将尝试着用一系列的概述仅仅来介绍那些在我看来最有趣、最重要的经历。

我于一八八〇年七月二十七日出生在亚拉巴马州北部的一个小镇塔斯哥伦比亚。我的父系家族是凯斯帕·凯勒的后裔，他是瑞士本土人，定居在马里兰。我的一个瑞士祖先是苏黎世的第一个聋人教师，还写了一本关于聋人教育方面的书，这可真不是一般的巧合。正所谓“国王的祖先里定有做奴隶的，奴隶的祖先里也定有做国王的”。

我的祖父，即凯斯帕·凯勒的儿子，到了广袤的阿拉巴马地区，最终定居在那里。曾经有人告诉我说，他每年一次骑马从塔斯哥伦比亚去费城购置农用工具。我姑妈收藏了许多他写给家里的信，信里对那些旅行作了迷人而生动的描述。

我的祖母是拉斐德侯爵的副官的女儿，她的外祖父亚历山大·斯波茨伍德是弗吉尼亚早期的殖民总督。她也是罗伯特·李的第二代堂兄妹。

我的父亲亚瑟·凯勒是联邦军队的一个上尉。我的母亲凯特·亚当斯是他的第二任妻子，比他小好几岁。母亲的祖父本杰明·亚当斯与苏娜·E.古德休结婚，他们在马萨诸塞州的纽勃里波特居住了好几年。他们的儿子查理·亚当斯出生在马萨诸塞州的纽勃里波特港口，之后移居阿肯色州的赫勒那。当内战爆发时，查理·亚当斯为南方军作战，而且成为一名准将。他与潞西·海伦·埃弗雷特结婚，他的妻子与爱德华·埃弗雷特和爱德华·埃弗雷特·黑尔博士属于同一个埃弗雷特家族。战后他们举家迁往田纳西州的孟菲斯。

在疾病夺去了我的视觉和听觉以前，我一直住在一所小房子里，里面有一个四四方方的大房间，还有一个供仆人睡的小房间。在南方，在田园周围建一所附加的房子以备不时之需是一种习俗。“南北战争”结束后，我父亲就建了这么一所小房子，和母亲结婚后他们就搬到里面住了。这所小房子完全被藤蔓覆盖，爬满了玫瑰和金银花，从花园看去就像一个小凉亭。小小的门廊被黄玫瑰和南方茯苓构成的屏风给遮住了，它是蜂鸟和蜜蜂最爱光顾的地方。

家族居住的凯勒田庄离我们的小玫瑰凉亭只有几步路，小玫瑰凉亭被戏称为“绿色常春藤”，因为房子周围的树以及篱笆都被漂亮的英国常春藤爬满了。那个老式花园是我童年的天堂。

在我的老师到来之前，我经常摸着坚硬的方形黄杨木树篱，靠嗅觉的指引找到第一朵开放的紫罗兰和百合花。也是在这里，每每发了一通脾气之后，我都会来寻找安慰，把烫乎乎的脸埋进阴凉的树叶和草丛中。最好玩的是让自己迷失在开满花的园子里，还挺高兴地从一个地方转悠到另一个地方，直到突然遇上了一株漂亮的葡萄藤，从其叶子和花瓣我能认出它就是覆盖在摇摇欲坠的凉亭上的那棵葡萄藤，那个凉亭远在花园的另一端。这里有蔓延着的铁线莲，垂吊着的茉莉花，还有非常香的被称之为蝴蝶百合的花，此花得名的原因是它的脆生生的花

瓣很像蝴蝶的翅膀。但是玫瑰才是群芳当中最可爱的，我从未在北方的温室里找到像我家园子里的这种最漂亮的攀爬玫瑰。它们常常悬挂在门廊上，像长长的花彩，在空气里挥发出浓郁的芳香，没有一点儿泥土的腥味。在清晨，露水濯洗过后，它们是那么柔和、那么纯洁，我禁不住想：它们是不是上帝的花园里的常春花呢？

像其他的小生命一样，我的生活在开始时也是很简单的。我到了这个世界上，睁开了双眼，哇哇哭过一通后征服了恐惧。任何一个家庭里面迎来第一个孩子时总是那么兴奋，我们家也一样，为了给我取名，家里展开了很多讨论。父亲建议用他很崇敬的一个先人的名字：米尔德里德·坎贝尔，但是其他人也有他们想叫的名字，大家争论不休，最后还是母亲拍了板。按照她的愿望，我的名字要用外祖母的闺名海伦·埃弗雷特。但是在带我去教堂的路上，父亲太高兴了，竟把这个名字给忘记了，因为他不是很喜欢那个名字。很自然地，当牧师问他的时候他只记得决定叫我外祖母的名字，但却报了外祖母出嫁后的名字——海伦·亚当斯而不是闺名海伦·埃弗雷特。

听母亲说，当我还是一个襁褓中的婴孩时，就表现出一种对什么都很有兴趣、很自信的个性。我看到别人做什么都急于模仿，六个月大就挤出“你好”。有一天，我很清晰地说出“茶、茶、茶”，吸引了每个人的注意。即便在生病之后我还记得在最初的这几个月中所学的一些东西。其中就有单词“水”，在其他语音都丧失了以后我还会发出关于这个词的声音，一直到我学会了拼写这个单词才停止发出“wah-wah”的声音。

据说我一岁那天开始走路。母亲把我从浴缸里抱出来放在膝上，我突然被光滑的地板上那在阳光里摇曳的树影给吸引住了，便从母亲的膝盖上溜下来，几乎是跑着冲向那些影子。但是冲动过后，我就摔倒了，哭着要母亲抱起来。

那些幸福的时光没有持续多久，一个充满知更鸟和嘲鸫婉转歌声的短暂的春天，一个盛开着玫瑰、水果遍地的夏天，一个深红色和金黄色的秋天飞一般地逝去了，把它的礼物留在一个热切而欣喜的孩子脚下。然后，那场疾病在沉闷的二月到来，让我闭上了眼睛和耳朵，把我推向一个新生婴儿般的无知状态。这种病被称为胃和脑急性充血，医生认为我活不下来了，然而有一天早上高烧突然退了，就像到来时那样神秘。那天早上家人们很高兴，然而包括医生在内，谁都不知道我将再也看不见，再也听不见了。

我想关于那场病我还有一些模糊的记忆。醒着的时候感觉焦躁、疼痛而且苦恼。睡到一半醒来后慌张迷乱，转动一下眼睛，十分的干燥，热辣辣的，真想撞到墙上去。别离了曾经钟爱的光线，感觉一天比一天昏暗，我尤其记得母亲在这个时候给予的亲切的抚慰。但是除了这些感觉方面的记忆——如果这些算作记忆的话，其他所有的都似乎很不真实，就像是一场噩梦。渐渐地我习惯了包围着的寂静和黑暗，且忘记了其实曾经并非如此，一直到她——我的老师，那个解放我灵魂的人到来。不过在我生命最初的十九个月里面，我瞥见过广阔的绿野、明亮的天空，还有花草树木，这些都是后来的黑暗所不能完全吞噬的。如果我们看见过，那么“我们就拥有白昼和白昼所展现的一切”。

## 第二章

我不记得生病后的第一个月里发生了些什么事情。我只记得我在母亲做家务活时坐在她的膝上，或者抓住她的衣服。我用手触摸每一样东西，感觉每一个运动，就这样认识了好多东西。后来我感觉到和别人交流的必要，开始做一些简单的暗号，比如，摇头表示“不”，点头表示“是”，招手表示“过来”，推手表示“走开”。我想要面包吗？然后我就会模仿把面包切成片并涂上黄油的动作。如果我想要母亲做冰激凌，好在吃饭时享用，我就做出操作冰箱并瑟瑟发抖的样子，表示寒冷。而且，母亲成功地使我懂得了许多。当她希望我去为她拿东西时，我总能明白，并且跑上楼去，或者去她指示的任何别的地方。真的，在我漫长的黑夜里，一切光明和美好的东西都来自母亲充满了爱的智慧。

我渐渐明白了许多发生在身边的事情。大约五岁的时候，我学会了把从洗衣店里取回的干净衣物叠起来放好，还能从中把自己的挑出来。当母亲和姑姑要外出时，我通过他们穿衣服的方式就知道了。我总是央求和她们一起去。当家里有客人来时我常常被带到客人面前，当客人走的时候，我向他们挥手表示再见，但我对这个手势的含义只有模糊的概念。一天，几个绅士来拜访母亲，我感觉到了关门的声响，还有其他一些暗示他们到来的声音。我突然产生了一个念头，乘人不备之时冲上楼，穿上最喜欢的礼服，像其他人一样在镜子前照来照去，还在脸上涂满了胭脂水粉。然后我在头上别了块面纱，让它遮住脸，还垂到了肩上，又在细小的腰上松松垮垮地系了块腰垫。因为太大，腰垫在背后一摆一摆的，几乎长到了裙子的摺边上。着了这样的盛装，我下楼来帮忙招待客人。

我不记得什么时候开始意识到自己与其他人的差别，但肯定是在我的老师到来之前。开始我注意到母亲和其他的朋友在他们想做什么事情时不用我所使用的暗号，而是用嘴来说。有时候我站在两个交谈者之间，用手指触摸他们的嘴唇，但不知道他们在说什么，我非常急躁。我使劲动起嘴唇，拼命做手势，然而一点用都没有。有时候这让我十分生气，就会踢东西，尖叫，一直折腾到精疲力竭为止。

我想我还记得自己什么时候很淘气，那时我伤害了保姆埃拉，曾经踢过她，但是在脾气过后我又感到后悔。然而，每一次我想要某件东西却得不到时又会像以前一样发脾气，在我的记忆中，我不记得哪一次会因为后悔这种感觉让我避免再次淘气。

在那些淘气的日子里，玛萨·华盛顿和贝尔是我的死党。玛萨是一个黑人女孩，是我们家厨师的孩子；贝利是一只老特种狗，那时可是捕猎好手。玛萨懂我的暗号，我几乎不费吹灰之力就能让她明白我的意思，在她面前飞扬跋扈很让我得意。她呢，总是很温顺地屈服于我的蛮横，从来不会动手反抗。我很结实，很活跃且任性，非常清楚自己脑子里面的那些念头，总是要按自己的意愿去行事，哪怕我不得不因此而与牙齿和指甲作斗争。我们一起在厨房度过了很多时间，捏汤圆啦，帮忙做冰激凌啦，磨咖啡豆啦，为争蛋糕吵架啦，等等。喂母鸡和火鸡很有趣。鸡群挤满了厨房的台阶，很多鸡是如此驯服，它们敢在我的手里吃东西，还让我抚摸。有一天，一只很大的雄火鸡从我这里偷了西红柿，掉头就跑了。火鸡的成功给了我们灵感，我们把厨师新鲜出炉的蛋糕偷到柴房里吃了个精光，之后我大病了一场，我在想啊，不知道这样的报应有没有在火鸡身上灵验呢？

珍珠鸡喜欢把窝做在偏僻的地方，在茂密的草丛中寻找它们下的蛋是我最感兴趣的事情之一。我不能告诉玛萨我要去找鸡蛋，但是我还有别的招，我把双手掐在一起放在地上，意思是草丛里面某种圆形的东西，玛萨每次都心领神会。如果我们很幸运地找到一窝，我坚决不让玛萨把鸡蛋拿回家去，我会用强调的手势告诉她她可能会把鸡蛋掉在地上打碎。

我和玛萨可以在储存玉米的仓库、养马的马房，还有每天早上和晚上挤牛奶的院子里找到无穷无尽的乐趣。在挤奶的时候，挤奶工允许我摸奶牛，为了满足好奇心，我常常挨牛尾巴鞭打。

准备圣诞节也是让我觉得很有意思的事情。当然了，我并不知道都要干些什么，但是我喜欢房子里充斥着的那种舒适的气味，还有为了让我和玛萨保持安静而给我们的那些美味点心。当我们挡道时，大人们觉得我们碍手碍脚，让我们感觉很委屈，但是不一会儿工夫我们又会高兴起来的。大人们允许我们研磨调料，挑选葡萄干，摆放汤勺。我把袜子挂起来，因为其他人是这么做的。但我并不记得这种仪式让我特别感兴趣，我的好奇心也没有驱使我在天亮前醒来寻找我的礼物。

玛萨和我一样爱搞恶作剧。七月里一个炎热的下午，有两个小家伙坐在走廊的台阶上，一个黑得像黑檀树，头发用鞋带扎成螺旋状，另一个皮肤白皙，有一头长长的金色卷发。一个六岁，另一个比她大两三岁的样子，小一些的那个是个盲孩——也就是我，另一个就是玛萨·华盛顿。我们在忙着剪小纸人，但是很快我们就厌倦了这种游戏。剪完了鞋带和我们能够摘到的金银花叶子，我把注意力转向了玛萨的螺旋辫，起初她还反抗，最后还是顺从了。轮着来才是公平的游戏，她也拿起剪刀剪下了我的一缕缕卷发，要不是我母亲及时出现，她可能会把我头发全给剪光了。

我家的狗贝利，也就是我的另一个伙伴，又老又懒惰，老喜欢在火炉边睡觉而不愿和我嬉戏。我尽力教它明白我使用的暗号语言，但是它太迟钝、太懒散了。有时候它会突然站起来，兴奋地抖抖身子，然后身子变得非常硬挺，就像狗窥视着一只鸟时所表现的那样。我当时不知道贝利为什么会有如此举动，只知道它肯定没有像我希望的那样去做。这很让我恼怒，功课往往以单边拳击比赛结束。有时候它会站起来，伸伸懒腰，打一两个喷嚏，又到壁炉的另一面躺下了。我呢，既厌烦又失望，只好出去找玛萨。

早年的好多事情都烙在我的记忆里。它们彼此孤立，但清晰可辨，使我对那种寂静的、无目的的、暗无天日的生活的感觉更加强烈。

有一天，我不小心把水洒在了围裙上，我把它拿到起居室那闪耀着火星的壁炉边去烘干。围裙干得不快，我等不及，把它靠近了些，不料直接放在了热灰之上，围裙马上燃起了火，火焰包围了我，我的衣服在顷刻之间燃烧起来，我发出惊恐的声音，老保姆威尼听到声音赶来救我，她抓了块毯子把我裹住，差点让我窒息，不过总算把火扑灭了，除了手和头发以外，其他地方没有严重的烧伤。

大约在这个时候，我发现了钥匙的用途。一天早上，我把母亲锁在楼上的餐具室。仆人们在偏房里住，她在那里毫无办法地待了三个小时。她不停地撞门，我感觉到撞门的震动，却坐在走廊的台阶上窃笑。这是我最淘气的一次，父母由此意识到我应该尽快接受教育。我的老师苏莉文小姐来了以后，我还找到了一次绝佳的机会把她锁在房间里面。事情是这样的，我拿着母亲要我给苏莉文小姐的东西到楼上，还没有把东西给她我就把门关起来上了锁，并把钥匙藏在大厅里的衣柜下面，任凭怎么利诱我都不肯说出钥匙藏在什么地方。父亲只好找一架梯子把苏莉文小姐从窗户接出来，我觉得这很有趣。几个月后我才把钥匙拿出来。

我五岁时，我们从葡萄藤覆盖的小房子搬到了一所大房子，家庭成员包括父亲、母亲、两个同父异母的哥哥，后来还添了个小妹妹——米尔德里德。关于父亲，我最早的记忆是从一大堆报纸中走向他，发现他一个人坐在那里，手里拿着一张报纸凑在脸前看。我很想知道他在干什么，便学着他的样子，还戴上他的眼镜，以为这样可以帮我揭开谜底，但是我在几年中都没有找到答案，后来我才知道那些纸张是什么，原来父亲正在编辑其中一张。

父亲很慈爱、很宽容，对家庭尽职尽责，除了打猎季节外几乎没有离开过我们。他是一个打猎好手，有人跟我说他的枪法很精湛。除了家人，他最爱的就是他的猎狗和猎枪了。他非常好客，几乎有点过头，基本上每次都带着客人回家。最让他骄傲的是那个大花园，据说他在那里种了全国最好吃的西瓜和草莓。每年他都把第一串熟透的葡萄和千挑万选的浆果摘给我。还记得他亲切地拉着我从一棵树到另一棵树，从一株葡萄到另一株葡萄，他对任何事物都很热心，让我过得很愉快。

他还是一个讲故事的能手，在我学会使用语言以后，他经常在我手心里笨拙地拼写他的那些聪明的轶闻趣事。我能在适当的时候重述这些故事的话，那他最高兴不过了。

一八九六年的夏天，我正在北方欣赏夏末的风景，却传来了父亲去世的噩耗。他得了急性病，短暂的痛苦之后一切便结束了。我第一次体验到巨大的悲恸。这是我第一次感受和死亡有关的经历。

我应该怎样写我的母亲呢？她和我是如此亲近，对她说长道短的似乎有些不敬。

很长一段时间里，我把妹妹当作一个入侵者。有了妹妹，我知道自己再也不是母亲唯一的宝贝了，于是心里充满了嫉妒。她坐在母亲的膝盖上，那里是我曾经坐过的地方，她似乎占据了母亲所有的关怀和时间。有一天，发生了一件我觉得侮辱了我的事情。

当时我有一个非常宠爱的布娃娃，我后来叫她南茜。唉，她成了我发泄情感的无辜牺牲品，被我弄得脏兮兮的。虽然我有很多布娃娃，有会说话的、会哭的、会眨眼的，但是可怜的南茜才是我的最爱。她有一个摇篮，我经常花上一个小时或者更多的时间来摇她。我非常警惕地守护着摇篮和南茜，容不得别人碰一碰。但是有一次我发现妹妹竟然在摇篮里酣然畅睡，于是我无端地觉得我再也得不到一点点爱了，憎意油然而生，一手把摇篮推翻，要不是母亲在妹妹坠落的瞬间把她接住，妹妹可能就没命了。当我们在没有光明、没有声响的荒原跋涉，而且陷入孤独的深渊时，我们根本不懂温柔细腻的情感，根本不知道何谓友爱，也不知道如何表情达意，甚至连句温馨的话也不会说，连个展现爱的动作也不会做。但是后来，当我重获人性的善美，米尔德里德和我成了无所不言的知心朋友，无论我们脑子里的想法相距多么遥远，我们始终相爱如一，尽管她不懂我的手指语言，我也不懂她的孩子气。

## 第三章

与此同时，我要表达自己的渴望日益增长，我所使用的那几个手势要用来表达复杂事物真是苍白无力，而不能充分地表达自己又使得我内心焦躁，常常大发其火。我感觉到有一只看不见的手紧紧地勒住了我，让我无法放松自己去获得宁静的内心世界。我努力抗争，但这一点用都没有，在我的内心深处仿佛有一个强大的幽灵在左右着我，抗争的结果是我在涟涟泪水中精疲力竭地倒下。若是母亲就在身边，我会扑到她的怀里，哭得如此伤心，以致忘记了缘何而哭。后来我越发想要和别人交流，情况变得更糟，会一天发一回脾气，有时一个小时一次。

我的父母忧心忡忡，不知怎么办才好。我们居住的地方没有聋哑学校，而且好像也没有人会从千里之外来到偏远的塔斯哥伦比亚教一个又聋又盲的孩子。而我的一些朋友和亲戚甚至怀疑像我这样的情况还能不能接受教育。我母亲唯一一线希望来自狄更斯的《美国笔记》。她曾经读过狄更斯对劳拉·布里奇曼的描写，模糊地记得布里奇曼也是又聋又哑的，但仍然能够接受教育。可她的这个希望马上又变成了泡影，因为她记得发明教育聋哑人方法的豪耳博士已经去世好几年，他的教育方法也许随他一起被埋葬了，而且退一步说，即使这种方法还存在，一个在亚拉巴马州偏僻小镇的小女孩又怎样从中受益呢?

在我大约六岁的时候，父亲听说巴尔的摩有一个医术高明的眼科医生，已经成功救治了许多希望渺茫的患者。于是父母马上决定带我到巴尔的摩看看有没有什么办法可以治疗我的眼睛。

记得一路的行程都很愉快，我

在火车上交了很多朋友。有一位女士给了我一盒贝壳。父亲在这些贝壳上打了洞，这样我就可以用线把它们串起来，这些贝壳让我高兴满足了好一阵子。列车长也是个很和善的人，每次他来巡查我都会抓着他的衣角跟他查验车票。他把车票打孔机给我玩，那真是个有意思的玩物，我会在座位的角落里把那些小纸片打上可爱的小孔，挺会自得其乐的。

我的姑妈用毛巾为我做了一个大布娃娃，其实是个不成样子的滑稽之物，是临时赶制的，没有鼻子，没有嘴，没有耳朵，没有眼——什么都没有，只有小孩出奇的想象力才能想象出那是怎样的一张脸。很奇怪的是，在所有的缺憾当中，没有眼睛最让我感觉难受。我气哼哼地向每一个人指明布娃娃还差双眼睛，但是好像没有一个人愿意花工夫来给布娃娃安上双眼。不过我灵光一闪，马上来了鬼主意，问题迎刃而解。我从椅子上蹦下来，在姑妈的马甲上四处搜寻。姑妈的马甲上缝着好些大个的珠子，我扯下了两颗，向姑妈暗示我想要把珠子给布娃娃做眼睛。她把我的手放到她的眼前，想确信我的意思，我拼命点头。珠子缝上了，我那得意扬扬的高兴劲儿就甭提了，可是没多久我就对这个布娃娃一点儿兴趣都没了。在这一次旅途中，我没有发过一次脾气，可能是因为有许多新奇的事情让我的大脑和双手忙个不停，才没空发脾气吧。

我们到达巴尔的摩时，奇泽姆医生很热情地接待了我们，可是他也无能为力。不过他说我是有能力接受教育的，建议父亲去华盛顿找亚历山大·格雷厄姆·贝尔博士咨询一下，他也许能在聋哑人学校及教师方面提供信息。父亲采纳了这个建议，我们立即起身前往华盛顿，去找贝尔博士。父亲满怀疑虑，我全然不知他的痛苦，只知道从一个地方到另一个地方很新奇，很令人兴奋。虽然我还只是个孩子，但是我感觉出贝尔博士给予的慈爱和同情，他不知把这样的情感给了多少需要抚慰的心灵，也得到了不尽的感激。当我摆弄他的手表时，他把我抱在膝上，把手表拨响了让我感知。他懂得我的手势，我知道这点后马上就喜欢上他了，但是我做梦也没有想到，这次造访为我开启了一扇大门，让我走出了黑暗，奔向光明；走出了孤独，获得友谊、伙伴、知识和爱。

贝尔博士又建议父亲给波士顿伯金斯盲人学校的校长安格纳斯先生写信，问问他是否有合适的教师可以为我启蒙。伯金斯盲人学校是豪耳博士为帮助盲人而开展伟大的工作的地方。父亲立刻就写信了，几个星期后收到安格纳斯先生的回信，信中用很肯定的口吻说已经为我找到了一位合适的老师。当时是1886年的夏天，不过苏莉文小姐一直到次年的三月才到来。

至此，我走出了埃及，站到了西奈山前，一股神奇的力量触及了我的灵魂，赐予我光明，于是我看到了许多奇迹。我听到一个声音从那神圣的山脉传来：“知识就是爱，是光明，是视力。”

## 第四章

我的老师安妮·曼斯菲尔德·苏莉文到来的那一天，是我生命中最为重要的日子。当我回想老师到来前后的生活，心里充满了惊叹，因为两者之间真是有天壤之别啊。这个重要的日子是一八八七年三月三日，离我满七岁还差三个月。

那天下午，我静静地在走廊里站着，内心充满了期待。我从母亲的暗示和一家人忙忙碌碌的样子猜测到有重要的事情要发生了，于是我走到门口，坐在台阶上等候。下午的阳光穿过覆盖在走廊上的金银花树叶，倾泻在我的脸蛋上。我的手指在那熟悉不过的花和叶子上下意识地拨弄着，金银花趁着南方的春天盛开着。我不知道未来会带给我怎样的奇迹和惊奇。愤怒和伤悲纠缠了我好几个星期，已经弄得我疲惫不堪，脆弱无力了。

要是你曾经在笼罩着茫茫白雾的大海上航行的话，你会感觉仿佛有一道白色的屏障裹住你和船，让你无法逃脱，让你焦虑不已，只能摸索着、小心翼翼地寻找海岸，你会怀着惴惴不安的心情等待着将要发生的事情，对不对？我刚刚接受教育的时候就像那样一艘漂荡在茫茫大海上的小船，而且没有罗盘或是其他任何的航海工具，也不知道离海岸还有多远，“光明！给我光明！”是我灵魂深处无声的呐喊。在那一刻，只有母亲爱的阳光能照耀我。

我感觉到了渐渐逼近的脚步声，还以为是母亲来了，便伸出双臂，有人接住了，并把我紧紧地抱在臂弯里，这个人就是那个来为我揭开万物奥秘的人，最重要的，她是那个来给我以爱的人。

老师到来的那天早上，她把我带到她的房间，给了我一个布娃娃。它是伯金斯盲人学校的盲童送的，是劳拉·布里奇曼给穿的衣服，这些都是我后来才知道的。我刚刚玩了一小会儿，苏莉文小姐在我的手心慢慢拼写了单词“布娃娃”，我立刻对这种手指游戏产生了兴趣，尝试着模仿。当我能正确写出字母来时，心里充满了欢乐和骄傲。我冲下楼去找到母亲，抬手拼写这个单词。其实我压根儿不知道自己正在拼写着一个单词，甚至不知道还有这么一个单词的存在，我只是像小猴学戏似的比画着手指罢了。接下来的几天里，尽管我一点儿都不理解意思，却学会了拼写很多个单词，其中有“别针”“帽子”“茶杯”，还有几个动词，像“坐”“站立”“行走”。老师花了好几个星期的时间才让我明白，原来每样东西都有一个名字。

一天，我正在玩我的新布娃娃，苏莉文小姐把那个大布娃娃放到我膝盖上，拼写着“布娃娃”想让我明白这两个都是“布娃娃”。那天早些时候，我被两个单词“茶杯”和“水”搅得很不耐烦，苏莉文小姐三番五次地强调“杯子”就是杯子，“水”就是水，但是我老是把它们搞混淆。无奈之余，她把这事给放下了，等有机会了再教我。她一遍又一遍地拼写着“布娃娃”，我失去了耐心，抓起那个新娃娃撕了个粉碎，当布娃娃的碎片落到我脚上，我有一种报复的快意。在感情不能自持的时候，我既不会感到悲伤，也不会感到抱歉。我已不再爱布娃娃了。在我寂静、黑暗的世界里，并没有深厚的温情。凭感觉，我知道老师把撕碎的布娃娃扫到壁炉的另一面，我感到一丝的满足，抵消了先前的不快。她拿起我的帽子，我知道我将要去温暖的阳光下了，这个念头——如果没有语言表征的意识也算念头的话——让我高兴得又蹦又跳。

井房上爬满了金银花，花香袭人。我们沿路漫步到井房，有人在汲水，老师把我的手放在水管下面，当清凉的井水流过我的手时，老师在我的另一只手上拼写了单词“水”，开始时慢慢地，然后加快了速度。我站着一动不动，注意力完全集中到她手指的运动上了，突然间，我感觉到曾经遗忘的某样东西在迷雾之中浮现，思想的重现让我心里有一种震颤；不知怎的，语言的奥秘对我显露了。我终于明白“水”就是流过我手心的这种清凉、妙不可言的东西！这个流动的单词唤醒了我沉睡的灵魂，给这灵魂带来光明、希望和幸福，给她自由！虽然后面的路途还存在许多障碍，然而扫除这些障碍只是迟早的问题了。

怀着求知的急迫心情，我离开了井房。每样事物都有它的名字，每个名字都带来一个新的思想。当我们回到房间里，我所触摸的每样东西都好像注入了生命，都在颤抖，因为我用刚获得的这种陌生的、全新的视力来看世界。一进门我就想起了那个被我撕碎的布娃娃，我摸索着到壁炉那边拾起那些碎片，想把它们拼起来，但是徒劳无功。这时我的眼里充满了眼泪，因为我意识到自己都做了些什么，第一次感到后悔和悲伤。

那天我学了很多单词，现在不能回忆出所有的了；但是还记得其中有“妈妈”“爸爸”“妹妹”“老师”——它们将会像“亚伦的鲜花神杖”那样，让我的世界开满鲜花。

当这有意义的一天结束，躺在我的小床上，我想世界上再也没有比我更幸福的孩子了。我心中洋溢着欢乐，第一次盼望新的一天赶快到来。

## 第五章

记得一八八七年的夏天，我的灵魂觉醒后发生了很多事。我全心全意用手指探索世界并学习所能触摸到的一切物体的名字。我越是认识更多的东西，知道它们的名字和用途，就越是快乐和自信，对世界上其余的东西也感到更加亲近。

在雏菊和毛莨盛开的季节，苏莉文小姐牵着我的手穿过田野到田纳西河畔。田野里很多庄稼汉在翻地，准备播种。到河边我们坐在草地上，温暖的阳光洒在我们身上，我在大自然的慈爱中上了第一堂课。我学习了阳光雨露如何让每一棵树从大地长出，这些树让人赏心悦目且又可以作很好的食物；鸟儿是怎样构筑巢穴，怎样生活，怎样从一片陆地到另一片陆地兴旺起来；松鼠、小鹿还有狮子和其他动物是怎么寻觅食物和庇护之所。随着知识的增长，我越来越觉得自己生活的世界是如此美好。远在我学会算术和加法以前，在我学会如何描述地球的形状以前，苏莉文小姐就教会我欣赏芳香树的美丽，欣赏每一株小草的可爱，还有妹妹手心的掌纹和脸上的小酒窝。她让我的思想与大自然相通，让我觉得“鸟儿、花儿是我快乐的同辈”。

但是就在这个时候，我有了一次比较糟糕的经历，才知道大自然并不总是那么和善。那天我和老师漫步到很远的地方，早上天气还好好的，可是当我们返回的时候，天渐渐地变得闷热起来。我们在路边的树荫下面歇息了两三次，最后一次是在离家不远的一棵野樱桃树下面。树荫很凉快，而且那棵树很容易攀爬，老师助我一臂之力我就爬到一根树丫上坐着了。在树上是如此之凉快，苏莉文小姐建议在那里吃午餐，我答应她待在树上不动，好让她回去带午餐。

突然之间天气就变了，气温骤降，空气里没了阳光的温暖，我意识到天空变暗了，因为所有的热气从大气里面散去，我就是靠热来感知光的。我闻到来自泥土的异常气味，我认识这种气味，它是暴风雨来临的征兆，一种无名的恐惧紧紧摄住了我的心。我感觉孤立无援，失去了亲爱的朋友和坚实的大地，脑子里一片茫然，不知所措，只能待着不动，等待救援。一阵冷风吹过，真令人毛骨悚然。我焦急地等待老师的到来，但是最急切的事情是想从那棵树上下来。

一阵阴森的寂静之后，树叶开始飘荡，整棵树都摇了起来。突然一股狂风，我差点儿被吹得从树上掉下来，我使出吃奶的力气，紧紧抱住树枝。整棵树不停摆动，像要被连根拔起，一些小树枝被吹断了落到我肩上，我真按捺不住跳下去的冲动了，但是恐惧又牢牢地抓住我。我蜷缩在树丫子处，枝条不时地抽打到身上。我感觉到断断续续的震动，好像有很重的东西掉到地上。冲击带来的震颤一直传到我蜷伏的树枝，这让我的神经紧张到了极点，正当我担心会不会连人带树一起给吹翻在地上的时候，老师抓住了我的手，帮我从树上下来。我抱紧了她，再次感觉到脚踏实地，高兴得有些颤抖。我得到了一个新的教训——大自然会“公然对她的孩子发动战争，在最温柔的触摸之下隐藏着危险的利爪”。

打这次经历以后我好长时间不敢爬树了，就是想想都觉得害怕。是盛开着的含羞草的芬芳让我克服了这种恐惧。春天里一个美丽的早晨，我独自一人在凉亭里读书，空气里飘来了沁人心脾的香味。我站起来，本能地伸出手，仿佛感觉到春天的灵气吹过凉亭。我问：“这是什么？”接着我马上就意识到了，这是含羞草的花香。我摸索着到了花园的尽头，含羞草就在树篱附近，在这条小径拐弯的地方。噢，是的，就是含羞草了，它们在灿烂的阳光下轻轻地摇曳着呢，它们开满花朵的树枝几乎碰着高高的草了。世界上没有比它们更为精巧美丽的东西了！它们精致小巧的花朵轻轻一碰就缩起来，好像是从天堂里面移植到地球上来的仙树。我踏着零落的花瓣找到树干，站着犹豫了一会儿之后，找到一个宽的树丫子，自个儿爬上去了。树皮伤了我的手，树枝又粗，要站稳还真有些困难，但是我有些自鸣得意，认为正在做一件非同寻常的、令人刮目相看的事情，于是就不停地爬啊爬，越爬越高，一直爬到很久以前人家在树上搭的一个座位上。这个座位大概是有点历史了，随着树的生长，都成了树的一部分。我在那里待了很长时间，感觉像一个躺在玫瑰云里的花仙子。此后，我在这棵天堂树上度过了很多幸福的时光，思考一些美妙的想法，做了很多色彩斑斓的梦。

## 第六章

我得到了开启语言之门的钥匙，急切地想要学习运用它。没有失聪的孩子学起语言来不费什么劲。词汇从他人嘴里讲出来，他们轻而易举就能捕捉到。但是对于一个失聪的孩子来说，她必须经过一个缓慢、痛苦的过程才能捕捉到它们。然而不管过程如何，收获是美妙的。我们循序渐进，起初只是认识物体的名称，慢慢地才学习一些复杂的东西。从第一声含混不清的语音，到在莎士比亚的字里行间寻找智慧的光芒，在求知的征途上，我们已经走了好远。

最初，当老师告诉我一个新事物的时候，我很少提出问题。我的思想很混乱，词汇又很贫乏，但是随着知识的增长，词汇量的日渐丰富，我的问题就多了，我会就同一个物体一次又一次地追问，迫切地想知道更多的东西。有时候，一个新单词会勾起早年印在我脑海里的生动记忆。

我还记得那天早上，我第一次问单词“爱”的意思，当时我掌握的单词还不多。我在花园里发现一些早开的紫罗兰，就摘了送给老师。老师想要亲吻我，但那个时候，除了母亲我不想让任何人亲我，苏莉文小姐轻轻地搂住我，在我手心里拼写“我爱海伦”。

“什么是爱？”我问。

老师把我拉得更近，指着我的心口说：“它就在这里。”我第一次意识到自己的心在扑扑地跳动。除了能触摸到的，我还不能理解其他东西，所以她的话很让我困惑。

我闻到她手里紫罗兰的花香，一半用词语，一半用手势来问她：“花的香味是爱吗？”

“不是。”老师说。

我又想到了温暖的太阳在照耀着我们。

“那这是爱吗？”我指着阳光投进来的方向问。

在我看来没什么比太阳美好了，它的温暖使万物生长。但是苏莉文小姐摇了头，我更加糊涂，还有些失望，觉得很奇怪，老师竟然不能告诉我什么是爱。

随后的一两天，我正在把一些珠子按照大小对称地串起来——两颗大的，三颗小的，如此循环。我串错了很多，苏莉文小姐很耐心地一遍又一遍提醒我，最后我发现在顺序上有一个很明显的错误，我努力去想怎样才能把它们串好，像入定了似的集中精力来思考，苏莉文小姐摸着我的额头，在上面用力拼写“思考”。

我在一瞬间明白了，这个单词就是我脑子里面正在进行的过程的名称。这是我第一次理解了一个抽象的概念。

好长时间我一动不动——并不是在想我膝盖上的珠子，而是试图在新知识的光照中发现“爱”的含义。那天太阳被乌云遮住，还下了场阵雨，但是，阵雨过后太阳又破云而出，以万丈光芒照耀着大地。

我再一次问老师：“这是不是爱？”

“爱，就像天空中太阳出来前的云朵。”她回答说。这话我当时还不能理解。然后她又以更简单的话解释说：“你摸不到云，是不是，但是你能感觉到雨，知道花儿和干涸的大地在炎热的天气迎来这么一场雨是何等高兴；你也摸不到爱，但是你能感受到它倾注在所有事物中的甜蜜。没有了爱，你不会觉得幸福，不想去玩。”

这美妙的真理突然闪现在我的脑海中——我觉得在我和其他人的精神之间有看不见的线连接着。

在我学习的开始，苏莉文小姐像对待一个听力正常的孩子一样对我说话，她把这个当作一种实践。不同之处在于她是通过在我手心拼写句子来与我交谈，而不是靠说，假如我要表达某个想法又找不到合适的词或者短语，她会帮我补充上，甚至当我不知道该怎么说下去时，她会用各种方式给我提示。

这样的过程持续了好几年。最简单的日常交流也会用到无数的成语和表达方式，对一个失聪的孩子来说，在一个月学会这些可不是那么容易的事，甚至两三年都做不到。那些听力正常的小孩可以从一遍又一遍的重复模仿中学习，她在家里听到的谈话会刺激她的头脑，形成一些概念，自然而然地就产生出自己的想法，而这种自然的思想交互对于一个失聪的孩子根本没有机会。我的老师意识到了这点，想尽办法给我这种我所缺少的刺激。她的做法是：一有机会她就一字不漏地把所听到的句子重复给我，还有就是教我如何加入谈话当中。但是好长时间以后我才壮着胆子去做，又用了好长时间我才能够在合适的时间说些恰当的话。

又聋又盲，想要进行愉快的谈话真的不容易，谈话的困难程度对一个又聋又盲的人而言不知被放大了多少倍！没有帮助的话他们根本就区分不出音色来，上升下降的语调还有加了重音的单词他们也无从知晓，他们也捕捉不到说话者脸上的表情，而一般正是表情反映了一个人内心的想法。

## 第七章

在我的教育中，下一个重要的步骤是学习阅读。

在我刚刚学会拼写几个单词的时候，老师就给了我一些印有凸起的字母的卡片。我很快就明白了每一个印刷的单词就代表一个物体，或者一个动作，或是一种特性。我会在一个框架里面把单词排列成简短的句子，但是在我把单词放入框架以前，我得先把单词放到物体上，比如我要组成“布娃娃在床上”，就把每张卡片放到所表示的物体上，然后把布娃娃放在床上，把单词“在……上”在布娃娃边上排列好，这样就用单词组成句子了，同时就靠物体本身来理解句子意思。

一天，苏莉文小姐告诉我说，我站在衣柜里，把单词“girl”别在围裙上，我在架子上排列单词“is”“in”“wardrobe”。这种游戏给我莫大的快乐，我和老师一玩就是几个小时。房间里的物件常常是按某一句子来摆放的。

印刷卡片只是通向阅读的阶梯，我拿着“初级读物”一个一个寻找认识的单词，就像玩藏猫猫的游戏，找到它们我心里可高兴了。我就是这样开始了阅读。至于什么时候开始读小说，我稍后再讲。

好长一段时间我都没上正规课程，即使是我学习最努力的时候看起来也像是在玩游戏。苏莉文小姐每教我一样东西，都会用一个动听的故事或是一首优美的诗歌来阐述，不管我喜欢什么或是对什么有兴趣，她都会滔滔不绝地和我谈论，好像她自己也还是个小女孩似的。那些单调乏味的语法，绞尽脑汁也算不出来的加法，还有晦涩费解的概念，很多孩子可能一想起来就会害怕，今天对我来说它们反倒成了最珍贵的回忆。

我无法解释苏莉文小姐对我的欢乐和痛苦所寄予的特别同情，也许是因为她和一个盲人待得太久了吧。此外，她的刻画能力非常的棒，能很快讲完那些枯燥的细节，从不用问题来使我烦恼，看我是否记得前天的课程。她一点一滴地向我介绍自然科学的那些干巴巴的术语，每一样东西都讲得那么真实生动，我很自然地就记住了她所教的东西。

我们更喜欢充满阳光的丛林而不是待在家里，所以我们经常在户外学习，我所有早期的课程都是在丛林里进行的。那里有好闻的松脂气息，混合着野葡萄的香味。坐在郁金香浓密的树荫下，我想，每一样事物都可以成为我学习的对象。“事物的美告诉我他们所有的用途”。的确，那能嗡嗡叫、能嘤嘤哼、能唱歌、能开花的所有事物，都给了我教育——聒噪的青蛙、纺织娘和蟋蟀，被我抓在手心里，忘记了困窘，振响它们尖利的鸣叫，毛茸茸的小鸡雏和野花，山茱萸花，草地上的紫罗兰和萌芽的果树。我触摸大朵大朵的棉花，用手指拨弄柔软的纤维和毛茸茸的棉籽。我还能感觉到吹过玉米地的飒飒风声，细长的玉米叶稀里哗啦地舞动，还有当我们在牧场套住我的小马，给它戴上笼头时，它会发出愤慨的呼哧声，哈哈，这家伙很不乐意呢，对它呼吸里面那种辛辣的苜蓿草气味我记忆犹新。

有些日子，我会拂晓就起床，偷偷溜进花园去玩，这时花草上的露水还没干呢。轻轻地把玫瑰捧在手里，或者感觉百合花在晨风中悠悠地摇曳，真让人心旷神怡。有时候，在我采摘的花朵里面会抓到小昆虫，当小家伙感觉到外界的压力，就想挥翅逃跑，此时我就能感觉到它们舞动的翅膀在空气中引起的微弱振动。

我最爱光顾的另一个地方是果园，果园里面七月初就有果子成熟了。又大又软的桃子会在不经意间碰到我的手，当和风吹过枝头，会有苹果跌落在我脚边。噢，在我的围裙兜满了水果时，心里别提多高兴了，我用小脸蛋贴着光滑的苹果，它们还留有阳光的余热。然后就蹦蹦跳跳地回家去了。

我们最喜欢散步到凯勒码头，那是在田纳西河畔的一个木结构码头，在南北战争期间供军队登陆用的，已经陈旧得有些摇摇欲坠了。我们在那儿学习地理，度过了许多愉快的时光。我用鹅卵石来砌成水坝，建造岛屿，挖人工湖，淘河床，这些都是做着玩的，根本没意识到是在学习一门课程。我带着不断增长的惊奇聆听苏莉文小姐描述这个巨大、圆形的地球，上面有喷发的火山、被埋葬的城市、流动的冰河，以及许多其他同样奇怪的东西。她用泥土做成浮雕一样的地图，这样我就能感觉出山脊和山谷，还可以用手顺着曲曲折折的河道比画，我很喜欢干这个事情。但是经度、纬度和南北两极的划分很让我困惑，有点超出我的理解了。老师用细线和橘子来讲解，让我印象深刻，时至今日，一提起气温带什么的我就会想起那些绕了一圈又一圈的线。毫无疑问，要是有人故意捉弄我，说是北极熊真的爬到北极杆上去了，我肯定会信以为真的。

算术大概是我唯一不喜欢的课吧，一开始我就不喜欢关于数字的科学。苏莉文小姐用珠子教我数数，要我把它们一组一组穿起来。她还用麦秆教我加法减法，要我把它们排成排，我很没有耐心，排个五六组就排不下去了。若是完成了算术课，心里就可以轻松一整天了，就会马上溜出去找小伙伴玩。

以同样轻松的方式，我还学习了动物学和植物学。

一次，有位先生——什么名字我给忘了，送给我一套化石标本。其中有小型软体动物漂亮的贝壳，有几块印有鸟爪子印的砂岩，还有一块可爱的蕨类植物化石——像一块浅浮雕。这些标本都是我了解远古时期的金钥匙。苏莉文小姐还向我描述那恐怖的怪兽。它们野蛮无礼，名字怪里怪气的，曾经在远古的原始森林里横冲直撞，把参天大树的枝叶当食物，最后死在黑沉沉的沼泽里。听着听着，我手都颤抖了。很长一段时间，那些可怕的动物还会出现在我的噩梦中。这段阴沉的日光成了欢乐背后的一幅背景，那些欢乐来自灿烂的阳光和美丽的玫瑰花，还有我的小马笃笃的蹄声。

另一次，我得到了一个漂亮的贝壳。带着孩子的惊奇和兴奋，我学到了一个小软体动物怎样在它的贝壳上划出一圈一圈的曲线，还有在风平浪静寂寂无声的夜里，鹦鹉螺怎样驮着它的“珍珠船”在大海里航行。我认识生活中很多很多的事物，还有海洋生物的各种有趣的习性。知道珊瑚虫如何在太平洋的波澜里建造美丽的珊瑚礁，那些有孔虫又是怎样把许多岩石变成陆地。老师给我读《驮着房子走的鹦鹉螺》，并且给我讲解贝壳形成的过程。我觉得人的思想形成也是同样的过程。鹦鹉螺从海水里吸收原料，并把它们变成自身的一部分，创造出令人惊叹的杰作；而人的头脑通过吸收一点一滴的知识，像鹦鹉螺建造贝壳一样形成熠熠生辉的思想。

植物的生长又给我上了一课。我们把一株百合拿到向阳的窗口，不久那尖尖的花骨朵就显出要开放的样子，外层纤细的叶子慢慢地打开，我想它们是很不情愿地把隐藏着的美展现出来的。然而，一旦开始，花儿开放的过程就很迅速，而且有条不紊。总有一朵花比其他的要大，要漂亮得多，在其他花朵的衬托下越发显得与众不同，好像她是圣洁的百合皇后，穿着柔滑的长袍，而其余的花朵像她腼腆的小姐妹，羞涩地摘下绿色的面纱。花儿齐开，花枝变得极其漂亮、芳香。

还有一次，我们在种满花的窗台上放了一只玻璃瓶，里面装着十一只蝌蚪。我还记得当时那种想了解它们的急切心情。把手伸进瓶里去感觉小蝌蚪窜来窜去的很好玩，我还会把它们捞出来，然后让它们从手指缝隙里面溜走。有一天，一只野心勃勃的家伙跳出了瓶子，摔到了地板上，我发现的时候感觉它快死了。唯一让人觉得它还有一线生机的表现是它的尾巴还能轻微地扭动。但是一把它放进水里，它一下子就冲入底层，欢快地游来游去。它折腾着跳了出来，看到了外面广阔的世界，现在就乖乖地待在灯笼海棠下面的玻璃水晶宫里面了，一直到变成了小青蛙。之后它就搬到花园里面的落叶堆住去了，在那里用它离奇的情歌开起了夏夜演唱会。

就这样，我从生活自身中学习。起初，我只是一小团可能性，是我的老师打开并发展了它们。她来之后，我身边的一切都带着爱和欢乐的气息，一切都变得有意义。她从不放过任何一个机会向我指出蕴藏在所有事物中的美，也从来没有停止努力以思想和行动让我的生活变得甜蜜、有价值。

是我的老师的天赋，是她敏感的同情心，是她充满爱意的机敏，使我受教育的第一年过得如此美好。这是因为她抓住了正确的时机传授知识，使它们变得那样令人愉快并让我能够接受。她懂得小孩子的心思就像一条浅浅的溪流，起伏不定、跳着欢快的舞步流过教育多石的河道，这儿映出一朵鲜花，那儿照出一丛灌木，还有更远处的一片羊毛似的云朵；她试图在路上引导我，她明白我就像小溪一样，也需要山流和暗泉的注入，直到它扩展成一条深深的河流，能够在平静的水面上映照出起伏的山峦、明亮的树影、蓝蓝的天空，还有一朵小花甜甜的笑脸。

任何老师都能让一个孩子进入教室，但并非每个老师都能让孩子学习。他不会快乐地学习，除非他感到自由是他的，无论在忙的时候还是在休息时。他必须感到胜利的激动和失望时的沮丧，才能自愿承担这不愉快的任务，并决心勇敢地踏着舞步通过课本的灰色旅途。

我的老师与我如此亲近，以至于我几乎一想到自己就会想起她。我在所有美好的事物中感到的喜悦之情，有多少是先天的，有多少是由于她的影响，我从来分不清。我感到她的存在与我紧密相连，而我的生命的足迹延伸在她的生命足迹里。我生命中最好的东西都属于她——我的每种天赋、渴望、欢乐都被她充满爱意的触摸唤醒了。

## 第八章

苏莉文小姐来到塔斯哥伦比亚的第一个圣诞节是个重要的日子。家里每个人都为我准备了惊喜，但最让我高兴的是和苏莉文小姐一起为大伙准备惊喜。围绕这些礼物的那种神秘气氛给了我最大的乐趣和愉快。我的朋友绞尽脑汁来激发我的好奇心，他们给我暗示，或者话说了一半又故意打断。苏莉文小姐和我保持玩猜谜游戏的习惯，我从中获得的关于语言运用的知识比我从任何课程中学习到的还多。每天晚上，在熊熊的柴火边围坐着，我们开始猜谜，随着圣诞节的临近，游戏一天比一天火热。

塔斯哥伦比亚的小学生在圣诞前夜做了一棵圣诞树，邀请我去玩。圣诞树立在教室中央，漂亮的彩灯发出柔和的光芒，枝上挂满了各种各样的水果。那天大家开心极了，围着圣诞树尽情地欢呼雀跃，当我得知每个孩子都有一份礼物，我欣喜若狂。准备圣诞树的人允许我给其他孩子分发礼物，我沉浸在喜悦之中，没有停下来看自己的礼物。当我给他们发完礼物，我盼望真正的圣诞节快点到来，那份热切的心情真有点按捺不住。我知道，我已经得到的礼物不是朋友们卖关子告诉我的那些，老师已经告诉我还有更好的呢。然而，他们劝服了我，先满足从圣诞树上得到的，别的就耐心等到天亮再说。

那天晚上，把袜子挂好以后，我假装睡着了，很长时间保持着清醒，想看看当圣诞老人到来的时候他会干些什么。但最终我还是抱着一个新的布娃娃和一只白色的毛毛熊睡着了。第二天一大早，我把全家人吵醒，不停地向大家问候："圣诞快乐！"我惊喜地发现，不止是在袜子里面，桌子上、所有的椅子上、门上、窗台上都放满了礼物，我每走一步都会碰到薄纸包裹着的小礼品。当老师把一只漂亮的金丝雀作为礼物送给我时，我的幸福之杯满得流溢了。

我的小金丝雀取名为汤姆，它非常驯服，它会在我的手指上跳动，从我的手心啄樱桃吃。苏莉文小姐悉心教我如何照料我的新宠物，每天早餐后我就准备为它洗澡，清洁鸟笼，在它的食杯里放满了新鲜的籽粒和从井房里汲来的水，还在他的秋千上挂上一缕卷耳草。

一天早上，我把鸟笼放在窗子边的座位上，去取水来给小汤姆洗澡。取水回来打开门的时候，感觉到有一只大猫从我身旁窜过去，起初我不知道发生了什么事情，当我把手伸向鸟笼，却再也触摸不到汤姆的小翅膀，再也没有尖尖的爪子抓住我的手指时，我知道我再也见不着那可爱的小歌唱家了。

## 第九章

我生命中的下一个重大事件是一八八八年三月造访波士顿。做准备、与老师和母亲一道起程、在旅途上、最后到达波士顿——在我的记忆中这次访问如同发生在昨天。这次旅行与两年前去巴尔的摩是多么的不同！我不再是一个躁动不安、兴奋不已的小家伙了，也不会像那时那样，因吸引了每个人的注意而沾沾自喜。我安静地坐在苏莉文小姐的身旁，热心地听她兴致勃勃地谈论沿途的风景：美丽的田纳西河，一望无际的棉花地，青山翠树，车站里喧哗的黑人。他们朝着车上的乘客挥舞着手，向他们兜售糖果和爆米花。在我座位的对面，端坐着我的碎布布娃娃南茜，她穿着带条纹的棉布衣裳，戴着有褶皱的太阳帽，用两只玻璃珠眼睛注视着我。有时候，在听苏莉文小姐描述时我思想开了小差，会想起南茜，就把她抱在怀里，我让自己相信南茜睡着了，以此来平息我的良心不安。

既然提到南茜，我就讲讲我们到达波士顿后她经历的悲惨遭遇。她被弄得浑身脏兮兮的，虽然她不会喜欢吃馅饼，我却强迫她吃，结果留下很多污渍。伯金斯盲人学校的洗衣工悄悄地把她拿去洗了，可怜的南茜根本经不住洗，当我再次见到她的时候，她已经成了一堆不成形状的棉花团，要不是摸到那两颗珠子做的眼睛，我根本就认不出是南茜。我感觉到她用幽怨的双眼在责备我。

当火车缓缓驶进波士顿车站，好像一个美丽的童话变成了现实。童话里讲的“很久很久以前”就是此刻，“在一个遥远的地方”——那个地方就是波士顿。

我们刚刚到达伯金斯盲人学校，我就开始与小盲孩交朋友了，当我得知他们会手语字母时，心中的欣喜真是无以言表，与别的孩子用我们自己的语言交谈是件多么愉快的事情啊！之前我一直像个外国人，要依靠翻译才能和别人说话。在劳拉·布里奇曼学习过的学校，我像找到了属于自己的国度。我的新朋友都是盲人，我是花了一些时日才平息了内心的激动。我知道自己看不见，但万万没想到，我身边这些热情洋溢、充满爱心，与我嬉戏玩耍的孩子也是盲人。和他们谈话时他们把手放在我的手上面，他们用手指来读书，注意到这些，我感觉吃惊，同时也感到痛苦。虽然之前就有人告诉过我这一点，虽然我知道自己的缺陷，我还是模糊地想，既然他们还有听觉，他们定然还有一种“第二视觉”，当我发现一个又一个被剥夺了同一种宝贵能力的孩子时，我还没有心理准备。不过他们是如此快乐和满足，在和他们愉快的交往中我渐渐淡忘了所有痛楚的感觉。

整天和小盲孩待在一起，我感觉这个新的环境就像是自己家里一样。光阴似箭，我热切地盼望新的、愉快的经历。我没法让自己相信世界除波士顿以外还有很多地方，以为波士顿是造物的开始并且也是终点。

在波士顿我们访问了希尔碉堡，在那

里我学习了第一堂历史课。我们脚下的土地曾是勇士们英勇奋战的地方，他们的英雄事迹使我感到非常激动。我数着台阶的数目去看纪念碑，越上越高，我不禁想那些英勇的士兵有没有一边爬着这么高的台阶一边朝下面的敌人射击。

第二天，我们乘船到普利茅斯，这是我第一次在大海上航行，也是我第一次乘轮船。在海上航行真是充满了活力和运动！但是轰隆隆的引擎让我误以为是在打雷，我担心要是下雨的话就不能在外面野餐了，急得直抹泪。我想，普利茅斯让我最感兴趣的是当年英国清教徒移民登陆时的大岩石。我可以触摸它，更加真切地体验到移民是如何不辞辛苦地跋涉，如何登陆到一片新的天地，在那里辛勤劳动并取得辉煌的成就。我常常拿着一个普利茅斯岩石的小模型，它是一个和蔼的先生在移民博物馆里给我的。我用手指触摸上面的曲线、中央处的裂口和雕刻的数字“1620”，脑子浮现出所有关于早期英国移民那些可歌可泣的故事来。

他们的雄心壮志激发了我多少的想象啊，我把他们视为最勇敢最聪明的人。他们居然在那么一块陌生的陆地上安了家，他们是在为自己和同胞追求自由。我为他们缔造“美丽家园”的勇气和精神感到光荣，但是，若干年以后，当我得知他们犯下的迫害罪行时，真感到惊愕和失望。

威廉·恩迪克特先生和他的女儿是我在波士顿所交的朋友，他们的善待给我留下了许多美好的回忆。有一天，我们到贝弗利农场访问他们漂亮的家园。还记得穿过他们家的玫瑰园时，他家的爱犬大狮子狗和长耳朵的卷毛狗弗里茨跑出来欢迎我们，还有那匹叫尼姆罗德的整个农场最快的马，把鼻子蹭到我手里来讨糖块，还要我拍拍它。还有海滩，在那里我第一次在沙滩上玩乐。那里的海滩很硬，很光滑，和布鲁斯特海滩不同，布鲁斯特海滩是松软的纯砂，有一些海藻和贝壳混杂其中。恩迪克特先生告诉我有从波士顿来的巨大轮船驶往欧洲去，进行着惊险刺激的海上航行。此后，我还和他会见了好几次，我们一直保持美好的友谊。基于我和恩迪克特先生之间的深厚友谊，我称波士顿为“友爱之城”。

## 第十章

就在伯金斯盲人学校放暑假前，我和老师就安排好了去科德海岬附近的鲁斯特，到我们亲爱的朋友霍普金斯夫人家度假。我很高兴，因为我早就听说了很多关于大海的精彩故事，心里十分向往。

关于那次度假，我印象最深的是浩瀚的大海。我一直居住在内陆，从没呼吸过海边充满咸味的空气，但是我在一本大部头的书——《我们的世界》里读到过关于大海的描写。我很想亲临大海，摸一下无边的海水，感觉一下大海咆哮怒吼的气势。当我知道这个愿望最终得以实现时，激动得心儿怦怦跳呢。

一穿好游泳衣我就迫不及待冲到温暖的海滩上去，毫不犹豫就跳进凉飕飕的水里。海浪上下翻滚着，潮水在我身边轻快地流动，让我感觉到一种异常的、颤巍巍的欢乐。突然间，真是乐极生悲了，我的脚踢到了一块岩石，接着一个巨浪朝我劈头盖脸地打来。我想伸手抓住什么东西，但是只有海水和被海浪冲到我脸上的海藻，任凭怎么挣扎都是徒劳无功。海浪像是在戏弄我，顺着风势一会儿把我推向这边，一会儿把我推向那边，太恐怖了！坚定实在的大地从我的脚底下消失了，其他一切也好像与这个陌生的、全封闭的环境隔绝了——生命、空气、温暖，还有爱。但是到了最后，大海好像玩腻了一件新玩具，又把我推回海岸，我立刻紧紧抓住老师的胳膊，噢，多么深长的抚慰、多么温暖的拥抱啊！我刚从惊恐中恢复过来，能够说话时，就问道："是谁把盐给放进水里的？"

从第一次下水的经历中恢复过来以后，我发现一件很有趣的事：穿着泳衣坐在大岩石上，感觉海浪一波接着一波冲击着礁石，溅起的浪花像一阵细雨洒落在我身上。当海浪冲向海岸的时候，我感觉到了鹅卵石碰撞的咔嗒咔嗒声，仿佛整个海滩都在海浪令人恐怖的攻击中受着折磨。海风肆虐地一阵一阵刮着，海浪与这些肆虐者为伍，退回去聚集了力量又席卷而来。我紧紧贴住岩石，很紧张、很着迷，我终于感觉到了大海汹涌澎湃的波涛和万马奔腾般的怒吼！

我在海滩上怎么也待不够。海边纯净、清新、自由的空气散发出的味道像一个清凉、宁静的思想。各种贝壳、鹅卵石和寄生着各种小生物的海草，对我来说永远不会丧失它们的诱惑力。一天，苏莉文小姐把我的注意力转移到一个奇形怪状的东西上，那是她在浅水里捕获的。这东西原来是到浅水里晒太阳的马蹄形螃蟹，我第一次见到这种螃蟹。我用手去摸它，觉得好奇怪，它怎么能够把它的房子给背在背上呢？我灵光一闪，觉得养它做宠物应该不错吧，于是我用双手抓住它的尾巴，把它给带回家了。这个战利品让我很是高兴，这家伙很重，我使出了浑身的力气拖着它走了半英里路，还搅得苏莉文小姐不得安宁，直到她把螃蟹放在井边的水槽里，我觉得足够安全了才罢休。第二天一早我跑到水槽边一看，哦，那家伙不见了！没有人知道它跑哪儿去了，也不知道它是怎么逃走的。当时真觉得很失望，但慢慢地我觉得把这个可怜的小动物强制从它生存的环境中带走是很不明智，也是很不仁慈的。过了一会儿，我想也许它返回到大海去了呢，这么一来我就高兴起来了。

## 第十一章

带着美好的回忆，我于秋天返回南方老家。每当我想起那次北方之行，都会对那次经历的丰富和多变感到惊讶，它好像是所有事情的开端，一个崭新的、美丽的世界呈现在我脚下，每一次我都收获了欢乐和知识。我对一切都饶有兴趣，从来没有安静地待一会儿。我的生活充满了运动，就像那些小昆虫一样在忙碌中度过短暂的一天。我与很多人相识，他们通过在我手心拼写来与我交谈，思想在快乐的交响曲中跳跃、撞击，看，奇迹产生了！我的头脑和其他人的头脑之间的不毛之地上像玫瑰一样开花了。

在我们家度夏用的小别墅里面，我和家人度过了秋天的几个月，那个别墅在离塔斯哥伦比亚十四英里的一个山上。那座山叫作“费恩采石场”，得名的原因是在附近有一个石灰石采石场。采石场很久以前就被废弃了。有三道小溪从上面的岩层里流出来，欢快地流经这里，在遇到岩石挡道的地方形成一个小瀑布。其他开阔的地方长满了蕨类植物，它们完全把采石场的工地覆盖住了，有的地方把小溪也给隐蔽起来。山脉的其余部分则被茂密的树林覆盖，有巨大的橡胶树，还有高大的常青树。它们的主干像长满青苔的大柱子，树枝上挂着常春藤和槲寄生的花环。还有柿子树，它们的气味遍及树林的每一个角落，是一种会让人心情舒畅，甚至产生幻觉的香味。有的地方还有圆叶野葡萄、斯卡珀农葡萄，它们的茎叶从一棵树蔓延到另一棵树，形成了天然的凉亭，招来许多蝴蝶和嘤嘤嗡嗡的小昆虫。在接近傍晚的时候，到树木盘根错节的山谷中，呼吸从地底散发出的清新、幽香的气息，那真是一番难得的享受。

我们家的小别墅其实是一种类似于帐篷的简陋建筑，坐落在山顶之上，在橡树和松树之间，还是挺美的。沿着开放式门厅的每一边都设置了小小的房间，房子周围是一片开阔的场子，在那里可以吹吹山风，闻闻各种树木发出的芬芳。我们大部分的时间是在场子上度过的，在那里学习、吃饭、玩耍。在后门那里有一大棵灰胡桃树，树的周围建了一些石阶，我可以站到树跟前触摸它们，会感觉到有风吹动它们的枝条，或者一阵秋风扫过，树叶飘飘荡荡地往下落。

“费恩采石场”有很多造访者，到了夜晚，围着篝火，男子们通过玩扑克牌、聊天或者运动来打发时间。他们讲述过去在猎场上的丰功伟绩。很多人夸耀他们打了多少多少的野鸭和火鸡，捕了多少多少凶猛的鲑鱼，又是怎样捕捉到狡猾的狐狸，怎样战胜聪明至极的负鼠，追到疾驰的鹿。到后来我都坚信了即使狮子、老虎、熊豹，以及其他的原始动物也不敢在这些老谋深算的猎手面前露脸。“猎场上见！”是这一群兴致勃勃的朋友高谈阔论之后用来代替“晚安”的专用语。男人们都睡在我们房门外面的走廊里，我还能感觉出猎手们和猎狗们发出的深沉的呼吸。

咖啡的气味、猎枪的咔嗒声，还有猎手们大踏步走过时沉重的脚步声——这一般预示着他们在这个幸运的季节又有大丰收了——这些破晓时就会发出的响动会把我从睡梦中唤醒。我还能感觉到马蹄叩击地面的震动，这些马是从城镇里骑出来拴在树上的。它们站了一夜，大声嘶鸣，等不及要冲出去。男人们终于整装待发了，像古老的歌谣所唱的那样：骑着战马离去，缰绳勒得使劲，鞭儿挥得响亮，猎犬在前面飞驰，出征！捕猎的冠军，“仔细谛听，放声呼喊，喊出野性的呼声！”

接近中午时，我们为烧烤做准备。地上挖了个洞，柴火在里面燃烧起来，上面架着粗粗的树枝，烤肉就挂在上面，已经烤出沫来。黑人们在火边蹲着，用长长的树枝驱赶苍蝇。桌子还没有摆好呢，烤肉诱人的气味让我觉得饥肠辘辘。

烧烤晚餐还在热火朝天地准备着，打猎的队伍回来了，三三两两的，热气腾腾，精疲力竭。马都嘴吐白沫了，猎犬无精打采地喘着粗气，但是却一无所获！每个人都声称他们至少看见一头鹿，并且离得很近了，但是不管猎狗跑得怎样卖力，不管猎枪瞄得多么准，扣动扳机的关键时刻却连个鹿影儿都没有。一个小男孩说他在很近的距离内看见了一只兔子，实际上看到的是兔子跑过的痕迹，他们就像这个小男孩一样幸运！但出猎的队伍很快就忘却了先前的失望，大家都坐下来，野味没吃成，却饱餐了一顿烤牛肉和烤猪肉。

有一个夏天，我在“费恩采石场”有了一匹小马。我给她取名“黑美人”，那是我正在读的一本书的名字，因为它和书中的那匹马长得一模一样：全身乌黑发亮，额头中间点缀着一颗白星。我在它的背上度过了很多快乐的时光。有时候，当他表现得很乖巧时，我的老师会放松缰绳，任它优哉游哉，有时它会停下来吃草，有时啃小路边的树叶。

早上，当我不想骑马时，老师会和我在吃过早餐以后到林子里漫游，任意地走，有时会迷失在树丛和藤蔓之中，无路可走，只有牛马踏出的小道，还会经常撞上无法穿越的密林，又得兜上一大圈。我们经常是满载而归的，一大抱月桂或者麒麟草，蕨类植物，还有一些只有南方才有的漂亮的沼泽花。

有时候，我会和妹妹米尔德里德还有表姐妹们去拣柿子。我不吃柿子，但我喜欢它们的芬芳味，喜欢到树叶堆和草丛中寻觅它们。我们还去采拾坚果，我帮她们弄开栗子的壳，帮她们敲开山核桃和胡桃——硕大的、甜滋滋的胡桃！

在山脚有一条铁路，孩子们可以在那儿看见过往的火车。有时候，让人恐怖的汽笛声会把我们都吸引到台阶上，米尔德里德会激动地告诉我有一头牛或是一匹马走到了铁轨上。大约一英里远的地方有一座横跨大峡谷的桥，想走过去很难，踏板窄，离得又远，让人有种在刀口上走的感觉。我一直没走过那座桥，直到有一天，米尔德里德、苏莉文小姐还有我在森林里迷了方向，百转千回也没能找到出路。

突然，米尔德里德挥着她的小手兴奋地说：“桥在那里！”我们不想从桥上走，但是天色已晚，夜幕快要降临了，过桥是回家的捷径，我们已经别无办法了。我得用脚趾来感觉围栏，还好我一点儿都不觉得害怕，走得很稳，但是突然从远处传来了“扑哧扑哧”的颤动。

“我看到火车来啦！”米尔德里德尖叫起来，一会儿工夫火车就冲到我们跟前，还没等我们爬到横档上躲避，它就从我们头顶呼啸而过了。我感觉到从它的引擎里喷到我脸上的热量，滚滚浓烟和灰尘差点儿把我们呛死。火车经过的时候，桥震动得厉害，摇摇欲坠，我想我们非坠入万丈深渊不可。火车过后，费了九牛二虎之力我们才再一次返回到铁道上，很长一段时间才回到小别墅，那里却空无一人，大伙儿都跑出去找我们去了。

## 第十二章

在我造访了波士顿以后，几乎每个冬天我都是在北方度过的。我曾经到新英格兰的一个小村庄拜访过，那里有着冰封的湖泊和广袤的雪野。也就在那时我头一次有机会进入瑰丽的雪国。

我还记得对当时感觉到的景象惊讶不已：一只神秘的手把树木和灌木丛弄得光秃秃的，只在地上零零星星地留下一片片蜷缩的叶子。鸟儿都销声匿迹了，它们留在枝头的空巢里盛满了雪。山坡上、田野里都透着冬天的萧瑟。大地好像被冬天冰冷的一抚给冻僵了，树木把每一丝生机都深埋到根里，蜷起身子在黑暗中沉睡。所有的生命都好像衰亡了，即便是太阳照耀着大地，白昼也是：

瑟缩、寒冷，
仿佛她的经脉已经干涩、苍老；
她晃晃悠悠地爬起，
用暗淡的目光在山川海河上留下最后的一瞥。
枯萎的草丛和灌木被冰冻住了，变成冰柱。

有一天，来了一股预示着暴风雪的冷空气，后来真的下起雪来。我们匆忙出门去感受那飘飘洒洒的雪花，时间分分秒秒地流逝，雪花静悄悄地从天而降，村庄变得越来越平坦，到处都一个样子。下了一整夜的雪，大地上白雪覆盖，人们几乎辨认不出当地的任何特征。所有的道路都被覆盖住，一个路标也别想看见，苍茫的大地上只有几棵树冒出来站在那里。

夜里刮起了东北风，狂风夹带着雪花到处肆虐。我们坐在熊熊的烈火边，讲着美丽的童话故事，打闹嬉笑着，完全忘记了我们是处在荒凉、孤独的环境中，和外部世界失去了所有联系。但是在夜间，狂风盛怒，我们都吓得有些发抖。椽子被压得吱吱作响，房子边上的树枝借着狂风的气势一阵阵敲打着窗户。

下暴风雪的第三天，太阳破云而出，万丈光芒照耀着大地，大地宛如一马平川的白色大平原。积雪堆成形状奇异的小山、金字塔，散布在各个方向，无法穿行。

有人在雪堆之间清理出了一条窄窄的小道，我穿上披风，戴上兜帽到外面玩，寒风吹到脸上像刀割一样。我们一半时间在路上走，一半时间在雪堆之间打闹。牧场很广阔，我们很费劲才走到边上的一片松树林。松树纹丝不动，像是用大理石雕成的塑像。闻不到松叶的树脂味，阳光倾泻到树上，树枝像钻石一样发亮，轻轻一碰，积雪就簌簌坠落。光线如此明亮，甚至穿透了遮住我双眼的黑暗。

随着时间的推移，雪堆渐渐缩小，但是它们还没有完全消失，又来了一场暴风雪，整个冬天我都觉得没有踏在地上。两场暴风雪的间隙中，积雪融化以后，树林、灌木和草丛又显得光秃秃的了，湖面却在太阳底下还结着坚实的冰。

那个冬天我们最爱的娱乐是滑雪橇，我们经常沿着湖岸边那些陡然上升的斜坡往下滑。我们会坐在雪橇上，一个男孩子轻轻一推我们就滑起来了！或者在雪堆边绕来绕去，在雪坑里跳进跳出。在湖面上边飞速滑行，穿过闪光的冰面直达湖的对岸，这多么有趣，多么疯狂啊！在那疯狂、兴奋的一刻，我们挣脱了把我们束缚在地上的枷锁，好像抓住了风的手，感觉我们自己成了神仙！

## 第十三章

一八九〇年的春天我开始学说话。我心里那种想要说话的冲动一直很强烈。我经常发出声音，用一只手放在喉咙上，用另一只手感觉嘴唇的动作。我对所有会发出声响的东西都感兴趣，喜欢感觉猫叫和狗吠。我还喜欢把手放在歌手的喉咙上，或者感觉正在弹奏的钢琴。在丧失听觉和视觉之前，我学说话学得很快，但是那场病以后，我因为听不见而停止了说话。我通常整天坐在母亲膝上，把手搭在她的脸上，感觉她的嘴唇怎么运动对我来说很有趣，也学着瞎动嘴唇，但是已经忘记了当时要说些什么了。朋友说我能自然地笑出来，也能自然地哭出来，有段时间，我发出很多带单词语音的声音，但并不是为了交流，而是我的发音器官需要练习才这样子的。不过对于单词“水”我还留有特别的印象，我把它发作“wa-wa”，苏莉文小姐开始教我时，这些发音已经变得越来越含混不清了，在我学会用手指拼写词语之后就不用了。

很早我就知道身边的人用一种与我不同的方式进行交流，甚至在知晓一个盲孩也可以学习说话之前，我就对自己已经学会的那种交流方式大为不满。一个只能依赖手语字母的人会有一种压抑、局促的感觉。这样的感觉纠缠着我，好像某种触手可及的东西在你前头可你就是抓不到，这可真是让我觉得恼火。我的思想难以表达，就像一只逆风飞行的鸟，刚刚升起又被无情地按下去。我执意要动嘴，要发出声音。朋友们委婉地劝我放弃，怕我失败的话会灰心丧气。但是我坚持下来了，一次意外的事件让我攻克了这个坚固的堡垒——我听说了里根希尔德·卡塔的故事。

在一八九〇年，劳拉·布里奇曼学校的一个老师朗姆森夫人刚刚从挪威和瑞士访问回来就来看我，给我讲了里根希尔德·卡塔的故事。里根希尔德·卡塔是挪威的一个小女孩，视觉和听觉都失去了，但是她已经成功地学会了说话。朗姆森夫人还没有讲完这个小女孩的成功事迹，我就已经被鼓舞得热血沸腾了。我下定了决心，我也要学会说话。我一直坐立不安，直到老师带我去找霍瑞斯·曼恩小学的校长莎拉·富勒小姐寻求建议和援助。富勒小姐和蔼可亲且满怀爱心，她亲自教我，我们于一八九〇年三月二十六日正式开始。

富勒小姐的方法是这样的：她轻轻地把我的手放在她的脸上，在她发声的时候感觉她的舌头和嘴唇的位置。我急切地模仿每一个动作，在一个小时内学习了六个字母的发音，它们是：M、P、A、S、T、I。富勒小姐一共给我上了十一次课。当我说出了平生第一个成文的句子，心里头那种惊奇、喜悦真是终生难忘。“天气很温暖”。是的，它们只是断断续续、结结巴巴的音节，但毕竟这是人类的语言啊。我的整个灵魂意识到了新的力量，从束缚中挣脱出来，通过那些断断续续的音节，伸向所有的知识和信念。

任何一个渴望讲出自己从未听见过的词语的失聪孩子，当他走出寂静的牢狱——那儿听不到爱的语调，听不到鸟的歌唱，也没有乐曲的旋律——第一次发出声音时的那种惊奇的激动、那种发现的喜悦是多么的难忘啊！也只有失聪的孩子才会有这么强烈的体验。我就是带着这样的热情和我的玩具说话，和石头说话，和小鸟说话，和树木说话，和那些无声的动物说话。当我用声音把米尔德里德叫到了身边，当我的小狗听从了我的命令，我心里多么高兴啊。我可以用长着翅膀的话语来表达自己，再不用别人在中间用手语字母翻译，这种感觉太好了。在我说话时，快乐的思想从话语中跳出来，而之前用手指来表达是何等艰难。

但是不要以为在这么短的时间里我就可以真的把话说好，我只是学会了一些只言片语罢了。富勒小姐和苏莉文小姐能听懂我在说什么，但是对于大多数人，我说一百个词可能他们连一个都听不懂。在我学习了基本的要素之后，剩下来的事情也不是我自己一个人干的，要不是苏莉文小姐的天赋，以及她坚持不懈的努力和奉献，我才不可能取得这样的进步呢。起先，即使我最亲密的朋友也不知道我在说什么，我没日没夜地苦练，然后，在苏莉文小姐的一贯的辅助下，我试着去把每一个音素发得清晰，再练习音素的各种组合。即便是现在，她也每天都提醒我那些发错音的单词。

所有教聋哑人的老师都知道这样的学习意味着什么，也只有他们能体会我所要克服的困难是多么艰巨。我完全用手指来解读老师的唇语：得感知声带的振动，还要感知嘴的运动和脸上的表情，这些感觉还经常出错。出错的时候我就得不断地重复这些单词或者句子，有时候要几个小时，直到我感觉自己嗓音的振动比较合适为止。挫折和疲惫常常让我沮丧不堪，但是一想到不久的将来我就能在家人面前展现所取得的成就，我就振作起来了。我想他们会为我取得的成功感到骄傲的，多么希望有这么一刻！

“现在，小妹妹会听懂我的话了。”这是比任何障碍都要强大的愿望。我常常心醉神迷地重复着：“现在我不是哑巴了。”我期待着与母亲谈话，期待着通过阅读唇语来理解她的反应，我期待着这样的快乐，我不能泄气。当发现说话比用手拼写不知方便了多少倍时，我心里真是惊讶得很，我自己已经抛弃用手语字母作为交流的媒介了，但是苏莉文小姐和我的一些朋友仍然使用，比起让我解读他们的唇语，手语更加方便，也更快一些。

现在，我最好还是对如何使用手语字母做点解释，因为不认识我们的人会对手语感到迷惑。要与我说话得在我手心拼写手语字母，这种字母是盲人广泛使用的。我把手搭在对方的手上，很轻，不会妨碍对方的手运动。感觉手的位置跟看一样容易。正像你在阅读时不会一个字母一个字母分开去看，我也不会一个字母一个字母分开去感觉。持久的练习会使得手指非常灵巧，我的一些朋友拼写得非常快，就像一个专业的打字员在打字机上打字一样。光就拼写字母来说，其实和用笔写字是一样的。

当我能说出自己的话了，我便迫不及待地想要回家。幸福时刻中最幸福的一刻到来了。我在回家的路上不停地和苏莉文小姐说话，不是为了说话而说话，而是争取在最后一分钟还能更进一步。我还没有反应过来，火车已经在塔斯哥伦比亚车站停下了，全家人都在站台上等待。母亲拥我入怀，高兴得说不出话来，甚至有些颤抖，仔细听我说出的每一个音节。小妹妹米尔德里德把我空闲的手抓起来亲了一口，在那里乐得手舞足蹈，我的父亲却是以一阵深深的沉默表达内心的骄傲和宽慰。一想起此情此景，我现在都还禁不住泪眼婆娑，仿佛以赛亚的预言在我身上实现了——“群山将在你面前放声歌唱；旷野里的树林将鼓掌喝彩！”

## 第十四章

在一八九二年的冬天，我童年明亮的天空中被乌云笼罩了。快乐弃我而去，很长很长一段时间里，我生活在疑虑、焦急和畏惧之中。书籍丧失了它们的魅力，甚至现在想起那些可怕的日子心里都会倒抽一股凉气。我写了一个名为《霜之王》的小故事寄给伯金斯盲人学校的安格纳斯先生，这成了一切麻烦的根源。为了澄清事实，为了我的老师和我自己得到一个公平的评判，我不得不对这期间发生的事情做一些说明。

在我学会说话的那个秋天，我在家里写了那个小故事。我们在采石场待的时间比往年长。我们在那里的时候，苏莉文小姐向我描绘秋叶的美丽。她的描述唤起了我记忆中的故事情节，这个故事肯定是以前某个时候老师给我读的，而我又下意识地记住了。用孩子的话说，我已经在“编故事”了，所以趁那些想法还在，我迫不及待地坐下来并把它们写下来。我的思路很流畅，在写作过程中我体验到了快乐。我是在盲文板上写的，词语和形象源源不断地从我的手指间涌出，一句连着一句。现在，如果词语和形象不经过努力就得到了，那么这很好地证明了它们不是我的头脑的产物，而是我很遗憾地丢失的东西。那个时候，我贪婪地吸收一切我读到的东西，并没有想到过作者。即使现在，我也未能严格区分出哪些思想是我自己的，哪些是从书上得到的。我想可能是因为我的很多印象都是通过别人的眼睛和耳朵而来，所以才会这样。

故事写完了以后，我把它读给我的老师听，至今我还清楚地记得那些优美的章节给我的快乐，也忘不了发错了读音而被打断时的烦恼。在吃饭的时候，全家都听我读，他们很惊讶我竟写得这么好，还有人问我是不是在某本书上读到过。这一问让我吃惊不小，因为我实在记不起来有谁曾经给我读过，我提高了声调回答说：“噢，没有的，这是我写的故事，我要把它寄给安格纳斯先生。”

我工工整整地把故事抄写好，并把它作为给安格纳斯先生的生日礼物寄给他，有人建议说把名字从《秋叶》改为《霜之

王》，我采纳了这个建议。我亲自去邮局邮寄这个小故事，人都飘飘然了，但是万万没想到，我会为这份生日礼物付出惨重的代价。

安格纳斯先生很喜欢《霜之王》，并将它刊登在伯金斯盲人学校的一则报道中。这是我幸福的顶点，不久我就从云端跌落到地上。我刚到波士顿不久，就有人发现一篇名为《霜仙子》的小说和《霜之王》非常相似。《霜仙子》在我出生以前就在一本叫作《伯迪和他的朋友们》的书上出现了，是玛格丽特·康比小姐的作品。两篇小说在思路和语言上是如此相像，很显然，我曾经听过康比小姐的故事，我所写的东西成了一件剽窃物。让我理解这一点是很困难的，但是，当我理解了它时，我感到震惊和伤心。没有哪个孩子承受过比我更深的痛苦，我给自己带来耻辱，使我最爱的人受到猜疑。这怎么可能发生呢？我拼命回忆在写《霜之王》以前读过的故事，但除了涉及杰克·弗罗斯特的普通谈话和一首写给孩子的诗《奇怪的冰霜》之外，什么都记不起来，我确信没有在我的写作当中用到过它们。

尽管深受困扰，安格纳斯先生起初似乎还是信任我的，对我非常和蔼，这团阴影暂时散开了。为了让他高兴，我努力掩饰心中的委屈，在我获悉那个坏消息不久就是华盛顿纪念日，庆祝仪式上我尽可能表现得高兴。

在一些盲女孩举行的假面舞会上，我扮演希腊神话中的女神赛维斯。我清楚地记得我穿着华丽的衣服，头上戴着美丽的花环，脚下堆满了水果，手上拿着谷物。但是在舞会的欢乐气氛中，我却有遭遇不幸的预感，心情又沉重起来。

在庆典前的一天晚上，伯金斯学校的一个老师问了我一个关于《霜之王》的问题。我跟她说苏莉文小姐曾经给我讲过杰克·弗罗斯特和他的精彩的文章。我不知道自己说的哪些话让她断言我确实记得康比小姐的小说《霜仙子》。虽然我一再强调她弄错了，最终她还是在安格纳斯先生面前说了。

对我很友好很和蔼的安格纳斯先生认为我欺骗了他，不愿听我带着爱的、无辜的恳求。他已经相信，或者至少是怀疑，我和苏莉文小姐故意窃取其他作家的光辉思想，并用它们来博得他的赞许。我被带到审讯法庭上，审讯人员由学校的老师和行政人员组成，要求苏莉文小姐回避。他们不断地盘问我，在我看来这些问题是要迫使我承认自己确实记得曾经听到过《霜仙子》的故事。虽然我不能详细记载一切，但是我感觉到他们头脑里的怀疑和臆测，也感觉到一个挚爱的朋友在责备地看着我。我的心被紧紧揪着，除了偶尔蹦出一两个词，我一句话也说不上来。即使我心里清楚，这不过是个严重点的误判，但是依然不能缓解内心的痛苦。在我最终得以离开法庭的时候，我昏厥过去了，没有注意到老师给我的抚慰，没有注意到朋友们给予的安慰，他们说我是个勇敢的女孩，他们为我感到骄傲。

那天晚上，我躺在床上哭得好伤心。我感到寒冷至极，我想自己也许活不到明天早上了，这种会死去的念头反而使我宽慰许多。若是这样的悲伤在我年老的时候来临，我的精神会彻底崩溃的，但是遗忘的天使把这些天里的痛苦和辛酸大部分收集起来带走了。

苏莉文小姐从来没有听说过《霜仙子》，也没听说包含这篇小说的那本书。在亚历山大·格雷厄姆·贝尔先生的帮助下她很仔细地调查了这件事情，最后的结论是，索菲亚·C.霍普金斯夫人在一八八八年持有一本康比小姐写的《小鸟和他的朋友们》，那年的夏天我们一起在布鲁斯特度假。霍普金斯夫人已经找不到那本书了，不过她告诉我，当苏莉文小姐外出度假时，她给我读了各种各样的书来取乐，但是像我一样，她也记不起来到底有没有读过《霜仙子》，然而《小鸟和他的朋友们》倒是其中的一本。至于那本书的消失，她的解释是在她卖房子的时候，时间仓促，扔了许多少年读物，像那些旧教科书、童话故事书等，《小鸟和他的朋友们》可能也在其中。

《霜仙子》中的故事在那时对我来说还没有多少意义，或者没有意义，但对于一个几乎没有什么娱乐活动的孩子来说，光拼写那些陌生的单词已经是很有趣了；尽管我对当时读这个故事的情景已经毫无记忆了，但我还是想起我当时很努力地记住那些单词，想等苏莉文小姐回来了就给我讲解。有一件事是肯定的，小说的语言已经深深地烙在了我的脑海里，很长一段时间没有人知道这一点，我自己也没有料到。

苏莉文小姐回来以后，我没有和她提起《霜仙子》的事情，原因可能是她一回来就给我读《冯特勒瑞小男爵》的故事，这个故事让我着迷，忘却了一切。但是事实还是这样：我曾经听过康比小姐写的故事，在我遗忘了好久之后，却又那么自然地涌现在我的脑海里，以至于我从来没有觉得它是别人头脑中的产物。

在我历经阴霾的时候，我收到了许多表示关爱和同情的信，除了一人，我所有的朋友到现在为止还依然是朋友。康比小姐很和气地写道："总有一天，你会靠自己的努力写出伟大的作品的，它们会抚慰很多人的心灵，给人以帮助。"但是这个美好愿望一直还没有实现。我再也不敢舞笔弄墨来作为消遣了，真的，这以后，我老是害怕所写的东西不是自己脑子里面产生出来的，为此饱受折磨。很长一段时间，当我写一封信，即便是给母亲，我也会突然担心起来，会不断地重复那些句子，确定没有在任何书上读到过才放心。要不是苏莉文小姐一直在鼓励着我，我想我可能就彻底放弃写作了。

后来，我读了《霜仙子》，还有以前写的一些信，信中用了康比小姐其他的一些思想，其中有一封是写给安格纳斯先生的，日期是一八九一年九月二十九日，词语和句子都很像康比小姐的那些作品。那个时候我正在写《霜之王》，像其他信一样，这封信中有许多句子表明我脑子里想的尽是这个故事。我在信中写老师给我描绘秋天的黄叶，“是的，她们足够美丽，能安慰我们因夏天飞逝而悲哀的心”——这个思想直接来自康比小姐写的故事。

我有一种习惯，把自己喜欢的东西统统吸收过来，又把它们作为自己的东西表达出去，这个习惯从我早期的通信和第一次写作的尝试中可见一斑。我在一篇作文中描写希腊和意大利的古老城邦，写了许多非常堂皇的句子，但实际上都是把读到过的句子改装而来的，只不过是我根本不记得那些句子是在哪里看到的，就感觉像是自己的了。我知道安格纳斯先生对古代文明的热爱，尤其对希腊和意大利的非常喜爱，所以在读诗歌和历史时我都会把关于希腊和意大利的点滴收集起来，那些东西我想安格纳斯先生会喜欢的。关于我对那些城池的描写，安格纳斯先生评价说，“这些思想像诗一样”。但我不理解，他怎么会认为一个既看不见也听不见的小女孩能发明这样的思想。当然也不能说那些思想不是我原创的，我的小作文就全无意义。它显示出我能用清晰而生动的语言表达我对美妙、诗意的思想的欣赏。

这些早期的作文只是一种智力训练，我正在学习当中，像所有年轻而没有经验的人一样，靠借鉴和模仿来学习用语言表达思想。一旦发现书里面有我喜欢的东西，就一股脑儿全记下来，有意无意地就把它们化为己有。正如史蒂文森曾经说的，年轻的作者会本能地描摹任何看上去很美的句子，欣赏的角度不同，他所钦羡的东西也不同。脑子里那些零散的文字可以组合成气吞山河的千军万马，即便是伟大的作家，也要经过多年的潜心练习才能对这支文字大军指挥若定，得心应手。

我想自己还在操练之中。毫无疑问，我不可能把自己的思想和那些从书里面获得的严格区别开来，因为，我所读到的东西，是我思想的养分和原料。早期的作文就像刚开始学习裁缝的时候拼凑出的一些东西。这些拼凑的东西不伦不类。或许这里使用的是丝绸，而那里又使用了天鹅绒，但是占得最多的还是自己的粗糙麻布，摸起来就觉得不舒服的那种。我写的作文就是这样子了，自己写的很大一部分都很拙劣，其中镶嵌着的一些闪闪发亮的思想和成熟的观点都是那些大作家的，是我从他们的书上读到的。对我来说，写作最大的困难在于，当我们差不多还只是受一堆本能倾向左右的人时，受过教化的头脑怎么用语言来表达我们那些半是情感、半是思想的念头。尝试写作就像拼七巧板，我们已经在脑子里有个原型了，想要用语言把它表达出来，但是老觉得那些词表达得不够充分，或者它们可以凑合着用了，又偏离了当初的构思。但是我们继续尝试，因为我们知道别人已经取得成功，我们也不甘愿承认失败。

“除非是天生的，没有什么方法可以使人成为原创者。”史蒂文森如是说。虽然我不能成为原创者，但我希望有一天我能写出比我的那些模仿的、带着假发的作文更好的文章来。也许到时候，我自己的思想和体验就会浮出水面了。同时，我抱着信念，揣着希望，坚持不懈，尽力不让关于《霜之王》的痛苦记忆妨碍我的努力。

这次令人难过的事件也不是全无益处，它迫使我对写作中的一些问题进行思考。但让我遗憾的是，失去了一位最好的朋友——安格纳斯先生。

《我生活的故事》在《妇女杂志》上发表以后，安格纳斯先生在给梅西先生的信中声明说，在《霜之王》事件期间，他相信我是无辜的。他还说我所受审的那个法庭由八个人组成，四个盲人，四个明眼人：四人认为我心里清楚曾经有人读过康比小姐写的故事给我听，而我不承认；其余四人则不这样认为。安格纳斯先生说他赞同后面那种于我有利的说法。

但是，无论那次事件究竟如何，不管他向哪边投了一票，当我进入那个房间的时候——在那个房间里，安格纳斯先生曾经常常放下繁杂的工作，把我抱在膝盖上，和我嬉戏——发现那里的人似乎都在怀疑我时，我从空气里就能感觉到敌意和威胁，随后发生的事情证明我的这种感觉并没有错。两年的时间，他似乎一直相信苏莉文小姐和我都是清白的，后来，就改变了态度，究竟什么原因我也不知道。我也不知道调查的细节，我甚至不知道法庭上盘问我的那些法官的名字，他们没有跟我说。我过度紧张，什么也没有注意到，又如惊弓之鸟，哪敢问什么问题。真的，我当时都不知道自己在说些什么，也不知道别人对我说了些什么。

我详细写了“霜之王”事件，因为它在我的生活和教育过程中是很重要的。并且，为了不至于引起误解，我已经写出了所有我印象中的事实，丝毫没有为自己辩护或者指责任何人的意思。

## 第十五章

在《霜之王》事件后的那个夏天和冬天，我是和家人在亚拉巴马州度过的，回家的记忆是美好的。百花盛开，群芳吐艳，我的心情很愉快，把“霜之王”事件忘到了九霄云外。

地上铺满了秋天里深红色和金黄色的树叶，还有，花园尽头的凉亭上那芬芳甘甜的葡萄在阳光照耀下变成棕色。我就是在这样的时节开始写《我生活的故事》的初稿，距我写《霜之王》刚好一年。

我仍然对自己写的一切都小心翼翼。我所写的可能不完全是自己想的——这样的担忧老是来折磨我，只有我的老师知道我心里的这种畏惧。一种奇怪的敏感阻止我提到《霜之王》。而且，当一个念头在我们谈话的时候闪现在我的脑海中，我常会在她的手上拼写道："我不敢确信这是我自己的。"其他时候，在我的文章写了大半段时我会对自己说："要是这些早就被某个人写过了那该怎么办啊？"一种魔咒般的恐惧让我下不了笔，那天我就再也写不出什么东西了。甚至现在，我有时候也还会有同样的感觉，焦躁不安，忧虑重重。苏莉文小姐想尽了办法来安慰和帮助我，但是我所经历的恐怖经历在我的心灵深处留下了持久的印象。这时我才知道它给了我怎样的影响。为了让我恢复自信，苏莉文小姐让我就我的生活给《青年之友》写篇短文，我那时候十二岁。当我回顾写那篇短文时不屈不挠的奋斗，好像自己早已预见了那次写作会取得成功，会为日后拓展一条道路，否则我可能会坚持不了，失败无疑。

我写作的时候有些胆怯、害怕，但是我的老师却很坚决，老在催促。她知道只要我坚持，我就能重建自信，尽情挥洒所具有的才智。在"霜之王"事件之前，我一直是个懵懵懂懂的孩童，现在我的思想转向了内省，我看到了一些无形的东西，从而渐渐地走出了那次经历的阴霾。反复的思考让我的头脑变得清晰，对生活有了更真实的认识。

一八九三年，我生活中重要的事情是在克利夫兰总统宣誓就职期间的华盛顿之行，以及参观尼亚加拉瀑布和世界博览会。这样的行程经常打断我的学习，而且通常一耽搁就是几个星期，我都无法计算出到底花费了多少时间。

我们是在一八九三年三月去的尼亚加拉。站在悬崖上可以俯瞰尼亚加拉大瀑布，当我在那里感觉到空气的振动和大地的颤抖时，一时间感慨万千，无法用语言描述当时的那种心情。

有很多人都会感到奇怪，我怎么会领略得到尼亚加拉瀑布的胜景。他们老是会问："这么美丽的风景和那撼人心弦的乐章，在你那里是什么样的体验？你既看不到激起的浪花，也听不到瀑布的咆哮，它们对你而言到底有什么意义？"泛泛地说，它们意味着一切，就像我无法度量或者定义爱、信仰和善良一样，我也无法度量或者定义它们对我的意义。

在一八九三年的夏天，苏莉文小姐和我及亚历山大·格雷厄姆·贝尔博士一起参观了世界博览会。回忆那些天的经历，还会让我兴奋不已。小孩子无数幼稚的想象居然都变成了美丽的现实，每一天我都在想象中周游了一回世界。我看到了世界上大多数地区的许多奇迹——发明的奇迹，工业和技术的财富，以及人类生活的所有活动在我指间真实地再现。

我很喜欢参观万国馆，那里真像是"天方夜谭"，到处充斥着新奇有趣的东西。印

度馆里有我在书上读到的印度民俗风情展，在印度大街上可以看见湿婆神和各种大象神；埃及馆主要是开罗城池的模型，有金字塔、清真寺，还有浩浩荡荡的骆驼队；再过去是威尼斯礁湖，那里每天晚上灯火辉煌，还有喷泉，我们就在那儿泛舟；我还去了离威尼斯礁湖不远的海盗船。我曾经在波士顿的一艘军舰上待过，但是我觉得最有趣的还是海盗船。因为在那里可以见识到真正的水手，看他们是怎样镇定自若地面对狂风巨浪，发出狂野的呼喊："我们是海上之王！"用智慧和力量与大海展开搏斗，他们是那么自信，完全靠自己战胜凶险；而今天的水手们则不一样了，他们太多的依赖于不会思考的机器。我之所以这么喜欢海盗水手，可能是应了那句话："人只是对人感兴趣。"

离海盗船不远就是"圣玛丽亚号"的模型，我也去仔细观察了一番。船长带我参观了哥伦布的船舱，在那里还可以看到放在桌上的计时沙漏。对这个小小的器械我最有印象了，因为它让我想象到英雄的航海家哥伦布独自静坐在沙漏前，注视着沙子一粒一粒往下漏，而此时他也心知肚明，他的手下将要铤而走险谋害他的性命，他当时的心境一定很疲惫，很凄凉无奈吧。

世界博览会的主席海根波特汉姆先生很友善，他允许我抚摸展览品。我好像皮扎罗得到秘鲁的珍宝一样，抱着一种永不满足的渴望，热切地用手指领会博览会的壮丽。这个西方的白色城市是一种真实的万花筒。每一件展品都让我着迷，法国的青铜像则更是让我痴迷了。它们是那么逼真，我想它们都是天使想象出来的，艺术家得到了这种灵感，并把它们在人间塑造出来。

在好望角展厅，我学到了许多关于开采钻矿的流程知识。只要有可能我都会摸一下运作中的机器，以便对开采流程有具体的认识，怎么称量钻石、怎么切割、怎么把它抛光。我伸手到洗矿的水里淘金，居然被我捞到一枚钻石，他们说这是唯一一粒在美国发现的真正的钻石。

贝尔博士一直和我们在一起，兴致勃勃地向我描述有趣的东西。在电子展厅，我们参观了电话、留声机和其他一些发明。他让我理解了怎样用电线将一条超越时空的信息发送出去，并且像普罗米修斯那样从天上取回火种。我们还参观了人类学馆。我对墨西哥文物很感兴趣，那些粗糙的石器往往是一个时代的唯一记录——大自然的未受过教育的孩子朴素的纪念碑（当我抚摸着的时候我这样想到），它们看起来还会长久地存在下去，而那些帝王和智者的纪念碑将会化作尘土。我对埃及的木乃伊也很感兴趣，那是我碰也不敢碰的。我从这些文物中学到的关于人类进步的知识比我曾经听到的和读到的更多。

所有这些经历给我的词典增添了大量的新词语。在参观博览会的这三个星期里，我的兴趣产生了一次飞跃，从小孩子对童话故事和玩具的兴趣，跳到了对平凡世界中真实和严肃事物的欣赏。

# 第十六章

在一八九三年十月之前，我已经通过多少有些随意的方式自学了好些科目。我读了希腊、罗马和美国的历史。我有一本凸印的法语文法词典，那时我已经知道一点法语的皮毛，经常用我刚碰到的词在手里组合一些短小的句子，完全是自娱自乐，根本不顾什么语法规则、用词技巧之类的。我甚至在没有帮助的情况下试着去掌握法语的发音，因为我发现所有的字母及其音标都印在书上了。当然啦，这是不自量力了，但是，它可以让我在雨天有得消遣。我还愉快地阅读了法文书拉封丹的《寓言》《被强迫的医生》和《阿太利》中的一些章节。

另外我还花了相当多的时间来提高说话的水平。我大声地对苏莉文小姐朗读，背诵我最喜欢的诗歌里我已经牢记的章节。她帮我纠正发音错误，教我如何如何把握语调。但是，一直到一八九三年十月，我从参观世界博览会的困顿和兴奋中恢复过来之后，才开始在固定的时间学习既定的科目。

那个时候，苏莉文小姐和我在宾夕法尼亚的霍耳顿拜访威廉姆·韦德先生一家。他们家的邻居爱朗斯先生是一个优秀的拉丁文学者，我有幸跟他学习。我还记得他是个性情温和、阅历甚广、很有才学的人。他主要教我拉丁文的语法，但也经常在算术方面帮助我。我发现算术不但无趣，而且麻烦。爱朗斯先生和我一起朗诵丁尼生的《怀念》。我在此前就阅读过很多书了，但从来没有带着一种批评的眼光读过。我第一次学会了怎样去了解一个作家，去辨认他的风格，就像我通过握手的方式辨认朋友。

最初我很不愿意去学拉丁语法，我觉得对我遇到的那些意思很明白的词进行语法分析——词性啦、所属格啦、单复数啦、阴性阳性啦，等等——是在浪费时间。按照那样的方式，为了认识我的宠物，我得这样来描述它——目：脊椎动物；科属：四足动物；纲：哺乳类；种类：猫；个体：塔比。但是，随着学习的继续深入，我却对拉丁语法有了兴致，能从中体验到语言的美。我常常通过阅读拉丁文来自娱自乐，顺便学学那些我不认识的生词。这项消遣我可是从没有停止过的。

我想，再也没有什么比一个人刚刚熟悉的一门语言，所展示给他的那些稍纵即逝、被幻想塑造和染色的形象和情感更美妙的了。上课的时候，苏莉文小姐坐在我身边，把爱朗斯先生所讲的东西一句不落地拼写到我手上来，还负责为我查生词。当我返回亚拉巴马州的故乡时，我刚刚开始读恺撒的《高卢之战》。

# 第十七章

在一八九四年的夏天，我参加了美国聋人口语教学促进协会在肖陶扩村举行的会议。会议决定让我到纽约的赖特—汉姆森聋人学校学习。我于 1894 年 10 月由苏莉文小姐陪伴到了那里。之所以特别选择这所学校，目的是取得发音训练和唇读训练上的最大收获。我在这所学校的两年时间里，除了学习与发音和唇读相关的课程，还学习了数学、自然地理学、法语和德语。

我的德语老师芮米小姐会使用手语字母，在我学会少量的德语词语后，一有机会我们就用德语交谈，短短几个月后我几乎能理解她所说的任何事情了。在第一年结束之前，我以极大的热情阅读了《威廉姆传奇》。我想我在德语方面取得的进步比任何科目都大得多。我发现法语难多了，我师从奥莉维尔夫人。她是一个法国人，不懂手语字母，只能口头讲解。我读她的唇语可不轻松，所以在法语方面的进度就比德语慢得多。但是，我还是又一次读了《被强迫的医生》。这本书很有趣，不过我更喜欢《威廉姆传奇》。

我在唇读和说话方面并没有取得老师和我早先希望和预想的进步。像其他人一样，说话是我的雄心，我的老师也认为这个抱负是可以实现的。但是，虽然我们满怀信心地努力，却没有达到我们的目标。我想我们的目标太高了，以至于不可避免地要失望。我依然认为算术是一种充满困难的体系。为了少给别人也少给自己添加麻烦，在处处使用推理的数学王国，好多时候我靠瞎蒙。当我不猜测的时候，我就会迫不及待地接受结论，这个缺点，加上我的迟钝，使我学习算术更是难上加难。

虽然这些挫折有时候让我非常沮丧，但我以不倦的兴趣学习其他课程，特别是自然地理学。探索自然的奥秘是一件很有乐趣的事情。《旧约全书》里用形象的语言描述了风是怎样从天堂的四个角落吹来，水蒸气又是怎样从大地的边沿上升，河流又是如何被岩石截断，高山又是如何被颠覆，人类又是怎样战胜比自身强大的力量。在纽约的两年过得很开心，回忆起这段时光心里还甜滋滋的。

我还特别记得每天我们一起到中央公园散步，那个公园是这个城市里唯一让我感到舒适的地方。在那个巨大的公园里，我的乐趣从未稍减。每次进公园，我都喜欢让别人为我描绘公园的情景；因为从每一个角度去看它都是美丽的，而观赏它的角度又是那么多，以至于在我待在纽约的九个月里，每一次入园都能欣赏到它以不同方式展现的美。

在春天，我们到各种有趣的地方去郊游，在哈得逊河上泛舟，沿着绿色的河岸漫步，那是布赖恩喜欢歌颂的地方。我喜欢河边的断崖那简朴、原始的庄严。我还拜访过西点军校、塔芮镇。塔芮镇是华盛顿·欧文的故乡，我们漫步穿越那里的“睡谷”。

赖特—汉姆森学校的老师总是在计划怎样让学生们能享受到没有失聪的孩子所享有的各种好处，并带领他们走出限制他们的狭窄环境。

在我将要离开纽约的时候，明朗的天空被悲伤的乌云笼罩了。除了父亲的去世，那样的悲伤我是从来没有过的。波士顿的约翰·斯伯丁先生于1896年2月去世了。只有那些非常了解他、很爱他的人才会理解他给我的友谊对我意味着什么，他，一个用一种美丽的、不引人注目的方式让每个人感到快乐的人，对苏莉文小姐和我最是仁慈和温柔。只要想到他的存在，想到他对我们的作品充满期待，面对如此多的困难我们也不会丧失勇气。他的去世在我们的生命中留下了再也没能填补的空虚。

## 第十八章

一八九六年十月，我进入剑桥青年女子学校学习，为报考哈佛大学的拉德克利夫学院做准备。

还是一个小女孩时，我到韦尔兹利访问，我声称说：“总有一天我要上大学——但我要上哈佛大学。”真是语惊四座，朋友们都很是惊讶。他们问我为什么不上韦尔兹利学院时，我回答说因为那里只有女生。上大学的念头在我心里扎了根，成为我最热切的目标，驱使我去和那些不聋不哑的女孩们展开竞争，对许多真诚和聪明的朋友的劝告置之不顾。当我离开纽约时，那个念头变得更加坚定不移，于是就决定先去剑桥，这是我进入哈佛、实现童年梦想的一条捷径。

在剑桥学校的计划是，让苏莉文小姐和我一起上课，并向我翻译课堂内容。

当然，教我的那些老师只有教正常孩子的经验，而不知如何对付我这样的情况，我和他们唯一的交流手段就是读他们的嘴唇。我第一年学习的课程有英国历史、英国文学、德语、拉丁文、数学、拉丁文写作以及一些临时主题。在那以前，我从没有为了准备考大学而学习过一门课程，但是苏莉文小姐在英语上已经给了我很好的训练。不久，我的老师们明显看得出来：除了对大学指定的教材进行评论性学习以外，我在英语这门课上不需要特别的指导。而且，我在法语学习上有一个良好的开端，还接受过六个月的拉丁文指导；但德语是我最熟悉的科目。

虽然有些优势，在我前进的道路上依然存在一系列的障碍。苏莉文小姐不可能把书本上所要求的东西全拼写到我手上来。虽然我在伦敦和宾夕法尼亚的朋友很乐意加班加点，但是及时为我赶制凸印课本又谈何容易。有一段时间，为了能和其他女孩一起背诵，我用盲文来抄写拉丁文课本。授课的老师不久就充分熟悉了我有缺陷的发音，能够轻松地回答我的问题，并为我纠正错误。我没办法在课堂上记笔记或者做练习，但我在家里用打字机完成了所有的作文和翻译。

苏莉文小姐每天都和我去上课，以无限的耐心把老师讲的内容拼写在我手里。在学习时，她得为我查阅生词，为我反复朗读没有盲文印刷版的书和笔记。这种工作的单调真是难以想象。我的德语老师格罗特夫人和校长杰尔曼先生，是学校里面仅有的两个学习了手语字母来指导我的老师。没有谁比亲爱的格罗特夫人更清楚她的手语拼写的缓慢和缺陷，然而，出于好心肠，她在每个星期两次的特别课程中努力地通过手语给我清楚的指导，好让苏莉文小姐休息一下。但是，虽然大家都很友善，很乐意帮助我们，却只有苏莉文小姐的手能将苦差事化为乐趣。

那一年我修完了算术，复习了拉丁语法，读了三章恺撒的《高卢之战》。在德文方面，我部分用自己的手指、部分靠苏莉文小姐的帮助，读了席勒的《钟之歌》和《潜水者》、海涅的《哈尔茨山游记》、弗雷格的《腓特烈大帝统治时代杂记》、里尔的《美的诅咒》、莱辛的《米娜·封·朋尔姆》以及歌德的《我的一生》。我从这些德文书中找到了极大的乐趣，尤其是席勒那优美的抒情诗，弗雷德里克的丰功伟绩，歌德伟大的成就和生平事迹。对《哈尔茨山游记》我真是爱不释手，里面充满了轻快的俏皮话，还有对种满葡萄的小山、在阳光下唱着歌儿前进的小溪、被传统和传说神圣化的原始地带、一个早已消失了的想象中的年代里灰白头发的姐妹迷人的描写。唯有这样的人——自然对他而言是“一种感觉，一种爱，一种渴望”——才能描绘出这么美丽的画卷。

有段时间，杰尔曼先生教我英国文学，我们一起朗诵《皆大欢喜》、伯克的《关于与北美殖民地和解的讲话》和麦考利的《塞缪尔·约翰逊的一生》。杰尔曼先生在历史和文学方面很渊博，他那巧妙的解说让我学得轻松愉快，比我自己仅仅机械地阅读课堂上的简单笔记好多了。

伯克的演说比我读到过的任何政治读物都更有教育意义。我的心和那个动荡不安的时代一起激动，身上集中了两个敌对国家的生活的人物仿佛在我眼前活动着。当伯克的杰出演讲雄辩地滚滚向前奔涌时，我越来越不懂，乔治国王和他的大臣们怎么会对伯克的警告充耳不闻呢？伯克在他的演讲中预言了美国的胜利和英国殖民者的耻辱。然后我读到了关于这位伟大的政治家与他所属的政党及下议院的代表之间关系的令人悲哀的细节。我觉得很奇怪，如此珍贵的真理和智慧的种子怎么会落入无知和腐败的稗子中？

麦考利的《塞缪尔·约翰逊的一生》别有一番情趣。这个孤独的人，在格拉勃大街上吃尽苦头，身体和思想受着双重折磨，但是他永远说着和蔼的话，总是对那些贫穷绝望的人伸出援手。读到他受苦的地方，我的心好像飞到了他的身旁，陪他一起吃苦。而等他取得成功时我又为他感到高兴。我对他的缺点视而不见。他有缺点并不奇怪，我感到惊奇的是这些缺点没有压垮他的灵魂。麦考利才华出众，他有独到的眼光，能化腐朽为神奇，但有时候他太自负了，我不喜欢他这一点。他还会经常为了给读者留下特别的印象而偏离事实，过分渲染。我曾经聆听过英国德摩斯梯尼的演讲，与德摩斯梯尼尊重事实的态度相比，我对麦考利的创作态度是有些质疑的。

在剑桥学校，我与那些与我年龄相仿、看得见也听得见的女孩们相伴，这在我的生活中还是第一次。我们相处得很愉快。我和几个女孩的住所与学校是连在一起的，这间房子是豪厄尔斯先生曾经住过的，我们像一家人一样地过日子。我参加她们的很多游戏，甚至是捉迷藏和打雪仗我也参加，还和她们一起长途跋涉过。我们一起讨论学习问题，一起阅读我们感兴趣的东西。有的女孩学习和我说话，这样就不用老是麻烦苏莉文小姐翻译她们要对我说的话了。

圣诞的时候，母亲带着小妹妹来和我一起过节。在慈爱的杰尔曼先生的帮助下，妹妹米尔德里德也来到这所学校学习，这样米尔德里德就在剑桥学校和我待了六个月。我们过得很愉快，这段时间我们几乎形影不离。我们一起相帮着学习，一起分享课

余时间的快乐，当我回忆起这些，心里就洋溢着幸福。

从一八九七年六月二十九日到七月三日，我参加了拉德克利夫学院的初试。我参加的考试科目有：初级与高级德语、法语、拉丁文、英语，还有希腊与罗马历史，一共要考九个小时。我通过了所有课程，德语和英语还获得了“优秀”。

或许我应该在此对当时的考试方式说明一下的。学生被要求拿到十六个学分才算通过——初级考试十二分，高级考试四分。每次考试得拿到五个学分。试卷早晨九点从哈佛运出来，用专车送到拉德克利夫学院。每个报考者都有一个准考证号，但是不署名。我的考号是二三三，不过我得用打字机答题，因此我的身份根本不可能是保密的。

我被单独安排到一个房间进行考试，因为打字机的声音会影响其他同学答题。杰尔曼先生用手语字母为我解读所有题目，门口有一个守卫守着，以防有人来打扰。

第一天考的是德语，杰尔曼先生坐在我身旁，先快速通读了一遍试卷，然后一句一句读。我大声重复那些词，这样能检验我完全听明白了没有。试卷很难，我在打字机上打字的时候很紧张，杰尔曼先生把我打的字拼写给我，我对那些觉得有必要修改的地方做了更改，由他添加上去。我在这里想说一下，我在以后的考试里再也没有这么好的条件了。在拉德克利夫学院，答完以后就没有人再给我读了，我没机会去更正错误，除非我提前答好了试卷。在那样的情况下，我只能在短短几分钟的时间里改正那些我能回忆出来的错误，并把改正的结果写在试卷最后。要是我在初试中考得比复试要高的话，只有两个原因：复试的时候，我答完试卷后没有人再给我读一遍；初试的时候，有些科目是我在进入剑桥以前就学过一点的，比较熟悉了。我在年初就通过了英语、历史、法语和德语考试，试题是杰尔曼先生从往年的旧题中挑选出来给我做的。

杰尔曼先生把试卷交给主试者，并注明是我——二三三号考生的答卷。

其他所有的预备考试都以同样的方式进行。最难的就是第一门的德语考试，我还记得考拉丁文那天，席玲教授进来告诉我说我通过了德语考试，并且成绩令人满意。这个消息极大地鼓舞了我，我以一种轻快的心情，冷静应答，胜利闯过了这次严峻的考验。

## 第十九章

在杰尔曼学校的第二年，新学期伊始，我心里充满了成功的渴望，并下了很大的决心去争取。但是开始的几个星期就遇上了未曾预料到的困难。杰尔曼先生认为我应该把主要精力放在数学上，我的课程有物理、代数、几何、天文学、希腊文和拉丁文。不幸的是，已经开学了，我所需要的很多课本还没有凸印版的，在某些课程的学习上我缺少了重要的工具。我所在的班级人很多，老师不可能对我进行单独指导，苏莉文小姐不得不把所有的书读给我听，还得向我翻译老师的讲解。十一年来，她那双灵巧的手第一次碰到了几乎胜任不了的工作。

在课堂上我得做代数和几何练习，还得解物理题目，不过一直到我们买了台盲文打字机我才能把作业一步一步写下来。我没有办法用眼睛看黑板上的几何图形，只有用一些金属丝在软垫上把它们拼出来才在脑海里有一个清楚的印象。正如基斯先生在报告中所说的那样，我得硬生生地记住很多东西，包括对图形的描述，题目的假设和结论，还有证明的结构和每一步推导的流程。总之学习道路上的每一步都有拦路虎。有时候，我极为灰心丧气，有一些很不成熟的举动让我至今羞愧难当。特别是我把面对困难的怨气发泄到了苏莉文小姐身上最不应该，苏莉文小姐是我在那里的所有好朋友当中唯一能帮我化解心中的烦恼、安抚我躁动不安的心灵的人。

后来我面临的困难在一点一点减少，凸印课本和其他我所需要的工具都到齐了，我又重整旗鼓，全身心投入到学习当中。代数与几何仍然是坚固的堡垒，我得费尽心思去理解它们。像我之前说过的，我对数学就是没有什么兴趣，那些困难的地方再怎么解释我也不会觉得理解得很透彻，总有晦涩的感觉。几何图形更是让我恼火，我看不见图形各个部分之间的关系，即使是用金属丝在垫子上拼出来我也还是搞不懂。一直到基斯先生来教我，我才对数学有了一个清楚的认识。

一件意外的事情改变了一切，我开始能够克服这些困难了。

在课本到来之前，杰尔曼先生与苏莉文小姐意见不合，他认为我学得太拼命了，不顾我的强烈反对把我学的课程给减少了一些。最初我们也认为，有必要的话我应该用五年的时间来准备大学的入学考试。但是第一年的期末考试我的成绩不错，以至让苏莉文小姐、哈勃夫先生（杰尔曼学校的老师）还有另外一个老师认为，我稍微花点力气就可以在两年多点的时间做好充分的准备去考大学。杰尔曼先生起初也同意这个看法，但是当我的学习有些困难，我多花了点力气，他就认为我太操劳过度了，并坚持要我再学习三年或是更久。我不同意他这样的安排，因为我想和同学们一起进入大学。

在十一月十七日，我有些不舒服，就没有去上学。虽然苏莉文小姐知道我这点小病没什么大碍，但是杰尔曼先生听说以后，断定我是累垮了，对我的功课做了一些改变，使我不可能和同学们一起参加结业考试了。苏莉文小姐和杰尔曼先生两人意见冲突，结果我母亲决定让我和妹妹米尔德里德从剑桥学校退学。

耽误了一段时间之后，我又继续中断的学业，跟随剑桥的一位老师默顿·S. 基斯先生学习。我和苏莉文小姐还有我们的朋友在温特汉姆的钱柏林共度了那个冬天余下的日子，那里距离波士顿有二十五英里。

从一八九八年二月到七月，基斯先生每周到温特汉姆两次，教授我代数、几何、希腊文和拉丁文，苏莉文小姐负责为我翻译他的讲解。

在一八九八年十月，我们返回波士顿，基斯先生给我授课，每周五次，每次一个小时左右，我这样学习了八个月。基斯先生每次都会为我解答上一课中我不明白的地方，并布置新的任务要我完成。希腊文的作业比较费事，我要在打字机上完成，然后由基斯先生带回去很细致地批改，然后再返还给我。

就这样，我进军大学的准备得以继续。我发现自学比在教室里听课更容易，也更有趣一些，不用慌慌张张的，也不会被搅得昏头昏脑。家庭教师有充分的时间来为我解难答疑，所以我比在学校里学得更快，也学得更好。数学还是所学科目当中最难对付的，要是代数和几何有语言和文学的一半容易那就好了。不过，就是这么枯燥的数学基斯先生也能讲得妙趣横生，他能把问题一步一步分解，直到每一步我都能理解为止。他调动起了我学习的积极性，讲课又很有条理性，推理论证总是一步一步进行，不会一下子跳到老远的地方。他对我总是那么温和、宽容，不管我有多么愚笨——说真的，我的愚笨经常可以耗尽约伯的耐心。

一八九九年六月二十九日到三十日，我参加了拉德克利夫学院的入学考试。第一天我考的是初级希腊语和高级拉丁文，第二天考了几何、代数和高级希腊语。

学院主管不让苏莉文小姐给我读试卷，他们请伯金斯盲人学校的教师尤金·C. 威尼先生把试卷翻译成了美国盲文。除了写盲文试卷，我和威尼先生一点关系都没有，互相都不认识，而且那会儿是不能相互通讯的。监考者也是个陌生人，也不能和我有任何形式的交流。

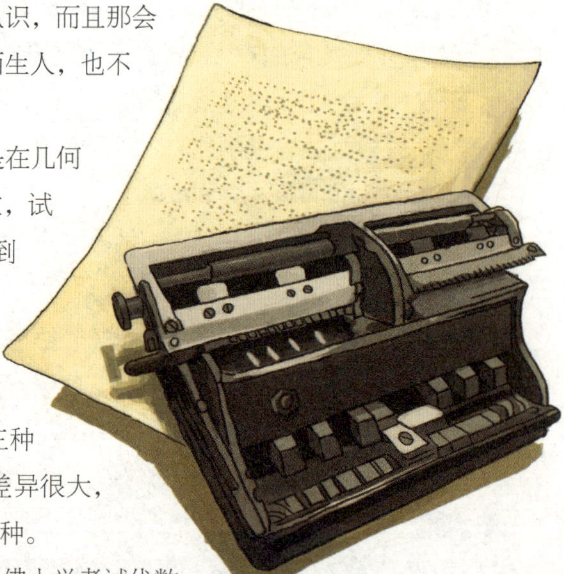

使用盲文对考语言很有帮助，但是在几何与代数方面就出现了问题。特别是代数，试卷比较困难，我被弄得头昏脑涨，感到很沮丧，浪费了好些宝贵的考试时间。我对文字上使用的盲文都很熟悉，不论是英国盲文，美国盲文，或是纽约盲文都难不倒我；可是在这三种符号体系中，几何和代数使用的符号差异很大，我在代数里面使用过的只有英国盲文一种。

考试前两天，威尼先生寄了一套哈佛入学考试代数卷的旧题让我熟悉，使用的是美国盲文符号，这下可让我慌张了。我立刻坐下来给威尼先生写信，要他给这些符号作些解释。在回信中我收到了另一张试卷和一张符号对照表，立马动手学习那些符号。但是到了代数考试的前一天晚上，我做几道比较复杂的题目时还是没能分清楚括号、大括号和根号。我和基斯先生都很紧张，对第二天的考试忧心忡忡。第二天我们提前到了考试地点，威尼先生给我详细解释了美国盲文符号。

在几何方面我的困难在于，我已经习惯阅读行式印制的命题，或者由别人拼写到我手上；不知道怎么的，虽然几何题目就摆在我面前，我还是觉得脑子很混乱，很难集中精力，对自己正在读些什么也有些糊涂。但是我考代数时遇到的困难更大。那些刚刚接触的符号，半生不熟的让人发蒙。再者，自己在打字机上打了些什么也看不见，我平时都是使用盲文或是靠心算，基斯先生对我用心算解题的能力太信任了，没有训练我写考卷的能力，我写得很慢，也很痛苦，得一遍又一遍地读题目才能搞清楚要我做什么。的确，我现在也不敢确定当时把所有符号都读对了，因为当时想要集中精神是相当的困难。

但是我不会埋怨谁，拉德克利夫学院的主试者们不可能意识到他们给我的考试增加了多少困难，他们也不会理解我要克服多少意想不到的困难，不过我想他们也不是要故意给我设置障碍的。不管怎么说，我把这些障碍都克服了，这好歹可以成为一种慰藉吧。

## 第二十章

进军大学的奋斗结束了，现在，只要我喜欢，随时可以进入拉德克利夫学院。但是大家建议说，我进入大学之前最好在基斯先生门下再学习一年。因此，我一直到一九〇〇年的秋天才圆了大学梦。

我还记得在拉德克利夫学院的第一天。那天我特别高兴，那可是我盼了几年的日子啊。我内心深处蕴藏的那股为大学而奋斗的力量，使我顶住了朋友们善意的劝说，克服了瞻前顾后的思虑，激励着我，让我全力以赴，用那些能听会道的人能达到的标准要求自己。现在我终于实现了梦想，但我深知前面的道路上还有许多障碍，不过我已经做好准备去战胜它们。我把罗马智者的一句话当作我的座右铭："被从罗马驱逐，不过是去罗马之外生活。"对我而言，不能在追求知识的平坦大道上前行，我就选择那些人迹罕至的穿过田野的乡间小路吧——就是这样，有什么大不了的呢。我知道，在大学里定有许多条路，通过它们，我可以和同龄的女孩们携手共进，她们像我一样的在思考、在爱、在奋斗。

我以热切的心情投入到学习之中，感觉到一个美丽、光明的世界展现在我面前，并且觉得自己有懂得一切的能力。在心灵的乐土，我应该像别人一样自由，那里的人物、风景、礼仪、欢乐、悲伤都应该是现实切实而生动的反映。演讲大厅里似乎充满了崇高的精神和智慧，我想，那些教授就是智慧的化身吧。如果我后来有了不同的认识，我也不会告诉任何人。

但是不久我就发现大学并不像我想象的那样浪漫，儿时那些色彩斑斓的梦想渐渐褪去了原有的色彩，“褪色成为普通白天里的日光”。慢慢地我发现进大学也有诸多不好的方面。

我觉得最不利的一点是没有了时间，现在也还是这种感觉。过去我有时间来思考，来反省我的思想和其他事情。在一个静谧的夜晚，我们会一起坐下来，聆听内心深处的旋律，而这种发自内心的声音只有在放松的时候、在被一首充满感情的诗深深感染的时候才能听得到，其他的时候，我们灵魂里的那根弦寂静无声，丝毫没有颤动。但是在大学里面，没有时间和自己的灵魂交流，好像进大学只是为了学习，而不是思考。当一个人进了学习的大门，他却远离了最宝贵的快乐——在亲切的松树林里漫步、沉思，读书，幻想。我想，我应该可以从如下想法中得到些安慰：我是在为未来的欢乐积累资本，但是我可没那么有远见，我更喜欢眼前的快乐，而不愿未雨绸缪。

我第一年的学习课程有：法语、德语、历史、英文写作和英国文学。学习法语的过程中，我读了高乃衣、莫里哀、拉辛、阿而弗、雷德·德米赛和圣－贝夫德的一些作品。在历史方面，我快速复习了从罗马帝国灭亡到十八世纪这一段时期的历史，在英国文学方面我批判学习了弥尔顿的诗歌和著作《论出版自由》。

经常有人问我在大学里是怎样克服各种不利条件的。在教室里我当然是孤独的，教授们好像离我很遥远，仿佛他们是在电话里说话似的。苏莉文小姐把讲课内容尽可能地拼写到我手上，对我而言，课堂的很多个性丧失了，因为我得马不停蹄地跟着往前跑。那些拼写到我手里的词句就像一只正在追赶野兔的猎犬，一不留神就会把目标给弄丢掉。但尽管这样，我想那些记笔记的女孩也比我好不到哪儿去。假如光顾着用耳朵去听，在本子上机械地记笔记，我认为她就不可能很关注正在学习的主题以及该主题呈现的方式。在老师讲课的时候我没法做笔记，因为我的手忙于“听课”。通常我是回家以后才草草记下自己还能回忆的东西。我做很多作业，每日习作、写评述、参加课堂测试，还有期中考试、期末考试，所有这些都是在我的打字机上完成的。通过如此众多的花样，教授们不费吹灰之力就知道我掌握了多少东西。开始学习拉丁韵律学的时候，我设计出一套符号用来标记不同的韵律和音量，并向教授解释这套系统。

我用的是哈蒙德牌打字机，其实我试过好几种机器，最后才发现哈蒙德牌最适合我

做作业的特殊要求。这种机器可以使用活动的铅字，可以用几个模板，每个模板是不同的字符，比如希腊文、法文或者数学符号，使用哪个模板取决于要在打字机上完成什么工作。缺了它，我怀疑我能否上大学。

各种课程需要的书本都很少有盲文版的，所以得有人把它们拼写到我手里才行。理所当然的，比起其他女孩我要花更长的时间来预习功课。手工操作部分需要更长的时间，而且我有她们所没有的困难。对细节的东西我得非常小心，并且会花上几天的时间，这个最让人感觉烦恼了。还有，我要花上几个小时的时间来读很少的几章书，处在一个没有其他女孩欢笑、唱歌、跳舞的世界里，这让我想到反抗。不过，我马上又能按捺住内心的浮躁，对心里的不满自我解嘲一番。因为，无论如何，想要获得真才实学就必须得靠自己攀越高山险阻，没有什么到达顶峰的捷径可走，我必须在自己的路上曲折前行。我滑倒过无数次，甚至是摔了跟头，但我每次都爬起来，向那些隐藏着的障碍再次冲锋。我克制不住发了脾气，随后又会心平气和，并努力保持一种更好的心境。我在艰难地跋涉，有所收获便受到了鼓励，变得更有热情，慢慢地爬到更高的地方，开始看见更宽广的地平线。每一次奋斗都是一次胜利，再多努力一点，我就能触及天空的那朵流云，就能触及那湛蓝的天宇，就能实现心中的夙愿！在一路艰辛的奋斗过程中，我并非总是孤孤单单，韦德·威廉姆先生和宾州盲人教育学校的校长 E·E. 艾伦先生给了我许多凸印的书籍，他们周到的关怀给我的帮助和鼓励比他们知道的更多。

过去的一年，也就是我在拉德克利夫学院的第二年，我学习了英文写作、美国和欧洲政体、古罗马诗人贺瑞斯的辞赋，还有拉丁喜剧。写作课是最愉快的，课堂非常活泼，老师的讲解总是那么风趣、生动、诙谐。我这一年才上淘森·科普朗德·查尔斯讲师的课，他能把作品的原始风格和气势传达出来。在那短短的一个小时内，你就沉浸在经典作品永恒的美之中，没有不必要的解释和说明。你陶醉在他们美妙的思想中。你用你的整个灵魂享受《旧约全书》的甜蜜谴责，忘却了耶和华上帝和埃洛希姆上帝的存在。回家时你感到你已经“在一瞥中见到了完美，在那里面，精神和躯体在永恒的和谐中共存，‘真’和‘美’在时间古老的枝茎上结出了新的果实”。

这一年我过得最愉快，因为我所学的科目——经济学、伊丽莎白时期的文学、乔治·L. 基特里奇讲授的莎士比亚，还有乔瑟·罗伊斯教授讲解的哲学史都是我特别感兴趣的。通过冷静地思考，你会对远古时期的传统抱有一种宽容和同情的态度，对那些看似怪异荒唐的思维模式也不会再苛责。

但是大学并不是我想象中的那个包罗万象的智慧古城雅典。在校园里你不可能与伟人和智者面对面，你甚至不知道他们带来什么影响。不错，你认识了他们，但是你会觉得他们像木乃伊一样干瘪瘪的，我们得硬把他们从学术城墙的裂缝中拖出来，把他们解剖了，细致地分析之后，才敢下结论说我们抓到的是弥尔顿还是以赛亚，而非一个聪明的冒牌货。在我看来，许多学者都忘记了，我们对那些伟大文学作品的享受主要取决于我们与之共鸣的深度而不是我们的理解，费力的解释在我们的记忆中留不下痕迹。大脑像树枝抖落它那熟透的果实一样把它们丢下了。诚然，我们可以了解花朵、枝叶、根须等所有一切，还有整个的生长过程，但是这样我们怎能欣赏一朵沐浴在清露之中的鲜花？我忍不住一遍又一遍地问：“我何必关心这些解释和假说？”它们在我脑海里像一只盲目的鸟儿带着发育不全的翅膀乱飞乱撞。我并不是反对把我们所读的那些著作进行全面的分析，我只是反对那些冗长的解释和令人迷惑的评论，它们只说明了一件事：有多少人就有多少种观点。但是高明如基特里奇这样的学者就不一样，他能传达出大师的心声，“仿佛给了盲目者新的视觉”。他把诗人莎士比亚带回到我们面前。

不过，我好几次想把那些计划去学的课程给去掉一半，因为大脑负荷过重的话，就没法享受花了极大代价追求得来的财富。我认为，一个人在一天之内读四五本用不同语言写的、主题很不一样的书，而不忘记阅读的目的，这是不可能的。而当你紧张仓促地去看，同时心里还担心着测验和考试，猜测着会考到哪里，这种读书有什么用呢？我遇到了这样的情况时，脑子里乌七八糟的，各种东西像团乱麻，不知如何梳理。当我进入自己的思想王国时，我感觉到自己就像那头众所周知的瓷器店里的公牛。无数琐碎的知识碎片在我的头脑里乱撞，像冰雹一样向我砸来。我想逃离，但是形形色色的论文小鬼和大学无以计数的触手立即跟了上来，直到我希望——噢，请宽恕我这种邪恶的想法——我能亲手把自己崇拜的偶像砸碎。

但是考试才是我大学生活里最凶的恶魔。虽然我与它们遭遇了无数次，而且无数次把它们打趴下，但是它们并没有闻风而遁，而是卷土重来，用它那苍白阴险的脸来吓唬我，直到我像鲍勃·埃克瑞斯一样，感觉征战的勇气从指尖喷出，才无所畏惧地面对它们。考试前的那些天，得拼命往大脑里面塞东西——神秘的公式、只能死记硬背的日期——很倒胃口的食物，直到你希望那些书本、科学和你自己都被统统埋到大海深处为止。

最后，恐怖的时刻到来了。假如你复习好了，能在恰当的时候想到标准答案，你确实太幸运了。但是最可能的情况是你绞尽脑汁也无济于事。最让人不解和恼火的是，就在你需要回忆某个东西，在你需要有灵感的那一刻，它们像长了翅膀似的一下子飞光了，你费了九牛二虎之力记住的东西往往在关键时刻让你溃不成军，狼狈不堪。

“请对赫斯及其作品做简要介绍。”什么？赫斯？他是谁？他做了什么？名字看起来怪眼熟的，你在你的历史清单上刷刷狂搜一气，就像要在一团乱的碎布包里面找一小块丝绸。你想着肯定在你脑子里的某个角落，那天你回忆宗教改革的时候还碰到过他，但是现在他跑哪儿去了？你翻天覆地地找啊——革命啦、教派啦、大屠杀啦、政体啦，等等，但是赫斯，他到底在哪里？你多么奇怪，怎么你所知道的东西试卷上一点都不考，而考的东西你怎么也找不到！绝望之余，你把所有东西一股脑儿倒出来，然后，你发现了要找的人，他正在角落里沉思他那点个人的想法，根本不理会他给你造成了多么惨重的灾难！

可就在这个时候，监考人员通知你考试时间结束了。你会觉得厌恶极了，一脚把垃圾踢到角落里，快快不快地回家。你脑袋里会充斥着要革命的计划，教授们没有征得回答者的同意就出问题，你要废除他们这个神圣的权利！

我意识到，在本章最后的两三段，我使用了一些形象的东西来表达，这些东西将会反过来嘲笑我。瞧，他们正在这儿——那些混合的隐喻，它们在我面前嘲弄我，趾高气扬，手指着闯进瓷器店的公牛。它正被冰雹和一脸苍白的怪物——一种从未被分析过的物种——嘲笑！让它们笑去吧。那些词是如此真实地描绘了我那剧烈冲突、不断斗争的思想，所以我对这些嘲笑挤一下眼睛就过了。现在我要以一种深思熟虑的语气告诉你，我对大学的看法已经改变了。

当进入拉德克利夫学院还是一个梦想的时候，大学被浪漫的光环所包围，在我真正走近了她，这光环却消失了。但是从浪漫主义过渡到现实中来，我还是学到很多东西，假如我没有进大学，没有亲身经历，这些东西我是体会不到的。其中一种是珍贵的耐心。它让我明白，我们接受教育应该像在乡村散步一样从容不迫，我们应该敞开心胸去接纳每一种印象。如此，深邃思想涌动起的潮汐，才会悄无声息地把知识注进我们的灵魂。“知识就是力量，”但我更愿意说，知识就是幸福，因为有了知识——广博而精深的知识——才能辨识真伪，才能区分高尚和低下。了解标志着人类进步的思想和行动，就是感受许多世纪以来人类的心跳。要是一个人不能从这样的心跳中感觉出一种朝向天堂的努力，那么说明他根本听不见生命奏出的和谐乐章。

# 第二十一章

到目前为止，我已经把我生活中重要的事情罗列了个大概了，但是我还没有谈到自己是如何的依赖书籍。我喜欢书籍不仅仅是因为它们能给所有阅读者带来快乐和智慧，还因为它们能教给我一些特别的知识，这些知识对于正常的人是通过他们的眼睛和耳朵获得的。的确，书籍在我的教育中所起的作用比任何其他因素都更为重要，因此，我就从开始读书识字的那个时候讲起吧。

我在一八八七年三月读了第一个完整的故事，那时我七岁。从那天起到现在，只要是我饥饿的手指能够触及的印刷品，我都会狼吞虎咽下去。我前面也说过，在我受教育的早期，我并没有有规律地学习过，也没有按什么规则来阅读。

最初我只有几本盲文书——一本给刚开始学习阅读的孩子读的故事集《读本》，还有一本关于地球的书，叫作《我们的世界》。我记得大概就是这些了。但是这些书我一遍又一遍地读，直到书上印的字都被我磨得有些难以辨认了。有时候是苏莉文小姐给我读，把那些她认为我能够理解的小故事和诗歌拼写在我手里。但是我还是喜欢自己阅读，因为我喜欢把我感兴趣的东西一读再读。

在访问波士顿期间我才开始认真地读书。在波士顿，我可以每天花一部分时间待在学校图书馆，在书架之间来回逛。不管我把手指停留在什么书上都可以立即取下来读，不管我认识书中的多少字，十个认识一个也好，或者一页认识两个。单词本身就让我觉得很有意思，我也就不太在意自己读的是什么内容。在那段时期，我的大脑肯定特别敏感，因为它记住了很多单词和完整的句子，而我根本不知道它们是什么意思。后来，在我学习说话和写作的时候，这些词汇和句子会自然而然地冒出来，这使我的朋友很惊讶，我的词汇量居然这么丰富。我肯定以不求甚解的方式读了很多书中的片段（在早期的那些日子，我想我从来没有完完整整地读完一本书）和大量诗歌，直到我发现《冯特勒瑞小男爵》。这是我第一本读得懂的、对我有重大影响的书。

一天，老师发现我在图书馆的角落里翻着《红字》的章节，我那个时候大概有八岁的样子。还记得她问我是否喜欢小珍珠，又给我解释了几个我感到困惑的词语，然后她才告诉我说她有一个很有趣的故事，是关于一个小男孩的，比起《红字》我肯定会更喜欢那个故事。故事的名字就是《冯特勒瑞小男爵》，她还许诺说在接下来的那个夏天给我读。但是我们一直到八月份才开始读这个故事。我待在海滨的最初几个星期，各种新奇的发现让我很激动，使我忘记了还有书籍的存在。之后我的老师到波士顿去拜访几个朋友，暂时离开了我一段时间。

她返回以后我们所做的第一件事情就是读故事《冯特勒瑞小男爵》。我清楚记得我们在哪儿、什么时候读了这个故事的第一章。那是八月一个温暖的下午，我们一起坐在吊床边上，吊床是拴在离房子不远的两颗松树上的。为了下午有尽可能长的时间来读这个故事，吃过午餐以后我们匆匆把餐具收拾好。当我们穿过草地到吊床那边，地上的蝗虫在我们身边跳来跳去，有的还蹦到了我们的衣服里来。还记得老师说要把它们全赶走了再坐下来，而我觉得这是在浪费时间。吊床上铺满了松叶，因为老师离开以后就没人用过了。温暖的阳光照在松树上，使它们的芳香全挥发了出来。空气温暖惬意，夹杂着一股海风的味道。在故事开始之前，苏莉文小姐给我解释了一些她认为我不明白的事情，然后她一边读一边解释生词。一开始，有很多单词我都不懂，阅读经常要被打断，但是当我知道了故事情节以后，我急于知道故事的发展而不只是去考虑那些单词了，而且我对苏莉文小姐觉得有必要的解释都没有耐心听了。当她的手指累得不能再拼写另一个单词时，我才第一次对自己不能视听的缺陷感到揪心。我把书拿在手里，试着去感觉上面的字母，那种强烈的渴望真是刻骨铭心。

后来在我热切的请求下，安格纳斯先生把这个故事印成凸印版，我一次又一次地读，几乎都能倒背如流了。我的整个童年，《冯特勒瑞小男爵》是我亲密温和的小伙伴。我讲了这么多细节，或许会让读者觉得冗长乏味，但是这些记忆清晰生动，与我对早期读物含糊不清、时隐时现的记忆相比，形成了鲜明的对照。

从《冯特勒瑞小男爵》开始，我对书籍真正感兴趣了。接下来的两年中，我在家里和在波士顿拜访期间读了许多书。我不记得都读过哪些书了，阅读的顺序也不记得了，但是我还记得的有《希腊英雄》、拉封丹的《寓言》、霍桑的《神奇之书》，以及《圣经故事》《莎士比亚故事集》《儿童本英国历史》《一千零一夜》《瑞士的鲁滨孙》《鲁滨孙漂流记》《天路历程》《小妇人》，还有《海蒂》。《海蒂》是个美丽的小故事，后来我还读过德文版的。这些书我都是在学习和游戏之余读的，读书给我一种快乐到无以复加的感觉。我既不研究也不分析它们，不知道它们写得好不好，也从不考虑作品风格和作者。这些作家把珍贵的宝藏呈现在我面前，我很乐意地接受了，就像我们接受阳光和朋友的爱一样。我喜欢《小妇人》，因为它让我觉得我和那些能够视听的女孩男孩有一种亲密的关系。因为我的生活受了很大的限制，我不得不从书籍里面去了解外面世界的新闻。

我对《天路历程》不是很有兴趣，记得好像是没看完，对《寓言》也是这样。我第一次读拉封丹的《寓言》是读翻译过来的英文版，对它们稍微有点兴趣。后来又读了它的法文版，我发现，尽管它里面描写得惟妙惟肖，遣词造句也是相当优秀，但我还是不怎么喜欢。我也不知道这是为什么，但是动物像人类一样说话、行动的故事从来没有使我很感兴趣。那些关于动物的荒唐的夸张描写占据了我的头脑，挤掉了故事的道德意义。

而且，拉封丹的寓言很少——如果有的话——能激发我们高度的道德感，他宣扬得最多的是理性和自爱。所有寓言都贯穿这样一种思想：人类的道德观念完全来自自爱，而且假如自爱受到理性的指导和限制的话，幸福就会随之而来。而根据我现在的判断，我认为自爱是所有罪恶的根源。当然，有可能我是错的，因为拉封丹观察人类行为的机会比我多得多，且有的是我永远没机会观察到的。比起那些挖苦讽刺的寓言，我更不喜欢那些通过猴子和狐狸来教导人重要真理的寓言。

不过我喜欢《丛林故事》和《我所知道的野生动物》这两本书。我对动物自身是非常有兴趣的，因为它们是真实的动物，而不是用来模仿人类的小丑。我对这些动物很有感情，爱其所好，恨其所恶，为它们的滑稽逗趣忍俊不禁，为它们的不幸遭遇伤心泪流。如果它们也包含了道德劝诫的话，那也是很微妙的，以至于我们意识不到。

我对古代有种特殊的偏好。希腊，古希腊，与我结下了不解之缘。在我的想象中，希腊的男女天神仍然在地上行走，与人们面对面地谈话。在心里，我悄悄地为我最爱的神建造了神殿。我很喜欢那群居住在山林水泽的美丽仙女、英雄和半神——不，也不尽然的，美狄亚和伊阿宋的残忍和贪婪就是不可原谅的，我经常想不明白为什么诸神会允许他们作恶，然后又来惩罚他们的邪恶。这个谜团悬而未决，我经常感到奇怪，为什么：

上帝沉默无语，

任凭邪恶带着狞笑蹑手蹑脚穿过他的时间剧场。

是《伊利亚特》把希腊变成了我心中的天堂。我在拜读原著之前就对特洛伊的故事很熟悉了。在扫清了语法障碍之后，我就轻而易举地让希腊单词交出了它们的宝藏。那些伟大的诗作，不管是用希腊文还是英文写的，其实不是靠解释说明来领悟的，而是靠心灵来感受。有的人给这些伟大的诗做了繁冗分析，又给出无数注解，使得好好的一首诗变得面目可憎，倒人胃口，这些人应该好好学学这个简单不过的道理啊。想要理解和欣赏一首好诗，根本没必要知道其中每一个词的定义，也没有必要给出它的变化形式以及在句子中的语法位置，等等。我知道我那学识渊博的教授在《伊利亚特》里面发掘出了更丰富的珍宝，这些珍宝是我一辈子也发掘不出的，但是我并不贪婪，拥有我所得到的就满足了。我不在乎别人会比我更有智慧，即使他们拥有广泛全面的知识，他们也无法衡量这首辉煌的史诗带给他们的快乐，我也是一样无法衡量。当我读到《伊利亚特》最精彩的那些段落，我觉得灵魂正在升华，超越了我所生活的这个狭小局促的环境，我忘记了生理上的局限——我的世界正在向天堂靠近，它像天堂一样的广袤无垠。

我对《伊索德》的青睐不及《伊利亚特》，但是除了《伊利亚特》我就最喜欢它了。我一有机会就拜读，不要注解，不要字典，还很喜欢把特别感兴趣的情节翻译出来。维吉尔的刻画有时真是精彩，但是他笔下的天神和人物就像蒙着一层伊丽莎白的面纱，优雅地在充满了激情、斗争、怜悯和爱的戏剧中活动，而在《伊利亚特》中，他们会连续蹦上三次，并豪放歌唱。维吉尔平静可爱，就像沐浴在月光之下的阿波罗的大理石塑像，而荷马就是个活泼俊俏的青年，他在阳光中伫立，风吹着他的头发。

乘着书卷的翅膀飞翔是多么容易啊！从《希腊英雄》到《伊利亚特》还不到一天的行程，旅途中也不完全是愉快。当我在语法和词典的迷宫里面疲惫不堪地跋涉，或者掉进恐怖的考试陷阱时——这些陷阱是学校为了使那些追求知识的人陷入混乱而设置的，有的人可能已经周游世界好几次了。我猜想这种“天路历程”会被结局证明是必要的；但是对我来说，它看起来是没有尽头的，尽管我会在“天路”的弯道处偶尔遇到一点惊喜。

我很早就开始读《圣经》了，但那会儿什么都读不明白。现在想想还真有点奇怪，居然会有那么一段时间，我的精神世界对《圣经》毫无感触。但是我还记得，一个星期日的早晨，当时正在下雨，我无事可做，就央求表姐给我读《圣经》里面的故事解解闷。尽管她也认为我理解不了，但还是给我读了。她开始把约瑟和他的兄弟们的故事拼写到我手里，不知何故，这个故事一点也激发不起我的兴趣。特别的语言和不断的重复，让人觉得这个故事很不真实，是在遥不可及的迦南地区的事情。还没讲到约瑟兄弟穿着花花绿绿的衣服进入雅各布的帐篷去撒他们邪恶的谎，我就觉得昏昏欲睡，神游到瞌睡乡里去了。我自己也说不上来，为什么希腊故事对我有那么大的吸引力，而《圣经》故事却索然无味。原因可能是我在波士顿的时候结识了几个希腊人，他们对本国故事的热情感染了我，而我却从来没有遇上一个希伯来人或者是埃及人，因此认为他们不过是些粗鲁的家伙，他们的故事大概都是胡编乱造的。这样也可以解释故事里的重复和稀奇古怪的名字。很奇怪，我就从来没有说希腊人的名字古怪。

但是我怎样描述后来在《圣经》中发现的光辉呢？这些年来，我对《圣经》爱不释手，从中获得许多快乐和灵感，它现在成了我的最爱。但是《圣经》里面还是有很多东西会让我本能地反抗，我对要强迫自己才能从头到尾读通感到遗憾。后来我知道了《圣经》悠远的历史及其产生背景，然而这并不能为那些要人硬着头皮去看的不愉快的细节做补偿。我和豪厄尔斯先生都认为应该把过去的文学作品中那些丑恶和野蛮的东西删除掉，虽然我和其他人一样反对削弱和篡改这些伟大的著作。

在《以斯帖记》的朴素和极度的直率中，有某种感人的、令人敬畏的东西。还有什么比以斯帖站在她邪恶的丈夫面前的那个场景更辉煌？她知道自己的命运掌握在他手里，一旦把他惹怒了，没有人能够保护她。但是，在高贵的爱国精神的鼓舞下，她克服了女人的恐惧，走向她的丈夫，心中只有一个念头："假如我死亡了，只不过是我一个人死了而已；但是，只要我存活下来，我的人民就能免遭灭亡之灾。"

路德的故事，太具有东方色彩了！乡下人简单的生活与波斯首都的差异是何其显著啊！路德是如此忠诚和热心，当她与收割者一起站在随风波动的玉米地里的时候，我们禁不住要喜欢上她。她的美丽、无私的灵魂，像黑暗、残酷的年代中一颗闪耀在夜空里的明星。路德的爱超越了各种信仰的冲突，超越了根深蒂固的种族偏见，在这个世界上，我们到哪里去找寻这样的爱？

《圣经》给我一种深刻的认识"可见的东西都是暂时的，不可见的东西才是永恒的"，这样一种认识也给了我极大的安慰。

从我喜欢书籍开始我就喜欢莎士比亚了，我不记得是什么时候开始读兰姆的《莎士

比亚故事集》，但是还记得第一次读的时候理解得很粗浅，还带有小孩子的惊奇。《麦克白》给我的印象最深，仅仅读了一遍，整个故事的来龙去脉就永远印在我的脑海里了。好长一段时间，那些幽灵和巫婆还会在我的噩梦里面追赶我。我确实能够看见那把短剑和麦克白夫人白皙小巧的手——那可怕的血迹对我来说就像对那个伤心欲绝的女主人公一样真实。

读完《麦克白》之后我就接着读《李尔王》。我永远忘不了，当我读到格罗斯特的眼睛被挖出来的那个场景时，我所感到的那种恐惧。愤怒抓住了我，我的手指不听使唤了，我僵硬地呆坐了半天，血液在太阳穴中涌动，心里面被一个孩子所能感受到的所有仇恨充满了。

我肯定是在同一个时候认识夏洛克和撒旦的，因为这两个形象在我脑海里面总是联系到一块儿去。还记得我为他们感到难过。我模糊地感到他们即使想做好人也不可能做得成，因为没有人愿意帮助他们，也没有人会给他们一个公平的机会。即便是现在，我也没有认为他们无可救药。很多时候我觉得，夏洛克、犹大甚至魔王他们都是善良车轮上的一根根折断的轮辐，这只善良之轮应该在适当的时候修复完整。

很奇怪的是，我第一次拜读莎士比亚的大作却留下了很多不愉快的记忆。那些辉煌、文雅、富于想象的戏剧——现在我最爱看了——起初并没有给我留下深刻印象，也许是因为这些作品反映了我习以为常的孩提生活中的欢乐精神。然而“孩子的记忆是最反复无常的：他们将会记住什么，忘记什么，谁也说不清楚”。

后来我把莎士比亚的戏剧看了好几遍，其中一些已经烂熟于心，但是我找不出最喜欢的是哪些。我对它们的喜好像我的心情一样会改变。一首短歌和一首十四行诗对我来说也能像戏剧一样，让我觉得新鲜，感到精彩。莎士比亚的作品几乎每一句都有人注解和评论，出于对莎翁的倾心，我硬着头皮去读这些东西，但是读这些东西会把人累个半死！我曾经尝试去回忆那些阐释，但是这样做只会让我感到失望和恼怒，所以我与自个儿订了个秘密契约：决不允许自己再这样干了。这个契约直到我跟随基特里奇教授学习莎士比亚才被废除掉。我心里清楚，在莎士比亚的作品里，在这个世界上我还有很多东西尚未理解，但是我喜欢看着面纱一层一层慢慢揭开，一片片新思想的疆土、一件件美好的事物展现在眼前。

我喜欢历史仅次于诗歌，我阅读每一本拿到手的历史书籍，从枯燥的世纪年表、朴素的史实记载到格林写的公正、生动的《英国民族史》；从弗里曼的《欧洲历史》到默顿的《中世纪》。第一本让我感到历史的价值的书是温顿的《世界史》，这本书是我十三岁的生日礼物。虽然我现在已经知道它并非很令人信服，我还是把它作为一件宝贝保存着。从这本书上我了解到人类是怎样从一片大陆迁徙到另一片大陆，然后在那片土地上安营扎寨，建造规模恢宏的城池；占人类数量极少的统治者——人间的提坦——是怎样把一切踏在足下，一句话就左右数百万生灵的幸福；各个不同的民族又是怎样开创艺术和知识的先河，为后继者奠定基础；文明又是怎样被践踏，在大屠杀的野蛮中毁灭，然后又像涅槃的凤凰从烈火中重生；伟人和智者又是怎样通过自由、宽容和教育开辟拯救世界的道路。

在我的大学阅读中，我对法国文学和德国文学有些熟悉了。德国人看重力量胜于美感，看重真理胜于习俗，在生活中和文学中都是这样。德国人所做的每一件事情必有热烈的情感，磅礴的气势。当他演讲时，并不是故意要给人以印象，而是因为有思想在他的灵魂里燃烧，他不得不找某种方式将其倾泻。

同时我也喜欢德国文学的含蓄，但是我觉得德国文学最宝贵的，是对妇女自我牺牲的爱所具有的救赎力量的承认。这种思想在所有德国文学中均有表现，在歌德的《浮士德》中就以神秘主义的手法来进行了反映：

那昙花一现的，
不过是象征而已；
人间的缺憾，
也会成为圆满；
那无法形容的，
这里已经完成；
女性的灵魂引导我们上升！

在我所接触的法国作家当中，我最喜欢莫里哀和拉辛。巴尔扎克的作品里有些好的东西，梅里美的有些段落像海风一样给人清新之感，而阿尔弗雷德·缪赛简直太不可思议了！我很崇敬维克多·雨果，欣赏他的天赋、才华和浪漫主义情怀，尽管他并不是我文学上的最爱。雨果、歌德和席勒，还有其他民族的伟大诗人都是永恒的事物的解释者。我的灵魂虔诚地追随他们，到达那种真、善、美合一的境界。

我想关于我的书籍朋友我已经写得太多了，但是我提的还只是我最喜欢的作家。从这点看来，你也许会不假思索地认为我的朋友圈子很狭窄、很单一，这绝对是一个错误的印象。我以各种各样的理由喜欢许许多多的作家——喜欢卡莱尔是因为他的粗放和对虚伪的蔑视；喜欢沃兹沃斯是因为他教导人与自然的统一；胡德呢，是因为我在他身上发现的怪癖和出人意表的性格；赫里克则是他的离奇有趣，还有他的诗歌里面那些我可以嗅到清香的百合与玫瑰；喜欢惠蒂尔是因为他的火热的激情和正直的人品。我认识惠蒂尔，回想起来，似乎从我们的友谊获得的快乐比拜读他的诗作还要多些。我还喜欢马克·吐温——谁会不喜欢呢？连上天的诸神也爱他，把各种各样的聪明智慧塞到他心里去，后来怕他沦为悲观主义者，又在他的精神世界里挂上一道爱和信念的彩虹。我喜欢司各特，因为他清新自然的风格，还有充沛的精力和诚实的品德。我喜欢所有具有像洛威尔那样的精神的作家，他们的精神在乐观主义——快乐和美好愿望的源泉——的阳光下洋溢，偶尔会飞溅出愤怒的火焰，有时在这儿或那儿泛起疗人心伤的同情和怜悯的浪花。

总之，文学世界就是我的乌托邦，在这个世界里我拥有一切权利，没有任何障碍能够阻止我的书籍朋友与我倾心相谈、娓娓相诉。他们是我最为博学、诚挚的朋友，与我说话从来不会觉得困窘或是尴尬。比起他们“博大的爱和神性的仁慈”，我所学习到的以及别人教给我的实在是微不足道。

## 第二十二章

我相信，读者不会从前面几章得出结论说阅读是我唯一的嗜好吧？其实我的嗜好和消遣的花样可多了。

在我的故事里我不止一次提到我喜欢乡村和野外活动。当我还是一个小女孩的时候，就学习过划船和游泳。夏季，要是在马萨诸塞州的温特汉姆，我几乎是在船上生活的。朋友们来访，我最喜欢带她们去划船，当然，我还没有本事很好地控制好船，在划船的时候，通常总有个人坐在船尾掌握船的方向。然而有时候我也会自个儿划，不用人在船尾掌舵。试着通过岸边的水草、百合，还有灌木丛的气味来导航是一件很有趣的事情。我用一条皮革带子把船桨绑在桨架上，通过感觉水对桨的反推力来调整划船的力度和方向。通过这种方式我还能判断出水流方向和流速的缓急。我喜欢与风浪拼搏，想想看，你指挥着小船让它顺着你的意志和力量在滚滚的波涛中破浪直前，这种感觉是何等惬意啊！

我还喜欢划独木舟，当我说尤其喜欢在月明之夜泛舟，你也许会哑然失笑。确实，我看不见月亮渐渐爬上树梢，看不见她在天空轻轻移动，看不见皎洁的月光给我们照亮道路，但是我能感觉到她就在那里。当我仰面躺下，把手伸进水里，我有一种幻觉，分明感觉到了她那幽微的光芒。有时候，一条胆大的鱼儿在我手指间滑过，还时常有一朵睡莲羞答答地碰到我的手。每次从一个隐蔽的地方或者小水湾中驶出，我都会突然觉得身边的空间一下子开阔了许多。仿佛有一股灿烂的温暖包裹着我。这温暖是来自河边被太阳烤过的树木，还是来自水里，我从来都不知道。甚至在城市的中心我也会有这种奇怪的感觉。在寒冷、有暴风雨的日子里，在夜里，我都有这种感觉。它像是温暖的嘴唇在我脸上的亲吻。

航行是我最喜欢的娱乐。在一九〇一年的夏天，我拜访了新斯科舍，得到了一个认识大海的机会，这是我梦寐以求的事情。在伊万杰玲农庄——朗费罗曾以优美的诗句对它进行过令人着迷的描述——待了几天之后，我和苏莉文小姐就去了哈利法克斯，在那里我们度过了那个夏天的大部分时间。海港是我们的欢乐之所，是我们的天堂。我们航海到贝德福德、到麦克那勃岛、到约克角多面堡、到西北海湾。啊，这些航行是多么光荣的壮举！夜晚，那些庞大的舰船就静静地停泊在海湾里，我们悠闲地在舰侧荡桨。噢，一切都这么有趣，都这么美好！让人永难忘记。

有一天，我们经历了一件惊心动魄的事情。西北海湾举行一次赛舟大会，各艘军舰的参赛船队挤满了海湾。我们乘了一只帆船去观赛。大海上风平浪静，许许多多的小帆船你追我赶。比赛结束，我们正准备踏上归途，有人发现海上起了一阵乌云，渐渐膨胀，最后遮天蔽日。随即风起浪涌，我们的小船在狂风中颠簸，船帆被狠狠地吹着，绳索被扯得紧紧的，整个小船像是要被风吹起来了似的。有时它在巨浪中打转，有时它被冲上了浪尖，在狂怒的浪涛中扑腾着。我们把主帆卸下，抢风行驶，与肆意摆弄我们的狂风决战到底。我们的心剧烈地跳动，手也在颤抖，并不是觉得害怕，而是感到兴奋。我们才不怕呢，我们有勇士的胆量，而且我们的船长是对付凶浪的高手，他凭借那有力的双手和敏捷的双眼与狂风巨浪搏斗过无数次了。我们与凶浪酣战，那些巨大的驳船和炮舰驶过我们周围时，都向我们致以敬意，水手们向这条唯一在狂风巨浪中顽强搏斗的小帆船欢呼，向我们英勇的船长表达钦佩之意。尽管又冷，又饿，又疲惫，但我们终于安然靠岸了。

上一个夏天我是在新英格兰的一个小山村度过的，那里环境清幽，风景迷人。我与马萨诸塞州的温特汉姆有不解之缘，几乎我所有的欢乐和哀愁都与它有关。钱柏林先生一家在菲利普池塘边的“红色农场”上，有好几年，我在他家像在自己家一样。每当回忆起与这些亲爱的朋友一起度过的快乐时光，我心里便充满了感激之情。我参与他们的一切活动，和他们一起在丛林漫步，一起在池水里嬉戏。我与他们的孩子们的甜蜜友谊对我来说意义重大。小家伙们尽讲孩子气的话，我给他们讲小精灵、小矮人、大英雄、大白熊的故事时他们听得津津有味，这些回忆起来都是那么温馨。钱柏林先生把我引入了树木和野花的神秘王国，直到我以爱的耳朵听到树液在橡树中的流动，看见阳光在树叶间闪烁。可以这样描述：

即使是深藏在黑土下面的根须，
也能分享树梢的快乐，
并能通过自然的同感，
想象灿烂的阳光、广阔的空间，
还有翱翔天宇的翅膀，
所以，我也有看不见的事物的证据。

我认为每个人都有感知事物和领会情感的潜能，这种能力是从人类的祖先开始代代遗传而来。每个人都对绿色的大地和潺潺的流水有一种潜意识的记忆，失聪和失明也不能剥夺这种遗传下来的能力。这种遗传的能力是一种第六感觉——一种融合了听觉、视觉和触觉的灵魂感觉。

我在温特汉姆有很多树友。其中一位是一棵高大的橡树，他是我心中的骄傲。我所有的朋友都被我带来观瞻过这棵树王。他英姿飒爽地伫立在悬崖边上，俯瞰着脚下的菲利普王池。那些树木知识丰富的人说他至少在那里伫立了八百或者一千年了。传说英勇的印第安首领菲利普曾在这棵树下最后一次凝视大地和天空。

我还有另一个树友，比起高大的橡树，她很温和，更加平易近人。她是一棵菩提树，生长在红场的庭院里。一个雷雨交加的下午，我感觉到房子的一侧受到巨大的撞击，在他们告诉我之前，我就知道是那棵菩提树倒了。我们出去看那无数次与暴风雨抗争过的英雄，她曾经多么顽强地战斗，而今却轰然倒地。看到她躺卧在地上，我感到心里一阵绞痛。

但我不能忘记我是要特别写写上个夏天的事情。考试一结束，我就和苏莉文小姐一道赶往这片绿色清幽之所——温特汉姆有三个闻名的湖泊，我们有一所小房子在其中一个湖泊的边上。在这里我可以尽情享受阳光。作业啦、大学啦、喧嚣的城市啦，统统扔在一边。在温特汉姆时我们对时局略知一二——战争，结盟，社会冲突，等等。我们听说残酷的太平洋战争，听说资本家与劳动者的斗争，我们知道在我们的伊甸园之外，很多人本可以享受一个休闲的假日，但是他们却正忙于制造历史。但是我们很少注意这些事情。这些事情都将会过去；这里是清澈的湖泊、苍翠的树木，以及有大片雏菊点缀着的田野，还有空气清新的牧场，它们将永远存在。

有人认为我们所有的感受都是通过视听得来的。他们很奇怪，我怎样区分事物，怎么可能区别出城市宽绰的马路和乡间的崎岖小道。他们忘记了我可以用整个身心去感受周围的世界。城市的轰隆之声刺激着我脸上的神经，我感觉到熙熙攘攘的人群走路的振动，刺耳的噪声折磨着我的精神。马车在坚硬的道路上摩擦出的咔咔声，机械单调乏味的轰隆声，对明眼的人来说只是一种噪声罢了，而对那些看不见光明的人来说是一种难以忍受的折磨。

在乡村，一个人所看到的都是大自然的完美杰作，但是在拥挤的城市，一个人为了获得一片立足之地就要加入残酷的竞争甚至是斗争，他的灵魂会因此而备受煎熬。我去过穷人居住的地方好几回，那些地方又脏又窄。当我想到那些富有的人满足地住在华丽的房子里，长得强壮、漂亮，而其他人却被迫住在丑陋、阴暗的房屋里，生得难看、干瘪、畏缩，我感到激动而愤慨。他们可怜的孩子拥挤在污秽肮脏的小巷，衣不蔽体，食不果腹，胆怯懦弱。你若是向这些可怜的孩子伸出友谊之手，他们反而退缩闪躲，好像是躲避抽下来的巴掌。亲爱但又可怜的小家伙们，你们蜷缩在我心里面瑟缩发抖的样子让我感觉难受不已。那些饱经风霜的成年男女，整个都被摧残得失了人样。我曾经触摸过他们坚硬、粗糙的手，我知道了他们为生存要进行多么艰辛的挣扎——那无异于一场场残酷的战争。他们辛勤劳作，却所获无几，付出的努力得不到相应的回报。人们常说阳光和空气是上帝赐予的礼物，当真是如此么？在远离城市繁华的肮脏小巷里就找不到阳光，连空气也是腐臭的。噢，富有的人啊，当你在餐前祈祷："我们日用的饮食，今日赐给我们"，你怎么就想不到与你同在上帝脚下的另一些人，他们一无所有！啊，人们为何不抛弃这喧嚣、浮华、纸醉金迷的城市，返回树林和田野去过简单、朴实的生活！这样孩子们才会像挺拔的树木一样健康成长，思想也会像田野里的花朵一样清新纯洁。我在城里生活了一年之后返回乡下，不可能不想到这些。

再次踏上松软而富有弹性的土地，沿着青草幽幽的小路，漫步到蕨类丛生的涧边，在潺潺流水中洗个手；或者翻过一堵石头墙，到绿草如茵的草地上，翻几个筋斗，打几个滚，疯跑上几圈，何等自由自在、惬意无比啊！

除了悠闲的散步，我还喜欢在双人自行车上兜风。骑着我的钢铁战马飞奔，疾风迎面而来。在空气中疾驰真是刺激，让人觉得很轻快，也很有力量。这种运动让我身心欢畅。

只要有可能，我的狗儿会一直陪伴在我左右，散步也好，骑马也好，甚至航海也是。我养过好几条狗，它们都是我的朋友——有大个头的獒，有一身软毛的哈巴狗，有善于追猎的塞特狗，还有忠心耿耿的小猎狗。现在我养的就是一只小猎狗。它尾巴卷曲，脸型滑稽。它看起来理解我的生理缺陷，当我一个人的时候，总是和我寸步不离。我喜欢它们亲昵地蹭着我，讨好似的摇着尾巴。

要是雨天出不了门，我也会像别的女孩一样寻找各种乐趣。我喜欢编织，喜欢随心所欲地翻书、东一行西一句地阅读，喜欢与朋友下两盘棋。我有一个特制的棋盘，棋盘格子是凹陷的，棋子可以稳稳当当地插在里面。黑棋子是平的，白棋子顶上是弯曲的。每个棋子中间有一个洞，可以插进一个铜圆钮把王和别的棋子区别开来。棋子大小也是两样，白棋子要比黑棋子大一些，所以下了一着之后，我用手在棋盘上一摸就知道对方走棋的策略了。我能感觉出棋子从一个格子移动到另一个格子的振动，从而判断出对手下完了一步棋，该轮到我下了。

如果恰好只有自己一个人在，又百无聊赖，我会玩单人纸牌，这个游戏我百玩不腻。我用盲文在纸牌的右上角标上那张牌的点数，这样我就能像一般人那样随便玩了。

要是有小孩在身边，我最喜欢与他们嬉戏玩耍了，我发现再小的孩子也是一个极好的玩伴，而且，让我高兴的是孩子们都很喜欢我。他们带着我到处转悠，带我去看他们觉得极有趣的东西。当然了，那些很小的家伙还不会写字，也就不会在我手上拼写字母了，我就设法读他们的唇语。假如我老读不准，他们就做手势。我有时候理解错了，做错了事情，会引来他们一阵爆笑，然后又重新上演哑剧。我经常给他们读故事，或者教他们玩游戏，时间飞快地过去，给我们留下美好而愉快的回忆。

博物馆和艺术品商店也是快乐和灵感的源泉。毫无疑问，很多人都会觉得奇怪，没有眼睛的帮助，手怎么能感觉动作、表情和冰冷的大理石雕像中的美；但我确实通过触摸伟大的艺术作品得到了真正的愉悦。当我的手指追寻那些或直或曲的线条，它们能发现艺术家所描绘的思想和情感。我能从雕塑的脸上感受到神和英雄们内心的憎恨、勇气和爱，就像我能从允许我触摸的活人的脸上察觉出这些感情一样。从黛安娜那安详的姿

态我感觉到了什么是优雅，感觉到了森林的自由，还有那种驯服雄狮的气质和能平息一切暴戾的柔美。维纳斯的高雅和平静让我心醉，而透过巴雷的铜像我仿佛窥见了丛林的秘密。

我的书房里挂着一个印着荷马头像的项链垂饰，挂得很低，我可以很容易地触到。我经常带着一种深深的敬爱抚摸荷马那忧伤而英俊的脸庞。我对他额头上的皱纹是那么熟悉——每一条皱纹都是他与生活斗争的见证，其中包含了多少的悲伤。他用失明的双眼在寻求——即便是一尊冰冷的塑像，他的双眼似乎仍在苦苦寻求——为他深爱的古希腊寻求光明和蔚蓝的天空，但是，多么令人悲伤，他一无所获。他那张秀丽的嘴，坚实、忠诚而又不乏温柔。这是一张诗人的脸，一个饱尝了悲哀的男人的脸。啊，我是多么理解他的缺失——他生活于其中的永恒的黑暗——

噢，黑暗，黑暗，
这烈日燃烧的正午依然存在的黑暗，
这无可挽救的黑暗，
整个的日食完全没有光明的希望！

我想象着那悲凄的画面：荷马带着蹒跚的步履，踟蹰在阵营之间，吟唱着生命，吟唱着爱情和战争，吟唱着一个伟大民族的丰功伟绩。这是一首美妙、光辉的歌，为这盲了双目的诗人赢得了桂冠，赢得了后人的景仰。

我有时候想，对于雕塑的美，手指的感觉是不是比眼睛更灵敏。我设想，用手比用眼睛更能捕捉到那些直线和曲线微妙的节奏感。真是这样的话，我想我从古希腊男女天神的塑像上感觉到了希腊祖先们的心跳。

我的另一个爱好比其他的稍微特殊点，我喜欢去看戏剧。我看戏剧——其实是在上演时别人给我讲解——的兴致要远远超过阅读剧本，因为看戏剧仿佛自己置身情节之中。我有一项特权，可以和那些有名的演员们会面。这些演员可真了不起，他们能让你沉醉在剧情当中，让你忘记时间和地点，再一次回到过去的浪漫之中。因为我看不见他们的模样，他们允许我摸他们的脸。艾伦·特里小姐在扮演一位受欢迎的王后时我还摸过那套华丽的衣服。在她边上站着亨利·欧文先生，身着国王的盛装，他的每一个举动都表现出王者风范，敏感的脸上的每一道线条都显露出王室的威严和气度。我在他所带的国王面具上感觉出了一种淡淡的、似乎遥不可及的忧伤，这是我永远都忘不了的。

我认识杰弗逊先生，有这样的朋友我深感荣幸。若是我恰好在他演出的地方，我每次都会去看他的。我第一次看他的演出是在纽约读书的时候，他演的是《里普·万·温克尔》。这个故事我以前经常读，但是只有在看戏剧的时候，我才欣赏到了里普那种漫不经心、古怪但又仁慈的性格魅力。杰弗逊先生精彩的表演深深地打动了我，使我完全沉浸在戏剧之中。里普老头的形象将成为我磨灭不了的记忆。戏剧结束之后，苏莉文小姐带我到后台，我对他那古里古怪的装束，还有他长长的头发和长长的胡须感到好奇。杰弗逊先生让我摸他的脸，这样我就能想象出他表演的那副从二十年的睡梦中醒过来时的样子，他还给我表演了穷困潦倒的老里普是怎样哆哆嗦嗦地走路。

我还看过他出演的《决斗者》。我曾经在波士顿拜访过他，他当即为我表演了《决斗者》中最扣人心弦的一节。我们把会客室当作表演舞台，他和他的儿子坐在大桌子上面，鲍勃·埃克瑞斯在那里书写他的挑战书。我用手来捕捉杰弗逊先生表演时的每一个动作，感觉到了他跌跌撞撞的样子是那么滑稽可笑，这样的姿势用语言是无论如何也表达不出来的。后来他们起身决斗，我追踪着他们斗剑时快速的出击与防御，可怜的鲍勃，我感觉到了在他丧失勇气时站立不稳、身形摇摆的样子。杰弗逊先生一把抓过他的衣襟，迎面一拳打过去。一会儿工夫我就转到瀑布村的场景里，施奈德蓬松的头发靠在了我的膝盖上。杰弗逊先生还念了《里普·万·温克尔》中最精彩的对白，这些台词表现的是大悲大喜的情节，杰弗逊先生要我尽量跟着台词表演，当然我并不知道如何表演生动的戏剧，只能做一些随意的猜想。但是，杰弗逊先生凭借精湛的表演技巧，每一个动作和每一句台词都配合得天衣无缝。他用低沉的嗓音发出里普无奈的叹息："一个人死了，这么快就被遗忘了么？"又表演了下面的场面：里普大梦初醒，带着惺忪的睡眼寻找猎狗和猎枪，结果毫无影踪，一脸的沮丧。他与德瑞克签契约时，双手发抖，不停地哆嗦——所有这一切就像是生活本身。所谓的理想生活，就是那种发生的事情符合我们愿望的生活罢了。

我还记得自己第一次去剧院时的情景，那是十二年前的事了。埃尔希·莱斯丽当时是个小女明星，恰好在波士顿演出。苏莉文小姐带我去看她表演的《王子与贫儿》。我永远不会忘记那场戏剧里面悲喜交错、高潮跌宕的情节，还有演出戏剧的那个优秀小演员。在演出落幕之后，我到后台去看她，她还身着小公主的装束。我想世界上再也找不出比她更可爱的小孩了。她站在那里，金色的头发像是天空中的一朵彩云在她肩上飘荡；她的微笑那么灿烂，不带一丝羞怯，虽然她为成千上万的观众献上了精彩绝伦的表演，却不露一分疲劳。那会儿我刚刚学习说话，我不断地练习说她的名字，一直到说得完美为止。当她听懂了我挤出的那几个词，毫不犹豫地伸出手来祝贺我，我心中的欣喜真是无法想象。

尽管我的生活有诸多的局限，但是我依然触及了这个美丽世界上的生活的美，不是吗？任何事情都有它的奇妙之处，即使是黑暗和寂静。我认识到，不论我处于什么样的境遇，我都应当学会满足。

有时候，当我独自静坐，在紧闭的生活之门跟前等待，我感觉到孤单像挥不去的寒雾包裹着我。门里就有光明，有音乐，有甜蜜的友谊，而我却进不去。是那默然无语、冷酷无情的命运，挡住了我的去路，我不得不质问为何他这么蛮横，因为我的心里还燃烧着热情，因为我的天性还桀骜不驯。但是我说不出一句怀恨的话语，那些怨天尤人的词句到了嘴边又咽了回去，像往自己心里倾注了苦涩的泪。寂静浸没了我的灵魂，然后我听到希望的天使带着微笑在低语："在忘我中有快乐。"于是，我试着把别人眼里的阳光当作自己的太阳，把别人耳里的音乐当作自己的交响曲，把别人嘴角的微笑当作自己的幸福！

## 第二十三章

我今天的幸福是在很多人的帮助下得来的。我真想把他们的名字都写在这里，以表达我对他们的感激之情！其中一些人的名字读者可以在我们的文学作品中找到，他们受到许多人的珍爱；而其他的名字对我的读者来说可能完全陌生。尽管他们并不出名，但他们的影响将长存于因为他们而变得美好和崇高的生命里。在我们生命中那些值得纪念的日子里，我们遇到了那些人，他们像一首优美的诗一样使我们激动，他们的握手充满了无言的同情，他们可爱的天性给我们渴望、焦急的心灵以奇妙的安宁，这种安宁从本质上说是神圣的。纠缠着我们的困惑、恼怒和忧虑像不愉快的梦一样过去，我们醒来后用新的眼光和新的听觉来感受上帝创造的真实世界的美丽与和谐。我们本来阴霾的天空一下子充满了明媚的阳光。总之，当这样的朋友在我们身边时，我们感到一切都那么美好。也许我们以前从来没有见过他们，以后可能也不会相遇；但是他们的平静、安详平息了我们内心的躁动，我们感受到它那能愈合创伤的触摸，就像海洋能感受到甘甜的山泉使它的咸水变得清新一样。

经常有人问我："没有人让你感到厌烦吗？"我不太明白这是什么意思。我想，那些愚蠢、好奇的人，特别是报纸记者的拜访往往是不适当的。我也讨厌那些用高人一等的口气对我说话的人，他们就像那些和你一起走路时要缩小他们的脚步来适应你的人，这两种情形里一样的伪善真令人气恼。

我遇到的人的手就无声地说明了一切。有些手的触摸是鲁莽无理的。我遇到过一些很缺乏快乐的人，他们郁郁寡欢，当我握着他们冰冷的手指尖的时候，就像是感受寒风一样。也有一些人手里有阳光，他们的握手温暖了我的心。它可能只是一个小孩子的手依恋的触摸，但是对我来说，那里面有着和其他人在充满爱意的一瞥中感受到的一样多的阳光。一次诚恳的握手或一封友好的书信都能带给我真正的快乐和幸福。

我有许多遥远的、从未谋面的朋友。真的，这样的朋友太多了，以致我常常无法给他们回信；但是我想在这里对他们说，我对他们友好的言辞经常心怀感激，然而我无法答谢他们。

我认识许多具有才华的人，并和他们交谈过，这是我一生最美好的殊荣之一。只有认识布鲁克斯主教的人才能够体会到，有他这么一个朋友是多么快乐。小时候我喜欢坐在他的膝盖上，一只手握着他的大手，苏莉文小姐则往我的另一只手里拼写他关于上帝和心灵世界的见解。我带着孩子的惊奇和兴奋聆听。我的思想达不到他的境界，但是他教我感受生活中真正的快乐。我每次都能从他那里得到启发，随着我的成长，在他那里得到的思想也越发变得美好、深刻。一次，当我很迷惑为什么会有这么多的宗教时，他说："有一个无所不在的宗教，海伦，那就是爱的宗教。全心全意爱你的圣父，尽可能地爱上帝的每一个孩子，并且要记住，善的潜能大于恶的潜能；天堂的钥匙就在你自己手里。"他的一生正是他这一伟大真理的最好注解。在他高尚的灵魂中，爱和丰富的知识与已经变成见识的信仰融为一体。他看到：

上帝在一切给人以自由、让人受鼓舞的事物中，
在一切使人谦恭温和、给人慰藉的事物中。

布鲁克斯主教没有教给我特定的信条或教义，但是他在我头脑中刻下了两个伟大的思想——上帝是我们的父亲，普天之下皆为兄弟，他使我感到这两条真理是所有宗教信条和宗教崇拜的基础。上帝是爱，是我们的慈父，我们是他的子女，因此最黑暗的乌云也将会散去，尽管正义会遭挫折，邪恶却不会得胜。

在这个世界上我太幸福了，以致

除了惦记几个珍爱的朋友在上帝的某个美丽的地方等待着我之外，我很少考虑将来。尽管岁月流逝，他们仿佛仍然离我那么近，以至于任何时候如果他们就像离开我以前那样握住我的手，对我说些亲昵的话，我想我也是不会觉得奇怪的。

布鲁克斯主教去世以后，我通读了《圣经》，还读了一些关于宗教的哲学作品，其中有斯韦登伯格的《天堂与地狱》和德拉蒙德的《人之上升》，我发现没有什么信条或者思想体系能像布鲁克斯主教的爱的信条更能使灵魂感到满足。我认识亨利·德拉蒙德，他有力、温暖的握手像是一种祝福。他很富有同情心，而且知识非常渊博，又是如此友善，在他面前根本不会感到枯燥乏味。

我还记得第一次见到奥利弗·文德尔·霍姆斯博士的情景。他邀请苏莉文小姐和我在一个星期日下午去拜访他。这是早春的一天，我刚学会说话。我们一到就被领进他的书房，在书房我们看到他坐在一把大扶手椅里，旁边是个壁炉，火燃得正旺，噼啪作响。他说他正在追忆那些逝去的岁月。

“并且正在倾听查尔斯河潺潺的流水声。”我说。

“是的，”他回答道，“查尔斯河使我想起许多珍贵的往事。”房间里有一股印刷品和皮革的气味，我由此判断房间里放满了书，于是本能地伸出手去找，手指碰到一本精美的丁尼生诗集上，当苏莉文小姐告诉我是什么书的时候，我开始背诵：

**冲击，冲击，冲击，**

**朝那冰冷发黑的岩石冲击，噢，大海！**

但是我马上就停了下来，我感到有热泪洒在我手上。我竟然使我热爱的诗人流泪了，我自己也感觉到了哀伤。他让我坐在他的扶手椅里，还拿来各种各样有趣的东西让我玩，应他的要求我背诵了《驮着房子走的鹦鹉螺》，这是我当时最喜欢的诗。那以后我拜访过霍姆斯博士好多次，并学会了像爱他的诗一样爱他这个人。

在见到霍姆斯博士后不久的一个美丽的夏天，苏莉文小姐和我到梅里马克河镇，去惠蒂尔宁静的家中造访。他温文尔雅的性格和幽默诙谐的话语我很喜欢。他的诗集有一本凸印的，从中我读到了《学生时代》。我的发音不错，为此他非常高兴，并说他完全能听懂我的话。然后我问了他许多关于这首诗的问题，把手放在他的嘴唇上读到了答案。他说他就是诗中那个小男孩，而那个女孩的名字叫莎莉，还说了一些我已经忘记的话。我还背诵了《荣誉归于神》，当我背着最后的诗句的时候，他在我的手里放了一尊黑奴的小雕像，枷锁正从他蜷缩的身上落下，就像天使将彼得释放出监狱时镣铐从他的手脚落下一样。后来我们到了他的书房，他给我的老师签了名，并表达了对她工作的敬佩，还对我说:“她是你灵魂的解放者。”然后他把我带到大门口，温柔地吻了我的额头。我许诺明年夏天再去拜访他，但是没有等到这个诺言实现他就与世长辞了。

爱德华·埃弗里特·黑尔博士是我很年长的朋友之一。我从八岁起就认识他了，随着岁月的流逝，我对他的爱有增无减。在苏莉文小姐和我经历痛苦和磨难时，是他英明、温柔的同情支持着我们，他的有力的手帮助我战胜了许多困难。他为我们做过的事，他也同样为千万个有艰巨的任务要完成的人做了。他在教条的旧皮囊里注入了新的爱之醇酒，告诉人们什么是信仰、生活和自由。他不只是说教，并且躬亲示范，对祖国的热爱，对同胞的友善相待，勤勤恳恳追求积极向上的生活。他是一位先知，人类精神的激励者，《圣经》的忠诚实践者，是全人类的朋友，愿上帝保佑他!

我已经写过我和亚历山大·格雷厄姆·贝尔博士第一次见面时的情景了。从那以后，在华盛顿和他位于布瑞登角岛深处巴德克附近的家，我们一起度过了许多快乐的时光。那个村庄因查尔斯·达德利·沃纳的著作而出名。我很乐意在贝尔博士的实验室里听他讲述他做的实验，或是在布拉斯道尔湖畔的田野里帮他放风筝，他想通过放风筝发现控制未来飞机飞行的规律。贝尔博士精通科学的许多领域，能使他接触的每一门学科变得有趣，甚至最深奥的理论也是这样。他能使你感到只要你有多一点时间，你也可能成为一个发明家。他也有幽默和充满诗意的一面，对儿童的爱使他激情永驻，再也没有比在怀里抱着一个失聪的孩子更使他快乐的事了。他为失聪的儿童而做的努力将被人们铭记，同样地，我们为他的成就，为他激励了别人而热爱他。

在纽约生活的两年里，我有许多机会和卓越人物交谈。他们的名字我经常听说，但我从来没有期望和他们见面。我和很多人第一次相遇是在我好朋友劳伦斯·赫顿先生的家里。我很荣幸能够到他可爱的家中拜访他和亲爱的赫顿夫人，参观他们的书房，阅读具有才华的朋友写给他们的具有美好情感和闪光思想的作品。人们都说赫顿先生有特别的能力，能使每一个人把自己最好的思想和最热诚的情感发挥出来。不用读《我认识的一个男孩》就能理解他——他是我认识的最宽宏大量、性情最温柔的男孩，不论在什么情况下，都会与朋友患难与共。他不仅对同胞如此，就是对一条小狗也充满着爱怜。

赫顿夫人是一个真正的、可靠的朋友。我拥有的许多甜美和珍贵的东西，都要归功于她。在我大学学习的过程中，她经常给我建议和帮助。当我感到特别困难和沮丧时，她给我写信鼓励我，让我觉得快乐而无畏；她是这样的人中的一个，从他们那里我学习到:一个充满痛苦的任务被完成了，下一个就会变得轻松、容易些了。

赫顿先生介绍我认识了他的许多文学界的朋友，其中最伟大的是威廉·迪安·豪威尔斯先生和马克·吐温先生。我也见过里查德·华生·吉尔德先生和埃德蒙德·克莱伦斯·斯特德曼先生。我还认识查尔斯·达德利·沃纳先生，他讲故事最令人愉快，他是最令人喜爱的朋友。他的同情心是如此之广，以至于真的可以这么说：他爱世间万物，爱他的邻居像爱自己一样。一次，沃纳先生带亲爱的林间诗人约翰·巴勒斯先生来看我。他们都温文尔雅、富有同情心，举止就像他们的文章和诗歌一样有魅力。这些文学界的泰斗，能从一个主题迅速转移到另一个主题并展开很有见地的辩论，或者谈笑之间充满着名言警句和诙谐幽默之词，我总跟不上他们的谈锋。我就像跟着埃纽斯的小埃斯凯纽斯，埃纽斯大步流星，小埃斯凯纽斯则要一路奔跑。但是他们对我说了许多亲切的话语。吉尔德先生给我讲述了他穿越广袤的沙漠到达金字塔的月光之旅。在他给我的一封信中，他把签名很深地印在纸上，以便我能够摸得出来。这使我想起，黑尔博士过去常常在给我的信上戳出他的签名的盲文，这样来体现一点个人的风格。马克·吐温先生有一两个精彩的故事我是通过他的唇读到的。他有自己独特的思维、说话和做事的方式。和他握手，我感觉到他眼睛在熠熠发亮。即使当他用滑稽得难以形容的声音说出他愤世嫉俗的言论时，也能使你感到他的心是一部温柔的、充满了同情心的“伊利亚特”。

在纽约我还遇到许多其他有趣的人物，如受人爱戴的《圣尼古拉斯》的编辑玛丽·梅普斯·道奇夫人、《懦夫》一书的作者里格斯夫人。我收到了她们颇具情意的礼物——那些包含她们的思想的书籍，照亮灵魂的信件，以及我喜欢一再描述的照片。但是没有足够的篇幅来提及我所有的朋友，真的，关于他们，有一些隐藏在天使的翅膀后面的事情，一些神圣得不能用冰冷的笔墨来宣布的事情。就连谈到劳伦斯·赫顿夫人我

也是心怀犹豫的。

我只再提提两个朋友，一个是匹兹堡的威廉·索夫人，我经常到她在林德赫斯特的家中造访。她总是做一些让别人感到快乐的事情，在我们认识她的这些年里，她的慷慨而明智的建议从来没有让我和我的老师失望过。

我的另外一个朋友也帮助了我很多。他因为管理企业的高超技巧而闻名，他极其出色的领导能力为他赢得了所有人的尊敬。他对每个人都那么和蔼，默默行善，不图虚名。我本不该提及他的，但正是在他慷慨和诚挚的关怀下，我才有可能进了大学。

就这样，我的朋友们谱写了我的人生故事。他们以各种各样的方式将我的缺陷变成了美妙的权利，使我在残疾的阴影中平静而幸福地生活下去。